Veröffentlichungen
des Max-Planck-Instituts für Geschichte
50

VERÖFFENTLICHUNGEN
DES MAX-PLANCK-INSTITUTS FÜR GESCHICHTE

50

Studien zur Germania Sacra

13

IACOBUS CARTHUSIENSIS

Untersuchungen zur Rezeption der Werke
des Kartäusers Jakob von Paradies (1381—1465)

von

DIETER MERTENS

GÖTTINGEN · VANDENHOECK & RUPRECHT · 1976

CIP-Kurztitelaufnahme der Deutschen Bibliothek

Mertens , Dieter
Iacobus Carthusiensis : Unters. zur Rezeption d. Werke d.
Kartäusers Jakob von Paradies ; (1381-1465). - 1. Aufl. -
Göttingen : Vandenhoeck und Ruprecht, 1976.
  (Veröffentlichungen des Max-Planck-Instituts
  für Geschichte ; 50) (Studien zur Germania sacra ; 13)
  ISBN 3-525-35361-8

© Vandenhoeck & Ruprecht in Göttingen 1976. — Printed in Germany. — Ohne ausdrückliche Genehmigung des Verlages ist es nicht gestattet, das Buch oder Teile daraus auf foto- oder akustomechanischem Wege zu vervielfältigen. Gesamtherstellung: Hubert & Co., Göttingen

Inhalt

Vorwort 7

Einleitung 9

I. Der chronologische Ablauf der Rezeption bis 1520 23

   1. Vorbemerkung 23
   2. Datierung der Schriften 26
   3. Die vom Zisterzienserkloster Mogiła ausgehende Rezeption . 46
   4. Die von der Erfurter Kartause ausgehende Rezeption . . . 50
   5. Sammeltätigkeit und Bibliographierung 66
   6. Einzelbesitz und Drucke 72

II. Rezipientengruppen 80

   1. Kartäuser 80
   2. Reformierte Benediktiner 96
   3. Windesheimer. Klöster um Johannes Busch. Fraterhäuser . . 110
   4. Lokale Schwerpunkte. Mitglieder der Erfurter Universität . 115

III. Rezeption als Selektion 124

   1. Rezeption der akademischen und konziliaristischen Schriften 124
   2. Rezeption der monastischen Schriften 127
   3. Doctor Jacobus Carthusiensis 133
   4. Buchdruck und Selektion 137

IV. Rezeption und Forschung 146

   1. Konfessionelle Kontroverse im 16. Jahrhundert 146
   2. Kartäusische Geschichtsschreibung im 17. Jahrhundert . . . 154
   3. Protestantische Rezeption im 17. und 18. Jahrhundert . . . 157
   4. Rezeption und Forschung im 19. Jahrhundert 163

V. Die textverarbeitende Rezeption am Beispiel der *Ars moriendi* . 167

    1. Verhältnis zur vorangehenden Ars-moriendi-Literatur . . . 167
    2. Jakob des Kartäusers Ars moriendi 187
    3. Entgegnung Johannes Hagens 203
    4. Reaktion Jakobs des Kartäusers 218
    5. Jakob von Tückelhausen und Johannes von Eych 231
    6. Wilhelm Tzewers 243
    7. Geiler von Kaysersberg 254
    8. Grenzen der Rezeption 269

Anhang: Ergänzungen zu Meiers Verzeichnis der handschriftlichen
    Überlieferung 276

Abkürzungen 286

Quellen und Literatur 287

Register 306

Vorwort

Diese Arbeit, die Ende 1971 von der Philosophischen Fakultät der Universität Freiburg i. Br. als Dissertation angenommen wurde, entstand auf Anregung und unter der Leitung meines akademischen Lehrers Professor Dr. Otto Herding. Ihm vor allem gebührt mein Dank. Für vielfältige Anstöße und Hilfen danke ich ebenfalls Herrn Professor Dr. Kaspar Elm (Berlin), für kritische Durchsicht der Arbeit Frau Professor Dr. Johanne Autenrieth (Freiburg i. Br.), Herrn Dozent Dr. Theodor Verweyen (Konstanz) für anregende Diskussionen. Die Bibliothekare und Archivare, die mich bei der Benutzung der Handschriften und durch die Zusendung von Mikrofilmen und brieflichen Auskünften unterstützt haben, alle dankend zu nennen, ist hier nicht möglich; ich bin ihnen samt und sonders verpflichtet.

Dem Direktor des Max-Planck-Instituts für Geschichte in Göttingen, Herrn Professor Dr. Josef Fleckenstein, und Herrn Professor Dr. Josef Prinz (Münster) gilt mein Dank für die Aufnahme dieser Untersuchung in die Studien zur Germania Sacra.

D. M.

Einleitung

Die Durchsicht der Handschriften- und Inkunabelkataloge deutscher und einiger ausländischer Bibliotheken läßt immer wieder auf die Schriften des Jacobus Carthusiensis[1] aufmerksam werden. Ludger Meier OFM (1898—1961) hat sehr reiches Material zu einer Liste der „Werke des Erfurter Kartäusers Jakob von Jüterbog in ihrer handschriftlichen Überlieferung"[2] zusammengestellt, um — wie er einleitend sagt — die „gewisse Unsicherheit bezüglich seines (des Kartäusers) Schrifttums" zu beheben, die einem „abschließenden Urteil über sein literarisches Wirken" entgegenstehe; denn erst nach einer „weitausholenden Sichtung der handschriftlichen Zeugnisse" könnten die „Fragen der Chronologie, Biographie und Ideengeschichte mit Sicherheit geklärt werden"[3]. Die hiermit intendierte Behandlung des bereitgestellten Materials läßt Meiers Werk über „Die Barfüßerschule zu Erfurt"[4] deutlicher erkennen, in dem er seine ausgedehnten Forschungen zur franziskanischen Theologie des Mittelalters zusammenfaßt.

Der eingespielten Praxis theologiegeschichtlicher Untersuchungen entsprechend, „erhebt" die „Ideengeschichte" aus den zuvor von der „Literargeschichte"[5] bereitgestellten Schriften die im Sinne scholastischer Kategorien relevanten philosophischen und theologischen Aussagen, um sie dann im Interpretationsrahmen eben dieser Kategorien einer der verschiedenen scholastischen Schulrichtungen zuzuordnen. Wenn die gelungene Zuweisung zusätzlich durch die „Problemgeschichte"[6] erhärtet werden kann, so darf die „Ideengeschichte" dieser Aussagen als „mit Sicherheit geklärt" und das vermeintlich „abschließende Urteil" als erreicht gelten. Der so verstandenen Ideen- und Problemgeschichte gegenüber besitzt die „Literargeschichte" nur eine heuristische, jedoch keine interpretatorische Funktion. Deshalb bleiben

---

[1] Zu den verschiedenen Namen, unter denen die Schriften des Kartäusers Jakob verbreitet wurden, besonders zur unsicheren Herkunftsbezeichnung von Jüterbog s. unten S. 165 Anm. 135.

[2] Im folgenden nur mit dem Verfassernamen zitiert.

[3] MEIER S. VIII.

[4] MEIER, Die Barfüßerschule zu Erfurt, faßt nahezu ein halbes Hundert seiner Aufsätze zusammen.

[5] MEIER, Die Barfüßerschule zu Erfurt S. 60.

[6] Ebd. S. 99; Problemgeschichte meint hier vornehmlich dogmatische Probleme wie Trinitätslehre, Christologie, Ekklesiologie usw.

z. B. Gattung, Struktur, Stil, Entstehung oder Zweckbestimmung der Schriften ohne nennenswerte Bedeutung für die „Ideengeschichte", die eben grundsätzlich aus jeder Gattung „erhoben" wird. Die Vermittlung der „Ideengeschichte" durch den literarischen Ausdruck macht sich, von Meier nicht bemerkt, dennoch geltend, insofern im wesentlichen nur die Schriften der systematischen Gattung, Sentenzenkommentare und Quaestiones, auf die systematischen Fragen dieser „Ideengeschichte" antworten.

Eine Untersuchung über den Kartäuser Jakob, die den methodologischen Intentionen Meiers bewußt folgte, hätte daher die vier Bücher Kommentare zu den Sentenzen des Petrus Lombardus in den Mittelpunkt zu rücken, die Jakob in seiner Eigenschaft als Lehrer der Theologie in Krakau 1428—1430 verfaßt und vorgetragen hat[7]. Diese Sentenzenvorlesungen müssen jedoch, von der allgemeinen Einleitung, einer Art Antrittsvorlesung abgesehen[8], als verloren gelten. Die erhaltenen Schriften stellen dagegen keine theologische Systematik dar, sondern bestehen — neben den Sermonesreihen[9] — aus einer Fülle verschiedener Traktate oder auch Traktatsammlungen, die unterschiedlichen Anlässen ihre Entstehung verdanken und in der Regel für den klösterlichen, nicht für den akademischen Raum verfaßt worden sind[10]. Implizit nimmt ihr scholastisch durchgebildeter Verfasser allerdings auch in ihnen theologische Positionen ein, die auf diese oder jene Schulrichtung hin interpretiert werden könnten. Einer Interpretation solch impliziter theologischer Positionen hat z. B. E. Jane Dempsey Douglass die Predigten des Geiler von Kaysersberg unterzogen[11]. Die Verfasserin ist sich dabei der methodischen Schwierigkeiten durchaus bewußt, die sowohl aus dem Charakter der Geilerschen Predigten (die akademische Erörterungen nach dem Grundsatz *Gehört in die schül, nitt auff den predig stül* vermeiden[12]) als auch aus ihrer meist nur vermittelten Überlieferung resultieren. Entsprechend der Absicht ihrer Studie, den spätmittelalterlichen Nominalismus an einem geeigneten Beispiel zu untersuchen, können die herangezogenen Stellen aus Geilers Predigten und die aus seiner Arbeitsweise erschlossenen Implikationen[13] auch nur in dieser Hinsicht interpretiert werden. Für eine Interpretation der Intentionen des ganzen Textes aber, der weder im

---

[7] Fijałek, Mistrz Jakób z Paradyża 1 S. 59. — Dieses Werk wird im folgenden nur mit Verfassernamen und Bandzahl zitiert.

[8] Jakob hat die Hs. seiner Sentenzenvorlesungen beim Eintritt in die Kartause mitgebracht, s. unten S. 28. Die Existenz dieses Teilstücks wird mitgeteilt von Schillmann, Neue Beiträge S. 366 ff.

[9] Ihre Authentizität ist bestritten worden, s. unten S. 41.

[10] Fijałek 1 S. 8 f.

[11] Douglass, Justification.

[12] Geiler, Navicula penitentie, Augsburg 1511 fol. 34 r, zitiert bei Douglass, Justification S. 33 Anm. 2.

[13] Douglass, Justification S. 70.

Thema noch in der Struktur von der scholastischen Systematik bestimmt ist, kann eben diese Systematik deshalb nicht der angemessene Rahmen sein.

Die Bemühungen zahlreicher gelehrter Theologen des späteren Mittelalters, das Auseinanderfallen von Schultheologie und Frömmigkeit, Dogmatik und Spiritualität zu verhindern oder zu überwinden, das J. Sudbrack „der entscheidende Sündenfall zu sein dünkt"[14], haben eine vielfältige und kaum zu klassifizierende Literatur entstehen lassen[15], die sich ihren Intentionen zufolge dem philosophisch-theologisch orientierten Zugriff wesentlich entzieht. Sudbrack weist nachdrücklich darauf hin, daß das Gebiet, welches die von Baeumker, Grabmann und Landgraf herausgegebenen „Beiträge zur Geschichte der Philosophie und Theologie des Mittelalters" erfassen — in ihrem 37. Band ist auch Meiers Liste erschienen —, gerade für die „Geistigkeit des Spätmittelalters" keineswegs ausreiche. Er bestreitet sogar, daß die philosophisch-theologisch ausgerichtete Forschung auf diesem Gebiet grundlegende Ergebnisse gewinnen könne: „Wenn man z. B. das religiöse Anliegen, die Spiritualität der deutschen Professoren des Spätmittelalters übergeht, verläßt man das Fundament, auf dem die Theologie dieser Männer errichtet ist; nur als Symptom sei darauf hingewiesen, wieviele dieser Männer den Weg in den Kartäuserorden fanden, sei auf die Verbindung der Wiener Universität mit Tegernsee und Melk aufmerksam gemacht..."[16]

Daher liegt es nicht in der Absicht der Interpretationen Sudbracks, die Schriften des Johannes von Kastl im Rahmen der scholastischen Theologie verständlich zu machen, sondern — unter intensiver Verwendung der Literar- und Theologiegeschichte als Interpretamente — zwischen dem mittelalterlichen Text und einem von heutigen, personalen Kategorien bestimmten Entwurf der Spiritualität theologisch, näherhin christologisch argumentierend zu vermitteln. So ist es das im „Dogmenfortschritt"[17] sich zwar entfaltende, aber dem heutigen wie dem mittelalterlichen Theologen grundsätzlich gemeinsame Verstehen der einen Offenbarung, worin dieses direkte „Gespräch mit Vergangenheit"[18] sich legitimiert weiß. Die historische Betrachtung wird hingegen den Zeitenabstand nicht auf diesem Wege überwinden dürfen, sondern gerade den Entwicklungsgang selber, die das Verständnis vermittelnden gleichzeitigen und folgenden Zusammenhänge

---

[14] SUDBRACK, Die geistliche Theologie 1 S. 173 f.
[15] RUPPRICH, Das Wiener Schrifttum S. 33 nennt sie ‚jene eigentümliche geistlich-religiöse Zweckliteratur, die für das ausgehende Mittelalter am meisten charakteristisch wird und auch dem äußeren Umfang nach den größten Platz einnimmt'.
[16] SUDBRACK, Die geistliche Theologie 1 S. 9.
[17] Vgl. ebd. S. 449.   [18] Ebd. S. 465.

zu ihrem Gegenstand machen. Dem stehen jedoch, hinsichtlich der Geschichte der Spiritualität, auf Grund der Forschungslage große Schwierigkeiten im Weg.

Unter den gelehrten Theologen, deren Schriften im Deutschland des 15. Jahrhunderts dem Auseinanderfallen von Spiritualität und Theologie, dem von der Forschung beklagten „divorce entre théologie et mystique"[19] entgegenwirkten, ist Gerson zweifellos der bedeutendste. Über ihn sind in jüngerer Zeit mehrere Untersuchungen erschienen, zu seiner „mystischen Theologie" namentlich das gewichtige Werk von A. Combes[20]; auch die Texte sind mittlerweile zugänglich gemacht worden[21]. Angesichts seines weitreichenden und nachhaltigen Einflusses, der Gelehrten-, Mönchs- und Laienkreise erreichte — so galt er z. B. am Ende des Jahrhunderts Gabriel Biel als wissenschaftliche Autorität[22], dem reformierten Benediktiner Nikolaus von Siegen dagegen als Führer mönchischen Lebens[23], den Erfurter Kartäusern wiederum schlechthin als Kirchenlehrer[24], dem Münsterprediger, Gerson-Übersetzer und -Editor Geiler von Kaysersberg wie auch Jakob Wimpfeling als umfassendes Vorbild[25] — angesichts dieses außerordentlichen Einflusses wird deutlich, daß ohne die Erforschung der Gerson-Rezeption, welche bisher nur für Biel und Wimpfeling geleistet ist, eine Geschichte der Spiritualität dieser Zeit nicht geschrieben werden kann.

Breitere Beachtung hat, teilweise in unmittelbarem Zusammenhang mit Gerson, die Frömmigkeit der Devotio moderna erfahren, für das 15. Jahrhundert vor allem durch die ausgiebige Diskussion über die Frage nach dem Verfasser der Imitatio Christi[26]. Hingegen blieb die Spiritualität der monastischen Reformbewegungen dieser Zeit, die im Unterschied zur Devotio moderna viele Gelehrte in ihre Klöster zu ziehen vermochten, allzu wenig beachtet. Überdies läßt sich die für das Wiederaufleben anderer Orden vermutlich recht bedeutende Rolle der Kartäuser noch gar nicht klar über-

---

[19] LECLERCQ-VANDENBROUCKE-BOUYER, La spiritualité S. 533. SUDBRACK, Die geistliche Theologie 1 S. 12 f. läßt zahlreiche Stimmen hierzu sprechen.

[20] La théologie mystique de Jean Gerson 1—2. Paris 1964.

[21] Gerson, Oeuvres complètes. Hg. von M. GLORIEUX; Joannis Carlerii de Gerson, De mystica theologia. Hg. von A. COMBES. Lucani (Lugano)-Padova o. J. (1957).

[22] OBERMAN, Der Herbst der mittelalterlichen Theologie S. 309 ff. Zu den gegensätzlichen Ansichten Gersons und Biels über das Klosterleben ebd. S. 319 ff.

[23] Nikolaus von Siegen, Chronicon ecclesiasticum S. 419 macht sich im Kapitel über Gerson die folgenden Worte eines *notabilissimus et literatus vir, in multis expertus et nominatus* zu eigen, die dieser bei einem Besuch des Erfurter Petersklosters gesprochen habe: *Quicunque religiosus proficere intendit, solummodo legat et studeat scripta domini Johannis Gerson, et sufficit eidem.*

[24] MBK 2 S. 441, 470 ff.; KLEINEIDAM, Die theologische Richtung S. 260.

[25] HERDING, Jakob Wimpfelings Adolescentia S. 110 ff.

[26] Vgl. J. W. ALBERTS, Zur Historiographie der Devotio moderna und ihrer Erforschung (WestfForsch 11. 1958 — S. 51—67).

blicken, nicht einmal die Frage beantworten, „ob es ... bereits im Mittelalter zur Ausbildung dessen gekommen ist, was man eine spezifische Kartäuserspiritualität nennen könnte", wie H. Rüthing in einer dem Kartäuser Heinrich Egher von Kalkar (1328—1408) gewidmeten Untersuchung feststellt[27]. In Anbetracht der erst im Jahrhundert nach Heinrich deutlich einsetzenden Aktivität des Kartäuserordens nach außen — Lortz und Jedin verwenden hierfür das zu starke Bild der „kopernikanischen Wende ... von der Kontemplation zum Apostolat"[28] — ist es zu bedauern, daß z. B. die Auswertung der Werke des Kartäusers Dionysius von Roermond (1402/3—1471), der Nikolaus von Kues während der Reformreise durch Deutschland begleitete, nur sehr langsam voranschreitet, obgleich ihre Ausgabe längst geschlossen vorliegt[29]. Der Kusaner selbst hat wiederum stets großes und in den letzten Jahren sogar noch gesteigertes Interesse erregt, das, wie H. Blumenberg darlegt, eigentlich einer „neuen Gründergestalt der Neuzeit"[30] gelte. Doch verdiente neben Theologie und Philosophie auch seine „Lehre vom geistlichen Leben"[31], die sich nicht allein auf die mit den Tegernseer Benediktinern geführte Diskussion über Kontemplation und „mystische Theologie"[32] beschränkt, verstärkte Aufmerksamkeit. Schließlich hat, vom reformationsgeschichtlichen Interesse angestoßen, H. A. Oberman wichtige Kapitel seines Buches „The Harvest of Medieval Theology" dem Verhältnis Biels zur *vita contemplativa* und zur Mystik im Sinne Gersons gewidmet[33] und sein Schüler D. C. Steinmetz hat ähnlich die „mystische Theologie" des Johannes von Staupitz behandelt[34].

Der Überblick, welchen die „Histoire de la spiritualité chrétienne"[35] über die Spiritualität der theologischen Schriftsteller im Deutschland des 15. Jahrhunderts zu geben vermag, spiegelt die Forschungslage mit ihren großen

---

[27] RÜTHING, Der Kartäuser Heinrich Egher von Kalkar S. 13.

[28] JEDIN, Geschichte des Konzils von Trient 1 S. 115.

[29] Dionysius Cartusianus, Opera omnia 1—42. Montreuil 1896—1935. — R. HAUBST vermißt in seiner Rezension (ZKG 74. 1963 — S. 387 ff.) des Buches von M. BEER, Dionysius' des Kartäusers Lehre vom desiderium naturale des Menschen nach der Gottesschau (MünchTheolStudHistAbt 28) 1963, zu Recht den Bezug zur Theologie des 15. Jhdts.; u. a. wird Gerson mit keinem Wort erwähnt. Auch wird das Beiseiteschieben der „mystischen Theologie", die BEER unter die „zwar interessanten, für die Gesamtbeurteilung dieses Mannes aber nebensächlichen Themen" zählt (S. 3), nicht begründet.

[30] H. BLUMENBERG, Die Legitimität der Neuzeit. 1966 S. 438.

[31] Vgl. H. WOLTER, Funken vom Feuer Gottes. Die Lehre des Nikolaus von Kues vom geistlichen Leben (ZAszese 31. 1958 — S. 264—275). R. HAUBST, Ein Predigtzyklus des jungen Cusanus über tätiges und beschauliches Leben (MittForschBeitrrCusanusGes 7. 1969 — S. 15—46).

[32] VANSTEENBERGHE, Autour de la Docte ignorance.

[33] Cambridge Mass. 1963 Kap. 10.

[34] D. C. STEINMETZ, Misericordia Dei. The Theology of Johannes von Staupitz in its Late Medieval Setting (StudMedRefThought 4) 1968 S. 152 ff.

[35] LECLERCQ-VANDENBROUCKE-BOUYER, La spiritualité.

Lücken nur allzu deutlich wider. Darum kann es nicht verwundern, daß der Name des Kartäusers Jakob in der „Histoire" unerwähnt bleibt, freilich zu Unrecht. Denn er zählt nach den Themen vieler seiner Schriften, vor allem in der Darstellung seines Schülers und Biographen Jacobus Volradi[36] unter die gelehrten Theologen, die nichts weniger als bloße Kathedertheologen sein wollten. Volradi betont die Gelehrsamkeit Jakobs, stellt aber das Bemühen um *contemplatio* und *fruitio* in den Mittelpunkt der Lebensbeschreibung und verweist zum Beleg auf Jakobs Traktat De mystica theologia[37]. Diese Schrift könnte wohl einen wichtigen Ansatzpunkt für die Untersuchung der Spiritualität des Kartäusers bieten. Dennoch soll dieser Weg hier u. a. auf Grund folgender Überlegungen nicht beschritten werden.

1. Die Forschungslage gestattet es in nur zu geringem Maße, daß die ex conceptu auftretende Schwierigkeit, die jeweilige Bedeutung und Funktion spiritueller Leitbegriffe (wie z. B. *lumen* und *caritas* bei Johannes von Kastl) abzugrenzen, durch vergleichende Betrachtungsweise überwunden werden könnte. Zu leicht gerät der Forscher, der die immanente Darstellung verlassen will, in die Gefahr, auf der Suche nach den Quellen oder auch nur Parallelen entweder in der Masse des Traditionsgutes geistlicher Theologie zu versinken oder auf dem recht weiten Feld geistesgeschichtlicher Zuweisungen und Verknüpfungen seine Zuflucht zu suchen und beide Male die historischen Konturen seines Textes zu verfehlen. Da diese Gefahr sich kaum verringert, wenn ein mittelalterlicher Autor seine Autoritäten nennt, deren Werke ihm ja oft genug nicht selber vorgelegen haben, sondern durch Liturgie, Breviere, Dekrete[38], Lombardus-Sentenzen, Florilegien[39] oder anderweitige Zitation vermittelt worden sind, bedürfte es nicht nur weiterer Einzeluntersuchungen zur Spiritualität, sondern vorrangig der Erschließung solcher Vermittler. Gerade Liturgie und Breviere stellten den geistlichen Schriftstellern kontinuierlich einen festgeformten Bestand von Bibel- und Vätertexten sowie Gebetsformeln zur Verfügung, deren Erschließung wesentliche Hilfen bieten könnten, die in ihrer Eigenart schwer zu bestimmenden Texte aus dem Bereich der Spiritualität und Frömmigkeit im Rahmen einer konkreten Bewußtseinsgeschichte statt einer abstrahierenden Ideen-

---

[36] Gest. 1498; die Vita von 1482 ist abgedruckt bei HESSE, Kartäusermönche zu Erfurt S. 3—7; LE VASSEUR, Ephemerides 1 S. 546—551; FIJAŁEK 2 S. 122—127.

[37] *Et ne haec extranea videantur et conficta, cui placet, legat opuscula eius, et maxime de mystica theologia ...*, FIJAŁEK 2 S. 126.

[38] Als illustratives Beispiel der Vermittlung von Väterzitaten durch das Decretum Gratiani in der humanistischen Erziehungsschrift vgl. HERDING, Jakob Wimpfelings Adolescentia S. 172 und 333 f.; S. 28 ff. zum allgemeinen Problem der Zitate ex rivulo, non ex fonte.

[39] Vgl. z. B. AUERS Untersuchungen zur Herkunft der Seneca-Zitate in der Consolatio theologiae des Johannes von Dambach: Johannes von Dambach S. 78 ff.

geschichte zu interpretieren, die von der Geschichte der Träger dieser Ideen losgelöst ist.

2. Die mehrfach angestellte Beobachtung, daß im Verlauf des Mittelalters „gerade in frommen Kreisen der Begriff der Kirche immer mehr in den Hintergrund ihres spirituellen Bemühens gedrängt" und die „Vorstellung von der Kirche als Gnadenmittel und Heilsanstalt" für das individuelle Heil vorherrschend geworden sei [40], trifft im wesentlichen auch für die das geistliche Leben behandelnden Schriften des Kartäusers zu; die *salus propria* wird der *salus aliorum* entgegengesetzt und scharf betont. Doch daneben stehen aus der Feder desselben Autors sowohl die Traktate zur Konzilsproblematik, deren Gegenstand — im Zusammenhang mit der Superioritätsfrage — die Kirche als *corpus Christi mysticum* und *congregatio fidelium* ist [41], als auch das pastorale Schrifttum, dessen selbstverständliche Voraussetzung die kirchliche Gemeinschaft bildet. Die Antriebe, die zur Entstehung „ganze(r) Massen von Predigtbüchern und Erbauungsschriften aller Art" geführt haben, welche „die deutschen Bibliotheken ... aus dem handschriftlichen Nachlaß von Universitätstheologen jener Zeit" bergen [42], dürfen nicht übersehen werden. Das gleiche gilt für jene Traktate, die speziell das Leben der Klostergemeinschaften behandeln. Diese umfänglichen literarischen Bemühungen der theologischen Schriftsteller im Dienste der Kirchenreform intendieren mehr als nur eine „Reform der Disziplin" [43] oder eine bloße „Restauration des Alten" [44], welche dann durch die protestantischen „Reformen sowohl der Lehre als auch der Disziplin" überholt worden wären, sie beabsichtigen vielmehr eine Reform der Frömmigkeit [45]. So verschiedene Elemente wie Spiritualität, Liturgie, Seelsorge, Predigt, Provinzialkapitel, Diözesansynoden, Klerusbildung, popularisierte Mystik, Erbauungsliteratur, Volksfrömmigkeit, kirchenpolitische Maßnahmen, theologische Gutachten u. a. m. wirken aufeinander ein und dürfen daher vom Historiker nicht isoliert betrachtet werden. Ihre Verflechtungen und Wechselwirkungen zu untersuchen, wäre Aufgabe einer diese Elemente integrierenden Frömmigkeitsgeschichte. Zahlreiche Einzeluntersuchungen [46] sind von

---

[40] SUDBRACK, Die geistliche Theologie 1 S. 217 und der von ihm herangezogene Aufsatz von ISERLOH, Die Kirchenfrömmigkeit in der Imitatio Christi S. 251 ff.
[41] Vgl. FIJAŁEK 1 S. 349 ff.
[42] RITTER, Romantische und revolutionäre Elemente S. 355.
[43] DOUGLASS, Justification S. 208: „It is a good fortune of modern students of Geiler to be able to take advantage of the perspective of history which permits us to distinguish between the ‚reform' of the fifteenth century, reform in discipline, and the ‚reformation', which Protestants understood to include both doctrinal and disciplinary reform."
[44] RITTER, Romantische und revolutionäre Elemente S. 355.
[45] So ISERLOH, Reform der Kirche bei Nikolaus von Kues S. 30 f.
[46] Vgl. die reichen Literaturangaben bei MOELLER, Spätmittelalter S. H 32—H 44. — Die Zeitschrift Ons Geestelijk Erf umgreift verschiedene Bereiche unter dem Gesichtspunkt

mehreren Seiten, freilich mit entsprechend unterschiedlichen Zielsetzungen erarbeitet worden, weshalb die Frömmigkeitsgeschichte die „Not" der Mystikforschung teilt, von der K. Ruh spricht[47], sie besteht hier wie dort in dem Mangel „einer wirklichen Forschungskontinuität". Das von Sudbrack im Vorgriff formulierte Hauptproblem der Spiritualitätsgeschichte, die Trennung von Dogmatik und Spiritualität, weist gerade angesichts des den Theologen bedrückenden Fehlens der Wirklichkeit der Kirche[48] über den engeren Problemkreis hinaus auf die komplexe historische Wirklichkeit der Kirche.

An den Anstrengungen, die Kirche einer *totalis reformatio* oder zumindest einer *reformatio particularis*[49] zu unterziehen, von denen das 15. Jahrhundert während und nach der Zeit der Konzilien erfüllt war, haben zahlreiche theologische Schriftsteller über ihre literarische Tätigkeit hinaus unmittelbaren Anteil genommen. Ihre Schriften gehen oft direkt aus der Reformarbeit hervor und geben daher Aufschlüsse über diese Tätigkeit. Solchem Sachverhalt tragen die Biographien Rechnung, die ihnen seitens der historischen Forschung zuteil wurden, indem sie Leben und Werke zur wechselseitigen Erklärung heranziehen. Das Prinzip der Darstellung ist der chronologische Ablauf des Lebens, dessen Abschnitte zugleich die Darstellung gliedern und die Anordnung der Schriften, entsprechend ihrem Ort im Leben des Autors, bestimmen. Das Leben des Mönches Jakob gliedert sich deutlich in zwei große, durch den Ordenswechsel geschiedene Abschnitte: er war bis 1442 Zisterzienser in Polen, danach Kartäuser in Erfurt. Der Zisterzienser lehrte in Krakau Theologie und wirkte gleichzeitig im Dienste der Klosterreform, war einem Teil der Überlieferung zufolge zeitweilig Abt seines Professklosters Paradies; der Kartäuser hat jedoch der vita activa vollständig den Rücken gekehrt und als *cellulae cultor et amator indefessus*, wie ihn sein mittelalterlicher kartäusischer Biograph nennt[50], sein Kloster nicht verlassen, sich vielmehr ganz der vita contemplativa gewidmet und dem Schreiben. Aus dieser Zeit sind ausschließlich seine Schriften bekannt. Damit erweist sich die streng gelebte *vita contemplativa* als ein Problem der biographischen Geschichtsschreibung; der zweite Lebensabschnitt des Jakob entzieht sich im Gegensatz zum ersten einer biographischen Darstellung völlig.

---

der Frömmigkeitsgeschichte; der groß angelegte Versuch einer Zusammenfassung in ST. AXTERS, Geschiedenis van de vroomheid in de Neederlanden 1—3. 1950—1956, definiert den Gegenstand weiter, als ihn die Darstellung auszufüllen vermag: ‚Mit Frömmigkeit meinen wir jedes Erleben des Abhängigkeitsverhältnisses des Menschen gegenüber Gott.' (ebd. 1 S. XV).

[47] RUH, Altdeutsche und altniederländische Mystik S. IX.
[48] SUDBRACK, Die geistliche Theologie 1 S. 217 f.
[49] D. h. nur einzelner *membra (status, religiones);* so Johannes Nider, Formicarius lib. I, cap. VII, fol. XII r.   [50] FIJAŁEK 2 S. 126.

Dieser Tatsache entspricht die Anlage und thematische Begrenzung der Biographie Jakobs aus der Feder Jan Fijałeks: seine Darstellung erstreckt sich nur auf die Jahre Jakobs als Zisterzienser, insbesondere auf die Wirksamkeit an der Krakauer Universität, während die Kartäuserzeit, aus der keine biographischen Daten zur Verfügung stehen, als Annex des vorhergehenden Lebensabschnittes begriffen[51], letztlich nicht biographisch, sondern nur bibliographisch bewältigt wird. Freilich bilden Rückschlüsse aus Jakobs eigenen Schriften schon für die Darstellung der Zisterzienserzeit die wichtigste Grundlage. Die einseitige Hervorhebung des ersten Lebensabschnittes, welche die biographische Gattung in diesem Falle verursacht, gibt zugleich die Absicht der Interpretation Fijałeks vollkommen wieder. Jakob soll ganz aus den geistigen Einflüssen der Krakauer Universität verstanden werden und damit im Zusammenhang soll sozusagen das polnische Urheberrecht am gesamten Wirken Jakobs gegen die deutsche Forschung behauptet werden.

Der national eingefärbte Gegensatz zu seinen Vorgängern, in den Fijałek eintritt, erweist sich jedoch als fruchtbar. Fijałek vermag durch das Auffinden von bislang unbekannten Lebensdaten und unbeachtet gebliebenen Schriften die Tätigkeit Jakobs in Polen, die nahezu völlig im Dunkeln gelegen hatte, in noch nicht überholtem Ausmaß zu erhellen und zahlreiche Irrtümer der Literatur wie Verwechslungen von Personen und Fehlzuweisungen von Schriften zu korrigieren. Wenn Fijałek zudem bemerkt, daß Jakob in Polen vergessen worden sei, jedoch im Westen ein großes Echo gefunden habe[52], so steht indessen zu vermuten, daß die von ihm kritisierte deutsche Forschung nicht einer nationalen Präferenz zuliebe Jakob nur als Mönch des deutschen Klosters gesehen hat, sondern daß sie in einem unreflektierten Rezeptionszusammenhang steht, der seinen Ausgang von der Erfurter Kartause und nicht von der Krakauer Universität genommen hat. Damit lenkt Fijałeks Darstellung entgegen ihrer Absicht die Aufmerksamkeit doch wieder auf die Kartäuserzeit Jakobs und zugleich auf das mit ihr verbundene methodische Problem.

Da einerseits die historisch-biographische Rekonstruktion offenbar nicht in der Lage ist, einen befriedigenden Deutungszusammenhang der Schriften des *Kartäusers* Jakob zu bieten, anderseits der theologische Weg der Einordnung des Gedankengutes in einen wie auch immer gearteten theologisch-systematischen Entwurf nicht in der Absicht einer historischen Untersuchung liegt, müssen die Schriften in einen historisch aufweisbaren und deutungsfähigen Zusammenhang gerückt werden außerhalb des biographischen oder theologischen Bezuges. Diesen Zusammenhang bietet auf der anderen, der

---

[51] Vgl. FIJAŁEK 1 S. 7.   [52] Ebd. S. 10.

Produktion der Schriften komplementären Seite ihre Rezeption durch die Leser. Die Geschichte der Rezeption kann und soll weder eine Biographie des Autors noch eine theologische Würdigung seines Denkens ersetzen; sie sucht hingegen die erlangte historische Bedeutung der Schriften im geschichtlichen Kontext umrißhaft zu ermitteln. Der besondere Fall der Schriften aus Jakobs Kartäuserzeit gibt den Anlaß, aus allgemeinen methodischen Problemen der Interpretation von Texten Folgerungen für die vorliegende Untersuchung zu ziehen.

Von ordensgeschichtlichen oder kirchenpolitischen Ereignissen, die unmittelbar auf Entscheidungen oder Einwirkungen Jakobs zurückzuführen wären, kann Fijałek nichts berichten. Denn Quellen, die darüber Auskunft gäben, existieren nicht. Auf Grund seiner Stellung[53] besaß der Magister und Mönch auch kaum eine andere als die mittelbare Macht des Wortes; sein nachdrückliches Eintreten für das Basler Konzil in Rede und Traktat konnte ebenso wie sein Avisamentum ad papam pro reformatione ecclesiae nur über den aufnahmebereiten Hörer oder Leser wirken. Erkennbaren Einfluß hat Jakob allein im Medium der Sprache, als Autor seiner Schriften ausgeübt. Von dieser Tatsache gilt es auszugehen.

In seiner Untersuchung zu einem der vielgelesenen deutschsprachigen Erbauungsbücher des ausgehenden Mittelalters, den „Vierundzwanzig Alten" Ottos von Passau, hat W. Schmidt schon 1938 den Blick vom Werk auf das Publikum gelenkt und in ihm einen aktiven „Gestaltungsfaktor" sowie das entscheidende Moment der historischen Bedeutung des Werkes erkannt[54]. Die Prozesse der Aneignung und Umwandlung, der „Horizontverschmelzungen", die sich beim rezipierenden und schreibenden Autor wie auch bei den nachfolgenden Lesern und Bearbeitern der Texte vollziehen, hat O. Herding zum Gegenstand einer Text*edition* — und der mit ihr nunmehr notwendig verbundenen expliziten Interpretation — gemacht und damit die am Paradigma positivistischer Historie orientierte Editionspraxis überholt, die ineins mit der Reduktion der den ‚reinen' Text ‚depravierenden' Überlieferung auf seine ‚objektive' Gestalt diesen Text auf das bloße Substrat eines historischen Geschehens reduzierte und so seine konkrete Geschichtlichkeit verdeckte. Diese aufzudecken, „(kommt) es nicht so sehr

---

[53] Ob Jakob Abt von Paradies war, ist mehr als fraglich. Fijałek 2 S. 153 ff. streitet es mit gewichtigen Gründen rundweg ab. Von Klostervisitationen, an denen Jakob teilnahm, sind nur Ansprachen überliefert (ebd. S. 135 ff.). Auch Jakobs Tätigkeit als Vikar der Erfurter Kartause — als solcher hatte er den Prior in der geistlich-asketischen Leitung der Mönche zu unterstützen — dürfte in einem Teil seiner monastischen Traktate ihren Niederschlag gefunden haben; andere als literarische Nachwirkungen seines Amtes sind nicht zu erkennen.

[54] Schmidt, Die vierundzwanzig Alten S. 303 ff. Vgl. ebenfalls Schmidt, Zur deutschen Erbauungsliteratur des späten Mittelalters (Ruh, Altdeutsche und altniederländische Mystik S. 437—461).

auf den ‚reinen' Text an — den gibt es gar nicht, pointiert ausgedrückt, er sollte im Gegenteil immer ‚besser' werden —, sondern auf die verschiedenen Textgestalten, die auf das Publikum in unbekannter Breite gewirkt haben"[55]. Seitens der Literaturwissenschaft hat H. R. Jauß in seiner Begründung einer rezeptionsästhetischen Theorie die aus der Geschichtlichkeit und dem kommunikativen Charakter von Literatur abgeleiteten Folgerungen hervorgehoben, daß die Texte eines Autors ihn und die Leser in dialogischen Verstehensprozessen verbinden, aus welchen die Texte nur um den Preis ihrer spezifischen Geschichtlichkeit gelöst werden können, da das geschichtliche Leben eines Textes sich nicht in seiner Entstehungsgeschichte erschöpft und nicht bei seiner publizierten Gestalt endet, sondern sich fortsetzt und entfaltet in den Rezeptionsvorgängen; daß demnach das den Text immer wieder aktualisierende Publikum wesentlich über das geschichtliche Leben und mithin die geschichtliche Bedeutung des Werkes entscheidet, welches im Unterschied zum politischen Ereignis nur weiterzuwirken vermag, „wo sich Leser finden, die sich das vergangene Werk neu aneignen, oder Autoren, die es nachahmen, überbieten oder widerlegen wollen"[56].

Demnach hat es die Interpretation, die den Text in seiner spezifischen Geschichtlichkeit zu begreifen sucht, nicht allein mit dem produktiven Verhältnis des Autors zu den von ihm benutzten Quellen zu tun, sondern zugleich mit dem in der Rezeption sich vollziehenden Verstehen, das als solches schon der produktive Vorgang der Verschmelzung verschiedener Horizonte ist, auch ohne daß es sich in erneuter literarischer Produktion niederschlägt. Die Bedingungen des sich wandelnden Verständnisses und die dabei zutage tretende Entfaltung der virtuellen Bedeutung des Werkes sind Gegenstand der rezeptionsgeschichtlichen Untersuchung. Da die Rezeptionsgeschichte der Werke zugleich die Vorgeschichte des eigenen Verstehens dieser Werke ist, gilt die rezeptionsgeschichtliche Untersuchung keinem zusätzlichen Gegenstand, keiner Fragestellung, die nur neben die auf die Schriften unmittelbar gerichtete träte, sondern einem kontrollierten Zugang zu ihnen. Die Bedeutung des Zisterziensers und Kartäusers Jakob beruht auf der seiner Schriften, wie sie in der Geschichte ihrer Rezeption faßbar wird. Durch sie kommen die Schriften in einen Zusammenhang zu stehen, der ihrem kommunikativen Charakter gemäß und zugleich genuin historisch ist. Denn indem die Untersuchung sich den Bedingungen und Veränderungen des Verständnisses der Werke zuwendet, bleibt sie an die geschichtlich-soziale und literarisch-geistige Welt der Rezipienten zugleich gebunden.

---

[55] Herding, Jakob Wimpfelings Adolescentia S. 116.
[56] Jauss, Literaturgeschichte bes. S. 168 ff., hier S. 173; ferner Jauss' Antwort auf die lebhafte Diskussion seines Ansatzes in: H. R. Jauss, Racines und Goethes Iphigenie. Mit einem Nachwort über die Partialität der rezeptionsästhetischen Methode (Neue Hefte für Philosophie 4. 1973 — S. 1—46).

Das Ziel der bibliothekarischen Nachforschungen L. Meiers war es, die Schriften des Mönches Jakob in erreichbarer Vollständigkeit zu erfassen. Die zu jedem der ca. 150 Titel gesondert aufgeführte handschriftliche Überlieferung sollte späterer Forschung eine möglichst breite Basis für die Kenntnis der authentischen Texte und ihrer Datierung bieten, weshalb auch mehr als ein summarischer Hinweis auf die Drucke nicht geboten schien. Meiers Liste zeigt aber über diesen Zweck hinaus allein durch die große Zahl der verzeichneten Codices, daß es eine breite handschriftliche Rezeption der Werke Jakobs gegeben hat; anderseits macht die sehr unterschiedliche Verteilung der Handschriften auf die einzelnen Titel — sie schwankt bei Meier zwischen maximal 64, die sich noch ergänzen lassen, und minimal einer[57] — ebenfalls deutlich, daß die Werke nicht als Gesamtheit rezipiert wurden. Man kann sogar sagen, daß sie zu keiner Zeit in irgendeiner Bibliothek, selbst nicht in der Handbibliothek des Verfassers, vollzählig existiert haben[58] und darum als Gesamtheit nie haben rezipiert werden können. Wohl hat Jakob selber auf einer heute verlorenen Liste über seine Schriften Buch geführt, auch gibt es frühe Ansätze der Rezipienten, die Traktate oder zumindest ihre Titel in größerem Umfang zu sammeln[59], aber erst die Nachforschungen Meiers haben den Überblick über die mutmaßliche Gesamtproduktion geschaffen. Doch schon diese Gesamtheit der Werke des Kartäusers ist nicht ohne den Anteil der Leser zustandegekommen. Das ständige Ineinandergreifen von Rezeption und Produktion ist nicht allein für den Fortgang der Literargeschichte im ganzen bestimmend, sondern gilt auch für die Abfolge der literarischen Produktion des einzelnen Autors. Das zustimmende, auffordernde oder ablehnende Verhalten des Publikums ist nachweislich von Einfluß auf die Abfassung weiterer Schriften[60]. Insofern ist die Liste der Werke nur eine wissenschaftliche Hilfskonstruktion der literargeschichtlichen Heuristik, die die konkrete Entwicklung, aus der sie abstrahiert ist, nicht in Vergessenheit geraten lassen darf. Wenn z. B. ein fest umrissener Leserkreis mit bestimmten Fragen an den Autor herantritt und dieser ihm mit seinem Traktat antwortet oder der Autor einen größeren Leserkreis ansprechen will und seine Schrift der in der Vorstellung antizipierten Rezeption entsprechend abfaßt[61], ist das Publikum, pointiert gesagt, an dem Zustandekommen der Schriften schon mitbeteiligt. Die Untersuchung muß daher bei der Entstehung der Schriften einsetzen. Trotz der z. T. recht hohen Zahl der erhaltenen Abschriften bleibt freilich zu bedenken, daß weder alle angefertigten Kopien erhalten sind noch die Provenienzen aller erhaltenen eruiert werden können — das Verhältnis der zugewie-

---

[57] Meier, Nr. 70 S. 58 f.; hingegen z. B. Nr. 13 S. 20.
[58] S. unten S. 60, 81.   [59] S. unten S. 66 ff.
[60] S. unten Kap. 5.

senen zu den nicht zugewiesenen Handschriften ist etwa vier zu eins — eine Einschränkung, die nur teilweise durch die Heranziehung chronikalischer und bibliotheksgeschichtlicher Nachrichten über die Rezeption ausgeglichen werden kann. Die verwerteten Angaben, die durch neue Funde und Zuweisungen gewiß mehrfach ergänzt werden können, lassen jedoch deutliche Schwerpunkte der Rezeption erkennen, so daß in einigen Fällen umgekehrt auf bestimmte weitere Rezipienten geschlossen werden kann.

Bis zum ersten Viertel des 16. Jahrhunderts ist eine verhältnismäßig breite Aufnahme der Werke Jakobs des Kartäusers in Handschriften und Druck zu beobachten. Danach tritt, vor allem durch den Protestantismus, ein deutlicher Wandel ein, der auch die im 19. Jahrhundert einsetzende Forschung beeinflußt. Diese beiden unterschiedenen Epochen der Rezeption bedürfen einer gesonderten Behandlung. Deshalb ist zunächst die Rezeption bis etwa 1520 (Kap. I—III), dann die allmählich in die Forschung übergehende Beschäftigung mit dem Kartäuser seit dem 16. Jahrhundert darzustellen (Kap. IV).

Der empirisch-statistische Aufweis des chronologischen Ablaufs der Rezeption (Kap. I) bedarf der Interpretation, welche die zunächst isolierten Rezeptionsvorgänge an ihren geschichtlichen Ort zurückstellt, indem sie sich sowohl auf die geschichtlich-soziale Welt der Rezipienten richtet (Kap. II) als auch vor dem Hintergrund der Gesamtproduktion Jakobs die Rezeptionen als partielle kenntlich macht (Kap. III). Ausgehend vom protestantischen Zweig der nachreformatorischen Rezeption führt die Entwicklung ziemlich geradlinig, die „wirkungsgeschichtliche Verflechtung" verdeutlichend, zu C. Ullmanns Buch über die „Reformatoren vor der Reformation", das dann der katholischen Forschung den Anstoß zu eingehenderer Beschäftigung mit den Werken des Kartäusers gab. Von mehreren Seiten wurde auf die handschriftliche Überlieferung zurückgegriffen, besonders durch Jan Fijałek, bis schließlich L. Meiers ausgedehnte bibliothekarische Nachforschungen nach dem gesamten Werk den Weg der handschriftlichen Rezeption praktisch wieder zurückgingen (Kap. IV).

Deutlicher als in der reinen Leserezeption wird der dialogische Prozeß, in dem ein Werk seine geschichtliche Bedeutung erlangt, dort, wo Kritik an dem Werk vernehmbar oder seine Verwendung durch einen späteren Autor greifbar ist. So hat Wimpfeling Stücke aus zwei Schriften des Kartäusers in seine Adolescentia aufgenommen und eingearbeitet; O. Herding hat die-

---

[61] Vgl. dazu z. B. das Vorwort Jakobs zu seinem Liber quaestionum de diversis materiis (MEIER Nr. 3 S. 13 f.): *Ad mandatum et beneplacitum venerabilis patris domini de Claratumba et ad instantem postulacionem quorundam fratrum ...*, Leipzig UB Cod. 621 fol. 3 r sqq; vgl. unten S. 31. Ferner der Beginn des zweiten Teils der Ars moriendi, zitiert unten S. 172 f.

sen Vorgang interpretiert. Sowohl Textverarbeitung als auch kritische Antwort kennzeichnen die Rezeption der Ars moriendi Jakobs. Diese Schrift ist unter anderem deshalb besonders geeignet, als Paradigma einer näheren rezeptionsgeschichtlichen Textinterpretation zu dienen, die im Kontrast zu früheren Ausführungen über eben diese Schrift die Notwendigkeit der rezeptionsgeschichtlichen Betrachtung noch einmal zu belegen vermag; denn durch sie wird verdeutlicht, daß das Problem, das diese Schrift ihren Lesern aufgab, durchaus nicht das war, welches sie der theologie- und gattungsgeschichtlichen Forschung bedeutete (Kap. V).

I. Der chronologische Ablauf der Rezeption bis 1520

1. Vorbemerkung

Die Leser des Kartäusers sprechen nur selten über die Motive, die sie veranlaßten, zu den Werken gerade dieses Autors zu greifen, oder über die Bedeutung, die sie seinen Schriften beimaßen. Daher bleibt in der Mehrzahl der Fälle nur die Tatsache, daß sich die Kopie eines Traktates zu einem gewissen Zeitpunkt in der Hand eines bestimmten Besitzers befunden hat, Ausgangspunkt der rezeptionsgeschichtlichen Interpretation. Indes erlauben die Bedingungen, die zu diesem Faktum geführt haben, Rückschlüsse auf jene Bedingungen, unter denen das Werk verstanden worden ist. Denn die Person des Besitzers, der Zeitpunkt und der Ort der Rezeption können auf sozialgeschichtliche, der literarische Kontext, d.h. die Zusammensetzung einer Handschrift und ihre Einordnung in eine Bibliothek auf ideengeschichtliche Zusammenhänge unterschiedlicher Art verweisen, so daß darin Unterschiede in den Bedingungen des Verständnisses erkennbar werden. Die erreichbaren Differenzierungen können freilich nur Annäherungen sein, da die dem genannten literatur-soziologischen Faktum implizierten Aussagen wohl einen Rahmen anzugeben vermögen, innerhalb dessen das Werk verstanden worden sein muß, aber nicht in die Auseinandersetzung des Lesers mit dem Werk unmittelbar hineinführen. Der Dialog zwischen Leser und Autor kommt erst in der textverarbeitenden Rezeption zur Sprache, wenn der Leser wiederum zum Autor wird, und selbst die Sammlung einer möglichst großen Zahl rezeptionsgeschichtlicher Details kann die Annäherung nicht weitertreiben, sondern nur absichern.

Dennoch ist das Zusammentragen der Details unerläßlich, weil die Aufnahme der Werke dieses Autors seitens des Publikums unter einem literatursoziologischen Aspekt schon durch die Kategorie der Quantität von der Rezeption vergleichbarer Autoren unterschieden werden kann. Die geschichtliche Bedeutung, die ein Autor gewinnt, hängt nicht zum wenigsten davon ab, in welchem Umfang die ‚Gesellschaft' in ihren Gruppen von seinen Werken Kenntnis nimmt. Ein Hinweis auf die etwa 450 Handschriften und ca. 30 Druckauflagen, in denen die Werke des Kartäusers überliefert sind, genügt jedoch zur Beschreibung des Umfanges der Rezeption keineswegs; denn die Kenntnisnahme der Werke durch das Publikum ist allein in formaler Hinsicht, ohne daß schon die Leser oder Lesergruppen zu den von ihnen rezipierten Werken in Beziehung gesetzt würden, nicht lediglich eine statistische Tatsache, sondern ein geschichtlicher Vorgang, der sich innerhalb eines bestimmten Zeitraumes, in verschiedenen Bahnen und in unterschiedlicher Intensität vollzieht.

Daher ist das Ziel einer ersten Annäherung an die Rezeptionsgeschichte der Werke des Kartäusers Jakob die Darstellung ihres *chronologischen* Ablaufs bis gegen 1520. Die intensive handschriftliche Kopiertätigkeit endet, soweit die Eintragungen in den Codices dies erkennen lassen, im zweiten Jahrzehnt des 16. Jahrhunderts. 1520 ist das Erscheinungsjahr des Nürnberger Druckes von Jakobs Confessionale [1]; es ist der letzte Druck, der in der Absicht hergestellt wurde, das publizierte Werk der praktischen Verwendung zuzuführen. Die späteren Editionen seitens protestantischer Apologeten dienen der historischen Kenntnis und der theoretischen Rechtfertigung der Reformation. Dieses veränderte Interesse bezeichnet einen deutlichen Einschnitt und erlaubt die Abgrenzung eines ersten Zeitabschnittes.

Die *räumliche* Dimension des Fortganges der Rezeption innerhalb des ersten Zeitabschnittes ist aus den überlieferten Handschriften nur sehr fragmentarisch zu erkennen, denn die meisten Ortsangaben erlauben keine Rückschlüsse auf die Herkunft der Vorlagen und damit die Wege der Verbreitung [2]. Aber die vorhandenen Einträge verdienen festgehalten zu werden, auch wenn es sich um Einzelfälle handelt, deren typischer Charakter nicht immer zu erweisen sein mag. Sie geben immerhin eine Anschauung von der Art und Weise, in der im 15. Jahrhundert die Kenntnis der Texte eines zeitgenössischen Autors Verbreitung finden konnte. Der Vorgang der Vermittlung literarischer Kenntnisse ist ein Problem der literarischen Öffentlichkeit, deren mittelalterliche Erscheinungsformen noch nicht systematisch untersucht worden sind, so daß keine erprobten Kategorien zu ihrer Beschreibung zur Verfügung stehen [3]. Im Verlauf der vorliegenden Untersuchung können daher nur einige am konkreten Fall abgelesene Kriterien Anwen-

---

[1] S. unten S. 42 u. Anm. 156.

[2] Kritische Editionen, denen die Abhängigkeit irgendwelcher Hss. mit Werken Jakobs voneinander zu entnehmen wären, liegen nicht vor.

[3] Die Ausführungen von A. DEMPF, Sacrum imperium. ³1962 S. 21—33 („Formen der Öffentlichkeit") und J. HABERMAS, Strukturwandel der Öffentlichkeit. ⁴1969 S. 14—22 („Zum Typus repräsentativer Öffentlichkeit") sind für den hier zu behandelnden Fall nicht einschlägig. KRISTELLER, Der Gelehrte und sein Publikum, behandelt die der scholastischen Philosophie, der humanistischen Literatur und der gelehrten volkssprachlichen Literatur zugehörigen Literaturgattungen und Lesergruppen und erfaßt damit die Masse der zwar von gelehrten Autoren, jedoch nicht im Rahmen der Gelehrten-Institutionen verfaßten Reformliteratur gerade nicht.

dung finden. Eine Feststellung J. B. Menkes[4] über die Struktur des Publikums mittelalterlicher Städtechroniken kann zumindest hypothetisch auch auf die Mehrzahl der Leser des Kartäusers Jakob angewendet werden, daß nämlich in dem Publikum nicht einfach ein Kreis zu sehen sei, der ein literarisches Interesse an einem Werk pflegt, sondern Gruppen mit spezifischer Stellung im zeitlich, örtlich und sozial bestimmten Raum, daß es sich mithin um begrenzte, „geschlossene Öffentlichkeiten" handelt, deren Interesse am rezipierten Werk in erster Linie ein praktisches ist, wie O. Brunner hervorhebt[5]. Die Verbreitung literarischer Werke vollzieht sich in der Zeit handschriftlicher Buchproduktion wesentlich in vorgezeichneten Bahnen, die auf Grund institutioneller Zusammenhänge oder anderweitiger, nicht literarisch bestimmter Gruppenbeziehungen vorgegeben sind[6]. Als die Rezeption der Werke des Jakob einsetzt, gibt es noch keinen selbständigen, eine größere Zahl gesellschaftlicher Gruppierungen umfassenden literarischen Markt, auf dem, wie z. B. gegen Ende des Jahrhunderts die Drucker-Verleger auf den Buchmessen, Buchproduzenten für die dem vorauskalkulierten Bedarf entsprechend angefertigte Ware Abnehmer suchen. Der Interessent ist vielmehr noch in hohem Maße auf die gruppeninterne Literaturvermittlung angewiesen und kann sich nur unter beträchtlichem Zeit- und Kostenaufwand die Schriften verschaffen, von deren Existenz er Kenntnis erlangt hat *(in notitiam pervenire*[7]). Es ist deshalb für die Wirkungsgeschichte eines Autors in dieser Zeit von Bedeutung, ob seine Schriften vom Interessenten selber bzw. auf dem Wege der Kundenproduktion auf Grund von Bestellung für einen bestimmten Interessenten kopiert oder ob sie in der Absicht vervielfältigt werden, eine über die Gruppe hinausreichende Wirkung zu erzielen (wie an einem Beispiel aus der Basler Kartause noch zu zeigen sein wird[8]).

Eine besondere *Intensität* der Rezeption ist einerseits am massierten Vorkommen der Werke am gleichen Ort zur gleichen Zeit zu erkennen, so daß es möglich sein wird, einige Schwerpunkte der Wirkung zu bezeichnen. Andererseits verraten Hinweise auf wiederholte Lektüre eines einzelnen Exemplars, die regelmäßige Verlesung einer Schrift in einem Kloster z. B. oder Marginalien verschiedener Hände, eine nachhaltige Beschäftigung. Auch die — freilich nur vereinzelten — Erwähnungen des Autors in Klosterchroniken deuten auf die Kenntnis und besondere Hochschätzung seiner Schriften hin. Schließlich ist die Verwendung seiner Werke durch spätere Autoren heranzuziehen, die zunächst als Leser der von ihnen verarbeiteten Texte in

---

[4] MENKE, Geschichtsschreibung und Politik 1 S. 5 f.
[5] BRUNNER, Österreichische Adelsbibliotheken S. 281.
[6] Vgl. BENZINGER, Zum Wesen, wo bes. S. 299 ff. bezüglich der Nachrichtenübermittlung die Rolle der bestehenden Korporationen (Universitäten, Kanzleien, Magistrate, Zünfte) hervorgehoben wird, und BOSL, Die horizontale Mobilität.
[7] S. unten S. 66.   [8] S. unten S. 63 ff.

die lange Reihe der übrigen Leser gestellt werden, ehe vor dem Hintergrund der Leserezeption ihre eigene literarische Tätigkeit an einem Beispiel betrachtet werden soll.

Die Produktion und Rezeption der Werke greifen oft unmittelbar ineinander, so daß der Ablauf der Rezeption bis hin zum Erscheinungsjahr der letzten Schrift ineins mit der Abfolge der Entstehung der Werke darzustellen wäre. Das ist jedoch unzweckmäßig, weil die Entstehungsdaten der Mehrzahl der Schriften erst einmal soweit wie möglich gesichert werden müssen. Deshalb wird zunächst im Vorgriff ein chronologischer Überblick über die ganze literarische Produktion Jakobs zu geben versucht, danach im Rückgriff auf die ältesten Spuren ihrer Verbreitung die Entwicklung der Rezeption dargestellt.

2. Datierung der Schriften

Grundlage für die Datierung der Schriften sind zu einem geringen Teil die Angaben des Autors selbst, die er entweder dem Text der Traktate einfügt, wenn er auf das laufende Jahr Bezug nimmt, oder in der Schlußschrift nachträgt. Diese Kolophone sind teils den Autographen oder den vom Autor eigenhändig korrigierten Abschriften, teils fremden Kopien entnommen. Letztere dürften in der Regel dann als zuverlässig anzusehen sein, wenn die Kopisten zwischen dem Datum der Abfassung und dem ihrer eigenen Tätigkeit ausdrücklich unterscheiden, oder wenn verschiedene Kopien gleichlautende Daten mitteilen. Fehler sind freilich nicht ausgeschlossen, wenn verschiedene Kopien auf eine Abschrift zurückgehen und das Datum dieser Vorlage als das Abfassungsdatum des Traktates übernehmen. Problematisch bleiben jene Datierungen, die nur einer Handschrift entnommen werden konnten, da auch sie möglicherweise nur einen terminus ante quem, günstigenfalls den Beginn der Rezeption außerhalb der Kartause, nicht aber den Abschluß der Produktion bezeichnen. Diese Unsicherheit läßt sich aber in mehreren Fällen dadurch beheben, daß einige der im mittelalterlichen Bibliothekskatalog der Erfurter Kartause verzeichneten Bände, welche die Handexemplare des Verfassers enthalten oder sehr wahrscheinlich enthalten haben, in eine chronologische Ordnung zu bringen sind. Dadurch können auch Schriften, die nirgends ein Datum tragen, wenigstens annähernd fixiert werden. In manchen Fällen ermöglichen Selbstzitate des Autors eine Kontrolle der Abfolge; doch ist auch hier Vorsicht geboten, da der Verweis auf ein eigenes Werk später hinzugefügt worden sein kann, wie in einem Falle zu beobachten ist[9].

---

[9] S. unten S. 42 Anm. 147.

L. Meier hat die Schriften alphabetisch nach den Einleitungsworten geordnet und auf chronologische Angaben verzichtet. Dagegen hat J. Fijałek (1900) versucht, die ihm bekannt gewordenen Werke zu datieren, und dabei besonderen Wert auf die Schriften der Krakauer Jahre des Zisterziensers gelegt. Weil aber inzwischen durch P. Lehmanns Edition des mittelalterlichen Bibliothekskatalogs der Erfurter Kartause und L. Meiers Verzeichnis die Kenntnis der Jakob zugehörigen Schriften und ihrer handschriftlichen Überlieferung erheblich erweitert worden ist, ist ein erneuter Versuch der Datierung geboten.

Die ältesten Aufzeichnungen aus Jakobs Krakauer Zeit besaß die Erfurter Kartause. Der Zisterzienser hatte einige Handschriften, die er während seiner Studien- und Lehrtätigkeit in Polen angelegt hatte, aus Mogiła (Claratumba) nach Erfurt mitgebracht. Von den nachträglichen Bedenken, die ihm deswegen während seiner ersten Jahre als Kartäuser kamen, berichtet Johannes Hagen, der jüngere Mitbruder Jakobs in der Kartause, in einer nach dem Tode Jakobs angefertigten Aufzeichnung. Ihr ist auch das genaue Jahr zu entnehmen, in dem Jakob Polen verließ: 1442[10].

Hagen berichtet, daß Jakob wegen des Widerstandes seiner zisterziensischen Mitbrüder, die dem beharrlichen Mahner bei der Reformierung erhebliche Schwierigkeiten bereiteten, einen *simplex legatus pape* — wohl Michael Balduini, Legat Felix' V.[11] — um die Erlaubnis zum Übertritt in einen strengeren Orden gebeten habe, deren Verweigerung durch seinen Abt er sich notariell beglaubigen ließ. Von den Büchern, die Jakob mit eigener Hand geschrieben hatte, verkaufte er einige für 21 Gulden, andere, deren Wert er zusammen mit der Kleidung auf 17 ungarische Gulden berechnete, brachte er in die Kartause mit. Obwohl er den materiellen Wert seiner Schreibarbeit in Mogiła insgesamt sehr viel höher veranschlagte als den des mitgenommenen Gutes, ließ er sich dennoch eigens von Ludwig Allemand[12] dispensieren und sorgte etwa 1446 für eine gewisse Entschädigung seines früheren Klosters. Jakob hat sich dann in Erfurt mit dem Problem des Eigentumsrechtes in einer *Quaestio* auseinandergesetzt: *an bona temporalia monachi presertim strictiorem ordinem profitentis sequantur personam an non*[13], in der er wohl den Konflikt seiner *formidata conscientia* (so Hagen)[14] zu klären versuchte.

---

[10] Erfurt, DA Cod. Hist. 1 fol. 180 v, abgedruckt bei KLAPPER, Johannes Hagen 2 S. 90 f.
[11] Vgl. FIJAŁEK 2 S. 56 f.
[12] *a domino Arelatensi legato Concilii Basiliensis cardinali;* KLAPPER, Johannes Hagen 2 S. 91.
[13] MBK 2 S. 389 Z. 37 f.
[14] KLAPPER, Johannes Hagen 2 S. 91.

Einige der Bücher, von denen er sich beim Ordenswechsel nicht trennen wollte, um neben der Kontinuität streng monastischer Lebensweise auch die der wissenschaftlichen Arbeit zu wahren, sind in den Bänden N 37[15], N 42[16], E 16[17], E 17[18], E 18[19], L 51[20] und O 110[21] der Erfurter Kartause wiederzuerkennen, von denen Lehmann jedoch nur L 51 noch auffinden konnte[22]. N 37 enthält nach dem Katalog aus der zweiten Hälfte des 15. Jahrhunderts u. a. *Puncta et notata circa octo libros topicorum, collecta in studio Cracoviensi per doctorem Jacobum de Paradiso Carthusiensem;* N 42 *Puncta pro gradu magisterii* (zur *philosophia naturalis moralis* und *logica*) sowie *varia puncta disputata Cracovie per fratrem Jacobum de Paradiso circa libros Aristotelis* (Metaphysik, *parva naturalia*, Ethik). Diese Bände müssen von 1420—1423, vom Jahr der Immatrikulation des fast vierzigjährigen Zisterziensers bis zu dem der Magisterprüfung entstanden sein[23]. Von 1423— 1431 absolvierte Jakob den theologischen Studiengang bis zum Erwerb des Doktorgrades, 1428—1430 hatte er die Sentenzen zu lesen[24]. Er verwendete dabei Bonaventuras Kommentar zum zweiten Buch des Lombardus; eine Krakauer Handschrift weist einen Besitzeintrag von seiner Hand aus dem Jahre 1429 auf[25]. Die *Lectura super primum et secundum* (librum) *sententiarum* von 1428/29 enthielt der Band E 16, die *Lectura super 3. et super 4. libro sententiarum* von 1429/30 die Bände E 17 und E 18 der Kartause. F. Schillmann fand in Berlin, Cod. lat. Qu. 629 fol. 144 r—147 r, d. i. der Band L 51, den Anfang der Vorlesung über das erste Sentenzenbuch mit der Ankündigung *(forma): Sub venerabili viro magistro Jacobo sacre*

---

[15] MBK 2 S. 487 Z. 31 ff.
[16] Ebd. S. 488 Z. 15 ff.
[17] Ebd. S. 330 Z. 38 bis S. 332 Z. 16.
[18] Ebd. S. 332 Z. 15 ff.
[19] Ebd. S. 332 Z. 30 bis S. 333 Z. 9.
[20] Ebd. S. 456 Z. 16 ff.
[21] Ebd. S. 505 Z. 18 ff.
[22] Sie sind mit Ausnahme von L 51 nicht unter den von LEHMANN, ebd. S. 234—239 identifizierten Bänden der Kartause. MEIER S. 5 konnte zusätzlich die Bände B 33, H 121 oder 126, J 43 und K 43 auffinden. — Ferner ist C 33 der Kartause identisch mit Manchester, John Rylands Library, Cod. 356 (R. 56255), s. M. TYSON, Handlist of Additions to the Collection of Latin Manuscripts in the John Rylands Library 1908—1928 (BullRylandsLibr 12. 1928 — S. 21). — H 65 ist identisch mit Berlin, PK Cod. theol. lat. Fol. 510. — C 96, von dem LEHMANN einen Teil in Berlin, PK Cod. lat. Qu. 357 mit Vorbehalten wiedererkennen wollte, scheint identisch mit clm 28505.
[23] Immatrikulation in Krakau 1420; bacc. art. 1421; mag. art. 1423, s. FIJAŁEK 1 S. 39 ff.
[24] Ebd. S. 49 ff.; 1426/1427 Zulassung zu theologischen Vorlesungen, s. MARKOWSKI, Spis osób S. 167, 184.
[25] Krakau, UB Cod. 1254, Pergamentcod. des 14. Jh.s s. WISŁOCKI, Catalogus 1 S. 318; FIJAŁEK 1 S. 58; MARKOWSKI, Spis osób S. 184. Die Bibliotheken anderer Krakauer Professoren wurden, im wesentlichen nach Krakauer Hss. und Drucken, rekonstruiert von W. SZELIŃSKA, Biblioteki professorów Uniwersytetu Krakowskiego w XV i początkach XVI wieku (Monografie z Dziejów Nauki i Techniki 33). Wrocław usw. 1966. Da Jakob seine Bücher nach Erfurt mitnahm, ließen die Krakauer Bestände keine Rekonstruktion seines Buchbesitzes zu.

theologie professore (sc. Jacobus Zaborowski) *cras hora XI magister Jacobus frater Ordinis Cisterciensis de Paradiso sacre theologie baccalarius principiabit in primum librum sentenciarum.* Diese Nachschrift ist auf 1428, nicht wie Schillmann will, auf 1432 anzusetzen[26], da Jakob 1432 schon Professor war.

Am 29. 1. 1432 hielt Jakob seine erste feierliche Ansprache als Doktor der Theologie: Collacio pro divine sciencie recommendatione, deren Beginn Engelbert Klüpfel (1780) abdruckte[27]. Die Kenntnis dieses Stücks verdankt der Freiburger Theologe dem Vikar der Erfurter Kartause (seit 1775) J. G. Stumpf[28], der es aus dem Band E 16 exzerpierte[29]. Klüpfel und Stumpf zufolge bekleidete Jakob seit 1427 das Amt des *concionator academicus*[30]. Den Niederschlag dieser Tätigkeit verzeichnet der Kartäuserkatalog zum Band O 110: *Collaciones solemnes Cracovienses, ibidem per fratrem Jacobum ordinis Carthusiensium, sacre scripture professorem, collecte.* Einige dieser Reden und Predigten haben die Zisterzienser des Klosters Altzelle ca. 1458/59 aus dem Band O 110 kopiert, heute Leipzig UB Cod. 621[31].

---

[26] S. oben S. 10 u. Anm. 8. SCHILLMANN, Neue Beiträge S. 366 gibt irrtümlich Cod. lat. Qu. 624 an, was dank der Bemühung der Berliner Hss.-Abteilung hiermit korrigiert werden kann; auch handelt es sich nicht, wie SCHILLMANN meint, um eine Hörernachschrift, sondern um ein autographes Konzept Jakobs. Am Schluß der Vorlesung skizziert Jakob seinen Studiengang und nennt seine wichtigsten Lehrer; da der Abschnitt eine willkommene Ergänzung zu dem knappen Rückblick darstellt, den Jakob zu Beginn seiner Promotionsrede von 1432 gibt (s. die nächste Anm.), sei er hier auszugsweise wiedergegeben: ... *dominus deus gratuita bonitate me vocauit et ordinauit ad artes liberales studendum in primeua mea etate principaliter in hac alma uniuersitate in qua ad gradum magisterii in artibus promotus cum essem, deus ... gratiam super gratiam accumulans me ad cursum in sacra Theologia vocauit et nunc minus meritum ad legendum sentencias me locauit et benigne attraxit ... Deinde regracior serenissimo principi domino Wladislao Regi polonie* (sc. Jagiełło) *qui hanc almam erexit pariter et dotauit liberaliter uniuersitatem ... deinde regracior ... Sbigneo Episcopo Cracouiensi* (sc. Oleśnicki, 1423—1455) *huius alme uniuersitatis Cancellario necnon ... Alberto sancte ecclesie Gneznensis Archiepiscopo* (sc. Albert Jastrzambecz, 1423—1436), *huius alme uniuersitatis promotori speciali, deinde ... Paulo Abbati in Claratumba* (sc. Paulus Paichbirner, 1424—1436) *suoque antecessori felicis memorie* (sc. Johannes Stechir, 1402—1424), *qui instagatores mei fuerunt et sunt hodie ad studium continuandum. Deinde regracior venerabili viro domino decano et omnibus doctoribus, magistris et baccalaureis et studentibus tam sacre theologie, juris canonici quam et arcium, precipue tamen et specialiter regracior ... in sacra theologia professori magistro Francisco de Brega* (sc. Fr. Creisewitz de Brega [Brzeg]), *qui me ad cursum legendum presentauit nec non et nunc venerabili viro domino et magistro meo Andrea de Cocorznio* (sc. Andrzej Kokorzyński, Thomist) *in sacra theologia professori, qui ad sentencias legendas me pusillum benigniter putauit ...*

[27] Vetus bibliotheca ecclesiastica S. 169 f.; FIJAŁEK 2 S. 119 f.; MARKOWSKI, Spis osób S. 224.

[28] Klostername: Augustinus; über ihn MBK 2 S. 227 f.

[29] Ebd. S. 331 Z. 1 f.   [30] Vetus bibliotheca ecclesiastica S. V.

[31] Fol. 120 r — 169 r. — Ob die Predigten im Heidelberger Cod. Salem. 8.37 fol. 346 r — 395 v auf den Band O 110 zurückgehen oder auf die später gedruckten Predigtsammlungen, müßte im Zusammenhang der gesamten Predigtliteratur Jakobs untersucht

Sicher sind daraus als Universitätspredigten die bei Meier unter Nr. 88 verzeichneten zwei Collaciones de S. Bernardo *(Alliciente pie; Instigante me)* zu erkennen[32]; wegen der zahlreichen Zitate aus den Lombardus-Sentenzen möchte Fijałek die Osterpredigt *Coram presenti alma congregatione ... Surrexit sicut dixit* vom Sententiarius, also zwischen 1428 und 1430, gehalten wissen[33]. Andere Ansprachen sind entweder vor der Universität oder vor den Zisterziensern in Mogiła gehalten: *Ad excitandam*[34]; *Ceci vident*[35]; *Dic illi ut me adiuvet; Dirigite viam Domini; Gratia Dei sum id quod sum*[36]; *In hac nedum*[37]; *Si vos manseritis in sermone meo*[38]; *Vocatum est*[39] und zwei Predigten *in exequiis defunctorum ‚Vos estis lux mundi'*[40]. Vor Mönchen hat er sicher folgende Predigten gehalten: die Osteransprache *Locuturo mihi*[41], zwei Pfingstansprachen *De excellentissimo dono* und *Nedum omnium angelorum*[42], die Allerheiligenansprache *In hodierna*[43], zur Assumptio Mariae *Ne in huius sacratissimae*[44], dann *De corpore Christi, De Maria Magdalena*[45], *De castitatis virtute (Considerante me)*[46] und *De caritate fraterna et eorum disciplinari vita (Scimus quia)*[47]; ferner die bei Meier unter Nr. 94 verzeichneten Predigten *Hoc inquit vobis signum*[48] und *(Tu es) magister in Israel*[49]. Eine Adventspredigt scheint sich an eine Versammlung von Äbten zu richten *(Dominus prope est)*[50].

Klüpfel möchte den nach seinen Worten weit verbreiteten Irrtum über Jakobs angebliche Abtswürde im Kloster Paradies korrigieren; Jakob sei vielmehr *socius abbatis in visitatione monasteriorum* gewesen[51]. Diese Funk-

---

werden. Nach Krakau weist die Heidelberger Hs. jedenfalls nicht, da der Autor als *Jacobus Carthusiensis* bezeichnet wird.

[32] Vgl. die Anreden: *doctores, magistri* usw. Leipzig, UB Cod. 621 fol. 151 v u. 155 v. S. auch Fijałek 2 S. 203 f., MBK 2 S. 505 Z. 22.
[33] Fijałek 2 S. 206.
[34] Ebd. S. 203; Meier Nr. 88 S. 70; MBK 2 S. 505 Z. 22 *(De nativitate Marie)*.
[35] Meier S. 70; MBK 2 S. 505 Z. 25.
[36] Meier S. 71; MBK 2 S. 505 Z. 28, 25, 27.
[37] Fijałek 2 S. 207; Meier S. 71; MBK 2 S. 505 Z. 21.
[38] Meier S. 72; MBK 2 S. 505 Z. 26.
[39] Meier S. 73; MBK 2 S. 505 Z. 28.
[40] Meier S. 73; MBK 2 S. 505 Z. 27 f.
[41] Fijałek 2 S. 207; Meier S. 71; MBK 2 S. 505 Z. 20.
[42] Ebd.
[43] Fijałek 2 S. 208; Meier S. 71; MBK 2 S. 505 Z. 20.
[44] Fijałek 2 S. 207; Meier S. 72; MBK 2 S. 505 Z. 22.
[45] MBK 2 S. 505 Z. 21.
[46] Fijałek 2 S. 208 f.; Meier S. 70; MBK 2 S. 505 Z. 23.
[47] Fijałek 2 S. 208 f.; Meier S. 72; MBK 2 S. 505 Z. 22 f.
[48] Fijałek 2 S. 205; Meier S. 79; MBK 2 S. 505 Z 20.
[49] Fijałek 2 S. 204; Meier S. 79.
[50] Fijałek 2 S. 208; Meier S. 78; MBK 2 S. 505 Z. 19 f. (Anrede: *Reverendi patres mei et domini honorandi).*
[51] Vetus bibliotheca ecclesiastica S. V.

tion hat Jakob sicher ausgeübt; denn aus dieser Tätigkeit rührt ein Sermo in actu visitacionis habitus her, in dem er auf den *venerabilis pater dominus reformator* verweist, den er begleitet [52].

Als 1431 in Krakau ein öffentlicher Disput mit Hussiten stattfand, nahm Jakob als Mitglied der theologischen Fakultät daran teil [53]. Auf dieses Ereignis dürfte die ebenfalls im Erfurter Band O 110 aufgeschriebene *Quaestio* zu beziehen sein: *utrum ecclesia statuere possit, ut corpus Domini sumatur a laicis sacramentaliter absque sumpcione sacramentali sacri sanguinis* [54].

Aus den Jahren nach der Doktorpromotion, von ca. 1434, stammt das erste größere Werk, dessen Text erhalten ist: der Dialogus religiosorum, den ein gelehrter Liber quaestionum de diversis materiis ergänzt und erläutert [55]. Diesem Liber zählt Meier mit Recht die mehrfach gesondert überlieferte Quaestio über das Fleischessen zu [56]. Das Doppelwerk ist *ad mandatum et beneplacitum venerabilis patris domini abbatis de Claratumba et ad instantem postulacionem quorundam fratrum* [57] geschrieben und behandelt Fragen des *status religionis*. Hinzu kommen in dieser Zeit die kleinere Schrift De tribus substantialibus religiosorum [58] und ein weiterer, ausgedehnter Dialogus de temptacione et consolacione religiosorum, der einem Novizen die Überlegenheit des Klosterlebens über das Leben in der „Welt", selbst — oder gerade — über das Leben in hohen Ämtern, vor Augen stellt [59].

---

[52] Inc.: *Exigit cure pastoralis*. Vgl. FIJAŁEK 1 S. 135 ff., 2 S. 189; MEIER S. 78.

[53] FIJAŁEK 1 S. 75 f.; MORAWSKI, Histoire de l'université de Cracovie 1 S. 288 ff.

[54] MBK 2 S. 505 Z. 32—34. — Einen aktuellen Bezug, vielleicht auf das Bündnis des Königs Jagiełło mit den Tschechen von 1432, gegen das sowohl die Universität als auch Erzbischof Oleśnicki protestierten, dürfte die *quaestio* des Bandes O 110 besitzen: *utrum principi pro defensione sui status liceat uti favore hereticorum et eos secum in bello habere ad offensam Christianorum, ad defensionem tamen suam, ut premittitur*. Diese *quaestio* ist freilich wie alle anderen, die in der Hs. den Jakob zugewiesenen *collaciones* folgen, ohne Autorenvermerk.

[55] FIJAŁEK 1 S. 84—106 (mit Auszügen), 2 S. 216—220; MEIER Nr. 3 S. 13 ff. u. Nr. 36 S. 35. Da die Zahl der quaestiones in den Hss. sehr unterschiedlich ist, denkt FIJAŁEK 2 S. 230 an eine spätere Erweiterung.

[56] FIJAŁEK 1 S. 112—134 (mit Text) behandelt sie als gesonderte Schrift, 2 S. 218 als 16. quaestio des Liber quaestionum. Sie ist wie auch andere der quaestiones mehrfach gesondert überliefert, vgl. z. B. MADRE, Nikolaus von Dinkelsbühl S. 275, hier auch die Datierung auf 1434.

[57] Leipzig, UB Cod. 621 fol. 3 r.   [58] FIJAŁEK 1 S. 110 f.; MEIER Nr. 7 S. 17.

[59] FIJAŁEK 1 S. 106 ff.; MEIER Nr. 38 S. 36. Die Datierung in die Zisterzienserzeit Jakobs geht aus von der Formulierung *pater tuus Bernardus*, die der *magister* gegenüber dem Novizen gebraucht, z. B. Karlsruhe, LB Cod. K 381 fol. 130 r; ferner von der Nennung der Ordenspatrone Benedikt, Bernhard und Robert. Die Abhängigkeit dieses Traktats von Johannes von Dambach zeigt AUER, Johannes von Dambach S. 327—330. Die Bezeichnung des Klosters als *paradisus*, auf welche FIJAŁEK und AUER verweisen, um sie als Anspielung auf Jakobs Profeßkloster Paradies zu deuten, ist allzu üblich in monastischer Literatur, um als Indiz für die Abfassung der Schrift vor dem Ordenswechsel dienen zu können, zumal der Traktat kaum in Paradies entstanden sein dürfte, sondern in Claratumba. Aus Jakobs Zeit in Paradies, vor Beginn seines Studiums, ist keine Schrift bekannt.

Als etwa Ende November oder Anfang Dezember 1440 der Gesandte der Basler Versammlung Marco Bonfili in Krakau eintraf, um die Unterstützung der polnischen Universität zu gewinnen, hielt Jakob eine der beiden Begrüßungsansprachen, in der er um der Reform willen das Konzil und Felix V. ohne Einschränkung anerkannte[60]. Die Universität kam auch dem Verlangen des Konzils nach einem offiziellen Traktat der Hochschule über seine Superiorität nach und bildete zur Ausarbeitung zunächst eine Kommission von zwanzig Mitgliedern, dann einen Ausschuß von vier Theologen — unter ihnen Jakob — und zwei Kanonisten. Die Endredaktion, die Anfang 1441 der Kanonist Thomas Strzempiński vornahm, gedieh zum umfangreichsten aller Universitätsgutachten, die für die Basler angefertigt worden sind[61]; sie berücksichtigt in bevorzugter Weise die Vorarbeit des Jakob, seine Determinatio de ecclesia[62], was Marco Bonfili in dem drei Tage beanspruchenden Bericht über seine Polenreise ausdrücklich hervorhob und Johannes de Segovia in seiner Chronik festhielt[63].

Der Richtung der Universität schloß sich die Kirchenprovinz Lemberg an, aber nicht Gnesen. Um auch sie zur Obedienzerklärung für Basel und seinen Papst zu veranlassen, forderte Jakob — wenn man Fijałeks Zuweisung der anonym in einer Handschrift aus dem Besitz Strzempińskis überlieferten Rede folgt[64] — auf der Synode von Łęczyca (Beginn 8. 5. 1441) nachdrücklich, aber vergeblich zu einmütiger Stellungnahme zugunsten des Konzils auf[65]. Jakob nahm an der Synode teil als Procurator seines Abtes Dominikus von Mogiła (1439—1443); das Beglaubigungsschreiben ist eines der wenigen archivalischen Stücke zu Jakob von Paradies[66].

Der Zeitraum zwischen der Synode und dem ersten Vorkommen von Werken des Jakob in der Erfurter Kartause (Mai 1441 bis September 1443)

---

[60] De reformatione ecclesie; FIJAŁEK 1 S. 210—225 (Text); MEIER Nr. 94 S. 80. — Vgl. MORAWSKI, Histoire de l'université de Cracovie 2 S. 62ff. u. PIERADSKA, Uniwersytet krakowski S. 121.

[61] Über die positive Aufnahme des Traktats in Basel berichtet Stephanus de Navaria an Nikolaus Lasocki, Krakauer Domdechanten, am 26. 1. 1442 u. a.: ... *nemo est in tota curia* (sc. Felicis V.), *qui illius copiam apud se non teneat*. A. SOKOŁOWSKI, Codex epistolaris saeculi decimi quinti 1 (Monumenta medii aevi historica res gestas Poloniae illustrantia 2). 1876 S. 131 f.

[62] FIJAŁEK 1 S. 349—380 (Text); MEIER Nr. 4 S. 16. — Die Entstehung des Krakauer Gutachtens geklärt zu haben, ist das Hauptverdienst des Buches von FIJAŁEK (1 S. 154—440); auf ihm beruhen die Darstellungen von MORAWSKI, Histoire de l'université de Cracovie 1 S. 64ff.; ZEGARSKI, Polen und das Basler Konzil S. 52ff.; PIERADSKA, Uniwersytet krakowski S. 121 ff.

[63] Monumenta conciliorum generalium saeculi XV 3 S. 965 f.; in den Konzilsprotokollen Jakob Hüglins zum Juli 1441: Concilium Basiliense 7 S. 391.

[64] Krakau, UB Cod. 173 *(Fraternitatem diligite)*; s. FIJAŁEK 2 S. 22ff.; MEIER Nr. 94 S. 79.

[65] Vgl. ZEGARSKI, Polen und das Basler Konzil S. 57 f.

[66] Abgedruckt bei FIJAŁEK 2 S. 120 f.

umfaßt das Ende der akademischen Tätigkeit, den Ortswechsel und den Ordenswechsel, welcher der Erfurter Tradition zufolge nach einem Besuch des Basler Konzils geschah. E. Klüpfel, von J. G. Stumpf aus der Erfurter Kartause informiert, datiert den Aufenthalt in Basel auf 1441 und erwähnt, daß Jakob vor den Konzilsvätern einen *sermo* gehalten habe. J. Fijałek hält die Erfurter Tradition grundsätzlich für richtig, korrigiert jedoch das Datum auf 1442/43. Den erwähnten *sermo* möchte er in einer anonym, aber im Zusammenhang mit Werken Jakobs in der Danziger Kartause überlieferten Predigt wiedererkennen, die zu Basel am Fest Peter und Paul von einem erstmals vor dem Konzil sprechenden Theologieprofessor gehalten worden ist[67]. Auch vermutet er in Jakob den nicht genannten Absender eines am 17. Mai 1443 wohl an Kardinal Oleśnicki gerichteten Briefes[68]. Eine Bestätigung dieser Vermutungen aus den Quellen des Konzils ist auch heute nicht möglich, da Segovias Chronik nur bis Mitte 1442 reicht und die Protokolle Hüglins in der entscheidenden Zeit aussetzen, die seines Stellvertreters aber als verloren gelten müssen[69].

Einer der Erfurter Kartause entstammenden Handschrift, die Fijałek unbekannt geblieben war, sind aber Hinweise zu entnehmen, die Fijałeks Annahme des Konzilsbesuchs 1442/43 durchaus zu stützen geeignet sind. Die Handschrift beginnt mit den Denkschriften der Nikolaus de Tudeschis und Nikolaus von Kues für den Frankfurter Reichstag von 1442, führt über einen auf 1443 datierten anonymen Tractatus de reprehensione morum Romanorum Pontificum u. a. m. schließlich zur Disputacio pro utraque parte concilii Basiliensis des Jakob und endet mit Exzerpten u. a. aus Predigten Bernhards von Clairvaux[70]. Die Disputacio ist nun wie auch anderes in dem Codex von Jakob selber geschrieben, und zwar als Konzept. Es steht daher zu vermuten, daß die in dem Band zusammengefaßten Papiere den schriftlichen Niederschlag seines Konzilbesuches bilden. Die Disputacio erörtert den Plan eines ‚dritten Konzils‘, den die Reichspolitik seit dem Frankfurter Reichstag entschiedener verfolgte[71]. Doch ehe ein solches Konzil der Neutralität *in futura dieta Nurnberge* (und dann, wieder ausgestrichen: *aut Frankfordie*) *celebranda* von Kaiser und Kurfürsten einberufen werde, müßten die damit verbundenen Rechtsfragen durch eine Versammlung geeigneter *doctores* geprüft werden[72]. Das Ausstreichen der Worte *aut Frankfordie* kann zur annähernden Datierung der Disputacio dienen: im Abschied

---

[67] Fijałek 2 S. 89, 210 f. — Ebd. S. 45 ff. weist Fijałek dem Jakob eine anonym überlieferte Predigt, die 1441 in der Krakauer St. Anna-Kirche gehalten wurde, zu.
[68] Ebd. S. 87 f. [69] Vgl. Concilium Basiliense 7 S. XII.
[70] London, BM Cod. Cotton. Caligula A 1; in der Erfurter Kartause Band A 40, s. MBK 2 S. 237 Z. 18, S. 259 Z. 16—33; erwähnt in RTA 16 S. 407, 439.
[71] Vgl. Bäumer, Eugen IV. und der Plan eines „Dritten Konzils" S. 107 ff.
[72] London, BM Cod. Cotton. Caligula A 1 fol. 243 r—247 v, hier fol. 247 v.

des Nürnberger Lichtmeßtages vom 16. Februar 1443 werden noch beide Orte als mögliche Tagungsstätten des nächsten Reichstages in Betracht gezogen; seit dem königlichen Ausschreiben vom 1. Juni 1443 für den Nürnberger Martinitag konnte Frankfurt gestrichen werden[73]. Zwar sind wiederum im Abschied über die Vertagung des nur schwach und vom König selber gar nicht besuchten Martinitages vom 22. Januar 1444 beide Städte zur Wahl gestellt[74], doch ist eine Datierung der Disputacio auf 1444 wenig wahrscheinlich, da der Codex in seinen übrigen Teilen die aktuelle Diskussion unmittelbar protokolliert und reflektiert. Für die Beschäftigung Jakobs in der Erfurter Kartause 1443/44 ist vielmehr der thematisch ganz dem Klosterleben verpflichtete Band H 20 repräsentativ[75]. Die Disputacio ist darum in den Anfang des Jahres 1443 zu setzen.

Jakob, nun also der Erfurter Kartäuser, hat aber etwas später doch noch mit einem anderen Nürnberger Reichstag zu tun. Der Bibliothekskatalog seines Klosters verzeichnet unter dem Inhalt des (heute verschollenen) Bandes H 145, der deutlich die von Jakob im Kloster übernommene Aufgabe des Vikars, d.h. des Spirituals und Novizenerziehers, widerspiegelt, plötzlich etwas ganz anderes: *Doctrina doctoris Jacobi Carthusiensis pro dieta quadam in Nurnberga*[76]. Kurfürst Friedrich von Sachsen legte besonderen Wert darauf, den Nürnberger Martinitag in Begleitung eines großen Gefolges von Prälaten und Doktoren zu besuchen, und wandte sich deshalb unter anderem an die Kartäuser[77]. Als der König sein Erscheinen auf dem Tag absagte, verschob auch der Kurfürst seine und seines geistlichen und gelehrten Aufgebots Teilnahme auf den Spätsommer 1444, in dem er dann erneute dringliche Ladungen, darunter auch an die Erfurter Kartäuser, ausgehen ließ[78]. Der in den zu behandelnden Fragen des Konzils am besten bewanderte *gelarte ires ordens*, den die Erfurter Kartäuser schicken konnten, war ihr Vikar Jakob. Wenn sie der Ladung nachkamen — und nichts spricht dagegen —, hatte Jakob also Anlaß und Pflicht, sich für den Nürnberger Reichstag von 1444 zu äußern; die *dieta quadam* dürfte dieser Reichstag sein. Es erscheint sogar möglich, noch einen Schritt weiter zu gehen: unter den in den Reichstagsakten publizierten Stücken befindet sich eine anonyme Abhandlung vom September 1444[79], deren strenger konziliaristischer Standpunkt und deren sprachliche Formulierung durchaus zu Jakob von Paradies passen. Die einzige Handschrift, in der die Abhandlung überliefert ist, steht überdies in erkennbarem Zusammenhang mit der Nürnberger Kartause[80], in welcher der Erfurter Ordensmann, wie aus mehreren

---

[73] RTA 17 S. 107 ff., 148 ff.
[74] Ebd. S. 213 f.
[75] S. unten S. 35.
[76] MBK 2 S. 429 Z. 23—34.
[77] RTA 17 S. 199 ff., bes. S. 200 Z. 7.
[78] Ebd. S. 287 f.
[79] Ebd. S. 370—377.
[80] Beschreibung der Hs. RTA 17 S. 328—330.

Gründen als selbstverständlich unterstellt werden darf[81], während der Verhandlungswochen gelebt hat. Im übrigen bietet der von Jakob *nomine domus Carthusie* (sc. *Erfordiensis*) getätigte Kauf einer zweiteiligen Handschrift der Vita Christi des Ludolf von Sachsen ein weiteres Indiz für einen Aufenthalt des Kartäusers außerhalb seines Klosters im Jahre 1444. Die Handschrift wurde Ostern 1444 in Straßburg geschrieben, dann dort gebunden und von den Straßburger Kartäusern an Jakob vermittelt. Die detaillierte, die verschiedenen Materialien und Herstellungsvorgänge der Handschrift genau unterscheidende Abrechnung ist von Jakobs Hand geschrieben[82]. In Erfurt hatte der Vikar jedoch mit den *spiritualia*, nicht aber mit Geld zu schaffen. Er kann die Handschrift also nur außerhalb Erfurts gekauft haben, und dies — nach der Art der Abrechnung zu schließen — nicht lange nach ihrer Herstellung.

Die schriftstellerischen Arbeiten der ersten Erfurter Jahre bis ca. 1450 sind in den Handschriften H 20 (heute Oxford, Bodl. Libr. Cod. Ham. 35)[83] und H 63 (heute Dresden, LB Cod. P. 42)[84] der Erfurter Kartause enthalten; die von ca. 1451—1456 in H 64 (Weimar, LB Cod. 25)[85], die späten Schriften am Band O 69 (nicht erhalten)[86]. Fijałeks Datierungen der in Erfurt entstandenen Werke setzen erst 1447 ein; er kannte weder die oben genannten Codices noch ihre mittelalterliche Katalogisierung. Die Verbindung zwischen den Krakauer und den Erfurter Schriften zeigt sinnfällig der Band H 20: er umfaßt im ersten Teil den Liber quaestionum von ca. 1434 und den Dialogus de temptacione et consolacione religiosorum in Abschriften aus dem Jahr 1443[87], daran schließen sich auf September 1443 und 1444 datierte Werke an, vermutlich die ersten in Erfurt verfaßten. (Es ist freilich nicht völlig ausgeschlossen, wenngleich unwahrscheinlich, daß noch der eine oder andere der in diesem Codex enthaltenen Traktate zu den nach Erfurt

---

[81] In einem Kloster seines eigenen Ordens konnte der Kartäuser seinen monastischen Pflichten, so weit es bei der Beanspruchung für den Reichstag möglich war, nachkommen. Zudem mußten sich die gelehrten Begleiter des Kurfürsten selbst versorgen (s. RTA 17 S. 288 Z. 1, 14), was dem ärmeren Erfurter Konvent schwer gefallen sein muß, da er gerade damals auf die Unterstützung des reicheren Nürnberger Klosters angewiesen war (vgl. KLAPPER, Johannes Hagen 2 S. 54).

[82] London, BM Codd. Add. 10934 u. 10935, in der Erfurter Kartause die Bände C 70 u. C 71 (s. MBK 2 S. 237 Z. 5 u. S. 289 Z. 5—23); die Abrechnung ist dem Innendeckel des ersteren Bandes vorn eingeklebt. Auf den Kauf dieser Handschriften durch Jakob verweist auch eine Notiz von 1449 in dem Band O 83 der Kartause, jetzt Oxford, Bodl. Libr. Cod. Ham. 43 fol. 263 v: *ipse (sc. Jacobus) comparauit nobis librum vite Christi in duabus solempnissimis partibus conscriptum*.

[83] MBK 2 S. 384 Z. 28 bis S. 386 Z. 20; MADAN, A Summary Catalogue 5 S. 28.

[84] MBK 2 S. 402 Z. 8—23; BRIEGER, Zu Jakob von Jüterbock S. 136—146.

[85] MBK 2 S. 402 Z. 24 bis S. 403 Z. 7; S. 238 Z. 5; S. 231 Z. 48.

[86] Ebd. S. 500 Z. 36 bis S. 501 Z. 5.

[87] Datierung bei MADAN, A Summary Catalogue 5 S. 28.

mitgebrachten zählt [88].) Noch in die ersten Erfurter Jahre bis spätestens 1446, als dem Kloster Mogiła Entschädigung für die mit Jakobs Fortgehen verbundenen materiellen Einbußen geleistet wurde, wird die *quaestio* über die *temporalia* beim Ordenswechsel zu setzen sein [89].

Da Jakob sich mit dem Eintritt in die Kartause — von dem kurzen Zwischenspiel auf dem Nürnberger Reichstag abgesehen — ganz aus der *vita activa* des Universitätslehrers und Klosterreformators zurückzog und seine weiteren Schriften nur selten auf datierbare Ereignisse Bezug nehmen, ist eine Kontrolle der aus den Handschriften ermittelten Abfassungsdaten kaum möglich, auch die Abfolge der innerhalb ein und desselben Jahres entstandenen Werke bleibt ungewiß. Daher werden sie im folgenden nach dem Jahr ihrer Entstehung aufgeführt; innerhalb eines Jahres gilt die alphabetische Reihenfolge der Anfangsworte der Traktate (nicht der Titel), sofern überlieferte Tages- und Monatsdatierungen oder die Anordnung der Traktate in den Handexemplaren des Autors keine andere Reihenfolge nahelegen.

1443
(9./15. Sept.) Oculus religiosorum [90].

1443/1444
Planctus peccatorum [91].
Formula reformandi religiones ab observancia lapsas [92].

1444
(7./13. Jan.) De bona voluntate [93].
(Sept.) Doctrina pro dieta quadam in Nurnberga [94].
De perfectione religiosorum [95].

---

[88] Nach Śwerk, Średniowieczna biblioteka S. 60 Anm. 155 u. S. 94 Anm. 409 brachte der Klosterprediger von Sagan, Thomas Wunschilburg, die Hs. Breslau, UB Cod. I. Fol. 200 schon vor 1419 in das Kloster mit; die Hs. enthält u. a. Auszüge aus dem Liber quaestionum und Dialogus religiosorum, beide nach 1432. Die Datierung Śwerks kann sich also nicht auf den gesamten Inhalt der Hs. beziehen, sicher auch nicht auf Jakobs De perfectione religiosorum, welchen Traktat Fijałek 2 S. 229 zu den in Deutschland verfaßten rechnet.

[89] S. oben S. 27.

[90] Oxford, Bodl. Libr. Cod. Ham. 35 fol. 285 v: *Anno domini M°cccc°xliij° infra octavas Nativitatis gloriose virginis... Marie.* — Meier Nr. 45.

[91] Im gleichen Cod., unmittelbar vor Oculus religiosorum. — Meier Nr. 76.

[92] Im gleichen Cod., unmittelbar anschließend an Oculus religiosorum, vor De bona voluntate; vgl. Anm. 93. — Meier Nr. 63.

[93] Im gleichen Cod. fol. 323 r: *Annis* (!) *Domini 1444 in octava Epiphanie.* — Meier Nr. 19.

[94] Dazu oben S. 34.

[95] Oxford, Bodl. Libr. Cod. Ham. 35, zwischen De bona voluntate (s. oben Anm. 93) und dem nächstgenannten Traktat. — Meier Nr. 15.

(29. Sept.) De arte curandi vitia [96].
(16. Okt.) De profectu spiritualis vitae [97].

1445
De septem statibus mundi [98].

ca. 1446/1447
De causis deviationis religiosorum [99].
Colloquium hominis ad animam suam [100].
De veritate dicenda vel tacenda [101].
(2. Febr.) Ad Carthusienses de eorum statu, fine atque excellentia [102].

1447
(nach 14. Mai) De concertatione super cruore de Wilsnack [103].
De malo huius saeculi [104].
De obedientia [105].
ca. 1447/1448
Quaestio utrum una missa sit efficacior [106].
De comparatione religionum [107].

1448
De sanctificatione sabbati praecipue circa opera molendina [108].

---

[96] Oxford, Bodl., Libr. Cod. Ham. 35 fol. 331 v: *1444 Michaelis*. — MEIER Nr. 40.

[97] Oxford, Bodl. Libr. Cod. Ham. 35 fol. 340 v: *1444;* fol. 343 v: *1444 Hedwigis*. — MEIER Nr. 77.

[98] Datum im Text angegeben, z. B. Dresden, LB Cod. P. 42 fol. 119 r. — MEIER Nr. 69.

[99] Datum erschlossen auf Grund der Anordnung im Dresdner Cod. P. 42 fol. 51 r—58 r, der zeitlich an den Oxforder Cod. Ham. 35 anschließt; der Traktat De malo huius saeculi (s. unten Anm. 104) ist auf 1447 datiert und findet sich im selben Dresdner Cod. P. 42 fol. 240 r—249 r. — MEIER Nr. 50.

[100] Begründung entsprechend der vorangehenden Anm. — MEIER Nr. 82.

[101] Dresden, LB Cod. P. 42 fol. 10 v—18 v, autographe Korrekturen und Ergänzungen; Datierung entsprechend Anm. 99. — MEIER Nr. 88 S. 72.

[102] Ein Sermo in die purificationis. — Datierung entsprechend Anm. 99. — MEIER Nr. 88 S. 72.

[103] Der Erzbischof von Magdeburg bat am 14. 5. 1447 die Universität Erfurt, einen Theologieprofessor zur geplanten Konferenz in Fischbach bei Tangermünde zu entsenden, wo über das Wilsnacker Wunderblut verhandelt werden sollte; ebenfalls bat er die Kartäuser um ihren *doctor famosus* (sc. *Jacobus*), der aber den Regeln entsprechend die Kartause nicht verließ; KLEINEIDAM, Universitas 1 S. 151. Jakobs Beitrag zur Konferenz scheint dieses Gutachten über die Streitfrage zu sein. — MEIER Nr. 37.

[104] Datum im Text genannt, z. B. Dresden, LB Cod. P. 42 fol. 225 v. — MEIER Nr. 56.

[105] Eine kurze Notiz zum vorangehenden Traktat; Autograph Dresden, LB Cod. P. 42 fol. 244 v, unvermittelt eingeschaltetes Blatt. — MEIER Nr. 11.

[106] Im Dresdner Cod. P. 42 auf De malo und ein Exemplum aus Beda, von Jakobs Hand geschrieben, folgend. — MEIER Nr. 34.

[107] Autograph im Dresdner Cod. P. 42, auf die letztgenannte Quaestio folgend, vor De officiis et statu ecclesiasticorum von 1448. — MEIER Nr. 23.

[108] Dessau, LB Cod. H. 42/8 fol. 235 r, Schlußschrift bei MEIER Nr. 67 S. 55 f.; Trier,

De officiis et statu ecclesiasticorum [109].

1449

(nach April) De septem statibus ecclesiae in Apocalypsi descriptis [110].
De habitibus acquisitis [111].
De anno iubilaeo [112].
(nach April) Avisamentum ad papam pro reformatione ecclesiae [113].
De receptione monialium [114].

ca. 1450

De cogitationibus et earum qualitate [115].
Speculum restitutionis male acquisitorum [116].
Igniculus devotionis [117].
De arte bene moriendi [118].
De dignitate pastorum et cura pastorali [119].

StB Cod. 1913/2033 fol. 154 v; Wolfenbüttel, Cod. 33. 5. Aug. Fol. fol. 282 v u. ö. — FIJAŁEK 2 S. 296. — MEIER Nr. 67.

[109] Terminus post quem ist 1447, denn Jakob verweist am Ende von Kap. 5 auf seinen *tractatulus intitulatus de malis seculi per omnes etates* (Dresden, LB Cod. P. 42 fol. 262 v); terminus ante quem ist das Datum der Bestätigung des Traktats De officiis et statu: *confirmatus per facultatem theologicam studii Erffordiensis 1449* (Berlin, PK Cod. theol. lat. Qu. 343 fol. 141 rv u. andere Hss.; das Autograph Dresden, LB Cod. P. 42 fol. 258 r— 297 r ist Konzept und trägt als solches die Bestätigung der Fakultät nicht). — FIJAŁEK 2 S. 235 f. — MEIER Nr. 39.

[110] Dresden, LB Cod. P. 42 fol. 120 u. 125 r (autograph); nach der Auflösung des Basler Konzils verfaßt. — MEIER Nr. 42.

[111] Steht im Autographenband Dresden, LB Cod. P. 42 zwischen De septem statibus ecclesie und De anno iubileo, beide auf 1449 datiert. — MEIER Nr. 47.

[112] Dresden, LB Cod. P. 42 fol. 197 v, Datierung autograph. — MEIER Nr. 87.

[113] Dresden, LB Cod. P. 42, fol. 199 r. — Nach der Auflösung der Basler Versammlung. — MEIER Nr. 75.

[114] Dresden, LB Cod. P. 42, fol. 203 v; Datumzeile autograph. — MEIER Nr. 52.

[115] Clm 21751 fol. 98 v (1449); Trier, StB Cod. 646/869 fol. 201 r (1450); in Dresden, LB Cod. P. 42 ohne Datierung. — MEIER Nr. 20.

[116] Wolfenbüttel, Cod. 42. 2. Aug. Fol. fol. 94 r: *1449. Et nota quod hec fuit signatura in exemplari, sed presens rubricatio in hoc opere finita est anno Domini m cccc lviij.* — In mehreren anderen Hss. auf 1450 datiert: Berlin, PK Cod. theol. lat. Fol. 174 fol. 174 v; Gießen, UB Cod. 1266 fol. 226 r; Trier, DB Cod. 65 fol. 404 v; Wolfenbüttel, Cod. 152 Helmst. fol. 266 r. — Jakob erwähnt diese Schrift im Quodlibetum statuum humanorum von 1452, s. Leipzig, UB Cod. 621 fol. 205 v. — MEIER Nr. 9.

[117] Autograph Dresden, LB Cod. P. 42 fol. 29 v—38 v undatiert; die Zusammensetzung des Cod. macht die Datierung auf ca. 1450 wahrscheinlich. Terminus ante quem ist 1452, da er im Gießener Cod. 1266 enthalten ist, der 1451/1452 in Erfurt geschrieben wurde. — MEIER Nr. 28.

[118] Vom Autor korrigiertes Exemplar Dresden, LB Cod. P. 42 fol. 62 r—72 v. — Bonn, UB Cod. 320/181 fol. 78 v: *circa 1450;* Mainz, StB Cod. II. 122 unfol.: *editus circa 1450;* der Breslauer Cod. I. Fol. 621, der die Ars moriendi enthält, stammt zumindest teilweise von 1449. — MEIER Nr. 53.

[119] Vom Autor korrigiertes Exemplar Dresden, LB Cod. P. 42 fol. 103 v—110 v. — Magdeburg, GB Cod. 142, an dessen Ende diese Schrift steht, ist teilweise 1448 geschrie-

De cantu in divinis apud reformatos [120].
De partitione reddituum inter religiosos [121].
Epistola de professione religiosorum [122].

1450

(24. Juli) Epistola ‚Grata mihi est' [123].
De statu securiore incedendi in hac vita [124].
Casus quidam: Quidam religiosi regulariter viventes [125].

ca. 1451

Solutio quorundam dubiorum de potestate ligandi atque solvendi Carthusianorum [126].

1451

De inchoatione festorum et de vectoribus [127].

---

ben. — Im Nachwort empfiehlt sich der Autor ‚zwei königlichen Schwestern', die an dem Zustandekommen des *sermo* Anteil hätten. Es ist an die Schwestern des Ladislaus Postumus zu denken, die Töchter Albrechts II., deren ältere den damals in Thüringen regierenden Herzog Wilhelm III., deren jüngere Jagiełłos Sohn Kasimir, König von Polen, geheiratet hatte. Wenn Jakob schreibt (Dresden, LB Cod. P. 42 fol. 110 v): *Quas duas Regis filias semper cupio habere viarum mearum comitias dulcique vehiculo inter eas aspiro residere in earum medio suaviter repausando*, spielt er damit auf seine alte und seine neue Wirkungsstätte an, Polen und Thüringen. Die Betonung des *auxilium bracchii secularis* bei der Disziplinierung des Weltklerus (ebd. fol. 107 v), das in der Formula reformandi religiones auch für die Reformierung der Klöster gefordert wird, entsprach ganz der Kirchenpolitik des energischen Wilhelm; vgl. WINTRUFF, Landesherrliche Kirchenpolitik, bes. S. 34—88. — MEIER Nr. 8.

[120] Wolfenbüttel, Cod. 71. 21. Aug. Fol. fol. 166 r: 1450. — Die Anordnung in Dresden, LB Cod. P. 42 fol. 100 v — 103 r widerspricht dem nicht, könnte aber auch an 1449 denken lassen. — MEIER Nr. 32.

[121] Autograph Oxford, Bodl. Libr. Cod. Ham. 43 fol. 267 r — 268 r (vgl. MBK 2 S. 502 Z. 19 ff.), auf die oben Anm. 82 genannte Notiz von 1449 folgend. Der terminus post quem ergibt sich aus einem Hinweis auf eine Urkunde vom 2. 12. 1448 (VOLK, Urkunden Nr. 10 S. 70 f.); zum terminus ante quem: der Streit zwischen dem Mainzer Kloster St. Jakob und der Mehrheit der Bursfelder Kongregation über den Liber ordinarius ist Jakobs Gutachten zufolge noch nicht entschieden; die Entscheidung fällte Nikolaus von Kues mit einer Urkunde vom 6. 3. 1452 (VOLK, Urkunden Nr. 22 S. 95 f.). — MEIER Nr. 13.

[122] Der Brief steht im Zusammenhang mit dem nächstgenannten, der datiert ist. — MEIER Nr. 90, S. 73.

[123] Wolfenbüttel Cod. 71. 21. Aug. Fol. fol. 173 v: *in Carthusia prope Erfford in vigilia Jacobi anno 1450*. — MEIER Nr. 90 S. 73.

[124] In mindestens sieben der bei MEIER Nr. 41 S. 40 f. aufgezählten Hss. auf 1450 datiert, z. B. Leipzig, UB Cod. 621 fol. 305 r.

[125] U. a. Berlin, PK Cod. theol. lat. Fol. 710 fol. 298 v: 1450 — MEIER Nr. 64.

[126] Terminus post quem ist 1450, da im laufenden Text auf dieses Jahr Bezug genommen wird: *in anno iubileo proximo preterito 1450;* Gießen, UB Cod. 1266 fol. 240 r. Terminus ante quem ist 1452, die jüngste Jahresangabe der Gießener Hs. 1266, die in dem Jahr fertiggestellt worden sein dürfte. — MEIER Nr. 5.

[127] Die kurze Abhandlung ergänzt die Schrift De sanctificatione sabbati von 1448 und ist meist als *additiones* zu ihr überliefert; Datierung auf 1451 in etwa zehn Hss. gleichlautend, z. B. Leipzig, UB Cod. 621 fol. 310 r. — MEIER Nr. 14.

De actionibus humanis et de mystica theologia [128].
nach 1451
De negligentia praelatorum [129].

1452
(7. Mai) Sermo in capitulo provinciali in Berga [130].
De approbatione et confirmatione statutorum Ordinis Carthusiensis [131].
De bono morali et remedia contra peccata [132].
De causis multarum passionum [133].
De potestate daemonum [134].
Quodlibetum statuum humanorum [135].
De contractibus venditionis et revenditionis [136].
De erroribus et moribus christianorum modernorum [137].

1452/1453
De arcta et lata via [138].

---

[128] Zweiteiliger Traktat; die Datierung auf 1451 ist mehrfach überliefert, z. B. Gießen, UB Cod. 1266 fol. 275 v; Wolfenbüttel, Cod. 83. 26. Aug. Fol. fol. 49 v; abweichend Trier, StB Cod. 1913/2033 fol. 326 v: *conscriptus 1453, depictus 1474.* — In De triplici genere hominum von 1453 verweist Jakob auf seinen Traktat De mystica theologia: Wolfenbüttel, Cod. 309 Helmst. fol. 80 v. — MEIER Nr. 18 u. Nr. 86.

[129] FIJAŁEK 2 S. 102, 108, 226 f.; FIJAŁEK verweist auf die Erwähnung der Legation des Nikolaus von Kues 1450/1451: *Propterea cardinalis ille venerabilis Nicolaus de Cusa, cum in Alemannia predicaret, loquens de monachis inobedientibus...*; s. WALCH, Monimenta medii aevi 2, 2 S. 105. — MEIER Nr. 65.

[130] Datum des Provinzialkapitels s. Urkundenbuch Berge S. 236 Nr. 296; BERLIÈRE, Les chapitres généraux S. 387. Die Predigt geht aus von Jak. 1,21, d. h. von der Tagesepistel des Sonntags Cantate, an welchem dieses Kapitel stattfand. Die Rede erst für das nächstfolgende Provinzialkapitel (1455) anzusetzen, wie es FRANK, Das Erfurter Peterskloster S. 187 Anm. 7 tut, sehe ich keinen Grund. — MEIER Nr. 94 S. 78.

[131] Datum im laufenden Text, z. B. Gießen, UB Cod. 644 fol. 317 v. — MEIER Nr. 2.

[132] Datierung in wenigstens sechs Hss. gleichlautend, z. B. Göttingen, UB Cod. theol. 131 fol. 169 v. — MEIER Nr. 16.

[133] Wolfenbüttel, Cod. 309 Helmst. fol. 229 v; Gießen, UB Cod. 1266 fol. 338 v. — MEIER Nr. 17.

[134] Datum mehrfach überliefert, z. B. Gießen, UB Cod. 686 fol. 88 r, mit Empfehlung des Traktates durch den Erfurter Theologieprofessor Henricus Ludowici OESA; Berlin, PK Cod. theol. lat. Fol. 668 fol. 320 r; s. FIJAŁEK 2 S. 280. Jakob verweist auf diesen Traktat in De apparitionibus animarum von 1455, s. den Druck Hain *9346 fol. 12 r. — MEIER Nr. 26.

[135] Berlin, PK Cod. theol. lat. Fol. 668 fol. 60 v; Köln, StA Cod. GB Fol. 46 fol. 44 v; Leipzig, UB Cod. 621 fol. 227 r. — MEIER Nr. 31.

[136] Gießen, UB Cod. 1266 fol. 236 r; Wien, ÖNB Cod. 4225 fol. 64 r: *1452.* — Dagegen Berlin, PK Cod. theol. lat. Fol. 668 fol. 276 r: *1453;* Wolfenbüttel, Cod. 309 Helmst. fol. 126 r: *1454.* — MEIER Nr. 33.

[137] Datum im laufenden Text; in dem Abdruck bei JACOB, Johannes von Capestrano 2,1 S. 335; auch in den Kolophonen zahlreicher Hss., z. B. Trier, StB Cod. 1913/2033 fol. 190 v. — MEIER Nr. 78.

[138] Wolfenbüttel, Cod. 237 Helmst. fol. 291 v: *1452;* dagegen Wolfenbüttel, Cod. 309

1453

De triplici genere hominum[139].

1454

De peccatis mentalibus mortalibus[140].
De scrupulosis in regula S. Benedicti[141].
De stabilitate monachorum[142].

1454/1455

De apparitionibus animarum[143].
Sermones de tempore et de sanctis[144].

1455

(27. April) Sermo ad religiosos reformatos Ordinis S. Benedicti Erfordiae[145].

Helmst fol. 99 v u. Gießen, UB Cod. 686 fol. 231 r: *1453;* Berlin, PK Cod. theol. lat. Fol. 668 fol. 225 v: *1443,* wohl mit Schreibfehler in der Zehnerzahl. — Meier Nr. 83.

[139] In wenigstens 6 Hss. gleichlautend, z. B. Berlin, PK Cod. theol. lat. Fol. 668 fol. 272 v. — Meier Nr. 43.

[140] Berlin, PK Cod. theol. lat. Fol. 668 fol. 296 v; Trier StB Cod. 1913/2033 fol. 106 r. — Meier Nr. 21.

[141] Göttingen, UB Cod. theol. 134 fol. 38 v; Münster, UB Cod. 167 fol. 80 r (Verlust), s. Fijałek 2 S. 229; Wien, ÖNB Cod. Ser. Nov. 355 fol. 173 v (Autograph); Wolfenbüttel, Cod. 703 Helmst. fol. 186 v. — Meier Nr. 66.

[142] Wolfenbüttel, Cod. 21. 1. Aug. Qu. fol. 214 v. — Meier Nr. 85.

[143] Berlin, PK Cod. theol. lat. Fol. 174 fol. 191 v: *1454.* — Dagegen Gießen, UB Cod. 644 fol. 314 r und Göttingen UB Cod. theol. 119 fol. 331 r: *1455.*

[144] Die Zusammensetzung der verschiedenen handschriftlichen und gedruckten Sermones-Sammlungen und das Verhältnis der Überlieferung einzelner Sermones zu den Sammlungen sind noch nicht untersucht worden. Der Druck der Sermones Hain *9329 gibt 1455 als Datum der Abfassung an (*auctorizati per ... Calixtum tercium anno suo primo*, also nach dem 8. 4. 1455), ebenso Wolfenbüttel, Cod. 128 Helmst. fol. 231 v, doch die Hs. könnte jünger als der Druck sein; sie gibt aber abweichend von der gedruckten Predigtüberlieferung die Sonntags- und Heiligenpredigten nicht getrennt, sondern der Festfolge entsprechend ineinandergeordnet. J. B. Schneyer, Die Hochschätzung der Predigt bei den Predigern des Spätmittelalters (Wahrheit und Verkündigung. Festschrift für M. Schmaus, 1967) S. 592 u. 596, bezeichnet ohne Begründungen den Druck Hain *9331 (Sermones dominicales) als ‚Ps.-Jakob von Jüterbog'; Schneyer, Wegweiser S. 18, 135, 260, 325, 333 werden die Predigtsammlungen Hain *9330 u. *9331 allerdings noch als Jakob zugehörige benutzt. Das Nachwort der Sermones dominicales, das einer aus dem Bursfelder Kloster Reinhausen stammenden Hs. entnommen ist (Berlin, PK Cod. theol. lat. Qu. 344 fol. 261 v), fügt sich durchaus in die Vita Jakobs: *Offero igitur hec prescripta cuilibet predicatori intento et attento auditori, ut particeps esse possim fructibus eorum. Et licet pro tunc sacre et celeberrime religioni cartusiensi vinculis astrictus sum, ubi mihi non potest patere egressus ad urbes et ad populi multitudinem, ut et per me verbum dei populo pronunciare possem, ymo predicandi plangendi continui officium; dedi tamen per premissa operam, ut flatum et ventum in organis aliorum subministrem et alter claves tangat et fistule dulciter ut spero resonabunt deo et me cooperante, cui sit laus et gloria. Amen.*

[145] Köln, StA Cod. W 16*; Wolfenbüttel, Cod. 309 Helmst. fol. 64 r; ebd., Cod. 691 Helmst fol. 195 r; ebd., Cod. 71. 22. Aug. Fol. fol. 285 v. — Dagegen das Fragment Berlin, PK Cod. lat. Qu. 816 fol. 219 r: *1456;* dazu unten S. 97 Anm. 140. — Meier Nr. 94 S. 80.

Consolatorium contra mala huius mundi [146].
Speculum aureum institutionis ad beneficia ecclesiastica [147].
De duabus civitatibus Jerusalem et Babylon [148].
De cautelis diversorum statuum in ecclesia [149].
De choreis an licite sint [150].

1456
De regula directiva religionis Ordinis Carthusiensis [151].
Passio secundum quattuor Evangelistas [152].
Apologeticus religiosorum [153].

1457
De montibus Gelboe [154].
De contemptu mundi [155].

ca. 1457/1458
Confessionale [156].

---

[146] Trier, StB Cod. 964/1158 fol. 196 r; Wien, ÖNB Cod. 4225 fol. 60 v. — MEIER Nr. 27.

[147] Wolfenbüttel, Cod. 309 Helmst. fol. 110 r: *Tractatus sequens est correctus ex primo exemplari manu editoris scripto;* fol. 122 v: *1455.* Berlin, PK Cod. theol. lat. Fol. 704 fol. 383 v; Trier, StB Cod. 1049/1297 fol. 293 r; Wien, ÖNB Cod. 4225 fol. 88 v. — Im Druck des Quodlibetum statuum humanorum (Hain *9335, unfoliiert) wird am Schluß des Kapitels De canonico ingressu in der ersten Person auf das Speculum verwiesen. Das Quodlibetum ist von 1452. Aus dem Verweis folgt aber nicht, daß das Speculum früher anzusetzen wäre, denn er muß später hinzugefügt worden sein, da ihn die Hs. Leipzig, UB Cod. 621, die 1458/1459 entstanden ist, an entsprechender Stelle (fol. 176 v) nicht hat. — FIJAŁEK 2 S. 252. — MEIER Nr. 48.

[148] Trier, StB Cod. 964/1158 fol. 182 v; ebd. Cod. 1924/1471 fol. 125 v; Wolfenbüttel, Cod. 309 Helmst. fol. 110 r: *1455 auctorisante domino Nicolao papa 5* (gest. 24. 3. 1455), danach der Anm. 147 zitierte Hinweis auf das Autograph des Speculum aureum. — FIJAŁEK 2 S. 261. — MEIER Nr. 68.

[149] Trier, StB Cod. 1924/1471 fol. 52 r; Wien, ÖNB Cod. 4225 fol. 306 v; Wolfenbüttel, Cod. 309 Helmst. fol. 247 r: *compilatus 1455 tempore Calixti III pontificatus sui anno primo,* also nach dem 8. 4. 1455, d. h. auch nach dem zuvor genannten Werk Jakobs. — MEIER Nr. 81.

[150] S. unten Anm. 157.

[151] Datum im laufenden Text genannt, z. B. Trier, StB Cod. 1924/1471 fol. 132 r; im Explicit fol. 140 v: *Anno domini 1456 auctorisante sanctissimo Calixto papa 3°.* — MEIER Nr. 29.

[152] Magdeburg, GB Cod. 21; s. H. DITTMAR, Die Handschriften und alten Drucke des Domgymnasiums. 1878, S. 11. — Vgl. den Bibliothekskatalog der Kartause Buxheim, nach RUF um 1450 entstanden, MBK 3 S. 95 Z. 27 f. — MEIER Nr. 51.

[153] Trier, StB Cod. 1924/1471 fol. 160 r. — MEIER Nr. 57.

[154] Berlin, PK Cod. theol. lat. Fol. 704 fol. 80 v; Trier, StB Cod. 1913/2033 fol. 272 v. — MEIER Nr. 44.

[155] Berlin, PK Cod. theol. lat. Fol. 704 fol. 209 r; der Cod. wurde 1460 von Wilhelm Tzewers angelegt, s. unten S. 44. MEIER Nr. 49.

[156] Inc.: *Samaritanus ... caritate coactus.* FIJAŁEK 2 S. 326 f. zählt dieses Werk unter die zweifelhaften, MEIER Nr. 73 S. 60 f. unter die echten. Ein Confessionale weist der

1458
(30. 7./5. 8.) Quodlibetum fallaciarum humanarum[157].
De desiderio moriendi[158].
De iudiciis divinis et humanis[159].

Das letzte, wegen Krankheit und Alter unvollendet[160] gebliebene Werk des Kartäusers ist das Scrutinium scripturarum. L. Meier spricht es Jakob ab und weist es Paul von Burgos (ca. 1353—1435) zu[161]. Der Dialogus qui vocatur Scrutinium scripturarum libris duobus contra perfidiam Iudaeorum des getauften spanischen Juden[162] hat aber nur den Titel und den einleitenden Bibelvers Joh 5,39 *Scrutamini scripturas*... mit der Schrift Jakobs gemeinsam, die keineswegs als Dialog konzipiert, sondern wie zahlreiche andere seiner Traktate in *proposiciones* gegliedert ist. Es liegt im Autograph[163] und in der Abschrift Wilhelm Tzewers' vor [164]. Letzterem scheint

Erfurter Kartäuserkatalog dem Jakob eindeutig zu (MBK 2 S. 501 Z. 4 u. S. 581 Z. 14), es stand im Band O 69. Dieser Band enthielt die späten Werke Jakobs von ca. 1455 bis 1458 und hat der 1460 abgeschlossenen Hs. Tzewers' (s. Anm. 155) teilweise als Vorlage gedient; auf der Rectoseite des Deckblatts der Tzewerschen Hs. wird das Confessionale Jakob zugewiesen; in O 69 stand es — wie noch in der Tzewerschen Hs. — dicht zusammen mit dem auf 1458 datierten Traktat De desiderio moriendi. Der Druck des Confessionale (Nürnberg, Hieronymus Holtzel, 1520) gibt fol. 2 r eine Bemerkung seiner Vorlage (evtl. Nürnberg, StB Cod. Cent. IV. 42) wieder: ... *qui* (sc. *Jacobus de Paradiso*) *et circa annos domini 1459 adhuc in humanis fuit*, und nennt damit zugleich einen terminus ante quem. MEIER verzeichnet insgesamt drei Beichtschriften Jakobs, unter Nr. 73 zwei mit demselben Titel, aber unterschiedlichem Incipit, und einen weiteren mit dem Titel De confessione audienda unter Nr. 12. Da der Erfurter Kartäuserkatalog nur zwei Beichttraktate Jakobs kennt, dürften Zweifel an MEIERS Zuweisungen angebracht sein. Ohne eine nähere Untersuchung, die auch Johannes Hagens entsprechende Traktate einzubeziehen hätte, ist eine klare Entscheidung nicht möglich.

[157] Autograph Berlin, PK Cod. lat. Fol. 687 fol. 72 v: *in octava Petri et Pauli 1458*. — LEHMANN, Handschriften St. Petri S. 20 teilt aus Kopenhagen, KB Cod. Ny kgl. S. 1786 fol. 216 v — 217 r folgende unter Jakobs Familiennamen Küniken (dazu unten S. 165 Anm. 135) verzeichnete Quaestio mit: *De choreis an licite sint ... Collecta per egregium Jacobum Küniken sacre theologie doctorem in Carthusia Erffordensi anno Domini 1455*. MEIER (Nr. 10 S. 19 f.), der diese datierte Notiz nicht, aber vier andere undatierte Überlieferungen der Quaestio kennt, hält sie zu Unrecht für ein Teilstück des Quodlibetum fallaciarum, Kap. De corea et corizantibus (im Autograph fol. 64 rv). Doch haben die Kapitel des Quodlibetum fallaciarum nicht die Form einer Quaestio. Diese ist vielmehr zeitlich vor dem Quodlibetum entstanden. Die Angaben der Kopenhagener Hs., das Datum wie die Mitteilung des Familiennamens, dürfen schon deshalb besondere Glaubwürdigkeit für sich beanspruchen, da die Hs. in unmittelbarer Nähe der Kartause, in St. Peter zu Erfurt, entstand. — MEIER Nr. 10.

[158] Berlin, PK Cod. theol. lat. Fol. 704 pag. 119; Nürnberg, StB Cod. IV. Cent. 42 fol. 65 r. — MEIER Nr. 54.

[159] Berlin, PK Cod. theol. lat. Fol. 704 pag. 175. — MEIER Nr. 46.

[160] S. unten S. 89, 122.   [161] MEIER Nr. 120 S. 86.   [162] LThK 8. 1963 Sp. 230.

[163] Berlin, PK Cod. theol. lat. Fol. 687 fol. 73 r — 85 v, d. i. Bd. H 95 der Erfurter Kartause, deren Katalog das Werk Jakob zuschreibt; s. MBK 2 S. 416 Z. 27 u. S. 581 Z. 17 f.

[164] Berlin, PK Cod. theol. lat. Fol. 704 p. 210—244, 257—266.

der Autor das Werk gewidmet zu haben, wie eine längere, teilweise schwer lesbare Marginalie zur Abschrift nahelegt, und zwar zu dessen Priesterweihe und theologischem Lizentiat[165]. Seine Entstehung ist darum um 1460 anzusetzen[166].

Für die folgenden Schriften läßt sich nur ein größerer Zeitraum angeben, innerhalb dessen sie entstanden sein müssen: De interdicto religiosorum steht, von Jakobs Hand geschrieben, im Dresdner Codex P. 42, die Abfassung — es sind Exzerpte aus dem entsprechenden Werk des Kanonisten Johannes Calderini (ca. 1300—1365) — fällt wahrscheinlich in die Jahre 1445—1450; einen terminus post quem bietet die Erwähnung des allgemeinen Interdikts von 1435[167]. Die Erörterung Quomodo religiosi debeant servare festa ist in drei Handschriften und in diesen stets nur als Anhang zu De inchoatione festorum von 1451 überliefert und wird dieser Schrift im gleichen Jahr oder wenig später hinzugefügt worden sein[168]. — Die Informatio praelaturae resignatae findet sich ausschließlich in zwei Kopenhagener Handschriften aus dem Kloster Cismar. Die eine von ihnen kam aus dem Besitz des ehemaligen Erfurter Rektors Johannes Langediderik in die Klosterbibliothek[169] und bildet vermutlich die Vorlage für die Abschrift der Informatio in der anderen Handschrift[170]. Langediderik ging 1453 von Erfurt nach Hamburg und übernahm dort ein Kanonikat mit Lektoralpraebende, von der er 1455 resignierte[171]. Vielleicht hat Langediderik den Kartäuser aus aktuellem Anlaß um diese Informatio gebeten. — Für das kurze Speculum sacerdotum über den würdigen Zutritt des Priesters zur Meßfeier ist lediglich der 18. 1. 1459 als terminus ante quem anzugeben[172]. — Der Traktat De cognitione causarum et effectuum secretorum ist in der Handschrift Berlin. PK theol. lat. Fol. 711, fol. 342 r auf 1460 *in vigilia purificationis* datiert, doch gehört der Traktat in die Schaffensperiode von 1451—1456, welche der Band H 64 Kartause (Weimar, LB Cod. 25) repräsentiert[173].

---

[165] Ebd. p. 210; s. unten S. 122.

[166] WACKERNAGEL, Matrikel Basel 1 S. 30: 1462 dr. theol.

[167] Dresden, LB Cod. P. 42 fol. 59 r; fol. 61 r: ... *collecta ex dictis Johannis Calderini decretorum doctoris famosi.* — Im Band H 106 (heute Edinburgh, Univ. Libr. Mediaeval Ms. 111; 14./15. Jh.) besaßen die Erfurter Kartäuser De interdicto ecclesiastico tractatus Johannis Calderini, s. MBK 2 S. 420 Z. 8 f.; S. 239 Z. 18; S. 230 Z. 27.

[168] MEIER Nr. 6. Die dort notierte Hs. Magdeburg, GB Cod. 113 enthält nicht diese Erörterung, sondern De sanctificatione sabbati, MEIER Nr. 67.

[169] Kopenhagen, KB Cod. Kgl. Fol. 78; s. JOERGENSEN, Catalogus S. 118.

[170] Kopenhagen, KB Cod. Kgl. oct. 3395; der Schreiber dieser Kopie betont, daß er den Verfasser gekannt habe: *magistri Jacobi doctoris ..., quem et novi.* JOERGENSEN, Catalogus S. 149. — MEIER Nr. 58.

[171] KLEINEIDAM, Universitas 1 S. 288 f.

[172] S. unten S. 236. — MEIER Nr. 62.

[173] Vgl. MBK 2 S. 403 Z. 2; S. 238 Z. 6; S. 231 Z. 48.

Daß die Collaciones capitulares secundum morem Carthusiensium aus der Erfurter Zeit stammen, geht schon aus ihrem Titel hervor; ihr Text ist ebensowenig erhalten wie die im gleichen Band H 32 verzeichnete Collacio in actu visitacionis und die Collaciones due in vulgari sc. de purificatione beate virginis et in die palmarum. Diese Ansprachen mögen mit Jakobs Vikariatsamte zusammenhängen, das aber nicht zeitlich fixiert werden kann [174]. Da der Kartäuser erst in Erfurt mit der Bursfelder Reformbewegung in Verbindung trat, ist auch sein reformierte Mönche betreffendes Sentimentum, in einer Bursfelder Handschrift enthalten, nach 1443/44, vermutlich Anfang 1455 entstanden [175]. Ebenfalls in die Erfurter Zeit gehören zwei kleine Quaestiones, autograph in einem Sammelband, den Hagen zusammenstellte [176]; wahrscheinlich auch die nur aus dem mittelalterlichen Katalog dem Titel nach bekannten Werke, deren Authentizität freilich nicht nachzuprüfen ist [177].

Nicht zu datieren sind zwei kurze Abhandlungen über den Eucharistieempfang, die eine in einer Danziger, die andere in einer Stuttgarter Handschrift überliefert [178]. — Von zwei bei L. Meier verzeichneten Notaten zu Beschlüssen des Konstanzer und des Basler Konzils ist das letztere lediglich eine gesonderte Überlieferung des 25. Kapitels der Schrift De officiis et statu ecclesiasticorum von 1448 [179]; das einzige Exemplar des anderen ging im Zweiten Weltkrieg verloren [180]. — Zwei knappe Notizen über die Prädestination und die Erbsünde gehören zu Materialsammlungen, für deren Anlage u. a. Schriften des Jakob benutzt wurden [181]. — Unklar ist, ob die nach Schultes Ansicht [182] einflußreiche Schrift De contractibus ad reemptionem et ad vitam als ein Werk aus der Zisterzienserzeit Jakobs anzusehen ist.

---

[174] Ebd. S. 389 Z. 33—35.
[175] Marburg, UB Cod. 52 (D. 15) fol. 102 r — 103 r. Das Sentimentum gehört in den bei FRANK, Das Erfurter Peterskloster S. 145 ff., bes. S. 153 u. Anm. 36 behandelten Zusammenhang. — MEIER Nr. 61.
[176] *Utrum aliquis infra etatem legitimam. — Contingere sepius videmus.* KLAPPER, Johannes Hagen 2 S. 47; vgl. MEIER Nr. 3 S. 15.
[177] MEIER Nr. 130.
[178] De negligentiis circa divinissimum sacramentum cum remediis. Danzig, StB Cod. Mar. Fol. 171; MEIER Nr. 60. — De preparatione ad sacramentum Eucharistie. Stuttgart, LB Cod. HB III 46; MEIER Nr. 84.
[179] Wolfenbüttel, Cod. 44. 24. Aug. Fol. u. Cod. 67. 1. Aug. Fol. — MEIER Nr. 71 = Kap. 25 von MEIER Nr. 39.
[180] Münster, UB Cod. 160. — MEIER Nr. 30. — Von Johannes Hagen ein gleichlautender Titel in MBK 2 S. 257 Z. 4 f.
[181] Heidelberg, UB Cod. Salem. 8. 37. — MEIER Nr. 22 u. Nr. 74. — Ob die Stücke aus dem Band E 16 zum ersten Sentenzenbuch stammten, ist nicht mehr auszumachen; immerhin liegt es nahe, da die *puncta* zur *praedestinatio* in diesen Zusammenhang gehören, vgl. MBK 2 S. 331 Z. 16 f.
[182] J. F. v. SCHULTE, Geschichte der Quellen und der Literatur des kanonischen Rechts 2. 1877 S. 447.

J. Fijałek setzt es in die Krakauer Periode[183]. Die älteste handschriftliche Überlieferung liegt im Band H 63 der Erfurter Kartause vor, der etwa 1445—1450 angelegt worden ist. Der genannte Traktat ist in dieser Handschrift nicht von Jakobs eigener Hand geschrieben, aber mit mehreren autographen Marginalien und zwei Einschüben versehen[184], die nicht in die gesamte Überlieferung eingegangen sind. Die handschriftliche Vorlage des Druckes Hain *9343 (Basel, um 1475) kann sie nicht enthalten haben, da sie im Druck fehlen. Die Datierung in den Handschriften ist unterschiedlich: 1443[185], 1450[186], 1451[187] und 1454[188]; keine reicht vor 1442 zurück, so daß es schwer fällt, Fijałeks Meinung zu folgen. — Problematisch bleibt die Zuweisung der Petitiones religiosorum pro reformatione status sui, da sie allein im Abdruck Klüpfels bekannt sind[189]. Fijałek weist sie Jakob zu und will sie auf 1448 datieren[190]; L. Meier rechnet die Petitiones hingegen zu den „zweifelhaften" Werken. Klüpfels Gewährsmann Stumpf wird den Text aus einem Band der Klosterbibliothek genommen haben. Der Katalog vom Ende des 15. Jahrhunderts verzeichnet unter den Titeln des Bandes A 41 u. a.: Peticiones religiosorum quorundam ad concilium pro reformacione, weist diesen Titel aber keinem Autor zu[191] und kennt auch im Verfasserregister unter den Werken Jakobs keine so benannte Schrift.

3. Die vom Zisterzienserkloster Mogiła ausgehende Rezeption

Die Quellen zur *Rezeption* dieser umfangreichen literarischen Produktion des Kartäusers und ehemaligen Krakauer Professors weisen eine eigentümliche Einseitigkeit auf: schriftliche Zeugnisse seiner regulären Lehrtätigkeit, die er vom Magisterium bis zum Fortgang aus Krakau fast zwei Jahrzehnte lang ausgeübt hat, haben sich außer in den von ihm selbst nach Erfurt mitgebrachten Manuskripten, welche die Frucht dieser Tätigkeit sind, nicht finden lassen. Auch von Erfurt aus scheinen sie nicht weiter verbreitet worden zu sein[192].

---

[183] Fijałek 2 S. 311 ff.
[184] Dresden, LB Cod. P. 42 fol. 94 v u. 99 v. Die ältere Literatur zu diesem Thema sind Inhalt der Bände A 41 und A 45 der Kartause (s. MBK 2 S. 259 ff.); der juristische Charakter des Traktates muß nicht unbedingt auf die Abfassung während Jakobs Krakauer Universitätsjahre verweisen, wie Fijałek 2 S. 319 will. — Meier Nr. 59.
[185] Gießen, UB Cod. 1266 fol. 344 v.
[186] Jena, UB Cod. El. Qu. 7 fol. 96 r.
[187] Wolfenbüttel, Cod. 35. 1. Aug. Fol. fol. 234 v.
[188] Wolfenbüttel, Cod. 309 Helmst. fol. 130 v.
[189] Meier Nr. 98.   [190] Fijałek 2 S. 221.
[191] MBK 2 S. 260 Z. 6 f.   [192] S. unten S. 124.

Die aus aktuellem Anlaß entstandene Begrüßungsrede für den Basler Legaten und das konziliaristische Gutachten haben einen etwas deutlicheren Widerhall als die akademischen Schriften gefunden. Fijałek druckte die Rede aus einem Codex vom Beginn des 16. Jahrhunderts ab, den der Krakauer Professor Petrus de Zambrzecz der Bibliothek der Artistenfakultät überlassen hatte[193]. Die Determinacio de ecclesia kam zusammen mit anderen Gutachten der Ausschußmitglieder von 1440/1441 in die Krakauer *libraria theologorum*[194]; als Vorarbeit angefertigt, um in die offizielle Stellungnahme eingearbeitet zu werden, hat sie anders als diese[195] nur geringe Verbreitung gefunden: ein polnischer Teilnehmer am Basler Konzil besaß sie in der Sammlung einschlägiger Traktate[196], eine weitere Kopie unbekannter Provenienz von 1458 befindet sich heute in Breslau[197]. Aber zweifellos hat die ausdrückliche Erwähnung seiner Mitarbeit im Bericht des Marco Bonfili vor den Konzilsvätern den Professor und Mönch breiteren Kreisen als engagierten Konziliaristen bekannt gemacht[198].

Als Reformator polnischer Klöster war Jakob wenig Erfolg beschieden. Vom verweltlichten Treiben des Zisterzienserabtes von Wąchock z. B. und seiner unerhörten Bestrafung durch einen Dämon weiß er noch später zu berichten[199]. Hagen spricht von *multe persecuciones*, denen Jakob ausgesetzt gewesen sei[200], auch die Chronik der Chorherren von Sagan vermerkt, er habe die Mönche zur *puritas regule* nicht zurückführen können[201]. Mit dieser ablehnenden Haltung wird die spärliche Verbreitung der zu Mogiła entstandenen Reformschriften von dem polnischen Kloster aus zusammenhängen. Einige der an Mönche gerichteten Ansprachen wurden, nach Jakobs Fortgang, 1449 an das benachbarte Zisterzienserkloster Koprzywnica ge-

---

[193] Krakau, UB Cod. 126 fol. 133 r — 138 r; s. FIJAŁEK 1 S. 210 ff., 2 S. 176.
[194] Krakau, UB Cod. 1217; s. WISŁOCKI, Catalogus 1 S. 309 f.
[195] Das Konzil widmete ihrer Lektüre vier Tage, s. den Bericht des Johannes de Segovia oben Anm. 63. — Zahlreiche Hss. des Krakauer Universitätsgutachtens zählt FIJAŁEK 1 S. 386—402 auf, ebd. S. 402 ff. zwei gedruckte Wiedergaben des 17. und 18. Jh.s.
[196] Krakau, UB Cod. 2502; s. WISŁOCKI, Catalogus 2 S. 596 f.: *tractatus Panormitani per me comparatus tunc presentem in concilio Basiliensi a. d. 1443 die 3 mensis Marcij.*
[197] Breslau, UB Cod. I. Qu. 90 fol. 176 r — 214 v; laut freundlicher Mitteilung der UB Wrocław.
[198] FIJAŁEK 1 S. 380 und mit ihm PIERADSKA, Uniwersytet krakowski S. 122 f. betonen, daß Nikolaus de Tudeschis seinen dreitägigen Vortrag auf dem Frankfurter Reichstag Juni 1442, den er ebenso wie Nikolaus von Kues seine Gegendarstellung zur Denkschrift ausarbeitete, auf das Gutachten der Krakauer Universität vom Vorjahr stütze. Aber weder die inzwischen erfolgte kritische Edition der Denkschrift Tudeschis (RTA 16 Nr. 212 S. 439—538) noch die Untersuchung von K. W. NÖRR, Kirche und Konzil bei Nicolaus de Tudeschis (Panormitanus) 1964 nennen die Krakauer Abhandlung unter den Quellen.
[199] De montibus Gelboe (1457), s. Trier, StB Cod. 1913/2033 fol. 258 v.
[200] S. oben S. 27.
[201] Catalogus Abbatum Saganensium (SSrerSiles 1 S. 357), wiedergegeben bei FIJAŁEK 2 S. 129 f.

geben[202]; sie finden sich auch im Benediktinerkloster Łysa-Góra, mit dem Jakob aber auch noch von Erfurt aus Kontakt hielt[203]. Eine größere Anzahl jener Reden schenkte der ungarische Adelige Martinus de Aranyas einer Priestergemeinschaft in Alba Iulia[204].

Der zisterziensischen, von Mogiła ausgehenden Überlieferung des Dialogus de temptacione et consolatione religiosorum ist lediglich eine Abschrift mit Sicherheit zuzuweisen[205], jedoch keine vollständige des umfangreichen Werkes, welches Jakob auf Geheiß des Abtes von Mogiła abfaßte. Nur Kopien der 16. *quaestio super esum carnium* aus dem Liber quaestionum, die den Zisterzienserklöstern Leubus[206] und Ebrach (ca. 1450/60)[207] und der Kollegiatskirche St. Nikolaus/Passau (ca. 1465) entstammen[208], weisen auf die Vermittlung durch die Zisterzienser hin. Den Traktat De tribus substantialibus religiosorum besaß um 1435 das Zisterzienserstift Neuberg/Obersteiermark[209], ein Fragment dieses Traktats und eine Visitationsrede über das gleiche Thema kam in Leubus zu der 16. *quaestio* hinzu[210]. Unsicher ist, auf welchem Weg der Dialogus in die Zisterzienserklöster Marienthal bei Helmstedt (ca. 1455)[211] und die Abtei Camp gelangt sind[212]. Die 13. *quaestio* des Liber, De indulgentiis, benutzte nach einer Vermutung Th. Briegers Nikolaus Weigel schon zwischen 1436 und 1441 für seine Abhandlung über den Ablaß[213]. Bis auf diese angeführten Fälle geht die ge-

---

[202] Leningrad, SB Cod. Lac. I. Fol. 235; s. Fijałek 2 S. 204.

[203] Leningrad, SB Cod. Lac. I. Fol. 314; s. Fijałek 2 S. 204. — Einen Brief des Abtes dieses Klosters von 1457 verwendet Jakob in De montibus Gelboe, s. Trier, StB Cod. 1913/2033 fol. 259 r.

[204] Alba Julia, Bibl. Batthyányana Cod. 309, s. Fijałek 2 S. 308 f.; R. Szentivanyi, Catalogus concinnus librorum manuscriptorum Bibliothecae Batthyányanae. Szeged ⁴1958 S. 176—188, hier S. 182.

[205] Warschau, Krasinskische Bibl. Cod. 46: ... *magistri Jacobi ac doctoris de Paradiso ordinis Cysterciensis;* s. Fijałek 2 S. 178.

[206] Breslau, UB Cod. IV. Oct. 7.

[207] Clm 19648 fol. 66 r: *Incipit tractatus super esum carnium editus a venerabili magistro iacobo de clara tumba ordinis nostri sacre theologie professore eximio.* Zur Datierung der Hs.: fol. 195 r — 196 v Einträge von 1456 und später von einem Ebracher Prior. Die Hs. kam über Tegernsee an die SB München. — Die Münchener Hss. mit Werken polnischer Autoren, darunter auch die Jakobs, sind zuletzt ausführlich aufgenommen von Wolny-Markowski-Kuksewicz.

[208] Clm 16167 fol. 158 r: Incipit gleichlautend wie clm 19648, s. Anm. 207; das Datum 1465: fol. 66 v.

[209] Graz, UB Cod. 898.

[210] Wie oben Anm. 206; Sermo visitacionis bei Meier Nr. 94 S. 80.

[211] Wolfenbüttel, Cod. 83. 8. Aug. Fol.

[212] Darmstadt, LB Cod. Fol. 775; 15. Jh. Die Schriften sind ohne Autorenangabe; von einer Hand des 17. Jh.s stammt die aus der Lektüre der Texte erschlossene Zuweisung *(ut patet ex lectione)* an einen Zisterzienser. Beschreibung bei Rathgen, Handschriften der Abtei Camp S. 125 f.

[213] Brieger, Zu Jakob von Jüterbock S. 146 f.

samte Rezeption der monastischen Reformschriften des *Zisterziensers* von der *Kartause* in Erfurt aus[214].

1443 in Erfurt erstmals abgeschrieben, wurden sie von dort über Straßburg nach Danzig in die Kartause getragen (1448)[215]; etwa gleichzeitige Abschriften (ca. 1447) gelangten in die Bibliothek der Danziger Marienkirche[216] und nach Sagan (ca. 1450)[217], kamen — wiederum von Erfurt — (1453) zu den Fraterherren nach Butzbach[218], in die Privatbibliotheken des Wilhelm Tzewers (ca. 1455/1460)[219] und des Gerwin von Hameln[220] und in die Klosterbibliothek von Altzelle (1458)[221], eine Kopie von 1466 wurde den Benediktinern in Lüneburg gestiftet[222], 1470 verschaffte ein Hamburger Vikar sich die Schriften[223], in den siebziger Jahren waren sie im Benediktinerkloster Schönau[224], 1514 in Oldenstadt[225], zuvor in Liesborn[226]. Der Dialogus de temptacione scheint den Mönchen eine besonders hilfreiche Lektüre gewesen zu sein, denn er ist von den Schriften aus der Zisterzienserzeit am meisten gelesen worden. Er wurde außer an mehreren der schon genannten Orte rezipiert von den Kartäusern in Köln (1465/79)[227] und Schnals (ca. 1468)[228], bei den Benediktinern in Melk (1458)[229], Andechs (1463)[230], Tegernsee (1464)[231], Braunschweig (1469)[232], St. Pantaleon/Köln[233], St. Ulrich und Afra (1490)[234], in Subiaco[235] und bei den Zister-

---

[214] Die im folgenden genannten Hss. enthalten nicht immer alle monastischen Reformschriften aus der Zisterzienserzeit, sondern meist den Liber quaestionum oder den Dialogus de temptacione.
[215] Pelplin, SemB Cod. 286; Beschreibung Fijałek 2 S. 185 f.
[216] Danzig, StB Cod. Mar. Fol. 299.
[217] Breslau, UB Cod. I. Fol. 621. [218] Gießen, UB Cod. 644.
[219] Berlin, PK Cod. theol. lat. Fol. 710. [220] Karlsruhe, LB Cod. K. 381.
[221] Leipzig, UB Cod. 621. [222] Göttingen, UB Cod. Luneb. 36.
[223] Johannes Togheling; Hamburg, SB Cod. theol. 1238. — Der Dialogus de temptacione ist 1471/1472 im Besitz eines nicht näher bekannten Heinrich Born, s. Wolfenbüttel, Cod. 18. 6. Aug. Qu. [224] Wiesbaden, LB Cod. 17.
[225] Göttingen, UB Cod. theol. 130 u. Wolfenbüttel, Cod. 703 Helmst. — London, BM Cod. Add. 29732, ohne Provenienzvermerk, Ende 15. Jh., enthält zahlreiche Schriften Jakobs aus der Erfurter Zeit; er ist daher von der Kartause abhängig; dasselbe gilt für Dessau, LB Cod. H. 42/8.
[226] Münster, UB Cod. 84² (Verlust).
[227] Köln, StA Cod. W. Fol. 258; Daten fol. 129 v u. 147 r.
[228] Innsbruck, UB Cod. 24; Daten fol. 192 r u. 198 v; s. die Beschreibung bei Bauer, Paternoster-Auslegung S. 18—21.
[229] Melk, StiB Cod. 990; Datum fol. 44 v u. ö.
[230] Clm 3051. [231] Clm 18593; Datum fol. 214 v.
[232] Wolfenbüttel, Cod. 76. 27. Aug. Fol.; vgl. H. Herbst, Literarisches Leben im Benediktinerkloster St. Ägidien zu Braunschweig. Nebst einem Versuch der Rekonstruktion der Bibliothek dieses Klosters (NdSächsJbLdG 13. 1936 — S. 131—189) S. 168, 182 f.
[233] Köln, StA Cod. GB Fol. 102; Wien, ÖNB Cod. 4947.
[234] Clm 4364; Datum fol. 73 r.
[235] Subiaco, Bibl. dell'Abbazia Cod. 160; vgl. G. Mazzatinti, Inventari dei manoscritti delle biblioteche d'Italia 1. Forlì 1891 S. 190 mit falscher Datierung; s. unten S. 109.

ziensern in Eberbach (1499)[236]. Die Kölner Kartäuser schrieben den Dialogus sogar im 17. Jahrhundert noch einmal ab[237].

Die Rezeption der Schriften des Zisterziensers, die von der Kartause ihren Ausgang nimmt, ist also erheblich intensiver als die an Mogiła anknüpfende; die Schriften des Zisterziensers Jakob sind vom überwiegenden Teil ihrer Leser als Werke des *Jacobus Carthusiensis* gelesen worden. Dieser Eindruck würde sich noch verstärken, wenn die Überlieferung von Einzelstücken aus dem Liber quaestionum, die eben nur bei der ‚zisterziensischen' Rezeption berücksichtigt wurde, zur ‚kartäusischen' noch hinzugenommen würde. Aber das große Übergewicht der letzteren wird auch so deutlich genug. Von Erfurt aus werden die vor 1442 entstandenen Schriften aber nicht isoliert von den in der Kartäuserzeit neu verfaßten verbreitet, sondern sie werden mit diesen als Werke des *Jacobus Carthusiensis* abgeschrieben und gelesen.

4. Die von der Erfurter Kartause ausgehende Rezeption

Den datierten Handschriften zufolge setzt die Rezeption von der Kartause aus Ende der vierziger Jahre ein und erreicht in den fünfziger Jahren, vielfach unmittelbar an die Produktion anknüpfend, eine beachtliche Intensität. Da jedoch die datierten Handschriften nur einen Teil der überlieferten und die überlieferten nur einen Teil der im 15. Jahrhundert angefertigten Abschriften ausmachen, muß die Rezeption noch umfangreicher gewesen sein, als es hier dargestellt werden kann, und sie wird auch früher eingesetzt haben, als es die datierten Handschriften anzeigen. Aus dem Ineinandergreifen von Produktion und Rezeption läßt sich der früheste Zeitpunkt der ‚kartäusischen' Rezeption erschließen, der den Angaben der Handschriften noch vorausliegt.

Die beiden ersten Werke aus der Erfurter Zeit, Oculus religiosorum und Planctus peccatorum (1443/1444), können durchaus zunächst für den internen Klostergebrauch geschrieben worden sein. Die gleichzeitige Formula reformandi religiones wendet sich hingegen an Mönche außerhalb des eigenen Klosters und Ordens; denn der Kartäuserorden wird von dem in der Einleitung der Formula beklagten Verfall des Mönchtums eigens ausgenommen: *paucis exceptis presertim in sacra Carthusiensi religione viventibus aliisque admodum raris*[238]. Es gibt keinen Grund, dem Topos zu mißtrauen,

---

[236] Limburg/Lahn, SemB Cod. beigebunden Inc. 215.
[237] Köln, StA Cod. W. Qu. 33; vgl. LÖFFLER, Kölnische Bibliotheksgeschichte S. 67.
[238] Wolfenbüttel, Cod. 309 Helmst. fol. 131 r.

nach dem der Autor von reformwilligen Mönchen um einen *modus reformandi* gebeten worden sei. Daraus ergibt sich, daß schon vor der Fertigstellung der Schrift ein bestimmter Personenkreis existieren muß, dem Jakob der Kartäuser bereits bekannt ist und der die Hervorbringung des Werkes überhaupt erst veranlaßt. Dieser Vorgang aus dem Jahr 1444 ist typisch für die Entstehung und erste Rezeption auch anderer Schriften des Kartäusers; er markiert zugleich den frühesten Zeitpunkt, zu dem eine Rezeption außerhalb des Erfurter Klosters zu erkennen ist. Reformierte Mönche sind mehrfach an Jakob herangetreten: 1452 und 1455 kamen Ansprachen Jakobs auf Kapiteln reformierter Benediktiner zur Verlesung[239], ein andermal wird er um die Lösung eines rechtlichen Problems gebeten[240], 1450 antwortet er auf briefliche Anfragen[241], und das Autograph des Traktats De scrupulosis in regula S. Benedicti (1454) gelangt direkt in das Erfurter Peterskloster[242] — in der Kartause bleibt nicht einmal eine Kopie zurück. Wie solche Anfragen zustande kommen können, zeigt ein Bericht des Windesheimer Klosterreformators Johannes Busch. Als Busch während seines Hallenser Priorats (1447—1454) in Brachstedt eine Reformsynode abhielt und dabei die Kenntnisse der Weltgeistlichen überprüfte, stieß er auf einen Priester, der die Wandlungsworte in der Messe zwar sinngemäß, aber nicht in ihrer kanonischen Form zu sprechen pflegte. Vor das Problem gestellt, ob die Konsekration unter diesen Umständen gültig sei, befragte Busch bei nächster Gelegenheit den *Doctor Iacobus in Carthusia, qui multos pro fide catholica, pro conservatione religionis, pro statu secularium libros scripsit,* und die Professoren der Erfurter Universität[243]. 1447 erbittet der Erzbischof von Magdeburg eine Stellungnahme Jakobs zum Wilsnacker Wunderblut[244], und als es bei den Franziskanern in Leipzig gespukt hat, will der Merseburger Bischof vom Kartäuser Genaueres über Geistererscheinungen wissen, worauf Jakob 1455 mit der dann erfolgreichsten seiner Schriften, De apparitionibus animarum (oder De animabus exutis a corporibus betitelt)[245], antwortet[246].

Ähnlich wie diese Schriften, deren Adresse die ersten Leser selbst bezeichnet, welche die literarische Produktion veranlassen, sind andere zustande gekommen, wie deren Vorwort nahelegt: das Speculum aureum institutionum (1455) für Geistliche *(non improvide placuit quibusdam conscien-*

---

[239] S. oben S. 40 u. unten S. 96 ff.   [240] Sentimentum s. oben S. 45.
[241] S. oben S. 39.
[242] Wien, ÖNB Cod. Ser. nov. 355 fol. 171 r—173 v.
[243] Johannes Busch, Liber de reformatione monasteriorum S. 443 f.
[244] S. oben S. 41.   [245] D. h. die Erscheinung Verstorbener.
[246] Wolfenbüttel, Cod. 561 Helmst. fol. 252 v: *compilatus ad instantiam episcopi Merseburgensis propter quendam spiritum in monasterio fratrum Minorum in Lipcz vagantem.*

ciosis inquirere, an adeptionem dignitatum ...)[247]; De inchoatione festorum (1451) für die Erfurter (?) Bürgerschaft *(visum fuit quibusdam per civitatem meam exhortari, ut stilo qualicunque de hoc aliqua ad medium proferem)*[248]. Jakob tritt auch von sich aus an die theologische Fakultät heran, um einige seiner Arbeiten von ihr bestätigen zu lassen. 1448 erteilen vier Theologieprofessoren seinem Traktat De sanctificatione sabbati ihre Approbation, und zwar die drei Weltpriester Gottschalk Gresemunt von Meschede, Friedrich Schoen und Johannes Gudermann und der Augustinereremit Heinrich Ludowici; die Unterschriften des Dominikaners Brudegam und des Franziskaners Kannemann fehlen[249]. Die Schrift De statu et officiis ecclesiasticorum vom folgenden Jahr trägt die gleichen Unterschriften[250]; allein von dem Augustinereremiten Ludowici ist der Traktat De potestate daemonum gezeichnet[251].

Diese Verbindungen zwischen dem Autor und einigen seiner Leser, die aus den Texten selber zu erkennen sind, reichen also teilweise weiter zurück, als den erhaltenen Schreibernotizen zu entnehmen ist.

Die älteste, durch ein eindeutiges Explicit sicher datierte Abschrift aus der Zeit nach 1443 ist das oben erwähnte Exemplar des Liber quaestionum von 1448 aus der Danziger Kartause. Obwohl diese Schrift des Zisterziensers in Straßburg kopiert wurde, ist das Exemplar unschwer in die Erfurter Überlieferung einzureihen; denn der Schreiber, der seine Tätigkeit am 18. 12. 1448 in Straßburg beendet, nennt den Autor *venerabilis vir frater Jacobus, sacre pagine professor, in Carthusia Erfordiensi existens*[252]; es ist der Magister Martinus Rotgeb de Argentina, der, 1441 in Erfurt immatrikuliert[253], in eben dem Jahr 1448 sein Magisterexamen in Erfurt bestanden hat[254] und nach den Statuten der Universität gehalten ist, von Straßburg dorthin wieder zurückzukehren, um sein Biennium abzuleisten, d. h.

---

[247] Wolfenbüttel, Cod. 309 Helmst. fol. 110 r.
[248] Leipzig, UB Cod. 621 fol. 308 r.
[249] Die Kolophone z. B. aus Dessau, LB Cod. H. 42/8 fol. 235 r, wiedergegeben bei MEIER S. 56 Anm. 511; ähnlich auch Gießen, UB Cod. 1266 fol. 390 r u. Wolfenbüttel, Cod. 561 Helmst. fol. 289 r. — Über die genannten Professoren s. KLEINEIDAM, Universitas 1 S. 281 ff.
[250] Magdeburg, GB Cod. 15 fol. 259 v; Leipzig, UB Cod. 606 fol. 48 v; Marburg, UB Cod. 58 (D. 21) fol. 94 v; s. auch BRIEGER, Zu Jakob von Jüterbock S. 142 f.; L. F. HESSE, Beiträge zur Geschichte einiger Kirchen- und Klosterbibliotheken in Thüringen (Serapeum 18. 1857) S. 152.
[251] Gießen, UB Cod. 686 fol. 88 r: *Supradictus tractatus catholice conscriptus est quantum cursorie perlegendo sencio. Ideo commendo tractatum et in Christo diligo collectorem ipsius. Ego frater Hinricus Ludowici sacre theologie professor ordinis heremitarum beati Augustini immeritus.*
[252] Pelplin, SemB Cod. 286 fol. 227 r; s. FIJAŁEK 1 S. 90.
[253] WEISSENBORN, Acten 1 S. 185 Z. 15.
[254] KLEINEIDAM, Universitas 1 S. 370 Nr. 335.

noch zwei Jahre lang an der Universität zu lehren[255]. Seine Abschrift des Liber quaestionum geht, zumindest mittelbar, auf das Exemplar der Erfurter Kartause zurück[256]. Der Entstehung der Abschrift Ratgebs liegt ein Rezeptionsvorgang zu Grunde, der in den fünfziger Jahren typisch wird: Angehörige der Universität in Erfurt, zumeist Magister und Doktoren, verschaffen sich die Schriften des vor den Toren ihrer Stadt lebenden Mönches und Professors. Zu diesen zählt der juristische Professor Peregrinus Goch, mit dem Jakob wissenschaftlichen Gedankenaustausch pflegt[257]; er besitzt das Avisamentum ad papam von 1449 sogleich nach der Abfassung[258]. Konrad Hensel, der spätere Frankfurter Stadtpfarrer, benutzt Jakobs Traktat De anno iubilaeo zur Vorbereitung auf eine Prüfung[259]. Gegen 1452 entsteht in Erfurt ein Band, der nahezu die gesamte literarische Produktion der Jahre 1448—1452 zusammenfaßt[260], ein weiterer gegen 1453[261], in den die früheren Werke einschließlich derer aus der Zisterzienserzeit aufgenommen sind; ein dritter von der gleichen Hand[262], der ebenfalls deutlich nach Erfurt weist, ergänzt die Sammlung mit den bis 1455 verfaßten Schriften. Alle drei Bände gelangten in die Bibliothek des Fraterhauses in Butzbach. Es liegt nahe, sie mit Gabriel Biel in Verbindung zu bringen, der von 1451—1453 und nochmals zur Lizentiatenprüfung 1457 in Erfurt war[263]. Biel hat nicht alle seine Bücher nach Tübingen mitgenommen, als er 1477 die Leitung des Fraterhauses in Butzbach nach neunjähriger Tätigkeit niederlegte. Er wird also die hier interessierenden Bände von Erfurt über Mainz nach Butzbach mitgebracht und dann dort zur Lektüre der Brüder zurückgelassen haben. Von ähnlicher Vollständigkeit ist die Sammlung der Werke Jakobs, die Wilhelm Tzewers in den fünfziger Jahren zum eigenen Gebrauch angelegt hat[264]. Er steht in persönlicher Verbindung mit dem Autor, wie nicht allein aus einer Marginalie hervorgeht[265],

---

[255] Ebd. S. 234.
[256] Rotgebs Abschrift ist im Gegensatz zu den meisten anderen von der gleichen Vollständigkeit wie das Erfurter Exemplar; vgl. FIJAŁEK 2 S. 216 ff. u. MBK 2 S. 385 Z. 2—32.
[257] KLAPPER, Johannes Hagen 2 S. 45.
[258] Berlin, PK Cod. lat. Fol. 844; Besitzvermerk fol. I r.
[259] Trier, StB Cod. 611/1548 fol. 1 v: *quem comparavit ex resumpcione pro magisterio.* — Mag. art. 1454, s. KLEINEIDAM, Universitas 1 S. 372. Da der Prüfungsstoff theologischer Art ist, könnte auch die Lizentiatsprüfung in Theologie gemeint sein; vgl. unten S. 120 f.
[260] Gießen, UB Cod. 1266.   [261] Gießen, UB Cod. 644.
[262] Gießen, UB Cod. 686.
[263] Das von KLEINEIDAM, Universitas 1 S. 368 mitgeteilte Datum wird von ELZE, Handschriften S. 77 präzisiert.
[264] Berlin, PK Codd. theol. lat. Fol. 710 u. 704; Darmstadt, LB Cod. 1422; Köln, StA Cod. W. Fol. 272; s. unten S. 89 f., 122. — Zu Tzewers zusammenfassend KLEINEIDAM, Universitas 2 S. 312 f., dazu ist zu ergänzen H. KNAUS, Einbände von Johannes Fogel in Düsseldorf und Bielefeld (GutenbergJb 31. 1956 — S. 315—318), ein ausschließlich Tzewersschem Buchbesitz gewidmeter Aufsatz.
[265] S. unten S. 122.

sondern überdies sinnfällig wird, wenn in einem seiner Codices die Hand Jakobs selber zu erkennen ist. Tzewers weist ausdrücklich auf Jakobs Schriftzüge hin, als er zum Tractatus ad Carthusienses: de eorum statu, fine atque excellentia hinzusetzt: *correctus est manu compositoris* [266].

Die Zahl der Leser des Kartäusers von der Erfurter Universität soll im nächsten Kapitel vervollständigt werden [267]; die angeführten Fälle genügen, um einen typischen Vorgang der Rezeption der Werke Jakobs aufzuzeigen. Die Universität Erfurt wird in den fünfziger Jahren einer der bedeutendsten Schwerpunkte der Rezeption. Sie ist aber zugleich auch ein Ausgangspunkt. Denn die Magister und Doktoren tragen ihre Codices in die verschiedensten Gegenden des Reiches und hinterlassen ihren Bücherbesitz meist einer größeren Bibliothek, einer Kloster-, Universitäts- oder Ratsbibliothek. Dieser Übergang der Handschriften aus Privatbesitz in Bibliotheken, die einer ganzen Gruppe von Benutzern zugänglich sind, ist ein dritter typischer Vorgang der Verbreitung.

Vom Verbleib der Handschrift Ratgebs und der mit Biel in Zusammenhang gebrachten Codices war schon die Rede [268]. Tzewers nimmt seine Bände bald nach 1460 mit an die Universität Basel, Anfang der achtziger Jahre bringt er sie in seine Vaterstadt Aachen, 1512 erben sie die Kölner Kartäuser. Der Band des Peregrinus Goch fällt an die Erfurter Kartause [269]; ein Traktat des Domvikars Johannes Kyll de Hersfeldia, 1456 in Erfurt geschrieben, fällt an die Bibliothek des Mariendomes [270]; Johannes Langediderik vererbt seine Handschrift mit Werken Jakobs den Benediktinern in Cismar [271]; Johannes Kremer von Elspe dem Lektor eines Klosters [272]. Der Erfurter Magister Andreas Soteflesch, der während seiner Studienzeit nicht nur für sich selbst, sondern auch für den Magdeburger Arzt Dr. Thomas Hertzhorn Abschriften anfertigt [273], bringt seine Bücher mit nach Klus, als er dort Benediktiner wird [274]; und zwei Bände des Erfurter Studenten

---

[266] Berlin, PK Cod. theol. lat. Fol. 710 fol. 364 r.
[267] S. unten S. 120 ff.   [268] S. oben S. 52 f.
[269] MBK 2 S. 229 Z. 27—29; Band H 105 der Kartause ebd. S. 238 Z. 17.
[270] Bonn, UB Cod. S. 724 (119 c); Datierung fol. 96 v; Schenkungsvermerk im vorderen Innendeckel: *Venerabilis dominus Johannes Kyll de Hersfeldia huius beate Marie Virginis Erff(ordiensis) et St. Johannis In Hawgis Herbipolensis ecclesiarum Canonicus ad sui et venerabilis domini Heinrici Wintter in decretis licentiati eiusdem beate Virginis et sancti Burghardi Herbipolensis ecclesiarum canonici avunculi sui memoriam presentem librum ad librariam beate Virginis Erff(ordie) legavit.*
[271] S. oben S. 44.
[272] Berlin, PK Cod. theol. lat. Fol. 174; Beschreibung bei MEIER, Lebensgang und Lebenswerk S. 180—182.
[273] Göttingen, UB Cod. theol. 119, von ca. 1452—1455; fol. 317 v: *1452 ... per Andream Scholarem*
[274] Wolfenbüttel, Cod. 666 Helmst., von 1457 bis ca. 1459; Soteflesch tritt 1462 in Klus ein, s. unten S. 100.

Petrus Herlingk de Oppenheim gehen bei dessen Klostereintritt an die Bibliothek der Mainzer Kartause[275]. Die Schriften Jakobs aus dem Besitz des Johannes Pueri (Kint) de Frankenhusen erbt seine Universität[276], ebenso Jakobs Ars moriendi in einem Band des Theologieprofessors Benedictus Stendal aus Halle[277]. Die Privatbibliothek des Erfurter Rektors und nachmaligen lübischen Stadtsyndikus Simon Baechz aus Homburg, die mehr als zwanzig Traktate des Kartäusers umfaßt, bildet den Grundstock der Ratsbibliothek Lübecks[278].

Als die Bände aus privater Hand in den Besitz der Klöster übergehen, sind Jakobs Werke in zahlreichen Konventen schon lange bekannt. Denn die Beziehungen der Klöster untereinander ermöglichen eine ziemlich rasche Literaturvermittlung, so daß an mehreren Orten noch während der literarischen Schaffenszeit Jakobs dessen Werke in beträchtlichem Umfang rezipiert werden. Daß Mönche schon 1444 sich an den Autor mit der Bitte um eine Schrift wenden, wurde eben ausgeführt[279]. Die ‚Auftragswerke' wurden weitergereicht. Ein Beispiel für ihr Fortwirken in einem Mönchskonvent ist der Marginalie zur Cismarer Abschrift der 1455 vor dem Generalkapitel der Bursfelder Kongregation im Erfurter Peterskloster verlesenen Ansprache Jakobs zu entnehmen. Diese Ansprache soll den Mönchen jedes Jahr, wenn ihr Abt am Generalkapitel teilnimmt, verlesen werden: *Dominica Jubilate singulis annis relegendus pro collacione . . .*[280]. Die Zisterzienser von Altzelle haben 1458/1459 einen Schreiber in ein anderes Kloster, vielleicht in die Erfurter Kartause selbst, geschickt, der dort *in cella hospitum* Werke Jakobs in großer Zahl kopiert[281]. Schon 1449 schreibt der im Jahr zuvor in das Augustiner-Chorherrenstift Sagan eingetretene Vincentius Gloger Jakobs Schriften aus der Zisterzienserzeit ab, wenig später wird dem Codex die Ars moriendi beigefügt[282]; 1456/1457 kennt man hier den Oculus religiosorum[283] und 1458—1460 wird eine Sammlung von 15 Schriften des Kartäusers angelegt[284]. Die Fraterherren in Hildesheim besitzen eine Kopie

---

[275] Mainz, StB Cod. I. 171 u. Cod. II. 222. Zuweisungen s. SCHREIBER, Die Bibliothek der ehemaligen Mainzer Kartause S. 73 u. Anm.
[276] MBK 2 S. 192 Z. 24—29.   [277] Ebd. S. 183 Z. 36—40.
[278] Lübeck, StB Cod. theol. lat. 64 u. 65; vgl. unten S. 121.
[279] S. oben S. 50.
[280] Kopenhagen, KB Cod. Kgl. Qu. 1622 fol. 147 r; die Marginalie ist wiedergegeben bei JOERGENSEN, Catalogus S. 88.
[281] Leipzig, UB Cod. 621 fol. 384 v; Daten fol. 308 r u. 320 r (1458), fol. 348 v (1459).
[282] Breslau, UB Cod. I. Fol. 621, Datum fol. 134 r; s. FIJAŁEK 1 S. 85; ŚWIERK, Średniowieczna biblioteka S. 48 u. Anm. 76, S. 89 Anm. 370, S. 153; ders., Schreibstube und Schreiber S. 130, S. 135 über die Schreiber bzw. Vorbesitzer Thomas Wunschilburg, Georg Lange u. Vinzenz Gloger.
[283] Breslau, UB Cod. I. Fol. 274; s. ŚWIERK, Średniowieczna biblioteka S. 94 Anm. 409, S. 48 u. Anm. 70.
[284] Breslau, UB Cod. I. Fol. 280; fol. 420 r: *et sunt comparati ac ad scribendum procu-*

der Ars moriendi, die schon 1453 angefertigt wurde, 1461 kommt der Oculus religiosorum hinzu[285]. Um 1455 ist in der Kartause Wesel Jakobs Schrift De malis huius saeculi bekannt[286]. Der Bibliothekskatalog der Kartause Buxheim verzeichnet etwa zur gleichen Zeit ein Dutzend Schriften Jakobs, auch den kurz zuvor verfaßten Traktat über die Geistererscheinungen[287]. Daß 1459 die Nürnberger Kartäuser[288], die Trierer Benediktiner von St. Marien[289] und die Würzburger Benediktiner von St. Stephan[290] Werke des Erfurters besitzen, deren Entstehung teilweise noch gar nicht lange zurückliegt, wird auf die Literaturvermittlung innerhalb der Ordensorganisationen zurückzuführen sein. Denn der regelmäßige Kontakt der Klöster untereinander ist schon durch das Institut der Visitation gewährleistet. Ein Beispiel illustriert diesen Vorgang: Mitte der sechziger Jahre läßt der Visitator der Kartäuserprovinz Alemannia inferior bei einem Besuch der Erfurter Kartause innerhalb eines Tages den Traktat De potestate daemonum abschreiben, um ihn in die Eisenacher Kartause mitzunehmen[291]. Die Grande Chartreuse, der Ort der regelmäßigen Generalkapitel, besaß Abschriften von Werken Jakobs, die direkt in Erfurt angefertigt worden sind[292]. Die institutionellen Verbindungen der Klöster — gerade bei den Kartäusern tritt durch die Wahl auswärtiger Prioren ein Netz persönlicher Beziehungen

---

rati anno ubi supra per ... Symonem abbatem, per me Petrum diligenter lecti et ut intelligere valui emendati, accuratius et melius emendassem si exemplar habuissem; quod ergo minus actum est, studeant sequentes lectores supplere; ŚWIERK, Średniowieczna biblioteka S. 131. Beschreibung bei FIJAŁEK 2 S. 194—196.

[285] Wolfenbüttel, Cod. 29. 7. Aug. Qu.; Daten fol. 118 r (1453), fol. 82 v (1461).

[286] Darmstadt, LB Cod. 679. — Die nachfolgende Schrift (Bernhard von Clairvaux, De laude novae militiae) ist 1455 vom *frater Johannes Eycholt pauper carthusiensis* geschrieben, s. SOTTILI, Studenti tedeschi a Padova S. 54 f.

[287] MBK 3 S. 95 Z. 16—29.

[288] Nürnberg, StB Cod. Cent. IV. 42; vgl. auch oben S. 42 Anm. 156.

[289] Trier, StB Cod. 1061/1281; Datum *1459* fol. 140 v u. 181 v.

[290] Würzburg, UB Cod. chart. Fol. 241; Datum fol. 225 v.

[291] Fritzlar, DB Cod. 31; Kolophon fol. 374 v: *Hec scripta sunt ad petitionem Visitatoris Provincie Alemannie videlicet Carthusiensium. Venerabilis pater, assumpto unius diei labore haec ut potui, non ut volui in multis occupationibus in tractatum hunc conflavi Erfordie in Carthusia altera die Francisci etc.;* wiedergegeben bei MEIER S. 6 Anm. 46; ebd. Anm. 48 ein Kolophon mit dem Datum 1464. Zwei Beispiele aus den Akten des Generalkapitels der Kartäuser zeigen, wie der Bücheraustausch über die Provinzgrenzen hinweg stattfindet; zu 1431: *Iniungimus Priori Erfordie, ut secundum tenorem littere per Reverendum Patrem nostrum Domnum cartusie sigillate restituat libros, ornatus et alia, que percepit de domo Pragensi, ad manus D. Leonardi Prioris domus vallis omnium sanctorum in Maurbach;* 1434 soll ein Brevier von Nürnberg nach Straßburg zurückgegeben werden. Grenoble, Archives départementales de l'Isère, Atelier de microfilmage: Archives du monastère de la Grande Chartreuse 1 MI 13 (R 1): 1 Cart. 16, Tome 1 S. 467.

[292] Grenoble, StB Cod. 457 fol. 1 r: *Tractatus de peccatis mentalibus et mortalibus scriptus in Cartusia Erfortensi anno Christi 1473.* Catalogue général des manuscrits des bibliothèques publiques de France. Départements (Oct. Ser.) 7. 1889 S. 159 f.

hinzu[293] — dürfen als der wichtigste Faktor bei der Weitervermittlung der Literatur angesehen werden.

Von den mit Erfurt verbundenen Konventen werden die Schriften Jakobs noch zu seinen Lebzeiten in verwandten Klöstern und im Weltklerus verbreitet. Das Kloster Bursfelde muß schon vor 1458 eine stattliche Anzahl besessen haben. Denn in diesem Jahr kommen durch persönlichen Kontakt zwischen dem norddeutschen benediktinischen Reformzentrum und Melk, einem Mittelpunkt der österreichisch-süddeutschen Reform, acht Traktate in den Süden, die der Melker Reformer Martin Senging selbst in Bursfelde kopiert; bald werden sie in Tegernsee abgeschrieben, später dann z. T. mit einem Codex der Kartause Aggsbach kollationiert[294]. Tegernsee, das zweite südliche Reformzentrum der Benediktiner, besitzt schon 1456 zwei Schriften Jakobs[295]. Als 1458 der Eichstätter Bischof Johannes von Eych einen Briefwechsel mit dem Kartäuser Jakob von Tückelhausen anknüpft — die Kartause Tückelhausen gehört zur gleichen Ordensprovinz wie Erfurt —, empfiehlt ihm dieser dringend die Schriften seines Erfurter Mitbruders Jakob sowohl für die persönliche Lebensführung als auch für die Reform des Klerus[296]. Er sendet dem Bischof von Eichstätt eine Liste der Werke Jakobs mit dem Hinweis, daß er sich die Texte der aufgezählten Titel beim Bamberger Bischof (Anton von Rotenhan) verschaffen könne. (Dieser besaß in der Tat einen mit 15 Traktaten Jakobs gefüllten, durch Inhaltsverzeichnis und ausführliches Register gut erschlossenen Band, der auch anderen Interessenten zugänglich war — die noch heute am Buch vorhandene Kette und die Tatsache, daß der Band in Tückelhausen bekannt ist, beweisen

---

[293] Die Erfurter hatten allein durch Hagens Priorate Verbindungen nach Eisenach, Stettin, Liegnitz und Frankfurt/O.; 1434 sind die Kartausen in Nördlingen, Hildesheim, Grünau, Tückelhausen, Eisenach, Liegnitz, Nürnberg und Schnals/Tirol mit Erfurter Professen besetzt, s. KLAPPER, Johannes Hagen 1 S. 6. — 1446 wurde der Erfurter Prior vom Generalkapitel mit der Unterstützung des Visitators seiner Provinz, des Nürnberger Priors, beauftragt; Grenoble, wie Anm. 291, hier S. 675. — 1468 wurde der Nürnberger Professe Hermann Prior in Erfurt; Grenoble, Archives 1 MI 13 (R 2): 1 Cart. 16 Tome 2 S. 295.

[294] Melk, StiB Cod. 990, ehemals Cod. O 83: *O 83 Bursfeldiae a Martino de Senging ord. S. Benedicti anno 1458 exarato et cum alio codice carthusiae Agsbacensi collato*, s. PEZ, Bibliotheca ascetica 7, Praefatio zu Nr. VIII. — Über Senging s. REDLICH, Tegernsee S. 23. Senging schildert das Leben im reformierten Bursfelde in einem Brief, den er am 18. 10. 1457 aus Bursfelde an den Melker Prior Johann von Weilheim richtet, abgedruckt bei PEZ, Bibliotheca ascetica 8 S. 550—555. — Zu Melk, StiB Cod. 990 als Vorlage für clm 18593 s. unten S. 109.

[295] Clm 18600, s. unten S. 109. — K. HAMPE (Reise nach England 3. NA 22. 1877 — S. 627 f.) teilt aus der Tegernseer Briefformelsammlung London, BM Cod. Add. 21146, ebenfalls von 1456, fol. 100 r, mit: *Johannes prior et Jacobus monachus et vicarius domus S. Salvatoris prope Erfurdiam.*

[296] S. unten S. 231 ff.

dies[296a].) Das kurze Speculum sacerdotale des Erfurter Jakob, das den Priester zur Meßfeier disponieren soll, schickt der Tückelhausener in vollem Wortlaut nach Eichstätt: es sei geeignet, in den Sakristeien angeheftet zu werden. Da das Speculum also nicht als Buchtraktat gedacht ist, sondern — wie einst Gersons Ars moriendi — auf Tafeln an den Wänden angeschlagen werden soll, kann es nicht überraschen, daß es in nur zwei Handschriften erhalten ist[297]. In einer von ihnen — sie stammt aus dem Kloster Kaisheim — ist es zusammen mit einer *Collacio ad clerum in synodo Eystettensi facta* aus dem Jahr 1460 überliefert[298]. Aus diesem Zusammenhang wird man schließen dürfen, daß der Bischof das Speculum im Sinne der Empfehlung des Tückelhausener Kartäusers auf einer Synode seines Diözesanklerus verbreitet hat.

Wenn schon während der literarischen Schaffenszeit Jakobs die Werke von Glogau bis Trier und von Cismar bis Wien und Basel gelesen werden, ist solch rasche Verbreitung im Kern auf ihre Rezeption und Weitergabe durch die Universität und die zentral geleiteten und wiederum untereinander in Beziehung stehenden Orden und Klosterkongregationen zurückzuführen, auch wenn die Zwischenstufen der Verbreitung im einzelnen nicht zu erkennen sind. Die Fluktuation der Magister und Studenten — um 1455 studierte in Erfurt nahezu ein Drittel aller in Deutschland immatrikulierten Studenten[299] — und der Verkehr zwischen den Klöstern fördert die Vermittlung der Kenntnis vom Erfurter Autor schon unter den unmittelbaren Zeitgenossen entscheidend. Diese Beziehungen ermöglichen es, daß der Weltpriester (der Diözese Eichstätt?) Ulrich Koler ein 1456 angefertigtes Exemplar der Ars moriendi besitzt[300], in dem gleichen Jahr der Wiener Professor Conrad Mulner aus Nürnberg sechzehn Traktate des Kartäusers sammelt[301], ebenfalls 1456 ein Schreiber in Schlettstadt, der Ludwig Dringenberg als seinen Lehrer bezeichnet, fünf Traktate Jakobs[302] und, vielleicht ein wenig

---

[296a] Berlin, PK Cod. theol. lat. Fol. 668. — Auf der nur noch schwer leserlichen Deckelaufschrift sind zwei Personennamen zu erkennen: *Anthonio episcopo* und *Joh. de Helb presbyter*. Letzterer war in allen drei fränkischen Bistümern bepfründet, u. a. auch in der Stadt Bamberg (RepertGerm 4 Sp. 1991).

[297] Clm 15134 fol. 358 r — 359 v (aus Rebdorf); clm 28202 fol. 97 r — 98 v (aus Kaisheim).

[298] Clm 28202 fol. 30 r — 37 r.

[299] H. R. ABE, Die Frequenz der Universität Erfurt im Mittelalter (1392—1521) (BeitrrGUnivErfurt 1. 1956 — S. 7—68); ders., Die frequentielle Bedeutung der Erfurter Universität im Rahmen des mittelalterlichen deutschen Hochschulwesens (BeitrrGUnivErfurt 2. 1957 — S. 29—57) bes. S. 46.

[300] Clm 15181; Datum fol. 216 v: *Anno 1456 in die sancti Anthonii*.

[301] Wien, ÖNB Cod. 4225; zu diesem Cod. s. FIJAŁEK 2 S. 196 f.

[302] Schlettstadt, StB Cod. 57.

später, einen seiner Predigtzyklen abschreibt[303]; daß 1457 der Kaplan der Anthoniuskapelle in der Basler St. Johannis-Vorstadt Johannes Burchardi neben der Ars moriendi den gerade zwei Jahre alten Traktat über die Geistererscheinungen kopiert[304]; daß 1458 die Eberbacher Zisterzienser einen ganzen Band ausschließlich mit Jakobs Werken füllen[305], zur gleichen Zeit einzelne Traktate bei den observanten Franziskanern in Hamm[306] und den Dominikanern in Frankfurt a. M.[307] begegnen; daß 1459 im Kollegiatstift Glogau ein Codex mit zwanzig Schriften Jakobs angelegt wird[308] und schließlich 1460/1462 der Leipziger Magister und Theologe Petrus Rode aus Lüneburg, damals Rektor der Leipziger Universität, die Werke des Kartäusers in ähnlicher Vollständigkeit sammelt[309].

Die handschriftliche Rezeption hält bis zum Ende der siebziger Jahre des 15. Jahrhunderts mit kaum verminderter Intensität an, geht dann seit etwa 1480 spürbar zurück, um aber seit der Mitte der neunziger Jahre und in den ersten eineinhalb Jahrzehnten des 16. Jahrhunderts eine deutliche Neubelebung zu erfahren, die indes, wie noch zu zeigen sein wird, nur eine lokal begrenzte ist. Seit dem dritten Jahrzehnt des 16. Jahrhunderts schließlich werden die Werke des Kartäusers nicht mehr kopiert. Die ersten Druckausgaben kommen bald nach 1470 auf den Markt; ihre Produktion erreicht um 1475 und dann um 1495 eine größere Dichte, reicht aber ebenso wie die handschriftliche Rezeption nicht über das Jahr 1520 hinaus.

In der Zeit nach ca. 1460, dem Ende der literarischen Schaffensperiode des Autors, zeichnen sich folgende Tendenzen in der Rezeption ab: an der

---

[303] Ebd. Cod. 43. Die Sermones de precipuis festivitatibus sind von derselben Hand wie die Traktate Jakobs im Cod. 57 geschrieben; beide Hss. haben auch den gleichen Einband.

[304] Basel, UB Cod. A. I. 37; Schreibervermerk fol. 85 v. Beschreibung bei SCHMIDT, Die Bibliothek des ehemaligen Dominikanerklosters in Basel S. 185 f.

[305] Wiesbaden, LB Cod. 21; datiert ist die erste Schrift des Cod., Oculus religiosorum, fol. 1 r—56 r. Daß der Liber quaestionum nach Meinung der Eberbacher im Auftrag nicht des Abtes von Claratumba, sondern von Clairvaux geschrieben worden sei (fol. 57 r), konnte der Wirkung der Schrift eher förderlich sein. Beschreibung bei G. ZEDLER, Die Handschriften der Nassauischen Landesbibliothek zu Wiesbaden (ZblBiblWesen Beih. 63. 1931) S. 38.

[306] Berlin, PK Cod. theol. lat. Oct. 37 fol. 225 r — 234 r: De statu securiore, ohne Überschrift und Autornamen; fol. 161 r: *1458*. — Das Kloster war erst drei Jahre zuvor als observantes gegründet worden. Da die strengere Richtung in die bestehenden Männerklöster der Kustodie Westfalen nicht einzudringen vermochte, wurden von observanter Seite eigene Klöster errichtet, neben Hamm (1455) später Dorsten (1488) und Bielefeld (1498).

[307] Frankfurt/M., StB Cod. Praed. 25; von 1455—1460.

[308] Breslau, UB Cod. I. Fol. 321; Datum bei FIJAŁEK 2 S. 236.

[309] Magdeburg, GB Cod. 15 (fol. 212 r: *1460;* fol. 372 v: *1461 lipczk*), Cod. 21 (fol. 259 v: *in Lipczk 1462*), Cod. 113 (wahrscheinlich gleichzeitig), wohl auch Cod. 32 (von 1462/1463). Rodes biographische Daten und sein Bücherbesitz bei WENTZ-SCHWINEKÖPER, Das Erzbistum Magdeburg 1, 1 S. 541 ff.

Erfurter Universität verliert sie an Bedeutung; aber mehrere Klöster, welche schon in den fünfziger Jahren erste Schriften des Kartäusers kopiert haben, vervollständigen ihren Besitz, der mancherorts durch die erwähnten Legate aus privater Hand ergänzt wird. Es kommt aber eine bedeutende Zahl weiterer Klöster hinzu. In einzelnen Fällen ist sogar die Tendenz zu beobachten, die Werke des Kartäusers Jakob möglichst vollständig zu sammeln und die als authentisch erkannten bibliographisch zu sichern. Im Gegensatz dazu zeichnet sich der Vorgang einer breiten Streuung einzelner Traktate ab, eine Tendenz, die durch die Druckproduktion in hohem Maße begünstigt wird.

Die Erfurter Kartause selbst begnügt sich keineswegs mit den Autographen und Handexemplaren des Autors; die Mönche stellen von mindestens siebzehn Traktaten Abschriften her. Der große Bibliothekskatalog vom Ende des 15. Jahrhunderts verzeichnet neunzehn Dupla, zwei Schriften sind sogar dreifach vorhanden [310]. Aber der Bibliograph Jakob Volradi weiß auch, daß sein Kloster nicht alle Traktate besitzt [311]; schon Jakobs eigene Liste, auf der er die meisten seiner Werke verzeichnet hatte, war unvollständig [312]. Den größten Teil der Duplikate enthält der Band H 65, an dem zwei Jahre nach Jakobs Tod gearbeitet wird [313]. Sie sind zusammengebunden mit kirchengeschichtlichen Exzerpten, des Alanus ab Insulis De forma praedicandi und des Johannes von Hildesheim Historia trium regum, welche Jakob noch selber kopiert hatte [314]. Die Ars moriendi, die von den Benutzern des Bandes H 65 besonders stark durchgearbeitet worden ist [315], befindet sich außer im Handexemplar Jakobs (H 63) noch ein drittes Mal in der Klosterbibliothek im Band L 101 [316]; sie hat in der Kartause eine besondere Rolle gespielt [317]. Jakobs Schriften wurden aber in der Erfurter

---

[310] MBK 2 S. 579—581. — De sanctificatione sabbati und die Ars moriendi sind dreifach vorhanden.

[311] *Tractatuum suorum et librorum, qui haberi poterant ad manum, tituli hic infra sunt annotati*, MBK 2 S. 579 Z. 22 f.

[312] S. unten S. 81.

[313] Berlin, PK Cod. theol. lat. Fol. 510; von LEHMANN bei den Identifizierungen übersehen, s. oben S. 28 Anm. 22; der Band ist inhaltsgleich mit dem MBK 2 S. 403 Z. 8—33 beschriebenen Band H 65. Er enthält zudem auf fol. 189r als Marginalie einen Verweis auf weitere Exemplare des Alanus, De forma praedicandi, die sich in Bänden mit den Signaturen H 38 und H 112 befänden; diese Verweise beziehen sich auf die Erfurter Kartäuserbibliothek, vgl. MBK 2 S. 391 Z. 37 f. u. S. 422 Z. 17—19. — Im Explicit des Avisamentum ad papam (fol. 134 r) ist das Datum der Abfassung (1449) mit roter Tinte in das Datum des Abschreibens (1467) geändert.

[314] Die Exzerpte bis zum Ende der Historia trium regum umfassen fol. 159 r — 252 v; fol. 183 r — 252 v sind von Jakobs Hand geschrieben.

[315] Fol. 135 r — 151 v; hier die meisten Leserspuren des Bandes.

[316] Zum Handexemplar s. unten S. 172; zu L 101 MBK 2 S. 467 Z. 34 f.

[317] S. unten Kap. 5.

Kartause nicht nur kopiert, sondern überdies in neuen Werken verarbeitet. Johannes Hagen ist in der Mitte des 15. Jahrhunderts neben Jakob von Paradies der bedeutendste Kartäuser Erfurts; auf ihn hat Jakob stark eingewirkt [318].

Hagens Schriften sind, wie der Klosterkatalog vermerkt, vielfach Exzerpte, welche ihre Quellen, zu denen auch Jakob zählt, möglichst verständlich wiedergeben wollen [319]. Die Titel und Themen der Traktate beider sind oft identisch, die Inhalte freilich keineswegs immer. Denn Hagen befand es, wiederum einer Notiz des Katalogs zufolge, für nötig, Jakob in einigen Punkten zu korrigieren, und über die Ars moriendi ist es zu einer Kontroverse zwischen ihnen gekommen, wie noch auszuführen ist [320]. Auch der Erfurter Kartäuser Konrad Ubelin (Oberlin) verarbeitet — wahrscheinlich erst nach Jakobs Tod — Texte seines Mitbruders: Jakobs Predigten dienen ihm als Grundlage einer eigenen Predigtsammlung [321].

Nur noch wenige Handschriften sind nach ca. 1460 — im Gegensatz zu den fünfziger Jahren — von Angehörigen der Erfurter Universität am Ort geschrieben oder erworben worden. Der Student Johannes Meisterlin kopiert 1462 den Traktat über die Geistererscheinungen [322]; vielleicht erhält auch der Augustiner-Chorherr vom Goslarer Georgenberg während seines Studiums in Erfurt die Anregung zum Erwerb eines 1459 in Magdeburg geschriebenen Exemplars des Quodlibetum statuum humanorum [323]. 1471, zwei Jahre vor der Erlangung des theologischen Doktorgrades, erwirbt Johannes Leyendecker Predigten Jakobs und die Quaestio super esum carnium; Leyendecker hat persönliche Verbindungen mit der Kartause [324]. Auch des Gerwin von Hameln Besitz zweier Schriften wird mit der Erfurter Studienzeit in Zusammenhang zu bringen sein, zumal ein Traktat des Franziskanertheologen Johannes Bremer von der Erfurter Universität in der

---

[318] Vgl. KLAPPER, Johannes Hagen 1 S. 31, 63, 76 u. ö.
[319] MBK 2 S. 418 Z. 34—41. [320] S. unten S. 207.
[321] Oxford, Bodl. Libr. Cod. Ham 42 ist identisch mit Band O 35[4] der Erfurter Kartause, vgl. MBK 2 S. 496 Z. 10—13. MADAN, A summary Catalogue 5 S. 31 liest die alte Signatur als ‚O 37?', ist also zu korrigieren. — *Conrad Oberlin de Ebern* (bei Bamberg) imm. in Erfurt Ostern 1455 und nochmals Michaelis 1457, s. WEISSENBORN, Acten 1 S. 239 Z. 38 u. S. 266 Z. 31. Oberlin ist Schreiber von Berlin, PK Cod. lat. Oct. 213, d. i. Band D 29 der Erfurter Kartause (vgl. MBK 2 S. 229 Z. 43 ff.). Cod. lat. Qu. 647 (vgl. MBK 2 S. 229 Z. 35 f.), Cod. lat. Oct 215, d. i. Band D 10[2] der Kartause (vgl. MBK 2 S. 229 Z. 48).
[322] Stuttgart, LB Cod. theol. et phil. Fol. 30; vom genannten J. M. um 1462 geschrieben. M. wurde Ostern 1462 in Erfurt imm., WEISSENBORN, Acten 1 S. 292 Z. 36.
[323] Wolfenbüttel, Cod. 168 Helmst. Die Hs. enthält ferner die Ausarbeitung der Dekretalenvorlesung des Erfurter Juristen Konrad Thus von 1423 (zu Thus s. KLEINEIDAM, Universitas 1 S. 302 f.). R. B. imm. in Erfurt im WS 1464, s. WEISSENBORN, Acten 1 S. 306 Z. 20—22: *Rudolfus Becker, professus canonicorum regularium monasterii sancti Georgii prope Goslar*.
[324] Trier, StB Cod. 1975/642; s. unten S. 115.

gleichen Handschrift enthalten ist[325]. Der Minorit Magister Heinrich Koburgk, der wahrscheinlich gegen Ende des 15. Jahrhunderts an der Erfurter Barfüßerschule weilt, vermacht dem Collegium Universitatis *diversi tractatus et sermones domini patris Jacobi in Carthusia*[326]. Die Universitätsbibliothek, die sich nahezu ganz aus Schenkungen der Erfurter Professoren zusammensetzt, verzeichnet schließlich im Standortregister von 1510 vier Bände mit Werken Jakobs[327]. In der Amploniana ist den Universitätsmitgliedern der Traktat De veritate dicenda vel tacenda in einer Abschrift von 1465 zugänglich[328].

Von den Klöstern, welche nach 1460 ihren Besitz vervollständigen, muß trotz der schlechten Überlieferungslage, aber wegen der räumlichen und geistigen Nähe zur Kartause das Benediktinerkloster St. Peter in Erfurt an erster Stelle genannt werden. St. Peter, neben Bursfelde das wichtigste Kloster der Reformkongregation und Ort des Generalkapitals von 1455, auf welchem Jakobs Ansprache verlesen wurde, wird deren Text von Anfang an besessen haben, auch wenn nur ein kleines Bruchstück von ihr aus St. Peter erhalten ist[329]. Aus ihren weitverstreuten Resten wurde die Bibliothek wieder rekonstruiert: demnach hat das Kloster mindestens zehn bis zwanzig Abschriften von den Werken des Kartäusers besessen[330]. In Sagan wird zwischen 1460 und noch einmal 1490 die schon beträchtliche Sammlung um weitere, bislang dort unbekannte Schriften Jakobs und einige Dubletten erweitert[331]. In Tegernsee erreicht die Rezeption 1464 bis 1471 einen größeren Umfang — eine Handschrift von 1464 scheint abhängig von einem Andechser Codex von 1463[332]; ebenfalls um 1464 vervollständigt das Kloster St. Stephan in Würzburg seine Bestände[333]. Zwischen 1465 und

---

[325] Karlsruhe, LB Cod. K. 381; Schenkungsvermerk fol. 2r; G. v. H. aus Braunschweig imm. Erfurt Michaelis 1477, s. WEISSENBORN, Acten 1 S. 370 Z. 14. — Zu Johannes Bremer s. MEIER, Die Barfüßerschule, Reg. s. v., KLEINEIDAM, Universitas 1 S. 279 f.

[326] Schenkungsvermerk im Standortregister der Bibliothek von 1510, s. MBK 2 S. 194 Z. 28—30. — Über Koburgk s. MEIER, Die Barfüßerschule S. 37. Vielleicht darf H. Koburgk mit dem Michaelis 1470 imm. Heinrich Koburger identifiziert werden (s. WEISSENBORN, Acten 1 S. 340 Z. 38), der 1473 Magister wurde (s. KLEINEIDAM, Universitas 1 S. 379 Nr. 635: *Henricus bucher de Coburg*).

[327] MBK 2 S. 183 Z. 37 f. die Schenkung des Benedikt Stendal; vgl. oben S. 55; ebenfalls MBK 2 S. 192 Z. 24 ff. u. S. 198 Z. 10 ff.

[328] Erfurt, StB Cod. Fol. 174; s. W. SCHUM, Beschreibendes Verzeichnis der Amplonianischen Handschriftensammlung zu Erfurt. 1887 S. 112 ff.

[329] Berlin, PK Cod. lat. Qu. 816; Signatur der Klosterbibliothek von St. Peter: O 19.

[330] S. unten S. 101.

[331] Breslau, UB Cod. I. Fol. 271; Cod. I. Fol. 528 (von 1460); Cod. I. Fol. 265 (von 1464); Cod. IV. Qu. 82 (von 1464); Cod. I. Qu. 54 (von 1466/1472); Cod. I. Fol. 282 (von 1469), Cod. I. Qu. 95 (von 1490).

[332] Clm 3051 (von 1463) und clm 18593 (von 1464); clm 18378 (von 1470); clm 18170 (von 1471); clm 18239 (von 1487).

[333] Würzburg, UB Cod. chart. Qu. 77.

1478 kommen in Cismar vornehmlich durch Schenkungen etliche Traktate hinzu[334]; in Butzbach wird 1475, also noch unter Gabriel Biel, ein Zyklus von Festtagspredigten u.a. aus Ansprachen Jakobs und Biels zusammengestellt[335].

Zu den Klöstern, die nach ca. 1460 ihren Besitz an Werken Jakobs vervollständigen, treten nun u.a.[336] folgende, die erstmals reichere Bestände aufweisen: die Trierer Kartause St. Alban (1461—1479)[337] und die Abtei St. Matthias (1461/1462 und 1472)[338], St. Michael in Hildesheim (ca. 1460—1467)[339], Klus (1463—1465)[340], die Kölner Kartause (1459—1479)[341], die Kartause Schnals in Tirol (1468/1469)[342], der Michelsberg in Bamberg (1475—1487)[343], das Dominikanerkloster in Bamberg (1477)[344], das Chorherrenstift in Rebdorf[345] und die Basler Kartause[346].

Zwei Bänden des Basler Klosters, in die neben anderen auch Schriften des Erfurters aufgenommen werden (1466 und 1467), ist mit aller Deutlichkeit zu entnehmen, daß die Kartäuser ihre Bücher nicht allein zum internen Gebrauch, sondern speziell für die Ausleihe anfertigen und geeignete Traktate zusammenstellen und vervielfältigen, um über das Kloster und den monastischen Bereich hinaus nach draußen zu wirken. Heinrich Vullenho,

---

[334] Kopenhagen, KB Cod. Kgl. Oct. 3395 (von ca. 1465); Cod. Kgl. Qu. 1376 u. Cod. Kgl. Oct. 3386 (Legate des Heinrich von Minden, 1467); Cod. Kgl. Qu. 1590 (von 1478).
[335] Gießen, UB Cod. 839; Datum z. B. fol. 329 r. Die Predigten Biels sind Hörernachschriften.
[336] S. unten Kap. 2. — Göttingen, UB Cod. theol. 134, eine Hs. mit 13 umfangreichen Traktaten Jakobs und des Johannes Nider De reformatione status coenobitici wurde 1473 von Johannes Klar in Ebbek (Einbeck) geschrieben, gehört aber sicher in ein Kloster (wie etwa die Verse fol. 8 r zeigen), das jedoch nicht identifiziert ist.
[337] Trier, StB Cod. 964/1158 (von 1461); Cod. 310/1982 (von 1466); Cod. 295/1968 (Sammelband mit Predigten verschiedener Autoren, von einer Hand 1462—1475 zusammengestellt); Cod. 682/244 (von 1478); Cod. 212/1199 (von 1479).
[338] Trier, StB Cod. 646/869 (von 1461/1462); Cod. 601/1537 (von 1462); Trier, SemB Cod. 60 (von 1472).
[339] Köln, StA Cod. W 16* (von ca. 1460); Berlin, PK Cod. lat. Fol. 779 (von ca. 1463—1467).
[340] Wolfenbüttel, Cod. 153 Helmst. (von 1463); Cod. 1070 Helmst. (von 1464/1465); s. HERBST, Das Benediktinerkloster Klus S. 83.
[341] Berlin, PK Cod. theol. lat. Fol. 711 (von 1459—1471); Köln StA Cod. W. Fol. 258 (von 1465—1479).
[342] S. unten S. 83.
[343] Bamberg, SB Cod. theol. 192 (Qu. V. 42), von 1462; Bücherkäufe unter Abt Ulrich Haug (1475—1483) u. Abt Andreas Lang (1483—1494) s. MBK 3 S. 369 Z. 33, S. 381 Z. 36 f., S. 392 Z. 10.
[344] Bamberg, SB Cod. theol. 116 (Qu. III. 9) von 1477; Cod. theol. 55 (Qu. III. 23); Cod. theol. 227 (Qu. V. 3).
[345] MBK 3 S. 284 Z. 10—21 (12 Traktate in 17 Exemplaren); clm 15134, clm 15181; London, Congregational Libr. Cod. II. a. 20; Eichstätt Ink. 544, Ink. 544; München, SB 2° Inc. s. a. 181.
[346] S. unten S. 84 ff.

einer der bedeutendsten Schreiber der Basler Kartause, stellt 1466 eine Auswahl von zweiundzwanzig Exzerpten und Traktaten, unter ihnen Jakobs Schriften Ad Carthusienses: de eorum statu, fine atque excellentia und De approbatione et confirmatione statutorum Ordinis Carthusiensis, zu einem Sammelband zusammen, von dem er 1467 ein Duplikat anfertigt. Vullenhos Leistung als Schreiber wird vom Bibliothekar und Chronisten des Klosters Georg Carpentarius in seiner Continuatio chronicorum unter Aufzählung der von ihm geschriebenen Codices einschließlich der genannten Sammelbände gewürdigt[347]. Die Bände haben, von mehreren Stücken über die Weltverachtung eingeleitet, den Kartäuserorden zum Gegenstand, so z. B. in des Heinrich Egher von Kalkar De ortu et processu ordinis Carthusiensis, in den Äußerungen über den Orden von Petrus d'Ailli, *Johannes policraticus poeta famosus anglicus* — der unverstandene Buchtitel ist zum Bestandteil des Autorennamens geworden —, Johannes Andreae und Gerson und in den beiden genannten Schriften Jakobs. Sie dienen also der Ordenspropaganda. Vullenho verfaßt zuletzt ein Vorwort, in welchem er seine Tätigkeit aus den Statuten begründet und das Buch für die Ausleihe bestimmt[348]: *Noverint universi et singuli librum hunc usuri et lecturi, quod nos fratres carthusienses habemus in statutis nostris scriptum:* Quia verbum dei ore praedicare non possumus, *saltem* manibus *illud* predicemus, *videlicet scribendo libros edificatorios, exhortatorios et devotos,* sperantes a domino mercedem pro omnibus, qui per eos vel in catholica veritate profecerint, pro cunctis eciam, qui vel de suis peccatis et viciis conpuncti vel ad desiderium patrie celestis fuerint accensi. *Illo igitur respectu et statuto permoti conscripsimus librum*[349] *istum prefatum*[350] *per diversos auctores compilatum* ... *Rogamus igitur instanter et seriose monemus quoscunque legentes eundem ut* diligenter caveant, *ne ipse maculetur vel destruatur, quia revera non sine notabili labore*[351] *est collectus et conscriptus. Et postquam fuerit a desiderantibus sufficienter perlectus, tunc nobis caritative restituatur.*

---

[347] Basel, UB Cod. A. VI. 14, d. i. E lxxix der Kartäuserbibliothek; Cod. A. VII. 20, d. i. E lxxxvii. Zu Vullenho und diesen Bänden s. Continuatio chronicorum Carthusiae, Basler Chroniken 1 S. 325 f., 587; A. BRUCKNER, Scriptoria Medii Aevi Helvetica 10. Genf 1964 S. 88 ff.; GERZ-VON BÜREN, La Tradition S. 46, 49, 112.

[348] Basel, UB Cod. A. VI. 14 fol. 1 v; Cod. A. VII. 20 fol. 2 v. Die steil gesetzten Stellen kennzeichnen die Zitate aus den Consuetudines (Migne PL 153 Sp. 693—696); die in den Anm. 349—351 angegebenen Varianten nennen die Veränderungen in dem jüngeren Exemplar (Cod. A. VII. 20 fol. 2 v, im folgenden mit der Sigle B versehen). — Mit der gleichen Stelle aus Guigos Consuetudines begründet auch der Bibliothekar der Kartause Carpentarius seine Tätigkeit am Beginn des Informatorium bibliothecarii, das er dem Standortregister der vetus libraria voranstellt, Basel, UB Cod. A. R. I. 2 fol. 2 r; ed. SIEBER ohne Seitenzahlen.

[349] *rapularium* B.

[350] *prefatum* om. B.

[351] *labore: et studio* add. B.

Einige solcher *desiderantes* aus späteren Jahren sind bekannt; denn unter dem Bibliothekar Georg Carpentarius wurde von 1482 bis etwa 1530 in der Kartause ein Ausleihverzeichnis geführt, das noch erhalten ist[352]. Darin tauchen bekannte Namen auf wie Hieronymus Froben und — recht häufig — Johannes Amerbach, der enge Beziehungen zur Basler Kartause unterhält; doch diese Drucker entleihen Livius- und Vätertexte, nicht Vullenhos Sammelbände[353]; diese werden, wie aus den Eintragungen hervorgeht, vornehmlich von Leuten geistlichen Standes, Ordensleuten und Weltpriestern, begehrt. Die beiden Bände sind zwischen 1484 und 1520 siebenmal verzeichnet[354]. Nur einmal ist dagegen ein Band mit Jakobs Igniculus devotionis und De modo servandi interdictum verzeichnet[355], der reichhaltigste mit den meisten Werken Jakobs, der mit der Signatur H xvii, allerdings keinmal. Am häufigsten beanspruchten die Leser von draußen nicht die asketische Literatur, sondern die Bücher der Abteilungen A und G, das sind die Schriften zu den *artes liberales, philosophicae et medicinales* und die *originalia doctorum ecclesiasticorum*[356]. Die zwei gleichlautenden Bücher Vullenhos, E lxxix und E lxxxvii, werden entliehen ca. 1485 an Vitus, den Adiutor von St. Theodor (St. Joder) in Basel[357], ebenfalls ca. 1485 an den späteren Prior der Kartause (1501—1536) Hieronymus Zscheckenbürlin[358], der auch für den nächsten Entleiher, einen Priester Wilhelm, bürgt[359]; an Frater Rutger von St. Konrad[360], an den späteren Basler Bischof Christoph von Utenheim[361] und Sebastian Schilling[362].

Die Absicht der Basler Kartäuser, mit ihren Büchern und auch mit Jakobs Schriften nach außen zu wirken, ist gewiß kein Einzelfall; denn hinter der vortrefflichen Organisation der Bibliotheken in den stadtnahen Kartausen und dem die eigenen Bedürfnisse übersteigenden Umfang ihrer Büchersammlungen[363] steht der von Vullenho zitierte Auftrag der Statuten. Aber im Zusammenhang der Rezeption Jakobs ist die Absicht nirgends so deutlich zu erkennen wie in Basel.

---

[352] Basel, UB Cod. A. R. I. 4, Registrum recognitionum librorum extraneis accomodatorum factum 1482.

[353] Froben wird z. B. fol. 27 v, 73 v genannt; Johannes Amerbach fol. 50 v (dreimal), 61 v, 73 r, 73 v, 85 r. — Über den Anteil verschiedener Literaturgruppen — etwa das Verhältnis der Kirchenväter zu ‚modernen' Autoren — an der Druckproduktion der Inkunabelzeit vgl. SCHULZ, Aufgaben und Ziele S. 30 ff.; HIRSCH, Printing, Selling and Reading S. 125 ff.

[354] E lxxix: fol. 49 v (dreimal), fol. 50 v. — E lxxxvii: fol. 49 r, 50 r, 51 r.

[355] Ebd. fol. 51 v.

[356] So sind die Abteilungen im Katalog benannt, s. Basel, UB Cod. A. R. I. 2 (Standortverzeichnis der Vetus libraria) fol. 5 r u. 53 r.

[357] Basel, UB Cod. A. R. I. 4 fol. 49 v.

[358] Ebd.   [359] Ebd.   [360] Ebd. fol. 50 r.

[361] Ebd. fol. 50 v.   [362] Ebd. fol. 51 r.

[363] LEHMANN, Bücherliebe und Bücherpflege S. 121 ff.

5. Sammeltätigkeit und Bibliographierung

Eine intensive Sammeltätigkeit, die erstmals mit dem Versuch verbunden ist, eine zuverlässige Bibliographie der Schriften Jakobs zu erstellen, kennzeichnet die Rezeption im Benediktinerkloster Reinhausen. Um 1470 verschaffen sich die Mönche die zwei Predigtzyklen des Kartäusers[364], 1487 erben sie von dem Vikar der St. Martinskirche in Heiligenstadt Johannes Volperti (Volprecht) einen um 1481—1483 angelegten Codex mit dreizehn Werken Jakobs[365]. Auf der Basis dieser und weiterer, allerdings unbekannter Handschriften wird das wahrscheinlich älteste der überlieferten Schriftenverzeichnisse in einen Codex niedergeschrieben, in dem schon fünf Traktate Jakobs enthalten sind[366]. Weil dieses Verzeichnis die Bemühungen um die Rezeption und Weitergabe der Werke in hervorragender Weise dokumentiert und zudem einem jüngeren, von L. Meier publizierten Katalog zur Vorlage gedient hat, soll sein Wortlaut hier wiedergegeben werden.

Sequuntur hic libri sive tractatus cum eorum titulis et incepcionibus venerabilis domini doctoris Jacobi ordinis Carthusiensis non in hoc libro contenti[367] *sed in locis suis conscripti qui pro nunc temporis ad scriptoris noticiam presentis scripti pervenerunt. Ea igitur de causa eos hic asscribere decrevi, ut lector facilius ad librorum prefati doctoris noticiam posset pervenire quia ipse miro modo in libris suis attrahit hominem ad vitam spiritualem et devocionem corrigitque multos errores in dei ecclesia et statibus humanis emergentes et ubique prudentissime hominum saluti providet ut anime salventur multasque questiones et dubia circa vitam humanam contingencia perlucide solvit et quasi omnem materiam saluti hominum necessariam in suis tractat libris. Qui quidem doctor in / (fol. 260 v) dictis suis utitur stilo satis culto, non tamen difficili et inusitato sed valde devoto et dulci procedit stilo. Et nisi librorum eius lector cor habeat ferreum, ad*

---

[364] Berlin, PK Cod. theol. lat. Qu. 344 u. Cod. theol. lat. Qu. 345 (alte Signaturen Z 37 und Z 38); Datierung nach der ungedruckten Handschriftenbeschreibung der Berliner Bibliothek.

[365] Berlin, PK Cod. theol. lat. Qu. 349; Schenkungsvermerk fol. 6 v u. fol. 282 r; Daten fol. 222 v (1481) u. fol. 514 r (1483).

[366] Berlin, PK Cod. theol. lat. Qu. 343 (alte Signatur Z 36), das Schriftenverzeichnis fol. 260 r — 261 v. Es enthält alle Titel aus Cod. theol. lat. Qu. 349 (ausgenommen eine Predigt, die aber unter die Sermones ad abbates subsumiert worden sein kann), aus diesem Grund wird hier das Jahr 1487, als dieser Codex an das Kloster fiel, als terminus post quem angenommen.

[367] Drei der in der vorliegenden Hs. enthaltenen Traktate sind dennoch in der nachfolgenden Liste aufgeführt. Nicht genannt sind 1. Quedam notata de Simonia, Inc.: *Ad rectificandum intentiones*, fol. 141 v — 153 r; 2. De cessatione divinorum, Inc.: *In salicibus medio*, fol. 1 r — 16 r.

lacrimas et devotionem affectuosam perveniet. Qui prefatus doctor post labores multos et agones navigato huius seculi mari periculosissimo diem clausit extremum circa annum domini 1464. Sequuntur igitur hic libri eius.

Liber questionum de diversis materiis multum utilis et notabilis liber qui sic incipit: In nomine domini nostri Iesu Christi Amen. Ad mandatum et beneplacitum venerabilis patris [368].

Item tractatus contra nigromanticos et de potestate demonum sic incipiens: Doctrinis variis et peregrinis nolite abduci [369].

Item tractatus de arte bene moriendi sic incipiens: Omnes morimur [370].

Item tractatus de cogitationibus sic incipiens: Cum quodam tempore [371].

Item tractatus de sanctificatione sabbati sic incipiens: Quoniam circa observantiam [372].

Item tractatus de inchoatione et cessacione festorum sic incipiens: Cum animadverterem [373].

Item tractatus quomodo religiosi debent servare festa sic incipiens: Ad succurrendum [374].

Item tractatus de participacione reddituum inter religiosos sic incipiens: Fama sub dignorum [375].

Item tractatus de modo tenendi interdictum sic incipiens: Ad amputandum errores [376].

Item tractatus de securiori statu incedendi in hac vita sic incipiens: Istis nostris infaustis diebus [377].

Item epistola ad sanctimoniales de tribus substantialibus religiosorum et sacra communione sic incipiens: Quia audita fama reformationis vestre [378].

Item tractatus qui dicitur Oculus religiosorum sic incipiens: In nomine domini Iesu Christi Amen. Multorum deo militare cupientium [379].

Item tractatus qui dicitur Speculum de restitutionibus male acquisitorum sic incipiens: Attollens mentis oculos in latissimum alveum totius orbis [380].

Item tractatus de religiosis et est condependens ad predictum tractatum sic incipiens: Post premissa de rapina [381].

Item tractatus de contractibus ad reemptionem et ad vitam sic incipiens: Post multiplicia insignium doctorum florida scripta [382].

Item sermones dominicales per totum annum quorum prologus sic incipit: In nomine domini nostri Iesu Christi Amen. Recogitans et mente revolvens

---

[368] Meier Nr. 3.
[369] Ebd. Nr. 26.
[370] Ebd. Nr. 53.
[371] Ebd. Nr. 20.
[372] Ebd. Nr. 67.
[373] Ebd. Nr. 14.
[374] Ebd. Nr. 6.
[375] Ebd. Nr. 32.
[376] Ebd. Nr. 1.
[377] Ebd. Nr. 41.
[378] Ebd. Nr. 126.
[379] Ebd. Nr. 45.
[380] Ebd. Nr. 9.
[381] Ebd. Nr. 9.
[382] Ebd. Nr. 59.

parabolam salvatoris. Primus sermo sic incipit: Dicite filie / (fol. 261 r) *sion ecce rex tuus venit tibi mansuetus*[383].

Item sermones de precipuis et solemnioribus festivitatibus per totum annum quorum prologus sic incipit: Jacobus dei et domini nostri Iesu Christi servus. Primus sermo sic incipit: Ambulans Iesus iuxta mare galilee[384].

Item sermones communes de sanctis sic incipientes quorum primus sic incipit: Vos amici mei estis si feceritis, que precipio vobis[385].

Item ultra predictos sermones plus quam viginti sermones composuit de nativitate domini[386].

Item multos alios sermones valde notabiles fecit abbatibus et aliis prelatis pro celebrando capitulo annali vel provinciali congregatis[387].

Item tractatus qui dicitur Quodlibetum statuum humanorum sic incipiens: Ezechiel sanctus dei propheta[388].

Item tractatus de mistica theologia sic incipiens: Visis iam de actionibus humanis quantum ad bonitatem et maliciam[389].

Item tractatus qui dicitur Planctus peccatorum sic incipiens: Scribis contra me amaritudines[390].

Item tractatus de comparacione religionum sic incipiens: Dicit Bonaventura in suo apologetico quod sepe[391].

Item tractatus qui dicitur aureum speculum de institucione ad beneficia ecclesiastica sic incipiens: Non improvide placuit quibusdam[392].

Item tractatus de apparitionibus animarum a corporibus humanis separatum sic incipiens: Rogamus vos ne terreamini per spiritum[393].

Item tractatus de temptacione et consolacione religiosorum sic incipiens: Instantibus tuis precibus[394].

Item tractatus de arte curandi vicia tam quo ad alios quam quo ad seipsum sic incipiens: Isaac sanctus patriarcha olim legitur egressus ad vesperum ad meditandum in agro[395].

Item tractatus de profectu in spirituali vita sic incipiens: Spiritualis omnia diiudicans[396].

Item soluciones quorundam dubiorum et principaliter de anno iubilaeo sic incipiens: Visum est quibusdam devotis religiosis michi imponere onus solu-

---

[383] Ebd. Nr. 94 S. 76.
[384] Ebd. Nr. 94 S. 77.
[385] Nicht bei MEIER; sonst wohl im Zusammenhang der Zyklen überliefert.
[386] Nicht bei MEIER.
[387] Vgl. MEIER Nr. 94 S. 78 u. S. 80.
[388] Ebd. Nr. 31.
[389] Ebd. Nr. 86.
[390] Ebd. Nr. 76.
[391] Ebd. Nr. 23.
[392] Ebd. Nr. 48.
[393] Ebd. Nr. 70.
[394] Ebd. Nr. 38.
[395] Ebd. Nr. 40.
[396] Ebd. Nr. 77. — In der Hs. folgt nach *diiudicans: egressus ad meditandum in agro,* was auf einem Versehen des Schreibers beruht, der die Zeilen verwechselt hat (s. oben).

cionis quarundam dubitacionum de anno iubileo sic incipit: De anno iubileo[397].

Item tractatus qui dicitur Igniculus devocionis sic incipiens: Dormitavit anima mea pre tedio[398].

Item tractatus de malis mundi per omnes etates sic incipiens: Organo apostolice vocis suo iudicio inter apostolos minimo[399].

Item tractatus de officiis et statu / (fol. 261 v) ecclesiasticarum personarum sic incipiens: Iosias sanctus rex divine legis ferventissimus emulator[400].

Item soluciones dubiorum de missis votivis pro defunctis sic incipientes: Filia cuiusdam laici nuper defuncta[401].

Item tractatus de causis multarum passionum et de remediis earundem et precipue de mitigacione passionis iracundie sic incipiens: Cum effrenatam numerositatem humanarum passionum contra rectum rationis iudicium[402].

Item tractatus de veritate dicenda vel tacenda sic incipiens: Sepenumero pulsatus a meipso et ab aliis incitatus[403].

Item tractatus de pastoribus et prelatis sic incipiens: Aspiciens a longe sine tamen paralogisacione temporibus currentibus iam mundo in senium vergente[404].

Item tractatus qui dicitur colloquium hominis ad animam suam sic incipiens: Verbum secretum michi est ad te o sponsa summi regis filia anima mea[405].

Die Bemühungen der Benediktiner von Reinhausen um die Schriften des Kartäusers Jakob erschöpfen sich in der Anlage dieser Bibliographie keineswegs: noch vor 1498, aber erst nach Anfertigung der Bibliographie, entleihen die Reinhausener vom Erfurter Kartäuserbibliothekar Jacobus Volradi († 1498) den Band H 64, der mehrere in dem Verzeichnis noch nicht aufgeführte Traktate Jakobs umschließt[406]. Zugleich verschaffen sie sich eine Liste aller in der Erfurter Kartause vorhandenen Titel Jakobs, d. h. eine Abschrift aus dem Verfasserteil des von Volradi angelegten Bibliothekskatalogs, und fügen sie ihrem eigenen Verzeichnis hinzu[407].

---

[397] Meier Nr. 87.
[398] Ebd. Nr. 28.
[399] Ebd. Nr. 56.
[400] Ebd. Nr. 39.
[401] Ebd. Nr. 34.
[402] Ebd. Nr. 17.
[403] Ebd. Nr. 72.
[404] Ebd. Nr. 8.
[405] Ebd. Nr. 82.
[406] MBK 2 S. 225 f.
[407] Berlin, PK Cod. theol. lat. Qu. 343 fol. 261 v — 262 v; in Lehmanns Edition des Erfurter Katalogs MBK 2 S. 579 Z. 11 — S. 581 Z. 19. Die Reinhausener Abschrift — im folgenden mit der Sigle R versehen — zeigt folgende Abweichungen vom Erfurter Katalog: MBK 2 S. 579 Z. 17: *fertur: conversatus* add. R; Z. 19: *evectus: efectus* R; Z. 20: *et: ad* R; die nachfolgenden Buchtitel sind in R jeweils ohne die auf die Erfurter Kartäuserbibliothek bezüglichen Verweise wiedergegeben; Z. 26: *religiones collapsas* om. R; Z. 28 f.: *De cantu — vel antiquus* om. R; Z. 30: *Tractatus* om. R; *dyalogus est* om. R; Z. 31:

Die Bibliographien des Trithemius von 1492 und 1496 erreichen nicht annähernd die Vollständigkeit und Präzision der Reinhausener Verzeichnisse, werden aber, da sie im Druck rasche Verbreitung finden, ungleich wirkungsvoller[408]. Der Chronist von St. Peter in Erfurt, Nikolaus von Siegen, kennt den Katalog De scriptoribus ecclesiasticis sogleich nach Erscheinen und benutzt ihn für seinen kurzen Abschnitt über Jakob[409]; Wimpfeling verwendet den ihm gewidmeten ‚deutschen' Catalogus des Trithemius, als er den Kartäuser unter dem Namen *Jacobus Theutonicus* in seiner Epitome rerum Germanicarum erwähnt[410]. Aber beide Autoren kennen nicht nur, wie es dann im Verlauf des 16. Jahrhunderts immer häufiger wird, die Literaturgeschichtsschreibung, sondern auch einige seiner Schriften selbst[411]. Noch dienen die Bibliographien des Trithemius der Vervollständigung bereits vorhandener Kenntnisse über den Kartäuser.

Das Verzeichnis von Reinhausen und des Trithemius De scriptoribus ecclesiasticis sind herangezogen worden, um eine noch umfassendere Bibliographie Jakobs herzustellen. Sie ist in einer Handschrift aus dem Bursfelder Benediktinerkloster Oldenstadt überliefert[412], findet sich ein wenig vollständiger und, wie sich gleich herausstellen wird, im Original in einer der reichhaltigsten Sammelhandschriften der Werke Jakobs[413], die wegen ihres Zusammenhanges mit Reinhausen und Oldenstadt einem Bursfelder Kloster zugeordnet werden muß. Der Codex weist außer durch die Bibliographie noch ein weiteres Mal auf Reinhausen oder aber auf die Erfurter Kartause

---

ordinis om. R; Z. 35: *de* durchgestrichen in R; Z. 36 f.; *facte solempniter: solempniter facte* R; Z. 37: *visitationis: visitacionum* R; Z. 38 f.: *ibidem — habetur* om. R; S. 580 Z. 2: *ordinem* om. R; *profitentis: provitantis* R; Z. 7: *earundem: earum* R; Z. 9: *qualitate: qualitatibus* R; Z. 14: *seculi etates: etates seculi* R; Z. 17 f.: der in Anmerkung genannte *Tractatus*, der später im Erfurter Katalog gestrichen wurde, ist in R noch aufgeführt; Z. 20 f.: *de potestate — Carthusiensium* om. R; *De temptacione et consolacione* add. R; Z. 24 f.: *mentalibus: et* add. R; *et de conscientia* om. R; Z. 27: *Collacio — patre: Collacio eius in recenter defuncto, Item* R; Z. 29: *Item — Nurnberg* om. R; S. 581 Z. 1: Der im Erfurter Katalog später gestrichene Titel *De resistencia temptacionum* ist in R noch enthalten; Z. 7: 3 om. R; Z. 9: *formales: formalis* R; Z. 14: *Confessionale. De votis: De votis. Confessionale* R; Z. 16: *prelato imputentur: Prelatis imputentur* R; Z. 18 f. *Tractatus — Gelboe* om. R; *De difficultate salvandorum* om. R.

[408] De scriptoribus ecclesiasticis, Basel, Amerbach, 1494 (Hain *15613); Catalogus illustrium virorum Germaniam suis ingeniis... exornantium, s. l. a. et typ. (Mainz, P. Friedberg, 1496). Die Abfassungsdaten s. ARNOLD, Johannes Trithemius S. 117 ff.

[409] Chronicon ecclesiasticum S. 431; vgl. auch ebd. S. 212 f. Zur Benutzung der Schriften des Trithemius durch Nikolaus s. ARNOLD, Johannes Trithemius S. 139 f.

[410] Straßburg. M. Schürer, 1505 fol. XXXIII r.

[411] Nikolaus von Siegen unterbricht sich beim Ausschreiben seiner Quelle über Odilo von Cluny, um dessen tägliches Zelebrieren der Messe mit Argumenten Gersons und Jakobs des Kartäusers zu rechtfertigen, s. oben Anm. 409. — Über Wimpfelings Benutzung zweier Schriften Jakobs s. HERDING, Jakob Wimpfelings Adolescentia S. 102 ff., 206 f., 255.

[412] Wolfenbüttel, Cod. 691 Helmst. fol. 1 v — 2 v.

[413] Ebd., Cod. 309 Helmst. fol. 2 rv.

selber hin; denn von der Abschrift des Speculum aureum institutionis ad beneficia ecclesiastica heißt es: *Tractatus sequens correctus est ex primo exemplari manu editoris scripto* [414]. Das kann sich aber nur auf Band H 64 der Kartause beziehen [415], den Volradi an Reinhausen auslieh.

L. Meier hat dieses jüngere, von dem Reinhausener abhängige Verzeichnis, angeblich ‚kritisch geprüft', nach beiden Handschriften abgedruckt, hat aber zur Kritik keinerlei Angaben gemacht [416]. Dabei hat schon J. Fijałek bemerkt, daß die einleitenden biographischen Angaben von Trithemius übernommen sind, jedoch nicht, wie er meint [417], aus dem Katalog der Kirchenschriftsteller, sondern aus dem der deutschen *viri illustres*. Damit steht zugleich 1496 als terminus post quem fest. Die ersten 27 Titel dieses Verzeichnisses [418] geben den Inhalt des Codex 309 Helmst. in unveränderter Reihenfolge wieder; spätestens nach neun weiteren Titeln, die Handschriften, welche dem Bibliographen vorlagen, entnommen sein mögen, folgt die Aufzählung der Reinhausener Liste, wobei schon genannte Titel nicht wiederholt werden [419]. Bevor der Verfasser zur abschließenden Notierung der Sermones Jakobs gelangt, schiebt er noch zwölf Titel aus dem Catalogus des Trithemius ein, kenntlich am nur hier fehlenden Incipit der Traktate [420].

Das Kloster Oldenstadt, welches diese Liste dann übernimmt, verschafft sich zwischen 1511 und 1514 die Texte zu nicht weniger als dreißig Titeln [421]. Zusammen mit den schon vorhandenen Traktaten übertreffen die Oldenstädter Bestände an Werken Jakobs nun diejenigen, die der Sammeleifer der Benediktiner in Liesborn vornehmlich 1508/1509 zusammenträgt [422]. Reinhausen, Liesborn und Oldenstadt bilden so zu Beginn des 16. Jahrhunderts neue Zentren der Rezeption. Ihre Wirkung scheint jedoch nur kurzfristig zu sein, da Oldenstadt schon 1529 und Reinhausen 1542 protestantisch werden und auch Liesborn in die konfessionelle Auseinander-

---

[414] Ebd. fol. 110 r.
[415] MBK 2 S. 402 Z. 39.
[416] MEIER S. 8—11.
[417] FIJAŁEK 2 S. 140 f.
[418] Von *Oculus religiosorum* bis *Consolatorium ... Dominum nonne bonum*, MEIER S. 10.
[419] Von *Liber quaestionum* bis *De pastoribus et praelatis ... a longe*, MEIER S. 10 f.; und *Sermones dominicales* bis *in Capitulis provincialibus et annalibus*, MEIER S. 11.
[420] Von *De moribus christianorum* bis *De indulgentiis*, MEIER S. 11.
[421] Wolfenbüttel, Cod. 691 Helmst. (1511—1514); Göttingen, UB Cod. theol. 129, Cod. theol. 130; Cod. theol. 131; Cod. theol. 132 (von 1514). Noch aus dem 15. Jh. sind Wolfenbüttel, Cod. 703 Helmst. u. Cod. 270 Helmst. mit insgesamt 20 Traktaten und Quaestiones.
[422] Berlin, PK Cod. theol. lat. Fol. 326, Cod. theol. lat. Fol. 328; Münster, UB Cod. 82 (von 1508/1509). Diese Bände sollten in der angegebenen Reihenfolge eine dreiteilige, ausschließlich Jakob gewidmete Sammlung darstellen. Hinzu kommen teils schon im 15. Jh. Münster, UB Cod. 83, Cod. 84, Cod. 146, Cod. 149, Cod. 178. Alle Codices der UB Münster sind im 2. Weltkrieg verloren gegangen. — Zu Liesborn s. K. BECKER, Die Aufwendungen des Benediktiner-Klosters Liesborn für Kunst und Wissenschaft, Diss. phil. Münster 1904.

setzung einbezogen wird; das Kloster Oldenstadt ist 1545 ausgestorben[423]. Dagegen beabsichtigen die Kartäuser in Köln, die 1512 mit der Erbschaft Tzewers' die reichhaltigste aller Privatsammlungen ihrem eigenen Bestand an Werken Jakobs hinzufügen können, im Zuge der katholischen Erneuerung den Schriften ihres Ordensbruders zu neuer Wirkung zu verhelfen, wovon später noch zu sprechen sein wird[424].

6. Einzelbesitz und Drucke

Der Sammeltätigkeit steht die Rezeption einzelner oder auch einer kleineren Anzahl von Schriften des Kartäusers Jakob durch eine breit gestreute Leserschaft gegenüber. Auf welchem Wege die Kenntnis der Traktate zu diesen Lesern gelangt ist, ist je später um so weniger zu erkennen. Von den ersten Rezipienten gehen sicher Anstöße zu weiterer Rezeption aus. Deshalb erscheint die Vermutung nicht abwegig, daß z. B. der Magister Jakob Philippi aus Kirchhofen bei Freiburg die zwei Schriften Jakobs, die er als Theologiestudent in Basel abschreibt[425], über den Theologieprofessor Wilhelm Tzewers kennenlernt, daß die Sammlung von sechs Traktaten aus dem Besitz des Hiltbrand Brandenburg von Biberach und ein reichhaltiger Band der Basler Kartause ebenfalls von Tzewers angeregt sind[426]; aber dies läßt sich — mit den Angaben der Handschriftenkataloge zumindest — nicht positiv beweisen. Über die vorletzte und letzte Station auf dem Wege einer Handschrift geben allerdings die Schenkungsvermerke hin und wieder sichere Auskunft. Da die Abhängigkeit der breit gestreuten Überlieferung nicht feststellbar ist, entzieht sich diese Rezeption der Darstellung. Um aber wenigstens einen Eindruck von der Streuung des Handschriftenbesitzes seit ca. 1460 zu vermitteln, seien einige Besitzer lediglich in chronologischer Abfolge aufgezählt. Zu ihnen gehören die Breslauer Dominikaner (1461/

---

[423] ZIEGLER, Die Bursfelder Kongregation während der Reformationszeit S. 25 ff.; HEUTGER, Bursfelde und seine Reformklöster S. 105 ff.

[424] S. unten S. 147 f.

[425] Colmar, StB Cod. 64 (194) fol. 1r: *Iste liber comportatus est in universitate Basiliensi per magistrum Jacobum Philippi de Kilchofen.* — Immatrikulation in Basel WS 1462/1463: *dominus Jacobus Philippi de Friburgo in Brisgaudia;* bacc. bibl. 1463: *mag. Jacobus Philippi de Kulchhoffen;* bacc. sent. 1470; bacc. form. 1491: *Jacobus Philippi Faedrer;* 1468 Kaplan zu St. Martin; s. WACKERNAGEL, Matrikel Basel 1 S. 36.

[426] London, BM Cod. Add. 41618 (fol. 133 r: *1469*); *Hilprandus de Bibraco* geb. 1442, imm. Wien WS 1459, s. SANTIFALLER, Matrikel Wien 2 S. 66; imm. Basel WS 1468/1469; 1471 Rektor; 1473 Kaplan in Biberach; 1486—1494 Kanoniker am Stift zum Hl. Kreuz in Stuttgart; 1506 Eintritt in die Kartause Buxheim als sacerdos donatus; die genannte Hs. fällt an die Klosterbibliothek in Buxheim; gest. 1514; vgl. WACKERNAGEL, Matrikel Basel 1 S. 73, 92.

1463)[427]; der Dominikaner Michael Lewenberg, 1450 bis ca. 1467 Beichtvater der Nonnen zu Maria Himmelskron bei Worms (1461/1463)[428]; Leonhard Radawer, Medicus zu Augsburg (1462/1463)[429]; die Augustinerchorherren in Böddeken (1465)[430]; Johannes Reborch, Johannes Kopke, Priester des Augustiner-Chorherrenstifts in Bordesholm (1460; 1466)[431]; der Pfarrer Ulrich Krepflin, der 1465 der Pfarrei St. Moritz in Augsburg einen Predigtzyklus Jakobs hinterläßt[432]; Jakob Bonner de Kerlych, Karmeliterprior in Speyer (1466)[433]; Peter Mayr aus Memmingen, Pleban in Oberesslingen und Kämmerer des Dekanats Esslingen (1466/1467)[434]; Johann Grell in Salzwedel (1467)[435]; Heinrich Pederßheim, Pleban in Queckborn bei Gießen (1469)[436]; der Vikar Johannes Togheling in Hamburg (1470)[437]; die Augustiner (1471)[438] und Dominikaner (1472)[439] in Lippstadt; die Fraterherren in Kassel (1474)[440], die Zisterzienser in Camp (1475)[441]; Johannes Weyt, Vikar der Kollegiatskirche in Ansbach (1478)[442]; der Basler Bischof Johannes von Venningen, der 1478 seinem Domstift Jakobs Igniculus devotionis vermacht[443]; die Zisterzienser in Bottenbroich (Kr. Bergheim; 1479)[444]; Friedrich Molitor, Neumünstervikar in Würzburg (1481)[445], der seinen Band später der Kartause Grünau im Spessart vererbt; Johannes Bonigk aus Einbeck, Vikar in Magdeburg, der 1482 den Prämonstratensern von St. Wibert in Quedlinburg einen Band von 1472 mit (ursprünglich) acht Traktaten Jakobs hinterläßt[446]; der Pfarrer Matthias Bürer aus Lindau, zuletzt in Memmingen, dessen Bücher nach seinem Tod, 1483,

---

[427] Breslau, UB Cod. I. Fol. 283.
[428] Mainz, StB Cod. II. 122; Datum am Ende der Ars moriendi Jakobs (unfoliiert). Zu Lewenberg und seinen Hss. s. Kraus, Aus der Geschichte der Wormser Klosterbibliotheken S. 3 ff.
[429] Budapest, Ungar. Nationalmuseum Cod. 276 (ehem. 1955 Fol. Cat.); es handelt sich um ein Teilstück aus der Ars moriendi.
[430] London, BM Cod. Add. 18007 (von 1465); weitere undatierte Hss. s. unten S. 113.
[431] Kiel, UB Cod. Bord. 25 u. Cord. Bord. 26.
[432] MBK 3 S. 39.
[433] Koblenz, SA Abt. 701/163; Besitzvermerk auf der Rectoseite des Vorsatzblattes; später Eigentum der Karmeliter in Boppard.
[434] Tübingen, UB Cod. 333.
[435] Prag, UB Cod. 2814; später im Besitz der Regularkanoniker in Segeberg.
[436] Frankfurt/M., StB Cod. Praed. 54.
[437] S. oben S. 49 u. Anm. 223.
[438] Berlin, PK Cod. theol. lat. Fol. 194.
[439] Berlin, PK Cod. theol. lat. Qu. 207.
[440] London, BM Cod. Add. 29731.
[441] Neuß, Privatbibl.; s. Rathgen, Handschriften der Abtei Camp S. 117 f.
[442] Clm. 3334.
[443] Basel, UB Cod. A. VI. 34.
[444] Düsseldorf, LB Cod. B. 186.
[445] Würzburg, UB Cod. chart. Qu. 140.
[446] Quedlinburg, StiB Cod. 101; ein Traktat ist herausgeschnitten worden.

nach St. Gallen kommen[447]; der Kanonist Dr. Arnolphus in Krakau (1481)[448]; der Diessener Priester Peter Hirsch (1483)[449]; der Priester Leonhard Schemberger, der 1483 beim Eintritt in das Kloster Tegernsee einen Traktat Jakobs mitbringt[450]; der Regularkanoniker Wilhelm Vos in Leyderdorp (bei Leiden; 1489)[451]; Leonhard Holzkircher, Notar des Klosters Tegernsee, der diesem seinen Band mit zwei Schriften Jakobs hinterläßt (1491)[452]; die Klarissen in Söflingen (ca. 1493)[453], die Chorherren von Kirschgarten bei Worms (1496)[454]; Geiler von Kaysersberg (ca. 1497)[455]; die Zisterzienser in Zwettl (1497)[456]; die Chorherren in Rebdorf, die um 1500 zwölf Schriften des Kartäusers verzeichnen[457], von denen eine der Weltpriester Ulrich Koler († 1482) ins Stift mitbringt[458]; die Kartäuser in Seitz (1500/1506)[459]; die Karmeliter in Heilbronn (ca. 1510)[460]; die Franziskaner in Bamberg (1510—1514)[461] und Kamenz (1512)[462]; der Northeimer Bürger Cort Loning, der 1517 einen Band mit sechs Schriften Jakobs an St. Blasien in Northeim gibt[463]; der Breslauer Magister Achasius Czetzmar (1518)[464].

Der Eindruck einer weitgestreuten Verbreitung, den diese Aufzählung vermitteln kann, ist freilich aus mehreren Gründen unzulänglich, nicht nur, weil — wie stets in diesem Kapitel — nur datierte Handschriften aufgeführt werden können, die lediglich einen Teil der Überlieferung ausmachen, sondern auch deshalb, weil die einen Traktate sich stärker durchsetzen als die anderen, so daß allein schon hinsichtlich der Form der Literaturvermittlung ganz verschiedene Vorgänge zu Grunde liegen. Die Schrift De apparitionibus animarum, von der noch ca. 80 Handschriften erhalten sind, muß rasch „allgemein" bekannt gewesen sein; die Quantität ihrer Überlieferung überragt die jeder anderen Schrift des Kartäusers bei weitem. Die Kenntnis

---

[447] St. Gallen, StiB Cod. 142 u. Cod. 953; vgl. LANDMANN, Predigten und Predigtwerke S. 53 ff.
[448] Krakau, UB Cod. 2401.   [449] Clm 5605.
[450] Clm 18380; s. REDLICH, Tegernsee S. 159 Anm. 140.
[451] Wolfenbüttel, Cod. 338 Gud. lat. Qu.
[452] Clm 19650; s. REDLICH, Tegernsee S. 221.
[453] Cgm 6940 (von 1485—1493), eine deutsche Übersetzung des Traktats De animabus exutis a corporibus.
[454] Trier, StB Cod. 1213/510.   [455] S. unten S. 254 ff.
[456] Zwettl, StiB Cod. 332.
[457] MBK 3 S. 257 f. und oben S. 63 Anm. 345.
[458] Clm 15181.   [459] Graz, UB Cod. 1588.
[460] Stuttgart, LB Cod. theol. et phil. Qu. 203.
[461] Clm 9105; später im Besitz der Münchener Franziskaner.
[462] Prag, UB Cod. 2370.
[463] S. unten S. 105.
[464] Breslau, UB Cod. XV. Fol. 787; diese Hs., teilweise 1482 entstanden, wurde 1518 von dem genannten Magister erworben.

dieses Traktats war je später um so weniger an die vorgegebenen Wege der Vermittlung gebunden, im Gegensatz etwa zum Avisamentum ad papam pro reformatione ecclesie, dessen Rezeption die in der ersten Phase typischen Wege der Literaturvermittlung über die Orden und die Universität nicht verläßt[465]. Vor allem wird das Bild der gestreuten Verbreitung seit etwa 1470 wesentlich, jedoch in nicht mehr kontrollierbarer Weise durch die Drucke verändert.

Der erste Druck wurde nach Copingers Angaben um 1470 in Augsburg hergestellt: De animabus exutis a corporibus (Cop. 3331), in Speyer erschienen etwa 1472 die Sermones de sanctis (Hain *9329, Goff J 38) zusammen mit den Sermones dominicales (Hain *9333, Goff J 35). Diese Doppelausgabe wurde vom ‚Drucker der Gesta Christi' hergestellt, einer anonymen Druckerei mit engen Beziehungen zu Peter Drach oder gar in Drachschem Besitz[466]. Das dieser Druckerei entstammende Exemplar der Heiligenpredigten aus dem Besitz der Erfurter Kartause trägt eine handschriftliche Bemerkung, welche die zahlreichen Druckfehler beklagt und den Wunsch ausspricht, sie möchten nach dem eigenhändigen Manuskript Jakobs verbessert werden[467]. Wohl um dies zu tun, hat „Peter Drach der jung" von den Erfurter Kartäusern *sermones jacobi de tempore und de san(c)tis* 1479 entliehen[468], ohne jedoch eine neue Auflage der Heiligenpredigten herauszubringen. Die Sonntagspredigten hat er spätestens 1475 von N. Bechtermüntze drucken lassen (H. *9334, Goff J 37)[469]. Um die Mitte der siebziger Jahre sind ungefähr ein Dutzend Drucke von Werken Jakobs auf dem Markt; außer den genannten Predigtsammlungen und der Augsburger Ausgabe des Traktats über die Geistererscheinungen die Blaubeurener Drucke desselben Traktats (Hain *9346, Goff J 22), der Sonntags- (Hain *9331, Goff J 36) und der Heiligenpredigten (Hain *9330, Goff J 39), das Quodlibetum statuum humanorum durch Johannes Hug de Göppingen (Hain *9335, Goff J 34) sowie zwei lateinische (Hain *9347, *9348,

---

[465] Es findet sich in Hss. aus der Erfurter Kartause, St. Peter/Erfurt (geliehen oder geerbt von Reinhardsbrunn), Glogau und im Band des Peregrinus Goch. Die verschollene Lübecker Hs., StB Cod. iur. Fol. 25, ist nicht zu identifizieren.

[466] F. GELDNER, Probleme um den Speyrer Druckherrn und Buchhändler Peter Drach (GutenbergJb 1962. — S. 150—157) S. 152.

[467] Ebd. S. 152 Anm. 12.

[468] Abdruck des Pfandbriefes zuletzt MBK 2 S. 226; seine Datierung s. F. W. E. ROTH, Geschichte und Bibliographie der Druckereien zu Speyer im XV. und XVI. Jh. (MittHistVPfalz 19. 1895 — S. 1—112) S. 18; E. VOULLIÈME, Die deutschen Drucker des 15. Jh.s ²1922 S. 140.

[469] F. GELDNER, Das Rechnungsbuch des Speyrer Druckherrn, Verlegers und Großbuchhändlers Peter Drach (ArchGBuchwesen 5. 1964 — Sp. 2—196) Sp. 177 setzt ihn um 1476 an. Ein Exemplar der UB Heidelberg trägt jedoch den handschriftlichen Eintrag: *Anno Domini 1475 emi istum librum pro floreno in die Vitalis et fuit sic illigatus una cum viola sanctorum.*

Goff J 21, J 19) und eine deutsche Ausgabe des Traktats De animabus durch Fyner in Esslingen[470]; De valore et utilitate missarum pro defunctis celebratarum, tewa 1475, ebenfalls durch Fyner (Hain *7805); ein Straßburger Druck der Sonntagspredigten (Hain *9332), schließlich der Tractatus de contractibus in zwei Ausgaben: von Johannes Schilling in Basel (Hain *9343, Goff J 32) und Arnold Ther Hoernen in Köln (Hain 13414, Goff J 31)[471]. 1475 druckte ein Anonymus in Burgdorf im Kanton Bern den Traktat De animabus exutis unter dem in den Handschriften durchaus üblichen Titel De apparitionibus animarum, aber dem bis dahin ganz ungebräuchlichen Autorennamen *Jacobus de Clusa,* dessen Zustandekommen bislang nicht überzeugend geklärt werden konnte[472]. 1474 brachte Martin Flach in Basel die einzige Auflage des Traktats De veritate dicenda vel tacenda heraus (Hain *9336, Goff J 41).

Nachdem während der siebziger Jahre die Druckherren des deutschen Südwestens sich der Schriften des Kartäusers recht intensiv angenommen hatten, versiegte ihr Interesse in den achtziger Jahren fast ganz. Die Druckorte der nächsten Jahre heißen Albi, Passau und Lübeck: Johannes Neumeister aus Mainz legte zwischen 1480 und 1483 in Albi den Traktat De contractibus auf[473], Benedikt Mayer in Passau De animabus exutis (Hain *9350, Goff J 23), ein Lübecker Drucker 1488 De erroribus et moribus christianorum (Cop. 3335, Goff J 33), dessen Text in einer Handschrift aus dem Nachlaß des Simon Baechz in Lübeck greifbar war[474].

In den neunziger Jahren folgen die Ausgaben einander wieder in kurzen Abständen, aber nunmehr ist Leipzig das Zentrum der Produktion. Wäh-

---

[470] K. SUDHOFF, Deutsche medizinische Inkunabeln. 1908 Nr. 226; vgl. ASSION, Zur deutschen Überlieferung S. 176 ff.

[471] Nach Cop. identisch mit H 9342. — Der von C. BAUER, Das Rentkaufgutachten der Konstanzer 14er Kommission (Reformata reformanda. Festgabe für Hubert Jedin 1. 1965 — S. 196—213) ausgewertete Anhang des Kölner Druckes findet sich nicht in dem von Jakob dem Kartäuser eigenhändig korrigierten Handexemplar von De contractibus (Dresden, LB Cod. P. 42 fol. 94 r — 100 r), doch befand sich der Text des Rentkaufgutachtens sehr wahrscheinlich in dem Band A 41 der Erfurter Kartause, in dem neben anderem einschlägigem Material eine Responsio multorum doctorum ad requisicionem religiosorum de contractibus steht; s. MBK 2 S. 259 f.

[472] Von datierten Burgdorfer Drucken sind nur zwei, beide 1475 bekannt: Jakobs Traktat und die Legenda Sancti Wolfgangi (Hain 16221), s. ZblBiblWesen 8. 1891 S. 375. Der Druck von Jakobs De apparitionibus ist für die Geschichte des Buchdruckes insofern von besonderem Interesse, als er das erste selbständige Registrum im deutschen Druckbereich enthält, vgl. K. HAEBLER, Handbuch der Inkunabelkunde. 1927 S. 50. — Zum Namen de Clusa s. FAJAŁEK 2 S. 158 ff.; Hain *9349, Goff J 20.

[473] Catalogue of the Books Printed in the XVth Century Now in the British Museum 7. London 1949. Repr. 1963 S. 352. Über Johann Neumeister s. K. HAEBLER, Die deutschen Buchdrucker des 15. Jh.s im Auslande. 1924 S. 209 ff.

[474] Lübeck, StB Cod. theol. lat. 65 (Verlust).

rend H. Knoblochtzer 1493 in Heidelberg mit De valore et utilitate missarum (Hain *9341, Goff J 40) sowie K. Hist in Speyer, H. Bongart in Köln und G. Stuchs in Nürnberg mit weiteren Auflagen des Traktats De animabus (Cop. 3332, Goff J 25; Hain 15543, Goff J 24; Hain *9345, Goff J 27) ausgetretene Wege gehen, kommen in Leipzig durch Gr. Boettiger und M. Landsberg zwei Schriften erstmals zum Druck: De arte bene moriendi (Hain 9339, Goff J 28) und De arte curandi vitia (Hain *9337, Goff J 30; Hain 9338)[475]. Wenig später druckt Arnold von Köln in Leipzig die Ars moriendi noch einmal (Hain *9340, Goff J 29), M. Lotter, W. Stoeckel und ein Anonymus legen 1495—1497 die nun schon seit langem erfolgreichen Schriften über die Seelenmessen (Hain 8381) und die Geistererscheinungen wiederum auf (Hain 9351; Hain *9352, Goff J 24a; Hain 9353, Goff J 26)[476].

Eine Basler Ausgabe des Traktats De animabus exutis, die u. a. mit Versen Reuchlins, Sebastian Brants und Jakob Lochers versehen ist, wurde spätestens 1520 von Th. Wolf hergestellt[477]. Als letzter druckt Hieronymus Höltzel in Nürnberg 1520 das Confessionale compendiosum et utilissimum Reverendi patris Jacobi de Paradiso ordinis Carthusiensium Domus Erfordiensis mit einem Anhang, der Jakobs Sermo de poenitentia entnommen ist — die Nürnberger Kartäuser, die zu den ganz frühen Rezipienten der Schriften Jakobs zählen, lieferten ihm die Druckvorlage[478].

Als Schwerpunkte der Druckproduktion zeichnen sich in den siebziger Jahren — mit direktem Kontakt zur Erfurter Kartause — Speyer sowie Württemberg, in den neunziger Jahren Leipzig ab. Die erreichbaren Angaben über die Rezeption dieser insgesamt 35 Auflagen stehen freilich in keinem Verhältnis zur Produktion, so daß über die Verbreitung dieser Auflagen insgesamt keine Aussagen möglich sind. Die Provenienzvermerke der Inkunabelkataloge und die Berücksichtigung einiger noch nicht verzeichneter Provenienzen gestatten nur Angaben zu einzelnen Rezipienten. Diese Beobachtungen lassen sich mit der gebotenen Vorsicht folgendermaßen zusammenfassen: Bei mehreren Rezipienten der Handschriften mit Werken Jakobs ergänzen die Drucke schon vorhandene Bestände, so in den Kar-

---

[475] Hain *9337, s. Nachträge zu Hains Repertorium Nr. 181; Hain 9338 ist angeblich von J. Thanner gedruckt.
[476] Hain 8380 verzeichnet eine weitere Ausgabe von De valore et utilitate missarum, die 1493 in Florenz erschienen sei.
[477] Cop. 3330 beschreibt diesen Druck und weist ihn irrtümlicherweise Fyner zu. Der Drucker ist Thomas Wolf in Basel, der seit 1518/1519 tätig ist; einen terminus ante quem ergibt der datierte Besitzeintrag des Exemplars Wolfenbüttel 177. 9. Th. Qu. vom 10. 8. 1520.
[478] S. oben S. 42 Anm. 156.

tausen Erfurt[479], Tückelhausen[480], Würzburg[481], Buxheim[482] und Trier[483], bei den Benediktinern in St. Ulrich und Afra[484], Tegernsee[485], Andechs[486], Melk[487] und Cismar[488], bei den Fraterherren in Butzbach[489] und Hildesheim[490], bei den Chorherren in Rebdorf[491], bei Gerwin von Hameln[492]. Die Drucke in St. Ulrich und in Tegernsee sind aus privater Hand an die Konvente gelangt, und zwar von Personen, von denen keine Legate handschriftlich überlieferter Traktate Jakobs bekannt sind. Sie gehören zur zweifellos viel zahlreicheren Gruppe derer, die Jakobs Werke von nun an nur, insofern sie im Druck angeboten werden, kennen; es sind, soweit feststellbar, außer einigen Klöstern meist Weltgeistliche[493]. Die technisierte Buchherstellung, durch die ein mehrere gesellschaftliche Gruppen übergreifender literarischer Markt entsteht, verändert das Verhältnis der literarischen Produktion des Autors zu seinem Publikum einschneidend. Denn statt daß wie bislang die Werke Jakobs in größerer Vollständigkeit von einer trotz des verstreuten Besitzes immer noch begrenzten Zahl rezipiert wird, tritt nunmehr der umgekehrte Fall ein: eine Auswahl von dreizehn Schriften — darunter eine Schrift allein in wiederum dreizehn Auflagen — gelangt an eine vielfach vergrößerte Zahl von Interessenten[494].

---

[479] S. oben S. 75.
[480] Hain *9329; Hain *9346; s. HUBAY, Incunabula Würzburg Nr. 1192; 1200.
[481] Hain *9329; Hain *9347; s. HUBAY, Incunabula Würzburg Nr. 1192; 1199.
[482] De animabus exutis, Basel, Th. Wolf, ca. 1520; Hain *15543; s. Catalog des ehemaligen Carthäuserklosters Buxheim S. 166.
[483] Hain *9334.
[484] Hain *9335, eingebunden in clm 4369.
[485] Hain *9331, München, SB 2°Inc. s. a. 717.
[486] Hain *9346, München, SB 2°Inc. s. a. 24.
[487] Hain *9337, s. R. SCHACHINGER, Die Wiegendrucke der Stiftsbibliothek in Melk (50. Jber. des K. K. Stiftsgymnasiums der Benediktiner zu Melk. 1900) Nr. 467; Hain *9350, ebd. Nr. 468.
[488] Hain *9332; Hain *9335; s. I. COLLIJN, Katalog der Inkunabeln der Kgl. Bibliothek in Stockholm 1. Stockholm 1929 Nr. 2149, 2146.
[489] Hain *9329, Cop. 3332; Gießen; UB Inc. Nr. 471, Nr. 472.
[490] Hain *9353; s. C. ERNST, Incunabula Hildeshemensia 2. 1909 Nr. 169.
[491] Hain *9341; Hain *9346; s. HUBAY, Incunabula Eichstätt Nr. 544; 542. Hain *9346, München SB 2°Inc. s. a. 181.
[492] Hain *9343, s. H. NENTWIG, Die Wiegendrucke der Stadtbibliothek zu Braunschweig. 1891 S. 138.
[493] Vgl. unten Kap. 4, bes. S. 148.
[494] Die Auflagenhöhen sind nicht bekannt. Doch zeigt ein Beispiel aus dem Bereich der Bursfelder Kongregation, daß der Bedarf an Büchern beträchtlich war. 1497 läßt die Kongregation vom Werk des Trithemius De triplici regione claustralium zusammen mit dessen De exercicio spirituali monachorum bei P. Friedberg in Mainz (Hain *15618) 1000 Stück auf eigene Rechnung drucken und in den Klöstern der Union verteilen. Die Union schloß damals 80 Klöster zusammen, so daß auf jedes Kloster im Durchschnitt 12 bis 13 Exemplare kamen. Der Kapitelsbeschluß bei VOLK, Die Generalkapitels-Rezesse 1 S. 305; zur Schrift und ihrer Drucklegung ARNOLD, Johannes Trithemius S. 39 ff. — Der

Versuch, den beherrschenden Anteil religiöser Bücher an den Inkunabeldrucken mit dem Hinweis auf den theologischen Charakter der die meisten handschriftlichen Vorlagen liefernden Bibliotheken, der Klosterbibliotheken, zu erklären, ist eher geeignet, vorhandene Diskontinuitäten beim Übergang vom Schreiben zum Drucken zu verdecken. Mit Recht bemüht sich dagegen Hirsch, Printing, Selling and Reading S. 127 ff. um eine Differenzierung der Klassifikation ‚theologisch'. Der literarische Selektionsprozeß (s. unten Kap. 3), der mit dem Aufkommen des Buchdrucks verbunden ist, wird jedoch nicht deutlich, wenn allein die Druckproduktion analysiert wird.

II. Rezipientengruppen

1. Kartäuser

Der zeitlich und räumlich sich entfaltende Vorgang der Verbreitung der Werke Jakobs von Paradies verbindet durch vorgegebene Wege der Literaturvermittlung zahlreiche Rezipienten untereinander, die unabhängig von der Rezeption der Werke teils organisierte, formale Gruppen, teils offene, durch die Arbeit an einer gemeinsamen Aufgabe untereinander verbundene Personenkreise bilden. Im folgenden Abschnitt soll das Publikum des Kartäusers unter diesem Gesichtspunkt zu Gruppen zusammengefaßt werden und dabei jeweils durch diejenigen Rezipienten ergänzt werden, deren Besitz an Werken Jakobs zeitlich nicht eindeutig zu fixieren ist und daher dem chronologischen Ablauf nicht eingefügt werden konnte, die aber als Mitglieder dieser Gruppen unzweideutig zu erkennen sind.

Wenn die Rezeption der Schriften des Kartäusers Jakob in einer Gruppe hinreichend konzentriert ist, um evident oder zumindest wahrscheinlich zu machen, daß das Interesse der Leser von ihrer Gruppenzugehörigkeit wesentlich mitbestimmt und motiviert ist, wird es möglich sein, von den charakteristischen Merkmalen der Gruppe Rückschlüsse auf die Bedeutung der rezipierten Literatur und ihre Funktion für die jeweilige Gruppe und damit die allgemeinen Bedingungen des Verständnisses zu ziehen.

Die nur vereinzelte Rezeption, die weder durch ihre Quantität ein besonders herausgehobenes Interesse an den Werken dokumentiert noch zu einer bestehenden Gruppe in Beziehung gesetzt werden kann, erlaubt für die rezeptionsgeschichtliche Betrachtung keine positiven Rückschlüsse. Allerdings können vor ihrem Hintergrund die Lesergruppen deutlicher profiliert werden. Zwar ist der dem oben angeführten Sachverhalt entgegengesetzte Fall möglich, daß nämlich die Rezeption nicht durch die Zugehörigkeit zu einer Gruppe motiviert wird, sondern vielmehr selber gruppenbildend wirkt, doch ist eine solche „innovierende" Wirkung der Werke Jakobs nicht festzustellen. Jene Magister und Doktoren Erfurts, die während Jakobs Aufenthalt in der Kartause sich seine Schriften zum Teil in größeren Mengen verschaffen, tun dies unabhängig voneinander und — soweit erkennbar —

aus unterschiedlichen Motiven, so daß sie nicht eigentlich als Gruppe anzusprechen sind.

Die Leser, die dem Autor durch die äußere Organisation, durch ihre Spiritualität und durch ihre literarischen Interessen am engsten verbunden sind, sind die Mitglieder seines eigenen Ordens. Seine Schriften wurden in zahlreichen Kartausen in bedeutendem Umfang gelesen. Da die Organisation des Ordens in Provinzen regelmäßige Verbindungen der Klöster einer Provinz garantierte, erscheint es angemessen, die Kartäuserbibliotheken diesen engeren Zusammenschlüssen folgend auf Bestände an Werken Jakobs zu untersuchen.

Den reichsten Bestand besaß Jakobs Profeßkloster auf dem Salvatorberg. Es bewahrte die meisten Autographen und Handexemplare des Autors auf einschließlich der Krakauer Vorlesungsmanuskripte, die nicht weiter verbreitet wurden. Wie oben schon erwähnt, hält Jakob Volradi jedoch im Katalog des Klosters fest, daß nicht alle Schriften zur Zeit der Katalogisierung vorhanden waren[1]. Diese Feststellung ist richtig. Es fehlen das Krakauer konziliaristische Gutachten und mehrere Reden aus jener Zeit, ferner einige kurze Äußerungen zu theologischen oder kirchenrechtlichen Zweifelsfällen, die wohl unmittelbar in die Hände derer gelangten, welche ihre Anfragen an Jakob richteten; es fehlen ferner einige selbständige Schriften: De contemptu mundi, Speculum sacerdotale, De negligentia praelatorum, De stabilitate monachorum, Sermo ad religiosos reformatos Ordinis Sancti Benedicti, De scrupulosis in regula S. Benedicti. Volradi, der die von Jakob selber geführte Liste der Werke einmal gesehen hat, glaubt, in ihr seien „fast alle" Werke, etwa sechzig, verzeichnet gewesen[2]. Sie kann aber nur die größeren Traktate umfaßt haben, denn Volradi nennt im Verfasserregister des Bibliothekskatalogs, die außerhalb der großen Sammelwerke entstandenen Predigten eingeschlossen, fast die zweifache Zahl von Titeln. Daß die Erfurter das Schrifttum ihres Mitbruders sorgsam aufbewahrten und teilweise noch vervielfältigten, versteht sich fast von selbst. Denn Jakob war — neben Johannes Hagen — der bedeutendste Schriftsteller seines Klosters, zudem sein langjähriger, für die geistliche Erziehung der Novizen verantwortlicher Vikar. Die Autorität seiner Werke war durch Gelehrsamkeit und höchsten akademischen Grad sowie durch die harte mönchische Askese des Autors doppelt legitimiert. Als Volradi 1482 in offiziellem Auftrag[3] die Vita Jakobs von Paradies abfaßte, hob er eben diese beiden Themen hervor: er schildert Jakob zunächst als den Wissenschaftler, der sich an der Universität den *artes liberales*, dem Kirchenrecht und der Theologie wid-

---

[1] S. oben S. 60.
[2] LE VASSEUR, Ephemerides 1 S. 551; FIJAŁEK 2 S. 127.
[3] LE VASSEUR, Ephemerides 1 S. 546; FIJAŁEK 2 S. 123, 127.

met, aber als ein Mann der *contemplatio,* der er zugleich immer gewesen sei — ein Gegensatz zwischen der Wissenschaft und der *contemplatio* wird nicht hergestellt —, „zu elfter Stunde"[4] in der Kartause sich ganz der Askese und *mystica theologia* hingibt. Zum Beweis der Richtigkeit seiner Schilderung verweist Volradi die Leser seiner Vita mehrfach auf Jakobs Schriften; die *vita* und die *tractatus,* der Mönch und der Schriftsteller Jakob sind für Volradi eines. Das Verzeichnis der Werke im Verfasserregister des Bibliothekskataloges enthält ebenfalls eine, wenngleich nur kurze, biographische Skizze, die Volradi etwa zur gleichen Zeit wie die ausführlichere Vita niederschrieb. Hierin informiert er den Benutzer des Katalogs auch ganz kurz über die Bedeutung von Jakobs literarischem Werk und bringt die Vielzahl der Schriften auf den einen Nenner: *moralium doctrinarum floridi tractatus*[5]. Diesem Verständnis entsprechend ist der überwiegende Teil der Schriften in die Abteilung H eingeordnet, womit gleichzeitig der Begriff der *doctrinae morales* erläutert wird: *H littera tropologie obsequitur;* der *sensus tropologicus,* so wird im Katalog gesagt, ziele sowohl auf den *affectus pure mentis* als auch auf den *effectus boni operis;* daher handelten die unter H aufgestellten Bücher von den *diversae virtutes tam de his, que intus ad Deum, quam de his, que extra ad proximum pertinent*[6]. Aber der Begriff der *doctrinae morales,* wie ihn der Katalog verwendet, trägt einen monastischen Charakter. Denn die Zuordnung der Schriften über den eigenen Orden, der Benedikt- und Augustinusregeln sowie ihrer Kommentierungen, der Werke Cassians und der Vitae patrum zu dieser Abteilung H verdeutlichen, daß die *doctrinae morales* nicht zuletzt die *bona opera* des monastischen Lebens zum Inhalt haben. In dieser durch den bibliothekarischen Zusammenhang interpretierten Bedeutung ist Volradis zusammenfassendes Urteil über Jakobs Werke zu verstehen.

Aus Eisenach, der Tochtergründung Erfurts, ist nur die auf Verlangen des Visitators kopierte Schrift De potestate daemonum nachweisbar[7]. Bei den engen Beziehungen zwischen beiden Klöstern[8] dürfte sich die Kenntnis der Werke des Erfurters aber nicht auf diesen Traktat beschränkt haben. Die Nürnberger Kartause — um zunächst in der Ordensprovinz Alemannia inferior zu bleiben — besaß seit 1459 einen Sammelband mit 27 Traktaten Jakobs, der das Interesse am Autor deutlich bekundet: er ist nicht einem be-

---

[4] Le Vasseur, Ephemerides 1 S. 548 f.; Fijałek 2 S. 125.
[5] MBK 2 S. 579 Z. 14.
[6] Ebd. S. 375 Z. 21 ff. Zum theologischen Konzept des Bibliotheksaufbaus s. Kleineidam, Die theologische Richtung S. 264 f.
[7] S. oben S. 56.
[8] Seit 1447 hatten die Erfurter Prioren ein Aufsichtsrecht über die Eisenacher Kartause; Klapper, Johannes Hagen 1 S. 127.

stimmten Thema, sondern ausschließlich diesem Autor gewidmet[9]. Der spärliche Besitz der Grünauer und Würzburger Kartausen wurde schon erwähnt[10], ebenso der aus Tückelhausen[11], wo die Mönche aber, wie aus einem Brief des dort lebenden Jakob an Bischof Johann von Eych beweist, den Erfurter Jakob recht gut kannten und als einen Autor, der zur Formung der geistlichen Lebensführung und zur Reformierung des Priesterstandes anleitet, hochschätzten[12]. In Buxheim kam bis 1506 ein größerer Bestand zusammen. Schon um 1455 verzeichnet das Registrum librarie superioris im Band E 12 ca. zwölf Schriften Jakobs zusammen mit einigen von Johannes Hagen[13]. 1506 brachte Hiltbrand Brandenburg von Biberach seinen 1469 zusammengestellten Band in die Klosterbibliothek ein[14]. Viel später gelangten zwei Mauerbacher Codices nach Buxheim[15]. Daß damit noch nicht alle Schriften erfaßt sind, zeigt — mangelhaft genug — der Versteigerungskatalog der Bibliotheca Buxiana von 1883. Demnach befand sich außer den genannten Handschriften und den zwei oben erwähnten Drucken[16] eine weitere Sammelhandschrift in Buxheim[17].

Von den Klöstern der Provinz Saxonia ist allein in Danzigs Kartause Marienparadies eine größere Sammlung der Werke Jakobs zu finden: über zwanzig verschiedene Traktate in fast dreißig Exemplaren[18]. Auch hier galt das Interesse wie in Nürnberg mehr dem Autor als einem speziellen Thema. Allerdings ist auffällig, daß von den nach 1450 entstandenen Werken nur ein Teilstück vorhanden ist, während Nürnberg auch wenig verbreitete Schriften aus dem Jahre 1458 besitzt. Die Kartause Ahrensbök bei Lübeck besaß eine 1453 angefertigte Abschrift des Oculus religiosorum, die sie an die 1476 errichtete Kartause Dülmen auslieh[19].

Schnals in Tirol (Provincia Alemanniae superioris) wurde spätestens 1469 ein Zentrum der Jakob-Rezeption. In diesem Jahr kaufte der Prior Friedrich drei Sammelhandschriften und ließ sie — zumindest teilweise — noch einmal abschreiben[20], so daß binnen kurzem 32 verschiedene Traktate

---

[9] S. oben S. 56. [10] S. oben S. 73, 78.
[11] S. oben S. 57, 78. [12] S. unten S. 231 f.
[13] MBK 3 S. 95 Z. 17—28; vgl. oben S. 56.
[14] S. oben S. 72. [15] S. unten S. 84.
[16] S. oben S. 78.
[17] Catalog des ehemaligen Cartäuserklosters Buxheim Nr. 2391 (4° chart. 286 Bl.); Nr. 2564, d. i. Wien, ÖNB Cod. Ser. nov. 13423 aus Mauerbach, s. unten S. 84 Anm. 21; Nr. 2467, d. i. Berlin, PK Cod. lat. Qu. 919 aus Mauerbach, s. unten ebd.; Nr. 2527, d. i. London, BM Cod. Add. 41618 aus dem Besitz des Hilprand Brandenburg.
[18] Pelplin, SemB Cod. 276, Cod. 285, Cod. 286, Cod. 287, Cod. 289; vgl. Fijałek 2 S. 180 ff.
[19] Oxford, Bodl. Libr. Cod. lat. th. e. 3 (S. C. 29807), vgl. Madan, A Summary Catalogue 5 S. 700.
[20] Innsbruck, UB Cod. 124, Cod. 147, Cod. 633. — Cod. 24 (von 1459—1468); Cod. 621 enthält mit einer Ausnahme nur solche Schriften Jakobs, die auch in Cod. 633 enthal-

Jakobs in 45 Exemplaren vorhanden waren. Etwa zur gleichen Zeit, zwischen 1469 und 1475, wurden in Mauerbach bei Wien mindestens zwei Bände mit 27 Werken Jakobs gefüllt[21]. Im 17. Jahrhundert, wohl noch vor der Zerstörung des Klosters und seiner Bibliothek im Jahr 1619, gelangten beide Codices in die Buxheimer Kartause, welcher der damalige Mauerbacher Prior entstammte[22]. Aus Seitz ist lediglich ein Exzerpt des Traktats De animabus erhalten[23]. Was der mittelalterliche Katalog von Aggsbach angibt — das Avisamentum ad papam und De causis deviationis religiosorum[24] ist unvollständig, da die Bursfelder Kopien Martin Sengings von B. Pez mit einem Aggsbacher Exemplar kollationiert werden konnten[25].

Die Provincia Rheni, die sich von Bern über Basel den Rhein abwärts, das Moselgebiet umgreifend und an die Maas grenzend, bis nach Wesel erstreckte, schloß die im 15. Jahrhundert bedeutendsten Kartausen des deutschen Sprachraumes zusammen, unter denen besonders die stadtnahen Klöster durch reichhaltige Bibliotheken hervorragten. Der Besitz der Basler Kartause ist aus dem Standortregister des Georg Carpentarius[26], eines der Chronisten und Bibliothekare des Klosters, und vollständiger aus dem jüngeren Verfasserkatalog des Urban Moser vom Beginn des 16. Jahrhunderts[27] abzulesen. Die Katalogisierung durch Urban Moser verzeichnet folgende Werke:

Opera Jacobi Carthusiensis, qui prius fuit Abbas Ordinis Cisterciensis: 1 Oculus religiosorum[28] *h xvii / 2 De perfectione religiosorum*[29] *h xvii / 3 De profectu in spirituali vita*[30] *h xvii / 4 Ad Carthusienses de eorum statu*[31] *h xvii / 5 Questiones varie de religiosis et aliis diversis materiis*[32] *h xvii / 6 Super doctrina loquendi et tacendi*[33] *h xvii / 7 De modo loquendi metaphorico*[34] *h xvii / 8 De veritate dicenda et tacenda*[35] *h xvii E cxii / 9 De receptione et proventibus monialium et aliorum religiosorum et de vicio*

---

ten sind. — Wien, ÖNB Cod. 12787 kommt nach den Forschungen von BAUER, Paternosterauslegung, für den vorliegenden Zusammenhang nicht mehr in Frage, vgl. unten S. 278.

[21] Berlin, PK Cod. lat. Qu. 919, 1469 (fol. 102 r, 208 r, 222 r) geschrieben von Johannes Zaig (fol. 208 r); Wien, ÖNB Cod. Ser. nov. 13423 von 1471—1475 (fol. 150 r, 315 v); beide Hss. tragen Mauerbacher und Buxheimer Besitzvermerk.

[22] TH. WIEDEMANN, Geschichte der Kartause Mauerbach (BerrMittAltertumVWien 13. 1873 — S. 69—130) S. 109 ff.

[23] Graz, UB Cod. 1588 von 1500/1506, also erst nach Erscheinen der Drucke angefertigt.

[24] Mittelalterliche Bibliothekskataloge Österreichs 1 S. 574 Z. 27 u. S. 597 Z. 12 ff.

[25] S. oben S. 57 u. Anm. 294.

[26] Basel, UB Cod. A. R. I. 2 u. Cod. A. R. I. 3 (nova libraria).

[27] Basel, UB Cod. A. R. I. 4 a fol. 180 rv.

[28] MEIER Nr. 45.

[29] Ebd. Nr. 15.

[30] Ebd. Nr. 77.

[31] Ebd. Nr. 88 S. 72.

[32] Ebd. Nr. 3.

[33] Ebd. Nr. 117, Albertanus von Brescia zugewiesen.

[34] S. unten S. 85.

[35] MEIER Nr. 72.

proprietatis[36] *h xvii* / *10 Casus quidam et dubius cum eius decisione de recepcione noviciarum, videtur esse non istius iacobi*[37] *h xvii* / *11 Formula de modo reformandi religiones lapsas ab observantia*[38] *h xvii* / *12 De causis deviationis religiosorum et de remediis eius et qualitate suscipiendorum ad religiones*[39] *h xvii* / *13 De apparitionibus animarum post exitum earum a corporibus et receptaculis earundem*[40] *h xvii d xciiii E cxxxviii* (nachgetragen:) *E 100 C 117* / *14 De duabus civitatibus et civibus earundem scilicet babilonia et hierusalem*[41] *h xvii* / *15 Consolationes contra mala huius seculi*[42] *h xvii* / *16 De excellencia ordinis Carthusiensis*[43] *E lxxix* / *17 De approbacione ordinis Carthusiensis et statutorum eius per apostolicam sedem*[44] *E lxxix* / *18 De interdicto*[45] *E xxxiiii* / *19 Igniculus devotionis*[46] *E xxxiiii* / *20 De negligentiis occurentibus circa sacramentum altaris*[47] *E cviii* / *21 Sermones dominicales per totum annum auctorizati per papam Nicolaum quintum*[48] *D xxxvii D xlix D lxx*[49].

Einmal bezweifelt Urban Moser Jakobs Autorschaft zu Unrecht (Nr. 10), zweimal hat er fremde Schriften Jakob zugeschrieben (Nr. 6 und 7). Der eine der von Vullenho für die Ausleihe angelegten Bände (E lxxxvii)[50] ist nicht aufgenommen, ferner eine Handschrift meist deutschsprachigen Inhalts mit Jakobs De approbatione et confirmatione statutorum ordinis Carthusiensis, in der die Hände Ludwig Mosers und Sebastian Brants zu finden sind[51].

Die Einordnung des reichhaltigen Bandes H xvii in die Bibliothek unter die *Littera H* bedeutet in Basel anders als in Erfurt *materie disputabiles, summe ac quodlibetica doctorum ecclesiasticorum*[52]. Demnach erscheint Jakob hier stärker als sonst als der Autor des scholastisch-gelehrten Liber questionum denn als asketischer Schriftsteller. Obwohl der Codex H xvii verloren ist[53], kann er annähernd datiert werden. Sein Inhalt geht hinsichtlich der ersten zwölf Nummern des Verzeichnisses, gerade auch der Nummern 6 und 7, so eng mit dem von Wilhelm Tzewers der Kölner Kartause vermachten und dort unter der Signatur O 63 eingereihten Handschrift

[36] Ebd. Nr. 52.
[37] Ebd. Nr. 64, authentisch.
[38] Ebd. Nr. 63.
[39] Ebd. Nr. 50.
[40] Ebd. Nr. 72.
[41] Ebd. Nr. 68.
[42] Ebd. Nr. 27.
[43] Ebd. Nr. 88 S. 72; vgl. oben Anm. 31.
[44] MEIER Nr. 2.
[45] Ebd. Nr. 1.
[46] Ebd. Nr. 28.
[47] Ebd Nr. 60.
[48] Ebd. Nr. 94 S. 76 f. Hier handelt es sich möglicherweise um Drucke.
[49] D lxx wurde später umsigniert in D 104, vgl. fol. 7 r des Katalogs Cod. A. R. I. 4 a.
[50] S. oben S. 63 ff.
[51] Basel, UB Cod. A. IX. 27, s. G. BINZ, Die Handschriften der Abteilung A (Die Handschriften der öffentlichen Bibliothek der Universität Basel 1,1). Basel 1907 S. 133 ff.
[52] Basel, UB Cod. A. R. I. 2 fol. 58 r; gleichlautend Cod. A. R. I. 3 fol. 74 r.
[53] Dieser Band kommt im Ausleihverzeichnis nicht vor; s. oben S. 65.

(jetzt Berlin, PK Cod. theol. lat. Fol. 710) zusammen, daß mit großer Sicherheit angenommen werden kann, daß dieser Band den Basler Kartäusern zur Vorlage gedient hat. Tzewers kam 1462 von Erfurt nach Basel, wo er — mit Unterbrechungen — bis 1484 blieb. Während dieser Jahre muß der Band H XVII entstanden sein, wahrscheinlich gleichzeitig mit den Bänden Vullenhos von 1466 und 1467. Die Vermittlung durch den Universitätsprofessor mag auch von Einfluß auf die Einordnung des Bandes unter den Buchstaben H gewesen sein.

Zur Zeit Urban Mosers, am Beginn des 16. Jhdts., als der Buchdruck das Gesicht der Bibliotheken schon stark verändert hat und die einen Schriftsteller zuungunsten anderer in den Vordergrund treten läßt, nimmt sich der Bestand an Werken Jakobs vergleichsweise bescheiden aus: mit achtzehn verschiedenen Titeln in 29 Exemplaren übertrifft er zwar Heinrich Egher von Kalkar[54] und den älteren Heinrich von Hessen[55] — Johannes Hagen taucht im Katalog überhaupt nicht auf —, aber allein die Imitatio Christi war einundzwanzigmal vorhanden[56], Sebastian Brant mit 133 Nummern vertreten[57], Gerson etwa dreimal so oft wie in Erfurt um 1480, nämlich mit 353 Nummern[58], wobei Moser längst nicht alle Duplikate gesondert gezählt hat; nur Hieronymus erreicht noch den Pariser Kanzler[59].

Der hier interessierende Bücherbesitz der Straßburger Kartäuser ist verschollen, er muß aber — nach einer Äußerung des Kölner Kartäusers Dietrich Loher von 1534 zu urteilen — recht bedeutend gewesen sein[60]. Aus der Mainzer Kartause sind vierzehn Bände mit dreißig Traktaten Jakobs erhalten[61] — zwei brachte der Profeß Petrus Herlingk aus Erfurt mit[62], einer kam aus Köln[63] —, dazu Exzerpte aus den Sermones[64]. Diese Handschriften liegen heute sämtlich in der Mainzer Stadtbibliothek. Doch ein ungedruckter Bibliothekskatalog der Kartause verzeichnet auch nicht mehr erhaltene Bände. Die Mainzer Kartäuser haben um 1470[65] und noch einmal um 1520[66]

---

[54] Basel, UB Cod. A. R. I. 4 a fol. 147 v.
[55] Ebd. fol. 146 r — 147 r.
[56] Ebd. fol. 289 v.
[57] Ebd. fol. 269 r — 273 r.
[58] Ebd. fol. 121 r — 137 r; GERZ-VON BÜREN, La Tradition S. 18—37, ein Vergleich mit den Beständen anderer Kartausen ebd. S. 114—116.
[59] Basel, UB Cod. A. R. I. 4 a fol. 156 r — 168 v.
[60] S. unten S. 147 f.
[61] Mainz, StB Cod. I. 88, Cod. I. 135, Cod. I. 155 a, Cod. I. 168, Cod. I. 171, Cod. I. 301, Cod. I. 306, Cod. I. 308, Cod. I. 450, Cod. I. 469, Cod. I. 532, Cod. II. 82 (d. i. D XII Qu. der Kartäuserbibliothek), Cod. II. 94 (d. i. E XVIII Qu.), Cod. II. 222.
[62] S. oben S. 55.
[63] Mainz, StB Cod. I. 450; s. SCHREIBER, Die Bibliothek der ehemaligen Mainzer Kartause S. 72, 83.
[64] Mainz, StB Cod. I. 215 a.   [65] Ebd. Cod. I. 577.
[66] Ebd. Cod. I. 576; zur Datierung s. SCHREIBER, Quellen und Beobachtungen S. 16 f.

ihre Bücher katalogisiert. Das jüngere Verzeichnis umfaßt einen Verfasser-, Standort- und Schlagwortkatalog. Im Verfasserteil fehlen allerdings einige Blätter, darunter auch das, auf dem Jakobs Schriften aufgeführt waren[67]. Es lassen sich aber aus dem Standortkatalog den erhaltenen Traktaten folgende hinzufügen: De valore et utilitate missarum pro defunctis (Kartäusersignatur: F V Quint.)[68], sehr wahrscheinlich ein Druck; Sermones dominicales (I XII T)[69], De arte curandi vitia (M XXI Quin.)[70], De arte bene moriendi[71], auch diese Titel vielleicht im Druck, und De approbatione et confirmatione statutorum Ordinis Carthusiensium (M XVI S)[72]. Die *materia disputabilis* des Liber questionum war in Mainz nicht vorhanden; hier lag das Schwergewicht der Auswahl auf dem die kontemplative Spiritualität behandelnden Schrifttum, von dem der Traktat über das Mönchtum als dem sichereren Weg zum Heil dreifach, die Ars moriendi sogar vierfach vorhanden waren.

Der Koblenzer Kartause entstammt ein ebenfalls unveröffentlichter Bibliothekskatalog (Index librorum bibliothecae maioris) von 1767[73]. Darin sind drei Werke Jakobs verzeichnet: De valore et utilitate missarum; De animabus exutis, zusammengebunden mit der Passio des Franziskaners Johannes Kannemann, und die Sermones dominicales[74]. Da alle die genannten Werke im Druck erschienen waren, ist anzunehmen, daß 1767 mittelalterliche Handschriften mit Werken Jakobs nicht mehr gelesen wurden.

Der älteste datierte Codex aus St. Alban in Trier, der vier Schriften Jakobs enthält, die sämtlich 1455 verfaßt wurden, ist um 1461 geschrieben worden[75]; 1466 kamen drei weitere Traktate hinzu[76]; 1474 wurde ein großzügig angelegter, von einer Hand sorgfältig geschriebener Folioband ausschließlich Jakobs Schriften gewidmet[77]; in diesem Band sind 23 Traktate

---

[67] Mainz, StB Cod. I. 576 p. 68/69 nach alter Paginierung; die neue Foliierung berücksichtigt die Lücken nicht.
[68] Ebd. p. 259. Die an dieser Stelle ebenfalls verzeichnete Declamacio Johannis de Mechelyna ist dem Druck Hain *7805 angehängt.
[69] Mainz, StB Cod. I. 576 p. 309.
[70] Ebd. p. 355.
[71] Die Ars moriendi ist dreimal hs. überliefert (Cod. I. 155 a, Cod. I. 168, Cod. I. 469), aber viermal im Katalog verzeichnet: F VI T (p. 260), H XII T (p. 298), L XI T (S. 331), M III S (p. 343).
[72] Mainz, StB Cod. I. 576 p. 352.
[73] Koblenz, SA Abt. 108/1078.
[74] Ebd. fol. 84 rv.
[75] Trier, StB Cod. 964/1158; im ersten Teil, vor den Schriften Jakobs, fol. 108 v: *N. H. 1461.*
[76] Trier, StB Cod. 310/1982; im Explicit von De malis fol. 116 v: *1466.*
[77] Trier, StB Cod. 1913/2033; Datum (1474) fol. 320 v; das fol. 76 r genannte Datum *(scriptus ... 1452)* dürfte der Vorlage des Schreibers entnommen sein, denn der Codex scheint in einem Zuge geschrieben. Zum Binden der Hs. wurden zwei Straßburger Urkunden des 15. Jh.s benutzt.

zusammengestellt, unter ihnen De montibus Gelboe, der sonst nur in den Erfurter, Nürnberger und Kölner Kartausen und in der Privatbibliothek Wilhelm Tzewers' nachweisbar ist. Zwischen 1462 und 1476 entstand ferner ein Sammelband mit Predigten der verschiedensten Autoren, u. a. Jordanus von Quedlinburg, Jacobus a Voragine, ‚Soccus', Albertus Magnus, Heinrich von Coesfeld und Jakob der Kartäuser[78]. Wahrscheinlich nach 1473, sicher vor 1494, wird die Schrift Oculus religiosorum noch einmal abgeschrieben[79], ca. 1478 auch De animabus exutis ein zweites Mal[80]. Ein weiterer Band mit zehn Schriften Jakobs ist erst um die Jahrhundertwende gebunden worden, aber in einigen Teilen sehr viel älter[81]. Fünf Codices aus dem 15. Jahrhundert mit zusammen neun Traktaten Jakobs sind nicht näher zu datieren[82]. In ihnen ist die Ars moriendi auffallend stark, mehr als andere Schriften durchgearbeitet worden[83]. Auch in St. Alban haben die aszetisch-spirituellen Werke deutlich das Übergewicht, verstärkt durch die entsprechenden Dubletten; der andernorts begehrte Traktat zur Vertragslehre z. B. fehlt hier.

Bei der Rezeption der Schriften Jakobs in der Kölner Kartause St. Barbara sind zwei Phasen zu unterscheiden: die Erbschaft der Bände Wilhelm Tzewers' bedeutet einen deutlichen Einschnitt. 1471 wurde ein gut lesbarer Sammelband mit elf Traktaten, drei *quaestiones* und sechs *sermones* zusammengestellt[84], spätestens 1479 ein anderer mit vier Schriften des Jakob von der Hand des ehemaligen Priors Konstantin Brandt (1472—1476), der sich nach seinem Rückzug vom Amt dem Bücherschreiben widmete[85]; sieben

---

[78] Trier, StB Cod. 295/1968; Daten fol. 213v (1462), fol. 202v (1476), fol. 163r *(Hunc sermonem collegi ex sermonibus venerabilis patris Jacobi cartusiensis in erffordia, sed ego quidem textum ewangelii addidi, quem ipse non semper de verbo ad verbum posuit sicut in ewangelio habetur. 1475)*.

[79] Trier, StB Cod. 155/1237; fol. 349 r — 351 v zwischen Johannes Leyendecker und Johannes Hagen, dem Erfurter Kartäuser, gewechselte Briefe; fol. 351 v die Marginalie *Hic leyendecker sepultus est in choro laicorum;* Leyendecker starb 1494.

[80] Trier, StB Cod. 682/244, andere Stücke des Cod. sind von 1477 u. 1479. Schreiber des Traktates Jakobs ist frater *Marcus Fabri Crovie;* zu ihm vgl. Petreius, Bibliotheca cartusiana S. 236.

[81] Trier, StB Cod. 1924/1471; fol. 161 r — 193 r sind auf Pergament etwa um 1400 geschrieben; ein Druck des Trithemius, De statu et ruina monastici ordinis ist eingebunden.

[82] Trier, StB Cod. 69/1053, Cod. 228/1467, Cod. 351/2052, Cod. 686/248, Cod. 1914/1487.

[83] Trier, StB Cod. 686/248 fol. 1 r — 31 v.

[84] Berlin, PK Cod. theol. lat. Fol. 711, Datum (1471) fol. 78 r.

[85] Köln, StA Cod. W. Fol. 258; fol. 147 r: *scriptus et finitus est iste tractatus* (sc. De animabus exutis) *anno Domini 1479 profesto beate Marie Magdalene per manus fratris Constantini monachi huius domus sancte Barbare in Colonia etatis sue anno 66, professionis vero 44 . . .;* fol. 129 v: *1465 scriptum est opus istud* (sc. De malis huius seculi). — Brandts Biographie hs. in Köln, StA Geistl. Abt. 135a fol. 13v; 136a S. 170 f.; Schneider, Die Kölner Kartause S. 42.

neue und drei Dubletten schon vorhandener Werke enthält ein dritter Band[86]. Spätestens 1512 kommen durch die Schenkungen Tzewers' in vier Codices mehr als vierzig Schriften hinzu[87], von denen 29 vorher nicht in der Kartause nachweisbar sind. Diese Bestände wurden mindestens zweimal katalogisiert: einmal in detaillierter Weise durch Laurentius Surius, Kartäuser seit 1540, ein zweites Mal recht summarisch 1748[88]. Das von Surius angelegte Verzeichnis der Schriften Jakobs hat der Kölner Kartäuser Theodor Petreius 1609 in seiner Bibliotheca Cartusiana abgedruckt[89]. Dank dieser seiner Quelle ist Petreius keineswegs so unzuverlässig, wie es Meier auf Grund der Verwirrung annimmt, welche die verschiedenen Namen *Jacobus de Paradiso* und *Jacobus Junterbuick* bei Petreius angerichtet haben[90]. Das unter dem Stichwort *Jacobus Junterbuick* abgedruckte Verzeichnis des Surius — den Namen *Junterbuck* hatte schon unter dem Einfluß des Trithemius der Bibliothekar aus dem Beginn des 16. Jahrhunderts für die Inhaltsverzeichnisse in den einzelnen Codices benutzt[91] — ist nichts anderes als die Aufzählung des Inhalts der vorhandenen Handschriften, wobei mehrfach kopierte Traktate nur einmal genannt werden: Petreius Nr. 1—11 nennen den Inhalt von Darmstadt, LB Cod. 396[92]; Nr. 16—31 entsprechen Berlin, PK Cod. theol. lat. Fol. 711 einschließlich der Anfangsworte der einzelnen Sermones; Nr. 39—46 entsprechen Berlin, PK Cod. theol. lat. Fol. 704[93] einschließlich einer Bemerkung, die auf Tzewers' Marginalie zurückgeht[94]: *Scrutinium scripturarum, quod propter senium reliquit imperfectum;* Nr. 47—57 geben den Inhalt von Köln, StA Cod. W. Fol. 272 wieder; auch dieser Band stammt von Tzewers[95], er trägt aber keinen Besitzvermerk der Kartause, weshalb ihn Löffler auch nicht als Kartäuserhandschrift identifizierte[96]; doch die Benutzung der Handschrift durch Surius (und indirekt durch Petreius) beweist ihre Provenienz aus der Kartause eindeutig. Die Nr. 58—67 bei Petreius entsprechen Berlin, PK Cod. theol. lat. Fol. 710;

---

[86] Darmstadt, LB Cod. 396.
[87] S. oben S. 43, 49, 54.
[88] Köln, StA Cod. GB Fol. 15 (Bibliotheca Cartusiae Coloniensis in Triformem Indicem Redacta anno aerae christianae MDCCXLVII) S. 900 f., 1235 f.
[89] S. 151—156; vgl. S. 151 f: *Nos vero sicuti in Indice librorum Cartusiae Coloniensis propria Patris Surii manu exarato, eos sub illius nomine signatos (servantur namque illic duo vel tria manuscripta Auctoris huius volumina) repperimus, ita eosdem hic recensebimus ...*
[90] Vgl. ebd. S. 148 f., 157, 309.
[91] Z. B. Berlin, PK Cod. theol. lat. Fol. 710 Vorsatzblatt verso.
[92] Nr. 4 u. 5 nennen einzelne Kapitel gesondert.
[93] Nr. 42 faßt zwei verschiedene Werke zusammen; Nr. 43 bis 45 sind lediglich Kapitel des vorangehenden Traktates De contemptu mundi.
[94] S. oben S. 43 u. unten S. 122.
[95] *Donatio m. Wilhelmi Canonici Aquensis;* Vorsatzblatt.
[96] Kölnische Bibliotheksgeschichte.

Nr. 68—73 Darmstadt, LB Cod. 1422. Es müssen zur Zeit des Surius noch mindestens zwei oder drei Handschriften Jakobs vorhanden gewesen sein, in denen die Traktate zu den noch nicht identifizierten Nummern enthalten waren [97].

Die Drucke erwähnt Petreius unter dem Stichwort *Jacobus de Clusa* [98], den er mit *Jacobus de Paradiso* gleichsetzt, und zwar die Burgdorfer Inkunabel der Schrift De animabus exutis, welche den Beinamen de Clusa publik machte; ferner Cop. 3335 [99]. Der Katalog von 1748 kennt letzteren Druck nicht mehr; aber von De animabus exutis verzeichnet er fünf, vom Traktat über die Seelenmessen drei Ausgaben [100]. Von den zehn mit Signaturen aufgezählten Handschriften hat Löffler fünf identifiziert: O O 1 [101], O 59, O 62, O 63 und O 64 [102]. O 61 ist der mit Hilfe von Surius-Petreius zugewiesene Band, 2 O 50 die Kopie des Dialogus de temptacione et consolacione religiosorum aus dem 17. Jahrhundert [103]. Cod. W. Fol. 258 des StA Köln trug sicher eine der drei nicht identifizierten Signaturen [104]; zwei Bände sind somit vorerst als verschollen zu bezeichnen.

Der Kölner Besitz an Werken Jakobs ist durch die Erbschaft Tzewers' der reichste nach der Erfurter Kartause geworden. In welchem Sinne er genutzt werden sollte, muß an späterer Stelle noch erörtert werden.

Die Überlieferung in der Kartause Roermond hängt nach Ansicht von L. Verschueren eng mit dem Kölner Bestand zusammen [105]. Als 1783 auf Befehl des Comité de la Caisse de Réligion die Handschriften der Roermonder Kartause verzeichnet wurden, entstand eine Liste, die in sehr summarischer Weise hundert Handschriften aufzählt, darunter von Jakob: *Tractatus diversi* in drei Quartbänden. Verschueren erblickt nun in diesen drei Bänden Abschriften der von Petreius erwähnten *duo vel tria manuscripta ... volumina* [106], die um 1600 unter dem Namen Jakobs in der Kölner Kartause standen, und nimmt daher die Aufzählung des Kölner Bestandes durch Surius-Petreius auch für Roermond in Anspruch. Indes ist die Angabe über die ‚zwei oder drei Handschriften' ungenau, denn allein schon die identi-

---

[97] Nr. 12 bis 14 beruhen wahrscheinlich auf Köln, StA Cod. W. Fol. 258.
[98] Petrejus, Bibliotheca Cartusiana S. 148.
[99] Daß er nur diese Drucke in seiner Bibliothek zur Verfügung hatte, geht aus Petrejus' Worten hervor.
[100] Köln, StA Cod. GB Fol. 15 S. 900.
[101] Kölnische Bibliotheksgeschichte S. 69; dieser Band ist vermutlich identisch mit 2 O 1 des Katalogs Cod. GB Fol. 15 S. 901. (Die Signaturen setzen sich zusammen aus classis, littera und numerus.)
[102] Kölnische Bibliotheksgeschichte S. 68, 70.
[103] Köln, StA Cod. W. Qu. 33.
[104] O 60; O 104; 2 O 40.
[105] VERSCHUEREN, De bibliotheek S. 51 ff.
[106] Ebd. S. 51; Petrejus, Bibliotheca Cartusiana S. 152.

fizierbaren Teile des Kölner Verzeichnisses beruhen auf fünf Handschriften, und zwar Foliobänden, so daß kaum zu erwarten ist, daß der gesamte Kölner Bestand in den drei Roermonder Quartbänden gestanden haben kann. Man muß sich daher mit der allgemeinen Feststellung einer im Vergleich zu Köln geringeren, aber dennoch nicht unbeträchtlichen Rezeption in Roermond begnügen. Präzise läßt sich lediglich eine Inkunabel nennen: die Roermonder Kartäuser besaßen den Druck des Tractatus de erroribus et moribus christianorum von 1488[107]. Vom einzigen Traktat Jakobs aus der Kartause Wesel, die an materieller Ausstattung und geistiger Ausstrahlung weit hinter den großen Kartausen der rheinischen Ordensprovinz zurückstand, war schon die Rede[108].

Im Zentrum des Ordens kannte man schließlich außer dem Tractatus de peccatis mentalibus mortalibus, *scriptus in Carthusia Erfortensi anno Christi 1473* noch De statu securiore incedendi in hac vita und — nicht ganz vollständig — die Sermones de festivitatibus[109].

Die Rezeption der Werke des Kartäusers Jakob ist in der ersten Gruppe, dem Kartäuserorden selber, so intensiv, daß sich die Frage nach dem Motiv, das diesem großen Interesse zu Grunde liegt, aufdrängt. Der Versuch aber, von der Situation dieser Leser, der Geschichte dieser Gruppe, Rückschlüsse auf die Funktion der rezipierten Literatur zu ziehen, läßt zunächst auf eine Schwierigkeit stoßen, die in der scheinbar „geschichtslosen" Unveränderlichkeit des Ordens begründet liegt[110].

Die Geschichte des Kartäuserordens ist nicht wie die anderer vom Auf und Ab des Verfalls und der Reform gekennzeichnet, da die Generalkapitel stets frühzeitig durch die Visitatoren eingriffen. Darum wurden auf den Generalkapiteln des 15. Jahrhunderts meist nur lokal begrenzte Abweichungen von der Regel behandelt. Wenn in dieser Zeit von der Notwendigkeit einer Reform des ganzen Ordens gesprochen wurde, so war ihre Ursache nicht im Orden selbst zu suchen, sondern in einem Ereignis, das von außen her den Orden gefährdete und Verwirrung stiftete: im Schisma. Das große Schisma spaltete die Kartäuser in zwei Lager mit getrennten General-

---

[107] Cop. 3335. Der von VERSCHUEREN, De bibliotheek S. 85 außerdem genannte Druck vom gleichen Ort und Jahr mit dem Titel De difficultate salvandorum ist der zweite Teil von Cop. 3335, jedoch kein eigenes Werk.
[108] S. oben S. 56.
[109] Grenoble, StB Cod. 457; s. Catalogue générale des manuscrits des bibliothèques publiques de France. Départements 7. Paris 1889 S. 159 f.
[110] RÜTHING, Heinrich Egher von Kalkar S. 9. Vgl. mit dem folgenden RÜTHINGS Unterscheidung zwischen *legislatio* und *consilium* bzw. *monitio*, die in dieselbe Richtung führt, ebd. S. 15 f. RÜTHING entnimmt die Begriffe der Schrift des Kartäusers Jakob Regula directiva religionis ordinis Cartusiensis. Über die Quellen zur *legislatio* der Kartäuser s. SIMMERT, Zur Geschichte der Generalkapitel.
[111] RÜTHING, Heinrich Egher von Kalkar S. 38 ff.

kapiteln[111]. Während des Basler Schismas wurde aber der Bruch vermieden — die Fürbitten, zu Beginn der jährlichen Generalkapitel gebetet, spiegeln die Bemühungen deutlich wider, seitens der Gesamtleitung des Ordens keine Entscheidung über die Obedienz zu erzwingen. Bis 1439 betete man für Papst Eugen und das Konzil in Basel, von 1440 bis 1449, also während des Pontifikats des Gegenpapstes Felix' V., für den friedlichen Zustand in der ganzen Kirche *tam in capite quam in membris*, erst von 1450 an, seit der Abdankung Felix' V. und im zweiten Jahr der Regierung Nikolaus' V., für den nunmehr unbestrittenen Papst[112]. Damit im Orden keine Regelabweichungen während des Schismas Platz griffen und kein Konvent sich vom Generalkapitel trennte, wurden sogleich 1440 die Visitatoren zu genauester Berichterstattung an die Zentrale aufgefordert: *Ob salutare propositum quod subivimus, si et inquantum his diebus collapsum in aliquo videatur in toto nostro ordine reformandum et in sancta religione conservandum ordinamus, quod omnes visitatores tam per se quam per consultationem aliorum priorum et monachorum eiusdem ordinis in eorum provinciis expertorum deumque timentium et celum sanctum atque discretum habentium in scriptis redigant seriose omnia illa, quae secundum deum et observantiam regularem eis occurrerint in dicto ordine reformanda seu immutanda aut in totum vel in partem revocanda ac etiam de novo si opus fuerit ordinanda et illa habeant in futuro capitulo ... nostro Cartusiae apportare ...*[113].

Um die Beachtung der Statuten *pro celeriori reformatione* zu gewährleisten und die Benutzung der zwei Statutensammlungen — der mit den Consuetudines Guigos zu den Statuta antiqua zusammengefaßten Beschlüsse der Generalkapitel bis 1259 und der Beschlüsse von 1295 bis 1368 (Statuta nova) — zu erleichtern, wurde 1442 den wichtigsten Visitatoren, darunter dem der Provincia Alemaniae inferioris, dringlicher, als es ein Brief des Priors der Großen Kartause vom Vorjahr getan hatte[114], aufgetragen: ... *antiqua et nova Statuta dicti ordinis ad unicam novam certam atque compactam magisque compendiosam et clariorem compilationem statutorum seu consuetudinum tripertitam habeant ... in scriptis reducere*[115]. Trotz der Eile, zu der das Kapitel schon 1442 drängte, ist die Tertia compilatio erst

---

[112] Grenoble, Archives 1 MI 13 (R 1): Cart. 16 Tome 1 (Chartae capituli generalis 1275—1449, Abschrift von 1892) S. 561 (zu 1439), 575 (zu 1440) u. ö.; 1 MI 13 (R 2): 1 Cart. 16 Tome 2, zu den einzelnen Jahren.

[113] Ebd. 1 MI 17 t. 2, 1 Cart. 14 (Ordinationes capituli generalis ab anno 1250 usque ad annum 1656): Tome 2 (1400—1500, Abschriften des 17. Jh.s von J. Chauvet) fol. 155 r; die Lücke findet sich schon bei Chauvet.

[114] Vgl. Le Vasseur, Ephemerides 1 S. 111 (zum Prior der Grande Chartreuse Franciscus Maresme).

[115] Grenoble, Archives 1 MI 17 t. 2, 1 Cart. 14 fol. 160 r. Diese frühen Bemühungen zur Herstellung der Tertia compilatio scheinen bisher unbeachtet geblieben zu sein.

unter dem General François Du Puy (1503—1521) abgeschlossen und mit Gregor Reischs Vermittlung 1510 bei Amerbach gedruckt worden.

Durch die frühzeitigen Reaktionen des Generalkapitels und seines wichtigsten Organes, der Visitatoren, war es möglich, den Orden vor allgemeinem Verfall zu bewahren. Johannes Busch fand die weit verbreitete Überzeugung von der Regeltreue der Kartäuser durch eigene Anschauung bestätigt; er zitiert dazu einen gängigen Vers, der die Gründe für die „Lebenskraft" des Ordens nennt: *Carthusia omnis a prima sui institutione in regulari observantia semper permansit propter tria, videlicet solitudinem silentium et visitationem, ut patet in hoc versu: 'So si vi carthusia permanet in vi' id est in vigore, sicut oculata fide in sex carthusiensium monasteriis ipse perspexi, cum quibus et conversatus sum*[116]. Die Basler Kartäuser ergänzten den Vers noch um die Generalkapitel: *Per ca (Capitulum generale) so (solitudinem) si (silentium) vi (visitationes biennales) perstat cartusia (ordo cartusiensium) in vi (vigore)*[117]. Der vigor des Ordens war sprichwörtlich und die Regeltreue machte neben der Regelstrenge seinen Ruhm bei den Zeitgenossen aus. Deshalb konnte auch das sapphische Lobgedicht Sebastian Brants, das im Adoneus aller 34 Strophen den Ordensnamen feiert, am Lob der Beständigkeit des Ordens nicht vorbeigehen:

> *Hactenus nunquam fluvio perenni*
> *Deserit fontis veteris saporem*
> *Degener nunquam fuit ordo visus*
>   *Carthusianus*[118].

Der Orden ließ sich dies Lob gerne gefallen[119], denn es entsprach durchaus seinem Selbstverständnis, wie es Jakob der Kartäuser im Tractatus ad Carthusienses: De eorum statu fine atque excellentia formuliert: *... tu inclita religio (sc. Carthusiensis) ... tuum nativum hactenus servasti saporem nec in tercium vas transfusa ut quedam alie religiones coacuisti in tuis primordiis institutis firmiter et stabiliter perseverans nec tue honestatis primordia alieno superducto calore decolorasti, sed tanquam principis filia pulchritudinem gressuum in tuis calciamentis ab ineunte puellari tua etate venusto aspectu immaculatam conservasti, ita ut non sit multum necesse alieno lavacro te mundari per seculares aut ecclesiasticos speculatores seu reformatores ut in aliis religionibus visitari aut emendari, sed proprius*

---
[116] Johannes Busch, Liber de reformatione monasteriorum S. 722.
[117] Donaueschingen Cod. 555, Innendeckel vorn. Der Band enthält Statuten, Satzungen, Ordinationes capituli generalis 1412—1509.
[118] Petrejus, Bibliotheca Cartusiana S. ** 4.
[119] Z. B. um 1500 hs. in Trier, StB Cod. 228/1467 aus St. Alban; 1609 abgedruckt von Petrejus, Bibliotheca Cartusiana, unter den nicht paginierten Elegia aliquot insignia; vgl. auch GREVEN, Die Kölner Kartause S. 110 f.

te sufficiat fluvius, si qua essent deformata reformare per tuos vigiles pastores[120].

Doch der Orden war wegen seiner Strenge auch Angriffen ausgesetzt; Jakob der Kartäuser wehrt sich gegen sie mit dem Argument der erfolgreichen Beständigkeit *ultra trecentos annos,* in denen die Kartäuser im Gegensatz zu fast allen anderen nicht hätten reformiert zu werden brauchen[121]. Nicht die großen Pendelausschläge von der *deformatio* zur *reformatio* des ganzen Ordens sind der Inhalt der Geschichte des Kartäuserordens im Mittelalter, sondern die von Jakob genannte *vigilitas,* die dauernden Anstrengungen, die zu dem mit Stolz hervorgehobenen Ergebnis führte, daß der Orden sich fremden Instanzen nicht hätte überlassen müssen. Diese Anstrengungen werden auf zwei Ebenen unternommen: auf der Ebene der Institutionen, vor allem der Visitation, und auf dem Gebiet der Askese und Spiritualität[122]. Der schriftliche Niederschlag der ersteren findet sich vor allem in den Archiven, der der letzteren in den Bibliotheken.

Ein Beispiel für das frühzeitige Eingreifen des Kapitels beim ersten Bekanntwerden von Regelverletzungen, die zur Zeit Jakobs in der Erfurter Kartause vorkamen, enthalten die Akten des Generalkapitels in der Grande Chartreuse. 1456 wird gerügt, daß einige Laienbrüder auf den Grangien das Keuschheitsgelübde verletzt hätten und auch einige andere (nicht näher bezeichnete) Gewohnheiten des Ordens nicht beachtet worden seien. Sogleich werden die Visitatoren nachdrücklich angewiesen: *ut ad emendacionem et correctionem praedicatorum seriose attendant monentes etiam omnes personas dictae domus quatenus in praemissis emendabiles se exhibeant, si dei et ordinis voluerint effugere ultionem*[123]. Der obligatorischen Bitte des Priors (Tilmannus de Magdeburg) um Ablösung vom Amt *(misericordia)* wird stattgegeben, aber die Neuwahl wird dem Konvent selber überlassen. Die *excessus* haben also noch keine größeren Ausmaße angenommen, zumal die Strafen erst angedroht, aber noch nicht verhängt werden.

Die Anstrengungen auf dem Gebiet der Spiritualität und Askese äußern sich in der intensiven Beschäftigung mit den geistlichen Schriftstellern, greifbar in den vielen Abschriften ihrer Werke und in der Hervorbringung neuer Werke über das monastische Leben. In diesen Zusammenhang gehört die Produktion und Rezeption jener Schriften Jakobs des Kartäusers, die, wie es exemplarisch im Oculus religiosorum geschieht, Fehlhaltungen monastischer Frömmigkeit und Lebensweise analysieren und *remedia* zu ihrer Korrektur bereitstellen. Es ist in der durchweg regeltreuen Observanz der

---

[120] Dresden, LB Cod. P. 42 fol. 19 v.
[121] Ebd. fol. 23 v; nachträglicher autographer Einschub in Ad Carthusienses.
[122] Vgl. Rüthing, Heinrich Egher von Kalkar S. 14 ff.
[123] Grenoble, Archives 1 MI 13 (R 2) 1 Cart. 16 Tome 2 S. 110.

Kartausen begründet, daß äußere Ereignisse mit der Rezeption solcher Schriften nicht in Verbindung gebracht werden können. Die behandelten Probleme betreffen vielmehr die innere Einstellung der Mönche zum Klosterleben: *timor estimate sanctitatis apparentis, splendor estimate sapiencie, vilipensio et contemptus aliorum non sic vivencium, ... iactancia, detractio, inanis gloria, discordia, ... inobedientia et propria voluntas, ipocrisis, ... superficialis confessio, ... incorrigibilitas et rebellio, ... murmuracio, singularitas, impugnacio carnis, ambicio, apostasia spiritualis*[124] — um nur einige Themen des Oculus religiosorum zu nennen. Diese Schriften sollen die *cura pervigil* fördern, die die Väter auszeichnete[125]; auf die Lektüre der Collationes und Vitae patrum wird der Leser des Oculus religiosorum denn auch nachdrücklich verwiesen[126]. Daß Jakobs Schriften für die Mönche von aktueller Bedeutung waren, darf aus dem Umfang ihrer Rezeption in den Kartausen gefolgert werden.

Diese Schriften konnten aber außer für die *cura pervigil* des eigenen klösterlichen Lebens auch dazu verwendet werden, die Observanz in Klöstern anderer Orden zu fördern. Einige wie z. B. die Formula reformandi religiones ab observancia lapsas sind eigens zu diesem Zweck geschrieben worden und von den Kartäusern wohl auch in derselben Absicht rezipiert worden. Die Formula — obwohl gerade nicht für Kartäuser geschrieben — findet sich dennoch neben Erfurt in den Kartausen Danzig[127], Basel[128] und Trier[129]. Die Einflußnahme der Kartausen auf die Reformbewegungen anderer Orden darf als ein weiteres Motiv für die Rezeption der Werke Jakobs in den Klöstern seines eigenen Ordens nicht außer acht gelassen werden[130].

---

[124] Wolfenbüttel, Cod. 309 Helmst. fol. 3 v.
[125] Ebd.   [126] Ebd. fol. 35 v.
[127] Pelplin, SemB Cod. 285.   [128] Vgl. den Katalog oben S. 85.
[129] Trier, StB Cod. 69/1053.
[130] Der Weg des Johannes Rode aus der Trierer Kartause an die Spitze von St. Matthias und die Unterstützung der Visitationsreise des Nikolaus von Kues durch Dionysius den Kartäuser sind nur die berühmtesten Beispiele für die Förderung der Reform in offiziellem Auftrag. 1454 wurde z. B. festgesetzt, daß das neue Fraterhaus in Kassel u. a. vom Prior der Kartause in Eppenberg visitiert werden sollte (DOEBNER, Annalen und Akten S. 25 f., 166 ff.). Das Dominikanerkloster in Wesel, in dem die Observanten schweren Stand gegen den Provinzial der Provincia Hollandiae, Bernhard von Dülmen, und wenig Hilfe am Ordensgeneral Auribelli und dem Herzog von Kleve hatten, wurde 1462 von Pius II. unter die Obhut zweier Bursfelder Äbte aus Köln und des Kartäuserpriors von Sion b. Delft gestellt, s. P. v. LOE, Statistisches über die Ordensprovinz Saxonia (QForschGDomin 4) 1910 S. 40, 55 ff. 1451/1452 versuchte Nikolaus von Kues die niederländischen Wilhelmiten durch Kartäuserprioren zu reformieren (K. ELM, Beiträge zur Geschichte des Wilhelmitenordens. 1962 S. 153). St. Pantaleon in Köln wurde von Mitgliedern der Kölner Kartause, die mit päpstlicher Erlaubnis den Orden wechselten, in den 1450er Jahren reformiert (SCHNEIDER, Die Kölner Kartause S. 58 f.). Die nichtoffizielle Einflußnahme ist meist nicht aktenkundig geworden und daher am ehesten aus den Bibliotheken abzulesen.

2. Reformierte Benediktiner

Die Formula reformanda religiones, die Jakob 1444 auf Bitten reformwilliger Mönche verfaßte, bezeugt die frühzeitige Verbindung des Autors zu einer weiteren festgefügten Rezipientengruppe, zur Reformkongregation der Benediktiner von Bursfelde. Diese Mönche wandten sich mit voller Absicht gerade an einen Kartäuser. Denn die Formula empfiehlt als wirksames Mittel der Reform *silencium, solitudo* und: *rigorosas frequentare visitaciones prout in sacra religione carthusiensi est solitum fieri*[131]. Der Adressat ist im Text zwar nicht genannt, aber aus einer Berufung auf die Benediktregel[132] — andere Ordensregeln werden nicht benutzt — und der bevorzugten Verwendung der Formula in Bursfelde[133] ist zu schließen, daß es Mitglieder dieser Reformkongregation waren, die an Jakob herangetreten sind.

1444 ist die Kongregation noch im Entstehen begriffen, es kommen daher als ‚Auftraggeber' und Adressaten nur vier Klöster in Betracht: Bursfelde, Klus, Reinhausen und das eben angeschlossene Huysburg. Die Verbindung Jakobs zu den Bursfeldern hielt weiterhin an. Mit dem 1450 der Union angeschlossenen Kloster St. Jakob in Mainz kam es in der Kongregation zu einer Auseinandersetzung über die Liturgie, in deren Verlauf auch ein Gutachten vom Kartäuser Jakob eingeholt wurde[134]. 1450 und 1451 traten St. Peter in Erfurt und St. Johann in Berge bei Magdeburg hinzu. Die Äbte dieser beiden Klöster und den Abt von Huysburg bestellte Nikolaus von Kues am 28. Juni 1451 zu Visitatoren aller Benediktinerklöster in den Diözesen Magdeburg, Meißen, Naumburg und Merseburg und trug ihnen die Abhaltung regelmäßiger Provinzialkapitel auf[135]. Das erste Kapitel begann am 7. Mai 1452 im Kloster Berge[136]; seine Präsidenten waren die (sämtlich aus dem Bursfelder Kloster hervorgegangenen) Äbte der drei Konvente[137]. Zwei der Äbte[138], wahrscheinlich Theoderich von Huysburg und Christian von St. Peter, forderten Jakob den Kartäuser auf, die Eröffnungsrede zu verfassen. Wie Nikolaus von Kues auf die Klöster der be-

---

[131] Wolfenbüttel, Cod. 309 Helmst. fol. 134 r.
[132] Ebd. fol. 135 r.
[133] S. unten S. 99.
[134] S. oben S. 39.
[135] Urkundenbuch Berge Nr. 295 S. 233—236.
[136] Ebd. Nr. 296 S. 236. BERLIÈRE, Les chapitres généraux S. 387.
[137] FRANK, Das Erfurter Peterskloster S. 187. — Die Einsetzung des Hermann Molitoris zum Abt in Berge hatte der Bursfelder Abt mit Hilfe des Magdeburger Erzbischofs gegen den Willen des Konvents und gegen einen römischen Urteilsspruch durchgesetzt; s. H. MEIBOM, Chronicon Bergense. Helmstedt 1669 S. 41 f.
[138] Wolfenbüttel, Cod. 309 Helmst. fol. 135 r: *Quorum duorum abbatum presidencium iussu pro huius capituli exordio verbum solacii et edificationis propositurus ...*

stehenden Reformkongregation zurückgriff, damit sie die übrigen Benediktiner reformierten, so wandten sich die reformierten Präsidenten ihrerseits an die ältere Stätte regeltreuer Observanz, die Erfurter Kartause, um mit der Unterstützung ihres in Fragen der monastischen Reform offenbar kompetentesten Mönches die ihnen gestellte Aufgabe anzugehen.

Am Sonntag Jubilate (27. April) 1455 hörte das Generalkapitel der Bursfelder Kongregation — inzwischen auf mindestens zwölf Mitglieder angewachsen [139] — einen *Sermo egregii viri doctoris Jacobi de Cracovia factus Erphordie ad fratres ordinis sancti Benedicti et lectus in capitulo generali ipsorum Erphordie celebrato* [140], einem nur durch diese Überlieferung nachzuweisenden Generalkapitel [141]. Den Angaben des Reinhausener Verzeichnisses und der Chronik des Nikolaus von Siegen zufolge könnte Jakob sogar noch öfter vor den reformierten Benediktinern zu Wort gekommen sein [142].

Die Rede vor dem Generalkapitel von 1455 brachte zur Sprache, worum es bei der Verbindung zwischen dem Kartäuser und den Benediktinern ging, wozu die Benediktiner den Kartäuser hören wollten: zum Thema der

---

[139] St. Michael/Hildesheim, St. Marien/Trier und St. Martin/Köln schlossen sich im Lauf des Jahres 1455 der Union an; s. VOLK, Die Generalkapitel S. 104 f.

[140] So die Überschrift in Kopenhagen, KB Cod. Kgl. Qu. 1622 fol. 147 r; ähnlich lautet Wolfenbüttel, Cod. 237 Helmst. fol. 1 r. Zur Datierung s. oben S. 41. Das Fragment dieser Rede aus St. Peter/Erfurt (Berlin, PK Cod. lat. Qu. 816 fol. 219 rv) gibt ein Provinzialkapitel von 1456 an — eine wiederholte Verlesung des Sermo, nach dem Generalkapitel der Bursfelder 1455 auf einem von ihnen geleiteten Provinzialkapitel der Mainz-Bambergischen Provinz ist durchaus möglich. 1455 ist das Datum der ersten Verlesung, s. außer den von FRANK, Das Erfurter Peterskloster S. 73 Anm. 8 angeführten Wolfenbütteler Hss. Köln, StA Cod. W 16*, der aus einem der am Kapitel teilnehmenden Klöster, St. Michael/Hildesheim, stammt und zum Datum 1455 die Rede vollständig bringt. Der Kölner Codex enthält ferner kurze Mitschriften von vier bislang unbekannten Visitationsreden des Heinrich Toke, gehalten in Althaldensleben, St. Marien/Magdeburg (dazu vgl. Johannes Busch, Liber de reformatione monasteriorum S. 505 ff.) und St. Johann in Berge. Das Deckblatt am Ende des Codex, fol. 257 r, trägt ein altes Inhaltsverzeichnis des Bandes, das eine *Epistola doctoris Jacobi ad ... patres de capitulo bursfeldensi* nennt. Die Hs. weist also unmittelbar in das Geflecht der Reformbemühungen im niedersächsisch-thüringischen Raum.

[141] VOLK, Die Generalkapitel, kennt zwischen 1446 und 1458 nur ein Kapitel von 1454; ders., Urkunden S. 69 Nr. 9 und Die Generalkapitels-Rezesse 1 S. 10 ein weiteres von 1451 in Bursfelde. LINNEBORN, Die Reformation 1 S. 278 weiß von dem Sermo Jakobs aufgrund des Wolfenbütteler Handschriftenkatalogs, ohne den Zusammenhang mit dem Generalkapitel zu kennen. — Der Beginn des Sermo knüpft an die Epistel des Sonntags Jubilate an (1. Petr. 2, 11; *et citata est in epistola dominice currentis*, Wolfenbüttel, Cod. 691 Helmst. fol. 154 r); demnach fand das Kapitel um den 27. April 1455 statt; vgl. auch FRANK, Das Erfurter Peterskloster S. 73 Anm. 8.

[142] Die Reinhausener Bibliographie s. oben S. 68. — Nikolaus von Siegen, Chronicon ecclesiasticum S. 431: *...plures sermones composuit (sc. Jacobus), quorum aliqui lecti fuerunt ad S. Petrum tempore capituli provincialis et annualis Bursfeldensis.*

Mönchsreform[143]. In einem ersten Teil handelt Jakobs Rede von den *a regulari observancia avertentes* und legt die Folgen ihres Abfalles dar. Dann erläutert sie, was Observanz bedeute, und knüpft daran die Aufforderung, sich ihr zuzuwenden. Im letzten Teil spricht Jakob zu den *prelati* und *subditi,* um sie im Leben nach der Observanz zu bestärken. Das *vicium proprietatis* erscheint Jakob als das Hauptübel der nicht reformierten Mönche. Ihnen stellt er die ersten Christen vor Augen, die einmütig unter dem *verus abbas Petrus* als *sanctissimi primi religiosi* ganz vom Gemeinbesitz gelebt hätten; wenn der hl. Benedikt das *vicium proprietatis* aus dem Kloster verbannt wissen wolle, sei er ein *imitator Petri.* Die *proprietarii* sollen, anstatt Ausflüchte zu gebrauchen, die *beneficia* hüten, die Gott ihnen bei der Profeß verlieh. Ihre Einwände widerlegt Jakob im einzelnen aus der Benediktregel und dem kanonischen Recht. Die *proprietas* kann demnach, soweit sie eine *realis possessio* ist, durch Anwendung der canones beseitigt werden, aber als *mentalis possessio* oder *studiosa voluntas possidendi* entzieht sie sich diesem Forum. Daher leitet eine tropologische Auslegung der Lukasverse vom unreinen Geist, der ausgefahren ist, aber mit sieben schlimmeren zurückkehrt (Lk. 11, 24—26), über zu den spirituellen Folgen des Abfalls von der Regel. Diese sind *simulacio, irreverencia, cupido possessionis, ingratitudo, tepiditas, inflexibilitas et raritas emendacionis* und schließlich — beinahe als Rubrik ‚Sonstige' — der *spiritus multiplex erroris.* Autoritäten in diesen Fragen sind neben der Schrift die psychologisch erfahrenen Lehrer der Spiritualität Augustin, Gregor, Bernhard und die in den Vitae patrum zu Wort kommenden Mönchsväter.

Der folgende Abschnitt *de observancia regulari quid in se contineat*[144] stellt an Hand der Benediktregel positiv und präzise in sieben *proposiciones* die Grundsätze der Regelbeobachtung auf. Ausgangspunkt ist die Frage nach ihrem Zweck: sie soll *ad bonum promovere.* Daraus folgt, daß nicht alle Bestimmungen von gleichem Gewicht sind; manche sind *principaliter,* andere *instrumentaliter* erteilt. So kann Jakob schließlich zusammenfassen: zur Observanz seien die zu zählen, *qui in essencialibus regule scienter non excedunt*[145].

Die *reformati,* denen sich die Rede in ihrem letzten Teil zuwendet, werden in zwei Gruppen eingeteilt, die mit der *cura pastoralis* belasteten, d. h. die *prelati,* und die von ihr befreiten, die *subditi.* Zu den Gefährdungen und Aufgaben der *prelati* läßt Jakob vor allem Bernhard von Clairvaux sprechen; aus seinen Worten leitet er elf *proposiciones* ab, die in immer neuen Wendungen die Gefährdung des Heils der Vorgesetzten betonen und jeden,

---

[143] Wolfenbüttel, Cod. 691 Helmst. fol. 154 r — 195 r.
[144] Ebd. fol. 172 v — 178 v, behandelt von FRANK, Das Erfurter Peterskloster S. 73 ff.
[145] Wolfenbüttel, Cod. 691 Helmst. fol. 178 r.

der ein Amt erstrebt, für ungeeignet erklären, aber anderseits die Widerstrebenden und Fähigen auffordert, der *necessitas caritatis* zu gehorchen und ein Amt zu übernehmen. Nachdem Jakob dann den *subditi* ihre Aufgaben — *meditatio* und *oratio* — und den Vorrang des Klosterlebens vor dem in der Welt — die Klosterleute erreichen das Heil leichter — ins Gedächtnis gerufen hat, führt er sechs *gradus proficiendi in exerciciis religionis* an, die von den äußeren Kennzeichen des Mönchsstandes bis zur mystischen Vereinigung führen: *Sextum exercicium est nucleus affectualis sive dulcedo cordialis divini amoris, quo cor inflammatum scintillas ignitas emittit sive evaporat per alta suspiria, gemitus, fontem lacrimarum, cui vivere Christus est et mori lucrum dicens quotidie: Heu mihi quia incolatus meus prolongatus est*[146]. *Et nisi quis prioribus viciis enecatis et virtutibus ornatus fuerit, non speret se admitti ad tale dulce colloquium quasi ad osculum sponsi* ...[147]. Eine breit angelegte Aufforderung, dieses Ziel mönchischen Lebens nach dem Vorbild der Wüstenväter zu erreichen, beschließt die Rede.

Abschriften von ihr sind noch nachweisbar in den Bursfelder Klöstern zu Erfurt[148], Klus[149], Hildesheim (St. Michael)[150], Minden[151], Oldenstadt[152] und Cismar, hier mit dem Vermerk, sie alljährlich zu lesen[153]. Aber nicht nur diese Rede wird von den benediktinischen Reformklöstern rezipiert, diese Klöster bilden vielmehr, untereinander eng verbunden, diejenige Lesergruppe, welche die Schriften des Kartäusers überhaupt in größtem Umfang rezipiert hat. Die Rede dokumentiert die enge Verbindung Jakobs mit der Union und steckt zugleich den Rahmen des Verständnisses seiner Werke ab. Seine Werke werden gelesen als Hilfen zur Reform des kontemplativen Mönchtums, gleich, ob es sich um das Sentimentum über die Reduzierung der übermäßigen Anniversarverpflichtungen oder um den Traktat über die mystische Theologie handelt; denn die Kongregation muß ihre neugewonnene Observanz sowohl durch rechtliche Maßnahmen absichern als auch durch eine Förderung der kontemplativen Spiritualität stärken. Von beidem handelt Jakob in seiner Rede.

Mit Ausnahme von drei Klöstern zählen alle Konvente, deren Äbte 1455 Jakobs Rede auf dem Generalkapitel hörten, zu den noch nachweisbaren Rezipienten der Schriften des Kartäusers.

---

[146] Ps. 119,5. Dieses Psalmwort gehört traditionell in den Umkreis der mystischen Sprache, s. z. B. Bernhard von Clairvaux, De diligendo Deo, Kap. Quartus gradus amoris (J. Leclercq-H. M. Rochais, Hg., Rom 1963) S. 142.
[147] Wolfenbüttel, Cod. 691 Helmst. fol. 194 r.
[148] S. oben Anm. 140.   [149] Wolfenbüttel, Cod. 666 Helmst.
[150] S. oben Anm. 140.
[151] Berlin, PK Cod. theol. lat. Qu. 64.
[152] Wolfenbüttel, Cod. 691 Helmst.
[153] S. oben S. 55. — Reinhausen entlieh den Band H 64 der Erfurter Kartause, in dem die Rede enthalten ist.

Der Visitation als dem wichtigsten Instrument zur Aufrechterhaltung der Observanz ist ein Band des Klosters Bursfelde gewidmet, der neben einer Auslegung der Benediktregel, *iuramenta* und *interrogatoria visitatorum* auch Jakobs Formula reformandi religiones enthält, ein Codex, der unmittelbar aus der Praxis der Reformkongregation herausgewachsen ist[154]. Eine andere Handschrift, die mit mehreren Reden des Theologen Thuo Nicolai nach Erfurt weist, enthält vier geistliche und juristische Schriften Jakobs[155]. Nimmt man den Inhalt der Melker Handschrift, die Martin Senging in Bursfelde kopierte, zu den überlieferten Codices hinzu, so hat Bursfelde mindestens zwanzig Schriften Jakobs in zweiundzwanzig Exemplaren besessen[156].

Von den drei Handschriften des Klosters Klus, der Wiege der Bursfelder Reform, gehen zwei auf den Erfurter Magister Andreas Soteflesch zurück, der lange Jahre in Erfurt studierte, 1460 aber nach kurzer Schultätigkeit in Tangermünde Kluser Mönch wurde; eine andere auf seinen Begleiter Tilomann Bothe, der wenig später in Klus eintrat[157]. Soteflesch brachte bei seinem Eintritt einen Codex mit, dessen zahlreiche Nachschriften von Predigten angesehener Erfurter Welt- und Ordensgeistlicher einen wesentlichen Einblick in das geistige Leben der Universitätsstadt gewährten. Von Jakob dem Kartäuser enthält der Codex die ersten Kapitel des Traktats über die mystische Theologie; die Predigt vor dem Bursfelder Generalkapitel und De animabus exutis sind von anderer Hand hinzugefügt worden[158]. Von der Hand Bothes ist in einem Band mit vier Schriften Jakobs dessen Ars moriendi 1463 geschrieben und mit dem Vermerk versehen worden, man habe die Ars als *collacio* verlesen[159]. Soteflesch hat wiederum 1464/1465 einem Band mit Predigten u. a. Jakobs eine Sammlung von Exempla aus den Sermones dominicales vorangestellt und jedem Exempel eine kurze Ermahnung beigefügt[160]. 1465 erwarb das Kloster Klus vom *specialis fautor*

---

[154] Trier, DB Cod. 39; LEHMANN, Corveyer Studien S. 154 Nr. 44 (als verschollen bezeichnet), identifiziert von JANSEN, Der Paderborner Domdechant Graf Christoph von Kesselstadt S. 361 Anm. 27.

[155] Trier, DB Cod. 65; aus ursprünglich zwei Hss. zusammengesetzt, wie ein altes Inhaltsverzeichnis fol. 348 r zeigt. LEHMANN, Corveyer Studien S. 145 Nr. 36. — Zu Thuo Nicolai s. KLEINEIDAM, Universitas 1 S. 285 (1426—1439 in Erfurt, 1443—1472 Erzbischof von Lund).

[156] Marburg, UB Cod. 52 (D. 15), Cod. 58 (D. 21), Cod. 69 (D. 35), Cod. 75 (D. 38). Zur Melker Hs. s. oben S. 57.

[157] Über Soteflesch und Bothe s. HERBST, Das Benediktinerkloster Klus S. 77—86 u. ö.; GÖTTING S. 281 ff.

[158] Wolfenbüttel, Cod. 666 Helmst.; Beschreibung bei HERBST, Das Benediktinerkloster Klus S. 79—81.

[159] S. unten S. 203.

[160] Wolfenbüttel, Cod. 1070 Helmst.; s. HERBST, Das Benediktinerkloster Klus S. 83.

Pfarrer Heinrich Ghiler 19 Bücher[161], welche auf die Erfurter Studienzeit des Verkäufers deutlich hinweisen[162]; durch diesen Kauf gelangte eine Handschrift mit zwei Traktaten Jakobs — De statu et officiis ecclesiasticorum und noch einmal die Ars moriendi — an das Kloster. Schließlich kam der 1488 erschienene Druck De moribus et erroribus christianorum hinzu[163].

Aus der weitverstreuten Bibliothek von St. Peter in Erfurt sind trotz der Arbeit J. Theeles nur sieben Handschriften mit einzelnen Traktaten oder Sermones Jakobs wiedergefunden worden. Ein 1464 entstandener Sammelband mit einem Dutzend Schriften Jakobs und einer des Johannes Hagen kam aus dem im 16. Jahrhundert aufgelösten Reinhardsbrunn nach Erfurt[164]. Doch dieser Befund kann nur einen unzulänglichen Eindruck von den Beziehungen zwischen der Kartause und dem Benediktinerkloster vermitteln. Denn nachdem der reformeifrige Prior Christian, der schon seit 1446 den Konvent zur Observanz zu führen suchte, aber dabei auf den hinhaltenden Widerstand des Abtes Hartung stieß, da dieser, wie ein Zeitgenosse sagt[165], die *reformatio* nur *in corde duplici* angenommen habe, im Jahr 1451 an die Stelle Hartungs getreten war und das Kloster sogleich der Bursfelder Union zugeführt hatte, war St. Peter ohne Zweifel an der Vermittlung kartäusischen Einflusses auf die Union führend beteiligt. Das Provinzialkapitel in Berge 1452 und das Generalkapitel in Erfurt 1455 machen dies deutlich. Der Erfurter Benediktiner Nikolaus von Siegen, dessen Chronicon ecclesiasticum aus der Begeisterung für die Reform seines Ordens geschrieben ist, widmet noch 1495 Jakob einen Passus seiner Chronik. Dieser ist zwar teilweise von Trithemius abhängig, steht aber nicht in einem

---

[161] Verkaufsurkunde und Bücherliste ebd. S. 74—77; Schreiber des Protokolls ist Soteflesch; GÖTTING S. 185, 217.

[162] Passio Christi von Johannes Gudermann, Erfurter Theologieprofessor (KLEINEIDAM, Universitas 1 S. 285 f.), und Metaphysikvorlesung Johanns von Wesel (ebd. S. 291 f.). Ghiler wurde imm. in Erfurt 1434, s. WEISSENBORN, Acten 1 S. 162 Z. 20; vgl. GÖTTING S. 215, 217, 281.

[163] Cop. 3335. Zuweisung eines Wolfenbütteler Exemplars aufgrund des Einbandes durch H. HERBST, Johannes von Brakel. Ein Beitrag zur Bibliotheksgeschichte des Benediktinerklosters Klus bei Gandersheim (Nunquam retrorsum. Ehrengabe für A. Schramm. 1930 — S. 31—46) S. 39 f.; ders., Das Benediktinerkloster Klus S. 92.

[164] THEELE, Die Handschriften S. 87 f., 90, 166 f., 201; Berlin, PK Cod. lat. Qu. 663; Cod. lat. Qu. 804; London, BM Cod. Add. 15105; Wien, ÖNB Cod. Ser. Nov. 355. — Hamburg, SB Cod. theol. 1548; Kopenhagen, KB Cod. Ny kgl. S. 1786; Provenienzen s. LEHMANN, Handschriften des Erfurter Benediktinerklosters St. Petri S. 20. — Berlin, PK Cod. lat. Qu. 816. — Weimar, LB Cod. Fol. 29 ist noch zu Jakobs Lebzeiten entstanden (... *quondam* ... *Cisterciensis Ordinis nunc autem professus Carthusiensis Ordinis in Erffordia*); sie trägt die Besitzvermerke *Reinersborn. Monasterii Petrensis Erffordiae Anno MDCLXX* und ist wahrscheinlich identisch mit dem 1783 in einem Handschriftenkatalog verzeichneten Folioband von 1464 mit *opuscula diversa* Jakobs; vgl. THEELE, Die Handschriften S. 183.

[165] Kopenhagen, KB Cod. kgl. Fol. 176 fol. 135 v; die Notiz ist gedruckt bei FRANK, Das Erfurter Peterskloster S. 345; zur Reformierung ebd. S. 16 ff.

literaturkundlichen Zusammenhang, sondern in einem Kapitel über die Reformierung von St. Peter und ihre Förderer. Der Autor Jakob war ihm noch ein Begriff, er kannte ihn nicht allein aus des Trithemius *Catalogus*. Denn Nikolaus zitiert in einem anderen Zusammenhang aus einer Schrift Jakobs, zudem kommt ihm die Bezeichnung *Jacobus Junterburg*, die Trithemius verwendet, ungebräuchlich vor, weshalb er sie sogleich ergänzt: *communiter Pater Jacobus Carthusie prope Erfordiam*[166].

Auch aus dem Besitz Huysburgs, der Union schon 1444 angeschlossen, finden sich noch Spuren der Rezeption der Schriften Jakobs[167], in Reinhausen erreichte sie in den achtziger Jahren einen Höhepunkt[168], im schon mehrfach genannten Cismar kamen, einschließlich der Schenkungen des Erfurter dr. theol. Johannes Langediderik von 1462 mehr als zwanzig Schriften zusammen, dazu die Drucke der Sermones dominicales und des Quodlibetum statuum humanorum[169]. Über die Bibliothek des St. Jakobsklosters in Mainz unterrichtet das bibliographische Verzeichnis des Bibliothekars Wolfgang Trefler vom Beginn des 16. Jahrhunderts, das in ähnlicher Weise wie das Verfasserregister der Erfurter Kartause angelegt ist. Zuerst gibt Trefler eine kurze, oft auf die Catalogi seines Freundes Trithemius gestützte Biographie eines jeden Autors, dann zählt er die Werke auf, soweit er sie im Jakobskloster vorfand. Von Jakob dem Kartäuser nennt Trefler dreizehn Traktate; es sind vorwiegend moraltheologische und asketische[170]. Ein Verzeichnis der heute verschollenen Bibliothek des Merseburger Petersklosters, etwa 1570 angelegt, als die Bücher aus dem Kloster entfernt wurden, kennt unter den *manuscripta theologica* Jakobs Oculus religiosorum, De arte curandi vitia, De veritate dicenda vel tacenda, De cognitione eventuum futurorum und De peccatis mentalibus mortalibus[171]. St. Michael in Hildesheim besaß neben der Rede vor dem Generalkapitel von 1455[172] seit 1463—1467 drei geistlich-asketische Schriften Jakobs: Oculus religiosorum, die Ars moriendi und Colloquium hominis ad animam suam[173].

---

[166] Nikolaus von Siegen, Chronicon ecclesiasticum S. 431 f.

[167] Oxford, Bodleian Libr. Cod. lat. th. e. 2. (S. C. 29806); Hamburg, SB Cod. theol. 1551 (Verlust), enthielt zwei Predigten aus den Sermones dominicales.

[168] S. oben S. 66 ff.

[169] Kopenhagen, KB Cod. kgl. Fol. 75; Cod. kgl. Fol. 176; Cod. kgl. Qu. 1376; Cod. kgl. Qu. 1590; Cod. kgl. Qu. 1622; Cod. kgl. Oct. 3395; Cod. Thott Qu. 102; Cod. kgl. Fol. 78 (von Johannes Langediderik); Hain *9332, *9335 (s. V. Madsen, Katalog over det Kongelige Biblioteks Inkunabler 1. København 1935 Nr. 2146, 2149).

[170] Schillmann, Wolfgang Trefler S. 126 f.; De accedendo ad religionem tempore charistiae scheint Teil eines umfangreicheren Traktates zu sein.

[171] K. Manitius, Die Bibliothek des Petersklosters in Merseburg (DA 20. 1964 — S. 190—209) S. 200 f. Nr. 69. Über Drucke gibt das Verzeichnis keine Auskunft.

[172] Köln, StA Cod. W. 16*; s. oben S. 97.

[173] Berlin, PK Cod. lat. Fol. 779.

Die bisher genannten Klöster waren Teilnehmer des Generalkapitels, das Jakobs Rede 1455 gehört hatte. Sie rezipierten früher oder später Schriften des Kartäusers im Geist ihrer Observanz, die das Thema der Rede gewesen war. Von nur drei der damals zur Union gehörenden Klöster, Berge, Homburg und St. Paul in Bremen, sind keine Handschriften mit Werken des Kartäusers erhalten. Es scheint aber nicht abwegig, diesen Fehlbestand der Überlieferungslage zuzuschreiben und auch diese Klöster unter den Rezipienten zu vermuten; denn Jakobs Schriften wurden auch noch in den nachfolgenden Jahren an die neu zur Kongregation hinzukommenden Klöster weitervermittelt, so daß die Feststellung erlaubt scheint, in Jakob dem Kartäuser einen bevorzugten, durch die Rede vor dem höchsten Gremium offiziell empfohlenen Schriftsteller der reformierten Benediktiner zu sehen. Der Zusammenhang mit der Reform ist evident; denn in keinem der genannten Klöster ist eine Rezeption der Werke Jakobs zu erkennen, die zeitlich *vor* den Bemühungen um monastische Observanz auszusetzen wäre [174].

Noch 1455 — die Klöster werden weiterhin in der Reihenfolge ihres Anschlusses aufgeführt — traten St. Marien (Trier) und St. Martin (Köln) der Union bei, St. Matthias (Trier) und St. Pataleon (Köln) vor 1458. Die Abtei St. Matthias hatte in den dreißiger Jahren bei der Reformierung von Klus und Bursfelde Pate gestanden, war aber an der Organisierung der von dort ausgehenden Bewegung unbeteiligt; sie hatte sich vielmehr mit St. Marien bei Trier und St. Pantaleon in Köln zu einer eigenen, 1451 bestätigten Reform zusammengetan. Aber schon wenig später schlossen sich alle drei Klöster der Bursfelder Kongregation an [175]. In St. Marien kannte man 1459 die Ars moriendi Jakobs [176], etwa 1462 De stabilitate — die Abschrift weist auf St. Matthias hin [177] — ferner De anno iubilaeo [178],

---

[174] Der Termin der Aufnahme in die Union ist in der Regel weder als Abschluß noch als Beginn der Reformierung anzusehen. Die Anschlußurkunden beinhalten die Verpflichtung von Abt und Konvent, die Bursfelder Observanz anzunehmen, d. h. die Reformierung mußte so weit fortgeschritten sein, daß die Einhaltung dieser Verpflichtung möglich schien. Wenn die Erweiterung oder Neueinrichtung von Bibliotheken und damit auch die nachweisbare Rezeption der Schriften des Kartäusers meist mit mehrjähriger Verspätung einsetzt, ist dies aus der ökonomischen Seite der Rezeption zu erklären. Die Rückverwandlung der privatisierten klösterlichen Einkünfte in Gemeinbesitz, die mit der Annahme der Observanz verbunden war, bildete die Voraussetzung für die Schaffung einer gemeinsamen Klosterbibliothek.

[175] VOLK, Abt Johannes Rode S. 21; LINNEBORN, Die Bursfelder Kongregation S. 9 ff., 52 ff.

[176] Trier, StB Cod. 1061/1281; Datum 1459 fol. 140 v, 181 r.

[177] Trier, StB Cod. 1091/24, fol. 105 v: *Incipit tractatus de stabilitate egregii ac devoti doctoris Jacobi Carthusiensis erffordie, qui obiit hoc anno sc. 1462.* Dieselbe Bemerkung findet sich in den Trierer Cod. 601/1537 u. Cod. 646/869 aus St. Matthias. — Das Todesdatum ist falsch, es bezieht sich nicht auf Jakob von Paradies, sondern auf Jacobus Pul-

De duabus civitatibus und De animabus exutis — dieser Band hat mit der Trierer Kartause zu tun [179]. In St. Matthias schrieb Jakob Stadis 1461/1462 sieben Traktate Jakobs ab, darunter De stabilitate und die Ars moriendi, von ca. 1472 datiert ein Exemplar des Oculus religiosorum; De stabilitate wurde noch zwei weitere Male kopiert. Nach den erhaltenen Codices und dem Bibiliothekskatalog des 16. Jahrhunderts war Jakob insgesamt neunzehnmal in St. Matthias vertreten [180]. Aus St. Pantaleon in Köln liegen drei Handschriften des 15. Jahrhunderts vor, in welchen Jakob viermal mit moraltheologischen (De bona voluntate) und monastisch-spirituellen (Oculus religiosorum, Dialogus de temptacione et consolacione religiosorum) Schriften vorkommt [181]. Einer dieser Codices [182], der auch mehrere Werke des Roermonder Kartäuserpriors und ehemaligen Theologieprofessors Bartholomäus von Maastricht umfaßt, bezeugt deutlich kartäusischen Einfluß, der sich gerade in Köln nicht auf die Rezeption der Erfurter Werke beschränkt. 1511 schrieb der ehemalige Subprior St. Pantaleons, Florentius de Snekis, drei weitere Schriften Jakobs ab [183]. Aus St. Marien in Köln ist nur die Ars moriendi überliefert [184].

Die Würzburger Abtei St. Stephan, die schon vor ihrer Aufnahme in die Kongregation unter dem Abt Berthold (1432—1464) in der Mainz-Bamberger Ordensprovinz und bei der Reform bayerischer Klöster eine wichtige Rolle spielte, besaß unter den sechs Bänden, die insgesamt dreizehn Werke Jakobs umfassen, einen — es ist der einzige datierte Codex — aus dem Jahr 1459, dem Jahr des Anschlusses an Bursfelde [185]. In Schönau wur-

---

mann, ebenfalls Erfurter Kartäuser, gest. 5. 5. 1462, vgl. unten S. 165 Anm. 135.

[178] Trier, StB Cod. 662/835.

[179] Trier, StB Cod. 774/1347. Im hinteren Innendeckel die Erteilung der *participatio* an Johann von Faesten und seine Angehörigen durch Prior und Konvent der Kartäuser von St. Alban.

[180] Trier, StB Cod. 326/1998 (alte Klostersignatur D 152); Trier, SemB Cod. 60, Cod. 148; vgl. MONTEBAUR, Studien S. 66. Trier, StB Cod. 601/1537, Cod. 646/869 (alte Signatur F 61, s. MONTEBAUR, Studien S. 78). — Der Band mit der alten Signatur F 279 des Katalogs von 1530 ist nicht erhalten (ebd. S. 91). Ergänzungen und Korrekturen zu MONTEBAURS Veröffentlichung des Bibliothekskatalogs bieten P. LEHMANN, Bemerkungen zu einer bibliotheksgeschichtlichen Arbeit (HistVjschr 26. 1911 — S. 605—610); V. REDLICH, Zur Bibliotheks- und Geistesgeschichte der Trierer Abtei St. Matthias (StudMittBened NF 10. 1931 — S. 448—464); P. BECKER, Notizen zur Bibliotheksgeschichte der Abtei St. Eucharius (Armaria Trevirensia. 1960 — S. 39—56).

[181] Köln, StA Cod. W. 77*, Cod. GB Fol. 102; Wien, ÖNB Cod. 4947.

[182] Wien, ÖNB Cod. 4947.

[183] Köln, StA Cod. GB Fol. 46, vgl. fol. 99 v, 198 r, 225 v; als Subprior: Cod. GB Fol. 102 fol. 320 r. Fl. de S. wurde imm. in Köln am 28. 6. 1490, s. KEUSSEN, Matrikel Köln 2 S. 280 Nr. 113.

[184] Köln, StA Cod. GB Qu. 98.

[185] Würzburg, UB Cod. chart. Fol. 241, Datum fol. 225 v, am Ende von Jakobs De malo huius saeculi; weitere Hss. aus St. Stephan: Würzburg, UB Cod. chart. Fol. 200, Cod. chart. Fol. 204, Cod. chart. Fol. 226, Cod. chart. Qu. 77, Cod. chart. Qu. 102.

den der Dialogus de temptacione et consolacione religiosorum (hier: *noviciorum*) und die Quaestio de progressu religiosorum gelesen [186]; das Exemplar der Generalkapitelsrede aus dem Besitz der Mindener Abtei zeigt viele Spuren intensiver Lektüre [187]. Die einzige aus Northeim (St. Blasien) nachweisbare Handschrift mit sechs Werken Jakobs ist ein halbes Jahrhundert nach der von Dederoths Schüler Heinrich von Peine durchgeführten Reform des Klosters seitens einer ortsansässigen Familie geschenkt worden [188]. Von den acht Codices des Klosters Liesborn, das 1465 zur Bursfelder Kongregation kam, sind drei noch aus dem 15. Jahrhundert; durch die intensive Sammeltätigkeit um 1508/1509 übertraf der Liesborner Besitz schließlich den aller anderen Bursfelder Klöster. Die Mönche stellten damals eine große dreibändige Ausgabe der Werke Jakobs des Kartäusers zusammen [189]. Auf dem Michelsberg in Bamberg hatten es die Reformer besonders schwer gehabt wegen des zähen Widerstandes des Adels, welcher die mit der Reform verbundene Umwandlung der sozialen Struktur des Konvents nicht zulassen wollte. Doch gerade in der Beseitigung des Adelsprivilegs erblickte das Mainz-Bamberger Provinzialkapitel, das 1456 in St. Peter zu Erfurt tagte, die Voraussetzung aller Klosterreform. Indem es ‚Adel' mit Hilfe des Hieronymus und des Chrysostomus religiös-moralisch interpretierte (*dedignari servire viciis*), konnte nun gerade der Reformierte zum wahren Adeligen werden [190]. Eberhard von Venlo, vormals Abt des Mainzer Jakobsklosters, setzte schließlich die rigorosen Forderungen der Reformer durch und erreichte 1467 den Anschluß von St. Michael an den Bursfelder Verband. Lektüre der reformierten Mönche waren unter anderem Jakobs Oculus religiosorum, Igniculus devotionis, Speculum restitutionis und die Lobschrift auf den Kartäuserorden [191]. In der Abtsbibliothek standen seit den siebziger Jahren die Sermones de sanctis und das Quodlibetum statuum humanorum [192].

---

[186] Wiesbaden, LB Cod. 17 (von 1472).
[187] Berlin, PK Cod. theol. lat. Qu. 64 (von ca. 1463).
[188] Wolfenbüttel, Cod. 152 Helmst.; Beschreibung bei HERBST, Handschriften aus dem Benediktinerkloster Northeim S. 370—373. Vgl. oben S. 74. — Aus dem Besitz des 1501 verstorbenen Erfurter Juristen *Johannes Klockereyme de Northeym* kam ein Sammelband mit zahlreichen Fyner-Drucken, darunter Jakobs De valore et utilitate missarum, an St. Blasien; Wolfenbüttel 464. 7. Th. Fol., mit Besitzeintrag des Klosters von 1517; über Klockereyme s. KLEINEIDAM, Universitas 2 S. 324 f. u. ö.
[189] S. oben S. 71.
[190] SCHREINER, Sozial- und standesgeschichtliche Untersuchungen bes. S. 130 ff.; LINNEBORN, Ein 50jähriger Kampf S. 55 ff.
[191] Bamberg, SB Cod. theol. 192 (Qu. V. 42), schon von 1462; Cod. theol. 125 (Qu. IV. 34); Cod. theol. 54 (B. V. 42) mit Auszug aus dem Liber quaestionum.
[192] Im Verzeichnis der Neuerwerbungen von Abt Ulrich Haug (1475—1483) wird auch Jakobs Name genannt, s. MBK 3 S. 369 Z. 33; er steht zwischen den Titeln von Sermonessammlungen, und vermutlich sind hier die 1483 in der Abtsbibliothek nachgewiesenen

17 der 26 Konvente, die sich bis 1465 der Bursfelder Kongregation anschlossen, sind nachweislich Rezipienten der Werke des Kartäusers Jakob. In der nachfolgenden Zeit wächst die Kongregation bedeutend schneller, aber nun nimmt nicht nur die Zahl der Jakobs Werke rezipierenden Klöster (sowohl im Vergleich zu den Vorjahren als auch zu den Neuaufnahmen), sondern auch die Zahl der in den neu hinzukommenden Konventen nachweisbaren Schriften so erheblich ab, daß ein Zusammenhang zwischen der Reformierung und der Rezeption der Werke Jakobs nicht mehr unmittelbar gegeben erscheint. Die Klöster Bosau und Oldenstadt bilden allerdings markante Ausnahmen. Der vor allem als Mitarbeiter des Trithemius bekannte Geschichtsschreiber und Bosauer Benediktiner Paul Lang, seit etwa 1487 in Bosau, behandelt die Themen der Reformierung seines Klosters und der Rezeption der Schriften Jakobs wie einen selbstverständlich zusammengehörigen Komplex in einem Zug. Beide Themen verbinden sich in seiner Darstellung mit der Person Peters von Bosau, von 1486 bis zu seinem Tod 1507 Abt dieses Hauses[193], der schon gleich nach seiner Profeß, noch vor dem Anschluß Bosaus an Bursfelde (1467) *vehementer pro reformationis laboravit introductione.* Als *scriba velox et excellens* sorgte er mit eigener Hände Arbeit für die Vermehrung der *codices pro usu fratrum: quos* (sc. *codices*) *inter cuncta pene Jacobi Carthusiensis, theologi celebratissimi, opuscula* (uti in praesens cernitur) *accurate et laboriose conscripsit, et ligavit, et exin legenda communi pro utilitate intra bibliothecam posuit*[194]. Demnach hat der spätere Abt seine Mitbrüder schon früh speziell durch die Schriften des Kartäusers Jakob für die Reform gewinnen wollen. In Oldenstadt, das 1482 zu Bursfelde kam, wurden noch im 15. Jahrhundert etwa zwanzig, zwischen 1511 und 1514 nochmals etwa dreißig Traktate kopiert[195]. Bosau und Oldenstadt liegen allerdings in Reichweite der vor 1465 inkorporierten Klöster. Außerhalb dieses Raumes klingt die Rezeption sehr merklich ab. Obwohl sich die Zahl der Klöster bis 1482 mehr als verdoppelt, sind nach 1465 außer in Bamberg, Bosau und Oldenstadt nur noch in den wenigen folgenden Klöstern Schriften Jakobs nachzuweisen:

In Ammensleben (uniert 1468) entstand auf Geheiß des Abtes Gregor (1485—1517)[196] ein Band, der ausschließlich Jakobs De comparatione reli-

---

Sermones de sanctis de tempore gemeint (ebd. S. 381 Z. 36 f.), die im Inventar von 1486 noch einmal vorkommen; nur im jüngeren Inventar ist das Quodlibetum statuum humanorum verzeichnet, vermutlich ein Druck (ebd. S. 391 Z. 36 f.).

[193] VOLK, Die Generalkapitels-Rezesse 1 S. 219, 371.
[194] Paulus Langius, Chronicon Citizense S. 1256.
[195] S. oben S. 71.
[196] Der Abt nahm in diesen Jahren an den Generalkapiteln teil, s. VOLK, Die Generalkapitel S. 52—63; das Todesdatum bei FRANK, Das Erfurter Peterskloster S. 416.

gionum und De malis huius saeculi enthält[197]; eine Handschrift mit Einzelpredigten brachte der wandernde Kleriker, Bücherschreiber und -binder Christian Valli von Lübeck her nach Ammensleben, seine letzte Station, mit[198]. In Brauweiler, seit 1469 zu Bursfelde gehörig, schrieb gegen Ende des Jahrhunderts der *frater Conradus de Gladbach* den Traktat Oculus religiosorum ab[199]. Der Abdinghofener Abt Theoderich (bis ca. 1540) besaß in einem winzigen Taschenbändchen De profectu spiritualis vitae[200]; in Münsterschwarzach[201] und Alpirsbach[202] sind schließlich nur noch Drucke nachweisbar.

Der Gang durch die Bibliotheken der Bursfelder Klöster, unternommen in der Absicht, die Leser des Kartäusers innerhalb dieser festgefügten Gruppe aufzusuchen, fördert eine umfangreiche Rezeption seiner Werke zu Tage. Zusammenfassend können einige Grundzüge des Verhältnisses dieser Lesergruppe zum Autor abgelesen werden: 1. Bis 1455 treten die Bursfelder Reformer mehrmals an Jakob persönlich heran und nehmen seine Unterstützung seitens der Kongregation offiziell in Anspruch. 2. In den Klöstern, die bis 1465 in die Kongregation aufgenommen werden, sind die Schriften des Erfurter Kartäusers so weit verbreitet, daß an eine offizielle Förderung der Rezeption zu denken ist, sofern es derer spätestens nach Jakobs Kapitelsrede noch bedurfte. 3. In den nach 1465 unierten Klöstern geht die Rezeption merklich zurück. Diese Tendenz läßt den Einfluß des Kartäusers in der vorangehenden Zeit nur um so deutlicher hervortreten.

Daraus ergibt sich als eine für die Rezeption der Werke Jakobs wie für die Geschichte der Bursfelder Kongregation gleichermaßen aufschlußreiche Folgerung, daß die von P. Volk betonte Selbständigkeit der Benediktiner gegenüber der Devotio moderna und den Kartäusern[203], die P. Beckers Untersuchungen erst kürzlich für die Bursfelder Consuetudines implizit

---

[197] Trier, DB Cod. 34, die Schreibernotiz fol. 104 r.

[198] Trier, DB Cod. 67 fol. 2 r: *Hic liber est Christiani Valli Cappellani monialium lubec sancti Johannis ewangeliste anno domini 1490;* fol. 66 v: *scriptum in Rode (?) anno 1473 per me Christianum Valli;* fol. 1 r der Besitzeintrag von Ammensleben. Über Valli s. H. KNAUS, Ein wandernder Schreiber und Buchbinder des ausgehenden Mittelalters (GutenbergJb 1973. — S. 63—70).

[199] Brüssel, KB Cod. 2089 (2310—23) fol. 2 r — 113 v.

[200] Trier, DB Cod. 49 fol. 184 v: *Frater Theodoricus Hardwyck;* zu ihm s. VOLK, Die Generalkapitel S. 68 f.; fol. 2 r Besitzeintrag von Abdinghof.

[201] Hain *9341; s. HUBAY, Incunabula Würzburg Nr. 1197.

[202] SCHREINER, Sozial- und standesgeschichtliche Untersuchungen S. 236 Nr. 35: Sermones Jacobi und Quodlibetum statuum humanorum, beides wohl als Drucke.

[203] P. VOLK, Die exhortatio de quotidiana exercitatione monachi des Abtes Conrad von Rodenberg von Johannisberg (Fünfhundert Jahre Bursfelder Kongregation. 1950 — S. 193—251) S. 204.

bestätigt haben[204], wohl für das Gebiet der Satzungen der Kongregation gilt, daß die Bursfelder aber in den Aufbaujahren der Kongregation auf dem Gebiet der monastischen Spiritualität die geistige Unterstützung vom anderen Orden, der Erfurter Kartause, nicht nur lediglich geduldet, sondern sogar selbst gesucht und in Anspruch genommen haben. Die Unterstützung seitens der Erfurter kommt zudem nicht allein vom Kartäuser Jakob; neben ihm ist auch Johannes Hagen für die Bursfelder tätig[205]. Seine Schriften, später als die Jakobs entstanden, haben freilich keine gleich große Verbreitung bei den Bursfeldern gefunden. Denn gegen Ende des 15. Jahrhunderts hatte die nun längst gefestigte Kongregation ihre eigenen Schriftsteller: Konrad von Rodenberg[206] und Johannes Trithemius. 1497 wurden nicht die Werke des Kartäusers, sondern zwei Schriften des Sponheimer Abtes über das monastische Leben zunächst auf dem Generalkapitel verlesen und dann in 1000 Exemplaren gedruckt und zur Pflichtlektüre des ganzen Klosterverbandes erklärt[207].

Die Rezeption der Schriften Jakobs in den Bursfelde nahestehenden Klöstern wurde meist durch die Kongregation angeregt, sie geht jedenfalls nicht von der Kartause unmittelbar aus.

Die Nonnen des Kölner Macchabäer-Klosters, 1529 durch Konfraternität mit Bursfelde verbunden[208], besaßen einen Band, den ganz Jakobs Oculus religiosorum ausfüllt[209]. Möglicherweise hat das Exemplar aus St. Pantaleon zur Vorlage gedient. Der Zusammenhang von Reformbemühung und Rezeption Jakobs ist für Melk und damit noch einmal für den Vermittler Bursfelde durch den Zweck von Martin Sengings Aufenthalt im Weserkloster evident. Von Melk führen, besonders über Schlitpacher (Johann von Weilheim)[210], an den Senging von Bursfelde aus über die dort vollzogene Reform berichtete[211], unmittelbare Verbindungslinien nach Tegernsee, das wie Melk aktiv an der Ausbreitung der Observanz wirkte, 1455 Andechs neu besiedelte und an der Reformierung von St. Ulrich und Afra beteiligt

---

[204] BECKER, Das monastische Reformprogramm S. 91 f., 171, 183 ff. Demnach hat Rode sechs Kapitel in seine Consuetudines, Konversen und Donaten betreffend, von seinem früheren Orden übernommen; aber eine Abhängigkeit der Bursfelder Consuetudines von denen Rodes wird hierin nicht festgestellt. Wie eng aber die Beziehungen zwischen Rode und Bursfelde in den 1430er Jahren war, zeigt K. J. KLINKHAMMER, Adolf von Essen und seine Werke (FrankfTheolStud 13) 1972 S. 59, 66, 323 Anm. 43.

[205] KLAPPER, Johannes Hagen 1 S. 113 ff. — Hagen schrieb eine Collacio pro capitulo abbatum ordinis sancti Benedicti de unione facta dominica post octava corporis Christi, autograph clm 28505 fol. 227 r — 238 r, aus der freilich nur Weniges vorgetragen wurde (*modicissimis exceptis non fuit in lucem et medium proposita*, ebd. fol. 227 r). FRANK, Das Erfurter Peterskloster S. 118 ff.

[206] S. oben Anm. 203.   [207] S. oben S. 78 Anm. 494.
[208] VOLK, Die Generalkapitels-Rezesse 1 S. 533.
[209] Köln, StA Cod. W 125.   [210] Vgl. REDLICH, Tegernsee S. 26 ff.
[211] S. oben S. 57 Anm. 294.

war. Die in diesen Klöstern gesammelten Schriften[212] dürften wie in Melk als speziell in den Umkreis der Reform gehörige Literatur gelesen worden sein. Nur wenige Jahre nach Sengings Rückkehr aus Bursfelde schreibt der Tegernseer Oswald Nott die von dort mitgebrachten Werke Jakobs ab[213]. Schließlich gelangte eine Abschrift des umfangreichen Dialogus de tentatione et consolatione religiosorum auch in jenes Kloster, dem die Melker Reformer ihren Promotor Nikolaus Seyringer wie die ganze Benediktinerreform in Deutschland seit dem Konstanzer Konzil überhaupt wesentliche Anregungen verdankte und mit dem die Bursfelder seit der Romreise des Mainzer Abtes Eberhard von Venlo (1466) durch einen Konfraternitätsbrief verbunden waren: Subiaco. Die dortige Abschrift dürfte von Melk oder von Tegernsee vermittelt worden sein[214].

St. Ägidien in Nürnberg, zu Beginn des Jahrhunderts von Kastl aus reformiert, war in der Mitte der sechziger Jahre Treffpunkt der Vertreter der Kastler, Melker und Bursfelder Observanz, die dort über die Vereinigung der drei Bewegungen berieten, die im Auftrag Pius' II. der Eichstätter Bischof Johann von Eych betrieb[215]. Zudem arbeitete St. Ägidien u. a. mit St. Peter in Erfurt bei der Reformierung jener Benediktinerklöster der Mainzer Diözese zusammen, die keiner Kongregation angehörten[216]. Für das Kloster war demnach das Thema der Mönchsreform durchaus aktuell. In diesem

---

[212] Tegernsee: clm 18170, clm 18239, clm 18378, clm 18380, clm 18593, clm 18600, clm 18610, clm 19684, clm 19650; Andechs: clm 3051; vgl. oben S. 62. Augsburg: clm 4364 (Dialogus de temptacione et consolatione religiosorum, 1499), clm 4397 (Ars moriendi, De cogitationibus).
[213] Clm 18593 fol. 2 r — 202 r (1464 von Nott geschrieben) geht mit großer Wahrscheinlichkeit auf Sengings 1458 in Bursfelde angefertigten Band Melk, StiB Cod. 990 fol. 1 r — 103 v zurück, da beide Hss. dieselben Traktate in derselben Reihenfolge enthalten und Nott zudem in der Schlußnotiz seines Bandes, fol. 214 v als Lebensdatum Jakobs *circa annum .. MCCCCLVIIIm* angibt, das Entstehungsdatum des Melker Bandes. Der von Nott angefügte Traktat De missis votivis pro defunctis war ebenfalls in Melk vorhanden, s. Mittelalterliche Bibliothekskataloge Österreichs 1 S. 237 Z. 15 f.
[214] S. oben S. 49, 57; clm 18593 fol. 2 r und Subiaco, Bibl. dell'Abbazia Cod. 160 fol. 1 r haben beide im Zusammenhang mit einem detaillierten Inhaltsverzeichnis des genannten Dialogus gleichlautend die ungewöhnlich ausführliche Überschrift: *Incipit tractatus de remediis temptacionum viris religiosis variis modis suborientium in scripturis sacris et sanctorum variis exemplis fundatus editus modo didascalico per venerabilem patrem magistrum Jacobum olym in Cisterciensi ordine nunc vero in preclara Cartusiensi religione in domo Erfordensi gloriose militantem* (die Tegernseer Hs. fährt noch fort: *alme universitatis Cracoviensis in sacra pagina doctorem eximium atque emeritum*). — Die im Sublacenser Cod. auf dem dem Explicit folgenden Blatt nachgetragenen Worte *Celum non animum mutant qui trans mare currunt* (d. i. Hor. ep. 1, 11, 27) *Gerardimons ciuitas in flandria optima et jocunda* stammen nicht von der Hand des Kopisten des Dialogus. — Über Subiacos Ausstrahlung auf Deutschland s. FRANK, Subiaco bes. S. 557 ff.
[215] VOLK, Urkunden Nr. 29 S. 109—112; REDLICH, Tegernsee, Anhang Nr. 8 S. 205—210; VOLK, Die Generalkapitels-Rezesse 1 S. 115 f.
[216] Vgl. z. B. VOLK, Urkunden S. 76.

Zusammenhang können die elf Traktate Jakobs, die der Bibliothekskatalog aus dem Ende des 15. Jahrhunderts aufzählt[217], benutzt worden sein. Ob die Rezeption aber auf die Initiative der Mönche zurückgeht oder durch die Legate der aus Nürnberg stammenden Professoren Konrad Mulner (Wien)[218] und Friedrich Schoen (Erfurt)[219] veranlaßt wurde, ist nicht auszumachen, da die verzeichneten Bände verschollen sind[220].

3. Windesheimer. Klöster um Johannes Busch. Fraterhäuser

Es fällt auf, daß unter den Konventen der regulierten Kanoniker und Kanonikerinnen des sächsischen Raumes nur aus jenen Schriften Jakobs bekannt sind, die zur Windesheimer Kongregation gehörten oder doch in den Wirkungskreis des Windesheimer Reformators Johannes Busch gerieten. Busch erwähnt in seiner Chronik, daß Jakob viele Bücher *pro fide catholica, pro conservatione religionis, pro statu saecularium* geschrieben habe[221]. Da er an Jakob persönlich herantrat, wird er auch einige seiner Schriften gekannt haben. Zudem verliefen die benediktinische Mönchsreform und die windesheimische Kanonikerreform nicht unabhängig voneinander, sondern

---

[217] MBK 3 S. 446 Z. 3; S. 465 Z. 32 f.; S. 477 Z. 21 ff.; S. 478 Z. 31 ff.; S. 531 Z. 1, 11 ff.; S. 542 Z. 33; S. 563 Z. 20 ff.
[218] Vgl. oben S. 58. Im Anniversar heißt es: *dedit volumina duo,* s. MBK 3 S. 424 Z. 16 f.
[219] Er beglaubigt 1448 Jakobs Traktat De sanctificatione sabbati und 1449 De statu et officio ecclesiasticorum, s. MEIER S. 56 sowie Magdeburg, GB Cod. 15 fol. 259 v. Zur Person s. KLEINEIDAM, Universitas 1 S. 281 f.; laut dem Anniversar von St. Ägidien *dedit quinque volumina,* MBK 3 S. 424 Z. 14 f.
[220] Der Besitz der nachfolgenden Benediktinerklöster ist zu geringfügig, als daß er ein herausragendes Interesse am Schrifttum des Kartäusers Jakob erkennen ließe: St. Blasien (Karlsruhe, LB Cod. St. Blasien 84), Echenbrunn/Pfalz-Neuburg (E. STAHLEDER, Die verschollene Bibliothek des Benediktinerklosters Echenbrunn (JbHistVDillingen 69. 1967 — S. 25—41) S. 38 Nr. 37: sermones dominicales), St. Gallen (StiB Cod. 142 u. Cod. 953 sind Legate des Pfarrers M. Bürer, s. oben S. 73 f.), Irsee (HUBAY, Incunabula Würzburg Nr. 1192. Hain *9329), Kremsmünster (StiB Cod. 18, Cod. 175), Lambach (StiB Cod. 217, Cod. 430), Weihenstephan (clm 21708), Neustadt a. M. (Heidelberg, UB Cod. 958), Oberaltaich (clm 9802), Plankstetten (Eichstätt, SB Cod. 229; München SB 2° Inc. s. a. 711, Hain *9330), Prüfening (Eichstätt, SB Ink. Nr. 543, Hain *9340), Reichenau, St. Markus (Karlsruhe, LB Cod. R. Pap. 162), Scheyern (München, SB 4° Inc. s. a. 1010, Hain *9341), Wien, Schotten (A. HÜBL, Die Inkunabeln der Bibliothek des Stiftes Schotten in Wien. 1904 S. 128 f., Hain *9329), Weingarten besaß einen verschollenen Band J 34 Jacobi de Paradiso ascetica (K. LÖFFLER, Die Handschriften des Klosters Weingarten (BeihhZblBiblWesen 41) 1912 S. 122). — Lüneburg, St. Michael, dessen Anschluß an Bursfelde beschlossen, aber nicht vollzogen wurde, erhielt sieben Traktate Jakobs von Conradus Hesse als Geschenk (Göttingen, UB Cod. Luneb. 36, Cod. Luneb. 40).
[221] S. oben S. 51.

es gab Beziehungen hinüber und herüber, zumal seit Nikolaus von Kues auf seiner Legationsreise jede der beiden förderte und die Bischöfe zu entsprechendem Verhalten veranlaßte[222].

Die Reformierung des Erfurter Augustinerchorherrenstiftes z. B. trug der Kardinal Abt Christian von St. Peter und Propst Johannes Busch, damals in Halle, gemeinsam auf[223]. Busch kannte ebenfalls den Bursfelder Abt Johannes Hagen persönlich, besuchte mehrmals die Erfurter Kartause, war mit dem Leibarzt des Magdeburger Bischofs, Dr. Thomas Hertzhorn, welchem die Fraterherren dankbar verbunden waren, befreundet, kannte das Haupt des reformfreudigen Magdeburger Klerus, Heinrich Toke, und den Augustinereremitenprovinzial Heinrich Zolter, nicht zuletzt Nikolaus von Kues. Die führenden Reformer des niedersächsisch-thüringischen Raumes kannten sich persönlich. Eine Anekdote, die Busch erzählt, mag diese persönlichen Verbindungen illustrieren. Als Nikolaus von Kues vom 11. bis 28. Juni 1451 in Magdeburg bei Erzbischof Friedrich weilte, lud er Johannes Busch, der bei Thomas Hertzhorn abgestiegen war, zu Tisch. Nach dem Mahl kam der Bursfelder Abt Johannes Hagen unverhofft hinzu, den der Kardinal über das jenem entgangene Festessen hinwegtröstete: zu Fleischspeisen lade er den Augustinerpropst ein, zu Milchspeisen die reformierten Benediktiner, denen das Fleischessen ja ohnehin verboten sei[224], damit auf einen für das Selbstverständnis der verschiedenen Observanzen höchst wichtigen, für den Kardinal, den Förderer jedweder Observanz, vermutlich weniger wichtigen Unterschied anspielend. Die drei Kreise, deren Vertreter 1451 um den Kardinal versammelt waren — die Bursfelder, die Windesheimer und der Weltklerus um den Magdeburger Erzbischof — arbeiteten in der Klosterreform vielfach zusammen. Es kann kein Zufall sein, daß eben sie zugleich wichtigen Anteil an der Rezeption der Schriften des Kartäusers Jakob haben. Die Klosterreform fördert und bedingt zu einem großen Teil die Rezeption der Schriften, so wie diese die Klosterreform fördern sollen. Die Handschriften spiegeln die Verbindungen der führenden Persönlichkeiten in der Klosterreform des niedersächsisch-thüringischen Raumes, von denen Buschs Chronik berichtet, deutlich wider. Das Interesse an der Reform und das Interesse an der gleichen Literatur treffen zusammen.

Der Leibarzt des Domkapitels und des Erzbischofs, Thomas Hertzhorn, wird von einem Schreiber, der 1448 für ihn eine Handschrift mit Cassians Collationes patrum herstellt, als *promotor sollicitus pauperum non minus autem reformatorum amator monachorum affectuosus* bezeichnet[225]; derselbe Band enthält auch Jakobs Schrift De dignitate pastorum, die sehr bald nach

---

[222] Vgl. z. B. Johannes Busch, Liber de reformatione monasteriorum S. 600.
[223] Ebd. S. 743 f.   [224] Ebd. S. 745 f.
[225] Magdeburg, GB Cod. 142 fol. 139 r.

Erscheinen abgeschrieben worden sein muß. Einen anderen Codex ließ Hertzhorn in Erfurt vom Scholar Andreas, wahrscheinlich Andreas Soteflesch, schreiben; er vereinigt zehn Schriften Jakobs mit dem Traktat des Magdeburger Propstes Eberhard Woltmann über das Wilsnacker Wunderblut und einem Auszug aus dem Rapularius des Heinrich Toke[226], dessen privater Exzerptensammlung — wieder finden sich die Namen führender Reformer beisammen. Die zehn Traktate Jakobs sind ebenfalls kurz nach ihrer Entstehung kopiert worden. Johannes Bonigk, der Kaplan des Magdeburger Erzbischofs, besaß eine 1472 angefertigte Handschrift mit acht Traktaten Jakobs, die nach seinem Tode (1482) an St. Wigbert in Quedlinburg gelangten[227], das unter Buschs Beteiligung reformiert worden war[228]. In St. Wigbert waren die Werke des Johannes Hagen aus der Erfurter Kartause bevorzugte Lektüre[229].

Das Augustinerkloster St. Peter und Paul in Heiningen war schon unter dem Vorgänger Buschs im Sültekloster zu Hildesheim reformiert und wirtschaftlich saniert worden; Busch leitete es dann während seiner zweiten Hildesheimer Amtszeit (1459—1479) vierzehn Jahre lang von der Sülte aus und setzte die Befolgung der Windesheimer Bräuche vollständig durch *(perfectam ordinis nostri tenent reformationem)*[230]. In diese Zeit fällt, wie Busch mitteilt, die Anschaffung und eigene Herstellung der liturgischen Bücher ‚und ähnlicher'[231]. In denselben Abschnitt der Geschichte des Klosters gehört nun eine Handschrift, die neben (Heinrich Tokes?) De reformatione monialium auch Jakob des Kartäusers De receptione monialium enthält[232]. Ein weiterer Band dieses Klosters umfaßt gleich fünfzehn Traktate Jakobs[233]. Die lateinischen Bücher dürften aus der Bibliothek der Beichtväter und Rektoren des Nonnenklosters stammen, die vom Sültekloster bestellt wurden. Busch sorgte aber im Zusammenhang mit der Reform auch für die Unterrichtung der Nonnen in der lateinischen Sprache. Um das Kloster Marienberg bei Helmstedt zu erneuern, holte Busch 1462 drei Schwestern aus dem Windesheimer Kloster Bronopia (Kampen), die in Helmstedt ein regeltreues Leben vorleben und die Kenntnisse der lateinischen Sprache verbreiten sollten. Busch hat sich vom Erfolg ihrer Bemühun-

---

[226] Göttingen, UB Cod. theol. 119.
[227] Quedlinburg, StiB Cod. 101.
[228] Johannes Busch, Liber de reformatione monasteriorum S. 516 f.
[229] Von ihm waren ca. 40 Titel vorhanden, s. T. ECKHARDUS, Codices manuscripti Quedlinburgenses. Quedlinburg 1723.
[230] Johannes Busch, Liber de reformatione monasteriorum S. 604. Über den äußeren Hergang der Reformierung G. TADDEY, Das Kloster Heiningen von der Gründung bis zur Aufhebung (VeröffMaxPlanckInstG 14. StudGermSacra 4) 1966 S. 95 ff.
[231] Johannes Busch, Liber de reformatione monasteriorum S. 604.
[232] Wolfenbüttel, Cod. 353 Helmst.
[233] Ebd., Cod. 237 Helmst.

gen überzeugt. Nach einigen Jahren war die Observanz so weit gefestigt, daß die Nonnen vom Marienberg zur Reformierung der Schwestern in Mariabrunn (Marienborn) und Stendal herangezogen werden konnten [234]. Der Helmstedter Patrizier Johannes Dorgut, Leipziger baccalaureus artium [235], schenkte dem Marienberg zwei Handschriften mit zwölf Traktaten Jakobs [236]; die Nonnen besaßen außerdem einen Band mit zehn Schriften des Kartäusers [237].

In den windesheimischen Klöstern Böddeken kannte man acht [238], in Niederwerth zwei [238a], in Segeberg vier [239] — an der Reformierung dieses und der folgenden Klöster ist wiederum Busch beteiligt — in Hamersleben zwei [240], bei den Nonnen in Dorstadt fünf [241] Werke Jakobs; ein Cismarer Band mit zwei seiner Schriften enthält zahlreiche Predigten Kapistrans, die von einem Professen des Stifts Neuwerk in Halle geschrieben wurden, als Busch dort Propst war [242]. Aus dem Utrechter Apostelkloster [243] und aus Windesheim selbst [244] stammen je vier Traktate Jakobs: Oculus religiosorum, De malis huius saeculi, De peccatis mentalibus mortalibus, De duabus civitatibus.

Neben den Windesheimern, dem klösterlichen Zweig der Devotio moderna, sind die Fraterherren, die sich über Hildesheim in östlicher Richtung auszubreiten suchten, in den Kreis der Reformer des sächsisch-thüringischen Raumes einbezogen. Auch sie gehören zu den Rezipienten des Kartäusers. Als die Brüder vom gemeinsamen Leben sich 1440 in Hildesheim niederlassen wollten, vermittelte ihnen Johannes Hagen, der Bursfelder Abt und ehemalige Hildesheimer Kanoniker, den Privilegienbrief des Bischofs. Fast wäre die Gründung des Fraterhauses jedoch am Widerstand der Hildesheimer Bürger gescheitert, die das zugewiesene Grundstück nicht freigeben wollten, wäre nicht vor allem *(maxime)* einer zur Unterstützung der Brüder

---

[234] Johannes Busch, Liber de reformatione monasteriorum S. 618—622.
[235] ERLER, Matrikel Leipzig 1 S. 192, imm. WS 1454; 2 S. 165, bacc. art. SS 1456.
[236] Wolfenbüttel, Cod. 30. 1. Aug. Fol., Cod. 33. 5. Aug. Fol., beide Hss. sind bis ca. 1470 geschrieben.
[237] Wolfenbüttel, Cod. 14. 5. Aug. Qu.
[238] London, BM Cod. Add. 18007; Münster, UB Cod. 188 (Verlust); Paderborn, Bibl. d. Geschichtsvereins Cod. 118; vgl. OESER, Die Handschriftenbestände Sp. 429, 432, 434.
[238a] Bonn, UB Cod. S. 313 (160a); Cod. S. 320 (181) um 1471 geschrieben.
[239] Prag, UB Cod. 1306, Cod. 2539, Cod. 2814.
[240] München, Antiquariat Rosenthal Cod. 159.
[241] Wolfenbüttel, Cod. 440 Helmst.; zur Reformierung s. ACQUOY, Het klooster te Windesheim 3 S. 230—232; S. VAN DER WOUDE, Johannes Busch, Windesheimer Klosterreformator en Kroniekschrijver. Edam 1947 S. 132 f., 136.
[242] Kopenhagen, KB Cod. Thott Qu. 102, Kapistran-Predigten von 1452.
[243] Utrecht, UB Cod. 226.
[244] ACQUOY, Het klooster te Windesheim 3 S. 275 f. — Daß in Leiderdorp De anno iubilaeo (Wolfenbüttel, Cod. 338. Gud. lat. Qu.) und in Eemstein ein Exzerpt aus De animabus exutis (Utrecht, UB Cod. 344) vorhanden waren, besagt dagegen nichts.

tätig geworden: Johannes Busch[245]. Von Hildesheim aus unternahmen die Fraterherren Schritte zur Gründung neuer Häuser in Magdeburg und Kassel. Die langwierigen, dreißig Jahre dauernden Vorbereitungen für die Niederlassung in Magdeburg betrieb Thomas Hertzhorn, bei dem die Brüder auch anfänglich unterkamen[246]. Er wurde in ihre Konfraternität aufgenommen[247]. Bursfelder und Kartäuser standen Pate, als 1454 Ludwig II., Landgraf von Hessen, den Hildesheimer Fraterherren ein Haus in Kassel überließ: *eyn abt von Bursfelde und eyn prior der egenanten Carthusz*[248] *(solten) ... das vorgenante husz zcu Cassil schicken, ordineren und bestellen ... besehen und visitiren*[249]. Auch bei der Ausbreitung der Fraterherren sind also dieselben schon bekannten Kreise und Personen tätig, die einander Unterstützung leisten und die zugleich durch das gemeinsame Interesse an der gleichen geistlichen Literatur verbunden sind; Jakobs Ars moriendi und der Oculus religiosorum gehören zur Lektüre der Fraterherren[250]. Die Verbindungen der Reformierenden und Reformierten, die aus den Urkunden und Chroniken zu ersehen sind, finden ihre Entsprechung in den Bibliotheken, und dies allein schon am Leitfaden der Rezeption der Schriften des Kartäusers Jakob. Da diese Kreise im Zeichen der Reform zusammenarbeiten, muß ihr Interesse an der gleichen geistlichen Literatur auch durch die Reform motiviert sein.

Die Fraterhäuser, die außerhalb des aufgezeigten Netzes von Querverbindungen stehen, weisen bezeichnenderweise keine bedeutendere Kenntnis der Werke Jakobs auf[251]. Butzbach ist ein Sonderfall. Daß hier die Rezeption von großer Intensität ist, ist durch einen anderen Vermittlungsvorgang und teilweise andere Interessen verursacht; nur in diesem Fraterhaus gibt es neben der ‚devoten‘ Literatur auch wissenschaftliche Werke. Die Butzbacher Bestände gehen eben auf Biel und seine Erfurter Studienzeit zurück.

Der negative Befund verdeutlicht, daß die Rezeption nicht allein bedingt ist durch die grundsätzliche Gleichförmigkeit der geistig-geistlichen Interessen, sondern gerade in der Zeit der handschriftlichen Buchproduktion wesentlich von den anderweitig vorgegebenen Wegen der Literaturvermittlung abhängt. Erst als der Druck neue Möglichkeiten der Rezeption schuf,

---

[245] DOEBNER, Annalen und Akten S. 4—6.
[246] Ebd. S. 91. [247] Ebd. S. 391.
[248] Zum Eppenberg. [249] DOEBNER, Annalen und Akten S. 169.
[250] Oculus religiosorum, Ars moriendi und Colloquium hominis ad animam suam, 1453—1461, im Fraterhaus zu Hildesheim, Wolfenbüttel, Cod. 29. 7. Aug. Qu.; Oculus religiosorum, 1474 im Fraterhaus zu Kassel, London, BM Cod. Add. 29731.
[251] Aus Königstein/T. ist immerhin die Ars moriendi und De apparitionibus animarum erhalten (Aschaffenburg, Hofbibl. Cod. Pap. 29) aus der Zeit (1469), in der Königstein zum Münsterschen Kolloquium gehörte. — Lübeck, StB Cod. theol. lat. 188 mit dem Fragment einer Schrift Jakobs über die Lösung von der Exkommunikation kam vom Herforder Fraterhaus an die Lübecker Schwestern.

gelangten Jakobs Werke in das vom Schwerpunkt der handschriftlichen Verbreitung weit entfernte Florenshuis zu Deventer[252]. Daß der einzige Versuch, durch den Druck einer deutschen Übersetzung bis dahin nicht erreichten Leserschichten eine Schrift des Kartäusers Jakob zugänglich zu machen, ausgerechnet mit dem Fraterhaus in Urach in Verbindung steht, das doch vom aufgezeigten Rezeptionsraum am weitesten entfernt liegt, spricht nicht gegen, sondern für die Bedeutung des Netzes von Verbindungen; denn Urach steht unter dem Einfluß Biels[253].

4. Lokale Schwerpunkte. Mitglieder der Erfurter Universität

Wohl führen im Zeichen der Kanonikerreform Verbindungen von Böddeken nach Kirschgarten bei Worms und nach St. Simeon in Trier und von Kirschgarten nach Rebdorf, aber dies sind nicht die einzigen Wege, auf denen die Kenntnis der Werke Jakobs vermittelt worden sein kann; denn andere Beziehungen kommen hinzu.

Der Rebdorfer Bibliothekskatalog vom 15./16. Jahrhundert verzeichnet zwölf Schriften Jakobs in siebzehn Exemplaren[254]; hinzu kommen noch einmal die Ars moriendi, die der Pfarrer Ulrich Koler mitbrachte[255] und der Band O 95 mit De bona voluntate und De perfectione religiosorum[256]. Rebdorf gehört zum Eichstätter Reformkreis um Bischof Johann von Eych[257], der seinerseits vom Tückelhausener Kartäuser Jakob auf den Erfurter aufmerksam gemacht wurde. Der Briefwechsel zwischen dem Tückelhausener und dem Bischof ist gewiß nicht zufällig nur in Tegernseer und Rebdorfer Abschriften erhalten[258].

An St. Simeon in Trier war seit 1476 der ehemalige Erfurter Magister und Doktor der Theologie Johannes Leyendecker Kanoniker, zweiter Rektor der Trierer Universität und Theologieprofessor bis zu seinem Tod 1494[259]. Leyendecker besaß seit 1471, noch von Erfurt her, neben der Quaestio super esum carnium Jakobs Sermones de sanctis, leicht benutzbar

---

[252] Hain *9334, Hain *15543, s. M. E. KRONENBERG, Catalogus van de Incunabelen in de Atheneum-Bibliotheek te Deventer. Deventer 1917 S. 70.
[253] S. unten S. 139 f.
[254] MBK 3 S. 284 Z. 9—21; Drucke: München, SB 2° Inc. s. a. 151 (Hain *9346), Eichstätt, SB Inc. Nr. 544 (Hain *9341), Inc. Nr. 542 (Hain *9346).
[255] Clm 15181; MBK 3 S. 257 Z. 32 ff.
[256] London, Congregational Libr. Cod. II. a. 20.
[257] REDLICH, Tegernsee S. 16; F. X. BUCHNER, Johann III., der Reformator des Bistums. Neue Aktenstücke (ForschEichstättBistumG 1. 1911) S. 49 ff.
[258] S. unten S. 237.
[259] KLEINEIDAM, Universitas 2 S. 131 f., 279.

gemacht durch alphabetische Verzeichnisse der Heiligen und der *themata*[260]. Sein Interesse gilt also vornehmlich der Predigtpraxis. Leyendecker hinterließ seinen Codex nicht dem Stift, sondern den Kartäusern von St. Alban, die ihn als ihren *specialis fautor* 1494 im Laienchor ihrer Kirche begruben[261]. Erst nach seinem Tod kam Jakobs Schrift De malis huius saeculi aus Kirschgarten an St. Simeon[262]. Provenienz und Datierung der Handschriften aus St. Simeon zeigen, daß hier keine intensivere durch Reformbemühungen motivierte Rezeption der Werke des Kartäusers stattgefunden hat.

Die Wege, auf denen die reichen Bestände an Jakobs Schriften in das Kollegiatstift Glogau — hier ist der Kartäuser 36mal vertreten[263] — und in die Kanonikerabtei (seit 1260/61) Sagan — hier sind 30 Exemplare seiner Werke vorhanden[264] — gelangt sind, sind nicht mehr zu eruieren. Direkte Verbindungen zur Erfurter Universität oder zur Kartause könnten die recht frühe Anlage der Sammlungen, die in der Umgebung ihresgleichen nicht haben, am ehesten erklären. Welche Schriften Jakobs in Sagan bevorzugt gelesen wurden, läßt die Klosterchronik vom Ende des 15. Jahrhunderts durchblicken. Sagan gehört zwar keiner Reformbewegung an — die Kongregation von Arrouaise, der es einmal angeschlossen war, bestand im 15. Jahrhundert faktisch nicht mehr[265] —, doch erlebte das Kloster unter der Regierung regeltreuer Äbte seit Ludolf (1394—1422) einen geistigen und wirtschaftlichen Aufschwung, der auch der Bibliothek zugute kam. Die Sorge eines dieser Äbte, Simon (1450—1468), um die Vermehrung des Bücherbestandes hebt die Klosterchronik eigens hervor; und nachdem der Chronist die Regierung dieses Abtes samt den gleichzeitigen geschichtlichen Ereignissen geschildert hat, berichtet er von berühmten Zeitgenossen, am ausführlichsten über Jakob den Kartäuser: *Item obiit circa illa tempora Erfordie doctor Jacobus Carthusiensis, Almanus, vir abstracte et contemplative vite matureque et rigorose conversacionis, theologus magnus, qui profectus et vicia religiosorum in dyalogo suo et in tractatulo, quem ‚oculum religiosorum' intitulat, clarissime depinxit, ediditque plures alios, videlicet de sollicitudine ecclesiasticorum, de restitutionibus, de via arta, que ad celum et spaciosa, que ad infernum ducit, et alia quamplurima pro*

---

[260] Trier, StB Cod. 1975/642.

[261] Le Couteulx, Annales 5 S. 306; s. auch oben S. 88 Anm. 79.

[262] Trier, StB Cod. 1213/510, geschrieben 1496 (fol. 93 r, 168 r).

[263] S. unten S. 232. — Breslau, UB Cod. I. Fol. 164, Cod. I. Fol. 244, Cod. I. Fol. 279, Cod. I. Fol. 321, Cod. I. Qu. 103, Cod. I. Qu. 152.

[264] S. oben S. 55, 62. — Breslau, UB Cod. I. Fol. 200, Cod. I. Fol. 265, Cod. I. Fol. 271, Cod. I. Fol. 274, Cod. I. Fol. 280, Cod. I. Fol. 282, Cod. I. Fol. 291, Cod. I. Fol. 528, Cod. I. Fol. 621, Cod. I. Qu. 54, Cod. I. Qu. 90, Cod. I. Qu. 95, Cod. IV. Qu. 82.

[265] Vgl. Catalogus abbatum Saganensium S. 319. — Ch. Giroud, L'Ordre des Chanoines Réguliers de Saint-Augustin et ses diverses formes de régime interne. Martigny 1961 S. 144 f.

religiosis utilissima. Fuit hic primum frater ordinis Cisterciensis et de sumptibus ordinis promotus fuit in doctorem theologie. Factus abbas monasterii vidensque non posse fratres ad puritatem regule reduci abbaciam deseruit et de licencia concilii Basiliensis Erfordie ordinem Carthusiensem ingressus in quiete, contemplacione indagacioneque assidua sacrarum scripturarum reliquum vite sue tempus expendit[266].

Der Chronist legt den Akzent auf jene Schriften, welche die rigorose *conversio* — die Voraussetzung der vom Chronisten genannten *rigorosa conversacio* —, die völlige Absage an die „Welt" zum Thema haben. Der wesentliche Teil der Schriften[267] ist unter Abt Simon, also schon recht bald nach ihrer Abfassung, in das um die *observancia veterum* bemühte Kloster gekommen; unter Simons Nachfolger Martin (1468—1489), *curialis* — wie der Chronist klagt — *et saecularis totus*[268], wäre ein weiterer Erwerb dieses Schrifttums schwer denkbar; doch ist für seine Regierungszeit die Provenienz der Handschriften nicht aussagekräftig, da Abt Martin sich auf den Ankauf der *libri de impressura, que tempore vite sue supra modum dilatata est et multiplicata,* konzentrierte, sich damit freilich auch vom Angebot dieses Marktes abhängig machte[269].

Straßburg ist als letzter, später Schwerpunkt der Rezeption zu nennen. Von dem nicht mehr zu spezifizierenden, aber doch bedeutenden Bestand der Kartause war schon die Rede[270]. Die Kartäuser gehörten mit den Wilhelmiten und den Johannitern zu jenen Straßburger Klöstern, die mit den Weltklerikern für die Reform innerhalb und außerhalb der Orden zusammenarbeiteten. Von der Benutzung von Schriften Jakobs durch Geiler und Wimpfeling wird noch zu sprechen sein[271]; von der Bibliothek der Wilhelmiten ist kein ausführliches Verzeichnis bekannt, doch der Bestand der Johanniterbibliothek wurde in der Mitte des 18. Jhdts. durch J. J. Witter (Handschriften) und J. N. Weislinger (Drucke) aufgenommen. In drei Handschriften standen — mit Werken Gersons und Heinrichs von Hessen verbunden — zehn Traktate Jakobs zur Verfügung[272], in 13 gedruckten Bänden weitere vier Werke. Die Handschriften enthalten näherhin spirituelle Schriften, die Drucke sechs Predigtbände, fünfmal De animabus exutis und zweimal das von Wimpfeling benutzte Quodlibetum statuum humanorum[273].

---

[266] Catalogus abbatum Saganensium S. 357; abgedruckt bei FIJAŁEK 2 S. 129 f.
[267] Breslau, UB Cod. I. Fol. 280, mit 15 Schriften Jakobs, fol. 420 r: *et sunt comportati et ad scribendum comparati ... per ... Symonem abbatem* (1458/1460); vgl. oben S. 55.
[268] Über Simons Reformwillen s. Catalogus abbatum Saganensium S. 322 ff., über Martin ebd. S. 357 ff.
[269] ŚWIERK, Schreibstube und Schreiber S. 136 f.
[270] S. oben S. 86.
[271] S. unten S. 169 ff., 254 ff.
[272] WITTER, Catalogus S. 21, 40.
[273] WEISLINGER, Catalogus S. 41, 49, 117.

Der Versuch, die Leser des Kartäusers zu Gruppen zusammenzufassen, die unabhängig von der Rezeption seiner Schriften Gruppenmerkmale besitzen, die für die Motivation der Rezeption in Anspruch genommen werden können, muß hier enden. Trier, Glogau und Sagan bezeichnen die Grenze solcher Zuordnung. Die erste der aufgezeigten Gruppen, die Kartäuser, weist die größte Konsistenz auf: in ihr werden die Schriften Jakobs von Danzig bis Basel und von Mauerbach bis Roermond gelesen; sie sind in den Kartausen über das ganze deutsche Sprachgebiet verbreitet, und zwar ohne daß sich innerhalb des behandelten Zeitraumes eine auf die Mehrzahl der Mitglieder dieser Gruppe zutreffende Periodisierung erkennen ließe. Bei den Bursfeldern ist dagegen deutlich eine zeitliche Grenze festzustellen, die insofern zugleich eine räumliche ist, als die Rezeption an den Stand der Ausbreitung bis zu einem bestimmten Zeitpunkt gebunden ist: die Rezeption nach 1465 geht in dieser Gruppe im wesentlichen nur in dem bis dahin erfaßten Raum weiter. Die Rezeption bei Kanonikern, Kanonikerinnen und Fraterherren kann räumlich und zeitlich mit dem Wirkungsbereich des Johannes Busch umschrieben werden. Zwar gab es auch bei Dominikanern und Franziskanern Reformbewegungen, aber unter den von ihnen erfaßten Klöstern sind nur einzelne, keine Gruppen von Rezipienten festzustellen. Das gilt ebenfalls für Jakobs Leser unter den Zisterziensern, deren Orden im 15. Jahrhundert keine übergreifende Reformbewegung hervorbrachte.

In einzelnen Fällen, die keiner Lesergruppe zugeordnet werden können, ist dennoch ein Zusammenhang von Reform und Rezeption Jakobs zu beobachten, der darauf schließen läßt, daß die Reform die Rezeption motiviert. Aus dem westfälischen Kloster Klein-Burlo stammt eine (heute verlorene) Handschrift des 15. Jahrhunderts mit Jakobs Schriften De arte curandi vitia, Oculus religiosorum, De perfectione religiosorum, Colloquium hominis ad animam suam und De septem statibus ecclesiae in Apocalypsi descriptis[274]. Die verfallenden Wilhelmiterklöster Groß-Burlo und Klein-Burlo hatten sich 1447/48 zum Zweck der Reformierung der Reformkolligation von Sibculo angeschlossen, die dem Zisterzienserorden zugehörte — sie unterstand dem Abt von Camp —, aber ihren reformierten Status und ihre besondere Form der Spiritualität durch eigene Vorschriften sorgfältig vom übrigen, nicht reformierten Zisterzienserorden abschirmte[275]. Die durch Tradition und äußere Umstände die weltabgewandte Beschaulichkeit in besonderem Maße übenden Burloer Mönche mochten die Schriften des Kartäusers ihrer eremitisch akzentuierten Spiritualität für besonders angemessen halten.

---

[274] Münster, UB Cod. 165 (Verlust).
[275] ELM, Die münsterländischen Klöster Groß-Burlo und Klein-Burlo S. 33 ff.

Ganz andere wirtschaftliche Möglichkeiten zur Anlage einer großen Bibliothek besaß das Kloster Altzelle. Von seinem *in cella hospitum* geschriebenen Sammelband, der nahezu ausschließlich Jakobs Werken gewidmet ist, war oben schon die Rede[276]. Der spätere Prior Michael Schmeltzer schrieb Jakobs Ars moriendi, schon in dem Sammelband enthalten, noch einmal ab[277]. Hinzu kamen ferner eine Predigt De sancta Anna und ein nicht näher betitelter *devotus tractatus*[278], De potestate daemonum[279], Sermones de sanctis[280] und De venditione et reemptione[281]. Die Altzeller Mönche, unter denen viele studierte Leute waren[282], interessierten sich z. B. für den sonst seltener überlieferten Liber quaestionum; indem sie in den gleichen Band Jakobs Ars moriendi samt Hagens Antwort auf diese Schrift aufnahmen[283], rezipierten sie auch die Ars moriendi mehr als ein Werk theologischer Diskussion denn erbauender Meditation[284].

Die Dominikaner in Bamberg besaßen einen Codex mit sieben Schriften Jakobs wenige Jahre nach der Einführung der Reform[285]; aus dem Lüneburger Franziskanerkloster, das 1490 unter der Obhut der Benediktiner des Michaelisklosters den Observanten endgültig übergeben wurde, stammt eine Handschrift mit neun Werken Jakobs, darunter der Rede vor dem Generalkapitel der Bursfelder Benediktiner über die Klosterreform[286] — die Lüneburger Benediktiner besaßen selber zwei Bände mit Schriften des Kartäusers[287]. Ihre Vermittlung durch die Benediktiner an die Franziskaner wäre hier sehr wohl denkbar.

In den aufgeführten Fällen ist die Rezeption deutlich durch die Menge und die Bedeutung der Traktate unterschieden von dem Vorkommen vereinzelter und weniger charakteristischer Schriften, etwa der über den Ju-

---

[276] S. oben S. 29, 55.
[277] Leipzig, UB Cod. 204; zur Bibliotheksgeschichte SCHMIDT, Beiträge 1 S. 201—272.
[278] SCHMIDT, Beiträge S. 244 Nr. 33, S. 245 Nr. 36. Die als auf dem XII. Pult *sub littera M* befindlich verzeichneten *Diversi tractatus* (S. 249 Nr. *23) sind der Sammelband Leipzig, UB Cod. 621.
[279] Ebd. S. 249 Nr. *24.
[280] Ebd. S. 250 Nr. *20.
[281] Ebd. S. 252 Nr. ** 24.
[282] F. WINTER, Die Cistercienser des nordöstlichen Deutschlands 3. 1871 S. 74.
[283] S. unten S. 203 ff.
[284] Vgl. die Rezeption der Ars moriendi in Klus, unten S. 203.
[285] Zur Reform des Klosters in den 1460er Jahren s. G. M. LÖHR, Die Teutonia im 15. Jahrhundert (QForschDominO 19) 1924 S. 15; die Hss.: Bamberg, SB Cod. theol. 116 (Qu. III. 9) von 1477, Cod. theol. 55 (Qu. III. 23), Cod. theol. 227 (Qu. V. 3).
[286] Lüneburg, StB Cod. theol. Fol. 65; die Provenienz bei P. LEHMANN, Mitteilungen aus Handschriften 4 (SbbBayerAkad 1933 H. 9) S. 50 f. Zur Reformierung des Klosters F. DOELLE, Die Observanzbewegung in der sächsischen Franziskanerprovinz (Mittel- und Ostdeutschland) bis zum Generalkapitel von Parma (RefGeschichtlStud 30/31) 1918 S. 30—42.
[287] Göttingen, UB Cod. Luneb. 36, Cod. Luneb. 40.

biläumsablaß[288] oder über die Geistererscheinungen[289], die den Lesern wohl zur Information über den jeweils behandelten Gegenstand dienen, aber nichts von der Spiritualität des Autors und seines Ordens vermitteln sollten. Dazwischen gibt es eine größere Zahl von Lesern, die zwar ein für Jakobs Spiritualität bedeutenderes Werk, etwa den Oculus religiosorum oder das Quodlibetum statuum humanorum besitzen, wo aber weder die Quantität der rezipierten Werke noch die Situation des Rezipienten Rückschlüsse auf das Motiv der Aneignung und damit die Bedingungen des Verständnisses erlauben, so daß dieses vereinzelte Vorkommen der Werke des Kartäusers zu ihrer rezeptionsgeschichtlichen Auslegung nicht mehr beiträgt als zu dokumentieren, daß sie vielerorts zum allgemeinen, nicht besonders herausgehobenen Literaturbestand gehören[290], aus dem sie dann später allmählich verschwinden.

Die Mitglieder der Universität Erfurt, die zu der Zeit, als Jakob in der Kartause auf dem Salvatorberg lebte, seine Schriften sich verschafften, gehörten verschiedenen Fakultäten an: der Artistenfakultät, der juristischen und der theologischen Fakultät. Aber die Auswahl der von ihnen rezipierten

---

[288] Dieser Traktat ist z. B. das einzige erhaltene Werk Jakobs in der Dombibliothek zu Hildesheim (Trier, DB Cod. 25) oder bei den Kanonikern in Leiderdorp (Wolfenbüttel, Cod. 338 Gud. lat. Qu.); auch aus der Bibliothek des Braunschweiger St. Blasius-Domes ist nur dieser Traktat erhalten (Wolfenbüttel, Cod. 42. 3. Aug. Fol.), doch gestattet das Inventarium von St. Blasius aus dem 16. Jahrhundert die vereinzelte Überlieferung zu ergänzen: die Bibliothek enthielt noch das Speculum restitutionis in einer Hs. und das Quodlibetum statuum humanorum im Druck (Wolfenbüttel, Cod. 16 Extr. Fol. fol. 96 v, 98 v). Die hs. Rezeption geht hier also über kirchenrechtliche Interessen nicht hinaus.
[289] Vgl. oben S. 51.
[290] Dazu sind zu zählen die Zisterzen Bottenbroich (Düsseldorf, LB Cod. B 186), Leubus (Breslau, UB Cod. IV. Oct. 7), Marienfeld (Münster, UB Cod. 167; Verlust), Pelplin (Pelplin, SemB Cod. 301), Riddagshausen (Wolfenbüttel, Cod. 35. 1. Aug. Fol.), Salem (Heidelberg, UB Cod. Salem. 8. 37; Kopenhagen, KB Ink. Nr. 2148, Hain *9331); die Dominikanerklöster in Basel (Basel, UB Cod. A. I. 37), Breslau (Breslau, UB Cod. I. Fol. 283, Cod. IV. Fol. 58), Bunzlau (Breslau, UB Cod. I. Fol. 78), Eichstätt (MBK 3 S. 199 Z. 14; Eichstätt, SB Ink. Nr. 541, Cop. 3332), Maria Mödingen (Hain *9346, I. HUBAY, Incunabula aus der staatlichen Bibliothek Neuburg/Donau. 1970 Nr. 339), Nürnberg (Nürnberg, StB Cod. IV. Cent. 25); Schweidnitz (Breslau, UB Cod. I. Fol. 496), Soest (Münster, UB Cod. 471, Verlust); die Franziskanerklöster Bamberg (Bamberg, SB Cod. theol. 121 [Qu. IV. 57]), Braunsberg (Hain *9336, *9341, s. I. COLLIJN, Katalog der Inkunabeln der Kgl. Universitätsbibliothek zu Uppsala. 1907 Nr. 765 f., Legate des Leipziger Theologieprofessors Thomas Werner, gest. 1498), Braunschweig (Braunschweig, StB Cod. 107), Breslau (Breslau, UB Cod. I. Fol. 378), Danzig (Danzig, StB Cod. XX. B. Qu. 378), Hamm (Berlin, PK Cod. theol. lat. Oct. 37), München (clm 8857, clm 9105), Weilheim (clm 21751); die Prämonstratenser in Arnsberg (Münster, UB Cod. 179, Cod. 471; Verlust); die Karmeliter in Augsburg (Augsburg, SB Cod. 286, vgl. MBK 3 S. 33), Boppard (Koblenz, SA Abt. 701/163), Heilbronn (Stuttgart, LB Cod. theol. et phil. Qu. 203); die Augustinereremiten in Erfurt (Berlin, PK Cod. lat. Qu. 736); die Propstei Denkendorf des Heilig-Grab-Ordens (Sermones, De contractibus, s. S. M. HERESWITHA, Ein Bibliothekskatalog der Propstei Denkendorf der Kanoniker vom Orden des Hl. Grabes (Bibl-Wiss 4. 1967 — S. 16—72) S. 35, 55).

Werke zeigt in der Regel ein Interesse, das über das an ihrem Fach hinausgeht. Konrad Hensel macht eine Ausnahme. Seine Handschrift vereinigt Prüfungsstoff, was sogleich mit dem Besitzeintrag vermerkt wird: *Liber Magistri Conradi Hensel de Cassel, quem comparavit ex resumpcione pro magisterio*[291]. Der Band enthält u. a. Vorlesungen Erfurter Professoren, die Wiedergabe von Quodlibetdiskussionen der Jahre 1446 und 1448 und Jakobs Traktat De anno iubilaeo. Der Ablaß ist denn auch eines der Hauptthemen, ein anderes das Wilsnacker Wunderblut. Zwei Handschriften aus Kremsmünster[292] und eine des Erfurter Studenten Petrus Herlingk[293] stellen ebenfalls das Quodlibet von 1446 und Jakobs De anno iubilaeo zusammen — der Ablaß war 1446 Gegenstand der Quodlibetdiskussion gewesen. Herlingks zweites Thema waren die Rückkaufverträge; Jakobs Traktat darüber steht zwischen der einschlägigen Literatur. Doch während Hensels Band ganz auf den Prüfungsstoff ausgerichtet ist, enthält die Handschrift Herlingks drei Traktate Jakobs, die nicht sein wissenschaftliches Thema berührten. Der Magister Andreas Soteflesch hatte zwar keinen theologischen Grad erworben, aber seine Handschriften zeigen ein lebhaftes Interesse an der Theologie, das ihn veranlaßte, sich sowohl Johannes Hagen als auch Jakob zuzuwenden[294]. Der doctor utriusque iuris Simon Baechz aus Homburg, 1457 Rektor der Universität Erfurt, danach lübischer Stadtsyndikus, besaß zwei Handschriften mit mehr als zwanzig Traktaten des Kartäusers[295], darunter vielem, was sein Fachgebiet als Jurist berührt, aber auch die Schriften Igniculus devotionis, De statu securiore incedendi in hac vita, Colloquium hominis ad animam suam und ähnliche, welche die monastische Spiritualität, aber keines der beiden Rechte betreffen. Dagegen erscheint die Auswahl, die der Lizentiat beider Rechte Johannes Kremer von Elspe

---

[291] Trier, StB Cod. 611/1548 fol. 1 r. C. Hensel imm. in Erfurt Ostern 1450. s. WEISSENBORN, Acten 1 S. 223 Z. 12; imm. in Leipzig als bacc. Erf. Sommer 1451, s. ERLER, Matrikel Leipzig 1 S. 174; mag. art. in Erfurt 1454, s. KLEINEIDAM, Universitas 1 S. 372 Nr. 392; Werke von Hensel enthält u. a. Kassel, LB Cod. Fol. 105, dort auch biographische Notizen; im übrigen KLEINEIDAM, Universitas 2 Reg. s. v.
[292] Kremsmünster, StiB Cod. 18, Cod. 175, vgl. L. MEIER, Die Rolle der Theologie im Erfurter Quodlibet (RéchThéolAncMédiév 17. 1950 — S. 283—302) S. 287 f.
[293] Mainz, StB Cod. II. 222; zur Provenienz s. oben S. 55. Herlingk wird imm. in Erfurt 1446, s. WEISSENBORN, Acten 1 S. 210 Z. 11, stirbt 1499 in der Mainzer Kartause, s. J. SIMMERT, Die Geschichte der Kartause zu Mainz (BeitrrGStadtMainz 16) 1958 S. 38.
[294] Vgl. oben S. 100.
[295] Lübeck, StB Cod. theol. lat. 64, Cod. theol. lat. 65. Über Simon Baechtz s. KLEINEIDAM, Universitas 1 S. 319 u. ö.; zur dort genannten Lit. ferner W. WATTENBACH, Gedichte aus einer Lübecker Handschrift (Germania. VjschrDtAltKde 17 N Reihe 5. 1872 — S. 181); P. KARSTEDT, Eine Erfurter Handschriftenwerkstatt im ausgehenden Mittelalter (ZblBiblWesen 53. 1936 — S. 19—29) S. 19; P. KAEGBEIN, Deutsche Ratsbüchereien bis zur Reformation (BeihhZblBiblWesen 77) 1950 S. 35 f.; C. CURTIUS, Über eine Pliniushandschrift in Lübeck (Historische und philologische Aufsätze Ernst Curtius gewidmet. 1884) S. 336.

traf, ein wenig enger[296]. Tilmann Ziegler, Jurist, lange Jahre Protonotar der Stadt Erfurt, mehrmals Rektor der Universität, 1451 durch Nikolaus von Kues zum Exekutor der Reform der Erfurter Klöster ernannt, besaß Jakobs Ars moriendi[297].

Die großen Sammlungen, welche die Erfurter Theologen Wilhelm Tzewers[298] und Johannes Langediderik[299] sowie der Leipziger Petrus Rode[300] zusammenbrachten, weisen ebenfalls über das wissenschaftliche Fachinteresse hinaus. Eine Marginalie Tzewers' zu seiner Kopie des letzten, unvollendeten Werkes Jakobs, des Scrutinium Scripturarum, gibt nähere Auskunft: *Istud fuit ultimum* (sc. *opus*) *bone memorie doctoris Jacobi; quia senio gravatus non presumpsit aggredi aliquod singulare opus, sed cum occurrebat aliquid ex se aut aliis, addidit* (zwei unleserliche, stark abgekürzte Worte folgen) *... avisamentum Scrutamini scripturas. Sic istud opus mansit imperfectum cum informacione, quomodo Ego pauper novellus sacerdos me habere deberem post longum studium in novo sacerdocio circa licenciaturam in theologia et feliciter requiescant omnes amici et fautores Wilhelmi*[301]. Jakob schreibt demnach nicht für das *studium* der theologischen Wissenschaft, sondern für die geistliche Bildung des *novellus sacerdos;* dieses Motiv, das Jakob zum Abfassen des Scrutinium Scripturarum veranlaßte, muß auch als ein Motiv des Rezipienten Tzewers bei der Anlage seiner vierbändigen Sammlung der Werke Jakobs in Betracht gezogen werden.

In derselben Lage wie Tzewers befand sich Petrus Rode, als er sich vor dem Abschluß eines einundzwanzigjährigen Studiums durch das Lizentiat der Theologie fast zwanzig Traktate Jakobs verschaffte, darunter z. B. De mystica theologia, De dignitate pastorum et cura pastorali. Der Band des Johannes Langediderik, Doktor der Theologie von 1453, offenbart besonderes Interesse an der Mönchsreform und am Kartäuserorden. Er enthält u. a. die Formula reformandi religiones, De causis deviationis religiosorum, De scrupulosis in regula Sancti Benedicti, Jakobs Lobschrift auf seinen eigenen Orden, dazu Rechtliches und Geschichtliches über die Kartäuser. Nimmt

---

[296] Berlin, PK Cod. theol. lat. Fol. 174 (Speculum restitutionis, De apparitionibus animarum, Quodlibetum statuum humanorum), beschrieben bei L. MEIER, Lebensgang und Lebenswerk des Erfurter Franziskanertheologen Kilianus Stetzing (FranziskStud 23. 1936 — S. 176—200, 265—295) S. 180 ff. — Zur Person: imm. in Erfurt 1460, s. WEISSENBORN, Acten 1 S. 281 Z. 37, S. 290 Z. 20; mag. art. 1466, s. KLEINEIDAM, Universitas 1 S. 376 Nr. 532; Rektor 1481, s. WEISSENBORN, Acten 1 S. 384; gest. 1508 laut Notiz auf der Innenseite des Vorderdeckels der genannten Hs.

[297] Berlin, PK Cod. germ. Fol. 643; zur Person s. KLEINEIDAM, Universitas 1 S. 308; Johannes Busch, Liber de reformatione monasteriorum S. 473, 739.

[298] S. oben S. 89.

[299] Kopenhagen, KB Cod. Kgl. Fol. 78; s. oben S. 44.

[300] S. oben S. 59.

[301] Berlin, PK Cod. theol. lat. Fol. 704, p. 210.

man aber zu diesem primär gerade nicht wissenschaftlich orientierten Interesse hinzu, daß Jakob auch mit Peregrinus Goch wissenschaftliche Diskussionen führte, von der theologischen Fakultät einige seiner Schriften bestätigen ließ und in einer Reihe mit den Professoren dieser Fakultät zum Wilsnacker Streit ein Gutachten abgab, so erhellt daraus, daß der Autor für seine Leser aus dem Bereich der Universität sowohl als der gelehrte Professor als auch der Lehrer der Spiritualität Bedeutung besaß, etwa im Sinne einer ‚Einheit der Theologie', die als theologisches Konzept den Aufbau des Bibliothekskataloges der Erfurter Kartause bestimmt[302].

---

[302] Vgl. oben Anm. 6.

III. Rezeption als Selektion

1. Rezeption der akademischen und konziliaristischen Schriften

Hinter der ‚Überlieferung der Werke', wie sie L. Meier verzeichnet hat, verbirgt sich der geschichtliche Vorgang ihrer Rezeption durch Leser bzw. Lesergruppen, die aus einem spezifischen Interesse heraus sich die Werke aneignen. Sie bilden die „Öffentlichkeit", in der die Werke ihre Wirkung entfalten und ihre geschichtliche Bedeutung erlangen. Die Rezeption ist ein zeitlich, räumlich und sozial, d. h. auf bestimmte Personenkreise begrenzter Vorgang, dessen Grundzüge in den zwei vorangehenden Abschnitten herausgearbeitet wurden.

Aber nicht nur der Kreis der Rezipienten ist begrenzt, vielmehr grenzt ihr Interesse selber die Zahl der rezipierten Werke ein, da es nicht auf die gesamte literarische Produktion des Autors gleichermaßen gerichtet ist. Einige Werke werden vom Publikum beiseite gelassen, andere bevorzugt gelesen. Daher ist die rezeptionsgeschichtliche Auslegung, die in der Rezeption vollzogene Interpretation, zugleich ein die Produktion des Autors selbst betreffender Selektionsvorgang, durch den das Publikum über die geschichtliche Bedeutung des Autors wesentlich mitbestimmt und ihn zugleich interpretiert.

Die akademischen Schriften, die von der Lehrtätigkeit Jakobs herrühren wie z. B. der Sentenzenkommentar, auf welche der Autor selber so viel Wert legte, daß er sie trotz der Gewissensbedenken hinsichtlich des Eigentumsrechtes von Mogiła nach Erfurt mitnahm, sind außerhalb der Kartause nicht mehr gelesen worden; das Publikum des *Kartäusers* hat sie nicht zur Kenntnis genommen. Dennoch spielt der akademische Grad Jakobs für die Rezeption aller späteren Schriften eine hervorragende Rolle. Die Bezeichnung des Autors als *eximius doctor sacre theologie Jacobus Carthusiensis* oder ähnliche sind in den Handschriften und Drucken gang und gäbe. Der Titel eines *doctor theologie* verschaffte den Schriften seines Trägers besondere Autorität, da die Verleihung dieses Grades durch päpstlich approbierte Universitäten die — an die Orthodoxieverpflichtung des Lizenztiateneides gebundene — Befähigung zu autorisierter Schriftauslegung beinhaltete.

Geiler und Luther pochen auf diese Befähigung[1]. Jakob begreift sie als Verpflichtung, dem Auftrag seines Abtes in Mogiła nachzukommen und das große Doppelwerk (Dialogus religiosorum und Liber quaestionum de diversis materiis) über das Mönchtum abzufassen: *Inducit me ad hoc suscepti nominis sacre theologie professoris dignitas...*[2]. Johannes Busch wendet sich in der oben genannten Zweifelsfrage an den *doctor Jacobus in Carthusia*[3] und noch Trithemius zeigt sich über das besondere Ansehen wohl informiert, das Jakob gerade bei den Bursfeldern genossen hat, wenn er im Catalogus der deutschen Schriftsteller mitteilt: *scribendo et disserendo fama divulgatus usque adeo nomen doctoris obtinuit, ut eius verba scriptaque quasi pro Appollinis oraculo haberentur*[4].

So sehr der akademische Titel des Autors die Rezeption seiner Werke, die von der Kartause ausgeht, gefördert haben wird, so sehr scheint jedoch der Ordenswechsel des Professors der Verbreitung seiner Werke in Polen, von der Zisterze aus, entgegengestanden zu haben. Das Ausscheiden eines Theologieprofessors war für den Orden zumal in der Konzilszeit ein außerordentlich schmerzhafter Verlust. Der Chronist von Mogiła kann sich den Übertritt Jakobs zu den Kartäusern nicht wie diese mit dem Verlangen nach einer vollkommeneren Lebensweise[5], sondern nur als Einflüsterung des Teufels erklären, der eben hervorragende Männer immer verfolge[6].

Die Zisterzienser hatten auf dem Konstanzer Konzil feststellen müssen, daß sie nur sehr wenige Doktoren der Theologie in ihren Reihen zählen konnten, und hatten deswegen noch am Konzilsort Anordnungen getroffen, um diesem Mangel abzuhelfen: *Attento etiam, quod ordo noster et signanter in partibus Germaniae paucissimos doctores et magistros habet, prout liquide claruit et claret in presenti generali Concilio Constantiensi, idcirco in virtute salutaris obedientiae omnibus et singulis Abbatibus dictarum provinciarum districtissime inhibemus, ne scolares suos dispositos ad acceptandum gradus magisterii ante assecutionem ipsius gradus a studio revocare praesumant.*

Ziel dieser Maßnahme war es, in jeder Provinz mehrere oder zumindest einen Professor der Theologie zu besitzen[7]. Für Polen wurde gleichzeitig die

---

[1] DOUGLASS, Justification S. 81 f.; zum Lizentiateneid vgl. HERDING, Jakob Wimpfeling-Beatus Rhenanus S. 25 f.

[2] Leipzig, UB Cod. 621 fol. 3 r.

[3] S. oben S. 51.

[4] Trithemius, Catalogus illustrium virorum S. 158.

[5] Vgl. die Vita Jakobs von Volradi, LE VASSEUR, Ephemerides 1 S. 549; ähnlich die Bemerkung in Breslau, UB Cod. I. Fol. 280 fol. 420 r u. Jakob der Kartäuser, Confessionale, Nürnberg, H. Holtzel, 1520 fol. 2 r.

[6] Chronicon monasterii Claratumbensis, abgedruckt bei FIJAŁEK 2 S. 121 f.

[7] Codex diplomaticus Universitatis studii generalis Cracoviensis 1 (1365—1440). Krakau 1870 S. 116 f.

Bestimmung getroffen, daß alle Äbte der Provinzen von Magdeburg bis Riga und Prag ihre Scholaren in das dem Abt von Mogiła unterstellte Krakauer Studienhaus zu senden hätten. Der erste dieser Scholaren, der den theologischen Doktorgrad erreichte, war Jakob von Paradies. Das geht aus seiner eigenen Ansprache hervor, die er gehalten hat anläßlich seiner „Berufung" *usque ad apicem summi magisterii in sacra theologia: quod quidem inter compares meos religiosos mei ordinis, nedum in hoc regno, immo in pluribus regnis in Alemannia rarissimum est, aliquem scilicet de meis fratribus ad hunc gradum pertigisse, quod soli mihi hucusque divina auspice gratia conspicio reservatum*[8].

1443, in dem Jahr, in welchem Jakob — *petita licentia ab abbate quamvis non obtenta*[9] — zu den Kartäusern übergetreten war, verkündete das Generalkapitel der Zisterzienser, man habe zwischen dem eigenen und dem Kartäuserorden die Übereinkunft getroffen, Übertretende fortan nur mit Erlaubnis des früheren Ordensoberen aufzunehmen. Daß die Zisterzienser gerade den Übertritt von Graduierten verhindern wollten, an denen immer noch Mangel herrschte, geht daraus hervor, daß das gleiche Generalkapitel 1443 immer noch mit Nachdruck auf die Freistellung von Mönchen für das Universitätsstudium dringen mußte: *quia Ordinis honor in graduatis dependet*[10]. Dieser Ehre hatte Jakob durch seinen Übertritt zu den Kartäusern geschadet. So spricht der Chronist von Mogiła, Nikolaus von Krakau, 1504/1505 zwar mit rühmenden Worten über Jakobs schriftstellerische Tätigkeit, aber er meint offenbar nur die in der Zisterzienserzeit entstandenen Schriften; denn er erwähnt sie vor dem Ordenswechsel. Von Werken aus der Erfurter Zeit berichtet er hingegen nichts, vermerkt lediglich, daß Jakob im Tode, *dolore intrinseco percussus,* anderen abgeraten habe, die Stelle, an die sie berufen seien, im Stich zu lassen[11].

Wie die akademischen Schriften blieben auch die zur Theorie des Konziliarismus, das Krakauer Gutachten über die Superiorität des Konzils (Determinatio de ecclesia) und die Rede zum gleichen Problem, mit welcher Jakob im Auftrag der Universität den Legaten des Basler Konzils in Krakau empfangen hatte, den späteren Lesern des Kartäusers unbekannt. Die konziliaristische Gesinnung des Autors konnte ihnen jedoch keineswegs verborgen bleiben. Denn Jakob gibt ihr z. B. im Traktat De septem statibus

---

[8] Fragment, abgedruckt bei KLÜPFEL, Vetus bibliotheca ecclesiastica S. 169 f.; MARKOWSKI, Spis osób S. 224.

[9] KLAPPER, Johannes Hagen 2 S. 90.

[10] J. M. CANIVEZ, Statuta capitulorum generalium ordinis Cisterciensis 6. Louvain 1936 S. 539 Nr. 73. Ähnliche Bestimmungen bezüglich der Benediktiner wurden 1441 verkündet, ebd. S. 513 Nr. 68. Die entsprechende Bestimmung von kartäusischer Seite findet sich in Statuta et privilegia ordinis Cartusiensis. Basel, Amerbach, 1510 fol. 48 r.

[11] S. oben S. 125.

ecclesiae oder im Avisamentum ad papam pro reformatione ecclesiae sehr deutlichen Ausdruck. Mit dem Scheitern des Basler Konzils hatte die Debatte über die Superiorität an Aktualität verloren und mit ihr das Schrifttum, welches diese Frage diskutierte. Jakob erschienen 1449 andere Aufgaben dringlicher als die Fassung neuer Reformbeschlüsse; davon gebe es nunmehr einen ‚dichten Wald'; nötig sei vielmehr die *debita executio* der *canones*, die freilich auch nur ein Konzil gewährleisten könne, da sie beim Papst in schlechten Händen sei; denn dieser müsse es zunächst einmal unterlassen, Verfügungen zu treffen, die den *canones* der Konzilien zuwiderliefen [12]. Die Auflösung des Konzils habe zwar zur Einheit geführt, aber — und daran läßt Jakob selbst im *Avisamentum* an den Papst keinen Zweifel — unter einem unreformierten Haupt. Somit blieb nur die Teilreform, „die Selbstreform der Glieder" [13]. Die Schriften Jakobs, die diesem Ziel dienen, fanden die meisten Leser.

2. Rezeption der monastischen Schriften

Diejenigen „Glieder", deren Reform die Mehrzahl der Schriften Jakobs gewidmet ist, sind erwartungsgemäß die Mönche. Seine schon in Mogiła entstandenen Werke für den Mönchsstand, namentlich der Dialogus de temptatione et consolatione religiosorum, haben erst als Werke des Jacobus *Carthusiensis*, d. h. erst seit sie von der Erfurter Kartause aus rezipiert wurden, beim Publikum Erfolg gehabt [14]. Denn die Autorität dieser Schriften wuchs offenbar wesentlich, seit sie mit dem Signum des angesehensten aller Orden versehen worden waren [15]. Die Handschriften vermerken Jakobs Zugehörigkeit zum Kartäuserorden noch regelmäßiger als seinen akademischen Grad. Die Rezeption seiner Schriften scheint begünstigt und mitgetragen von der Ausstrahlungskraft seiner Kommunität. Aber zweifellos liegt hier eine Wechselwirkung vor. Denn der Einfluß zumindest der Erfurter Kartause wird durch Jakob wesentlich vergrößert, von Johannes Hagen dann noch einmal erweitert [16]. Vor Jakobs Eintritt in das Erfurter Kloster sind zu der der Kartause am engsten verbundenen Mönchsgruppe, den Bursfeldern, keine Beziehungen nachweisbar; nach seinem Tode reißen die Verbindungen aber auch nicht ab [17].

---

[12] Avisamentum ad papam, Dresden, LB Cod. P. 42 fol. 198 r.
[13] JEDIN, Geschichte des Konzils von Trient 1 S. 111.
[14] S. oben S. 46 ff.
[15] Vgl. das von RÜTHING, Der Kartäuser Heinrich Egher von Kalkar S. 9 angeführte Zitat aus der Koelhoffschen Chronik.
[16] S. unten S. 233 f. [17] KLAPPER, Johannes Hagen 1 S. 113 ff.

Dem Selbstverständnis des Kartäuserordens entsprechend zeichne dieser sich vor anderen dadurch aus, daß er konsequenter auf das Ziel des kontemplativen Mönchtums, die *unio* mit Gott, ausgerichtet sei; das mache seine größere *perfectio* aus: *Nulli est ambiguum inter alias religiones illa singulari preeminencia ceteras precellere, que circa hec versatur, que immediacius eam inducunt ad conspectum sui creatoris; quanto enim aliquid est fini propinquior, tanto eligibilior ex tercio topicorum*[18]. Darum betrachtet Jakob die *religio Cartusiensis* schlechthin als den Orden der *mystica theologia: tota forma huiusmodi contemplacionis a sanctis eorum institutionibus est formaliter impressa et expressa, soli in cella, vacui a curis, resecatis superfluis, necessariis provisis, curiositatibus abscisis, scripturis sufficienter instructis, a turbis secularium remotis, deo et sibi vacantibus*[19].

Damit sind Weg und Ziel der Kartäuser klar von denen anderer abgegrenzt. Zwar sei der *finis generalis* aller *religiones* die *perfectio*, wie sich aus der Verwendung derselben drei Gelübde in allen Orden ergebe; aber der *finis particularis* sei verschieden: *alia enim instituta est ad militandum contra impugnantes ecclesiasticam pacem, alia ad opera pietatis, hospitalitatis et susceptionis peregrinorum, alia ad docendum, predicandum, animarum curam gerendum, alia postpositis omnibus istis se applicat ad ocium sancte contemplacionis, deo et sibiipsi vacare intendens, immediate deo se uniens et continue dissolvi habens desiderium et esse cum Christo, non in enigmate et in spe ut in presenti exilio, sed facie ad faciem et in re*[20]. Die Orden mit dem zuletzt genannten *finis particularis* sind die *contemplativi*: an erster Stelle die *Carthusienses*, dann auch *Cistercienses, Benedictini et similes*[21], den Kartäusern wegen deren größerer Konsequenz nachgeordnet.

Nach den Vorschriften der Consuetudines sollten die Kartäuser, ohne die Kontemplation zu gefährden, dennoch predigen: *manibus*, durch das Schreiben von Büchern als den *veritatis precones*[22]. Diese Vorschrift bezieht sich, wie der Kommentar zu den Consuetudines von Le Masson († 1703), einer lange geübten Praxis gegen Widerspruch aus den eigenen Reihen Rechnung tragend, festhält, nicht allein auf die Verbreitung überlieferter, sondern auch auf die Hervorbringung neuer Werke[23]. Welcher Art die von seinem Orden zu verbreitende Literatur sein sollte, deutet der Basler Kartäuser Heinrich Vullenho an, als er 1466 und 1467 seine Kopiertätigkeit

---

[18] Jacobus Carth., Ad Carthusienses, Dresden, LB Cod. P. 42 fol. 26 r.
[19] Jacobus Carth., De mystica theologia, Wolfenbüttel, Cod. 83. 26. Aug. Fol. fol. 48 v.
[20] Vgl. Phil. 1, 23. — Jacobus Carth., Ad Carthusienses, Dresden, LB Cod. P. 42 fol. 25 v.
[21] S. z. B. unten S. 224.
[22] Guigo, Consuetudines cap. XXVIII, Migne PL 153 Sp. 693—696.
[23] Ebd. Sp. 694.

mit der Vorschrift Guigos begründet: *manibus ... predicemus, videlicet scribendo libros edificatorios, exhortatorios et devotos*[24]. Von den Kartäusern sollten demnach keine streng wissenschaftlichen Werke, sondern „erbauende", zur Frömmigkeit anleitende Bücher verbreitet werden, die der spezifischen kontemplativen Spiritualität des Ordens Ausdruck verleihen. Eben solche Anleitungen zur Lostrennung von der „Welt", zum *ocium sanctum contemplacionis* und *desiderium dissolvi et esse cum Christo* haben die Rezipientengruppen, die den Kern der Leserschaft Jakobs bilden — Kartäuser, reformierte Benediktiner und Kanoniker — bevorzugtes Interesse entgegengebracht. Der Verfasser des Reinhausener Verzeichnisses nennt die Eigenschaft der Schriften Jakobs, zur *vita spiritualis* und zur *devotio* anzuleiten — und zwar *miro modo,* in besonders klarem, ansprechenden Stil —, als das Motiv für seine bibliographischen Bemühungen, durch die er die Rezeption der Werke Jakobs fördern will[25]. In die gleiche Richtung weist die Charakterisierung, die der Chronist aus Sagan vornimmt[26]. Auch dort, wo solche Äußerungen nicht vorliegen, zeigt die quantitative Rangfolge der in den Gruppen rezipierten Werke das vorrangige Interesse an der monastischen Spiritualität. Am häufigsten wurde hier die Ars moriendi gelesen[27] — ihre spirituelle Ausrichtung wird unten noch untersucht werden —, danach folgen mit einigem Abstand der Oculus religiosorum, der Dialogus de temptatione et consolatione religiosorum, De malo huius saeculi, aber auch De animabus exutis a corporibus; annähernd so häufig sind De cogitationibus et earum qualitate, De veritate dicenda vel tacenda, Igniculus devotionis, De statu et officiis ecclesiasticorum; wiederum mit leichtem Abstand folgen De missis votivis pro defunctis, De erroribus et moribus christianorum, De statu securiore incedendi in hac vita, Quodlibetum statuum humanorum und De anno iubilaeo. Insgesamt sind die Schriften zur Spiritualität etwa zwei- bis dreimal so häufig vertreten wie diejenigen, die moraltheologische, rechtliche oder andere, nicht auf das monastische Leben bezogene Fragen behandeln.

Dieser Befund ist keineswegs identisch mit dem Bild, das sich aus der quantitativen Rangfolge aller überlieferten Werke überhaupt ergibt. Letztere spiegelt das Interesse der Rezeption jenes breiter gestreuten Publikums, das sich jeweils nur eines oder einige wenige Werke des Kartäusers aneignete. Denn außerhalb des engeren Kreises der Rezipientengruppen war Jakob in erster Linie der Autor der Schriften De animabus exutis a corporibus und De anno iubilaeo, und zwar zumeist ohne den Kontext der kartäusischen *libri devoti.* Somit heben sich die zuvor herausgearbeiteten

---

[24] S. oben S. 64.   [25] S. oben S. 66.   [26] S. oben S. 116 f.
[27] Die Rezipienten der Ars moriendi sind gesondert zusammengestellt unten S. 201 ff.

Rezipientengruppen sowohl durch die Quantität der rezipierten Werke als auch durch die Art ihres Interesses von den übrigen Rezipienten deutlich ab.

Das Interesse der reformierten Benediktiner und Kanoniker an den Schriften Jakobs über die monastische Spiritualität ist ein Ausdruck ihres Reformwillens. Die Benediktiner sind den Kartäusern durch den gleichen *finis particularis* verbunden und verwenden zu seiner Erreichung verwandte Bestimmungen *(instrumenta)*[28], unter denen die *solitudo*, die strenge Absonderung von der „Welt" die wichtigste, das Verbot des Fleischgenusses, auf das Nikolaus von Kues anspielte[29], keineswegs die unwichtigste ist — Bernhard von Waging nennt in einem Brief an Nikolaus von Kues den *esus carnium* als einen hervorragenden Grund für seinen Übertritt von den Chorherren zu den Benediktinern in Melk[30]. Die Verbindung der benediktinischen Reformbewegung mit den Kartäusern schlug sich zwar nicht in einer Adaption der Consuetudines nieder — die Reform ging vielmehr von der konsequenten Anwendung der Benedictina aus, die am Vorbild der Zisterzienser orientiert ist[31] —, aber zur Stützung ihrer Reform nahmen sie die Hilfe der ihnen verwandten Kartäuser in Anspruch. In der Umgebung Bursfeldes, das die Werke Jakobs an die meisten anderen benediktinischen Rezipienten weitervermittelte, fand sich kein observantes Kloster gleichgerichteter Spiritualität, das eben solche Hilfe bei der Erneuerung hätte leisten können wie die Erfurter Kartause.

Der Einfluß des Kartäuserordens auf die Devotio moderna, besonders auf ihren klösterlichen Zweig, scheint noch unmittelbarer gewirkt zu haben. Angeregt durch seine Studien zur Schreibtätigkeit der Münsterischen Fraterherren fragte Wolfgang Oeser, ob nicht manche Lebensgewohnheiten der Brüder von den Kartäusern beeinflußt seien, zumal Geert Groote das Jahr nach seiner Bekehrung in der Kartause Monnikhuizen verbracht habe[32]. Etwa gleichzeitig machte J. Lourdaux in einem Aufsatz mit dem prägnanten Titel „Kartäuser — Moderne Devoten, ein Problem der Abhängigkeit"[33] auf einige wörtliche Übernahmen aus den Kartäuserstatuten in die Windesheimer Consuetudines aufmerksam, die das strenge Stillschweigen und die Handarbeit, näherhin die Schreibtätigkeit betreffen. Sie bringen,

---

[28] Jacobus Carth., Ad Carthusienses, Dresden, LB Cod. P. 42 fol. 25 v: *Ex quo vero hec, de quibus predictum est, secundum doctorum sententiam instrumenta sunt perfectionis, non essentialiter ipsa perfectio, ad quam per hec tanquam per media quilibet religiosus debet tendere tanquam ad finem.*

[29] S. oben S. 111.

[30] Brief vom 18./21. 4. 1454, VANSTEENBERGHE, Autour de la Docte ignorance S. 136 f.

[31] J. ZELLER, Das Provinzialkapitel im Stifte Petershausen im Jahr 1417 (StudMittBened NF 10. 1922 — S. 1—73) S. 1 ff.; vgl. oben S. 108 Anm. 204.

[32] OESER, Die Handschriftenbestände Sp. 207.

[33] J. LOURDAUX, Kartuizers-Moderne Devoten, een problem van afhankelijkheid (Ons Gestelijk Erf 37. 1963 — S. 402—418).

wie Lourdaux ausführt, eine Verwandschaft der Spiritualität zum Ausdruck, deren Kernstück die *solitudo* ist; sie zu bewahren dient die eigene Handarbeit, die im Abschreiben liturgischer Bücher und asketischen Schrifttums bestehen soll, weil dies die Selbstheiligung fördere und zugleich eine Form des Apostolates darstelle, welche die *solitudo sancta*[34] und die auf die eigene Person gerichteten religiösen Ziele nicht gefährde. Von hier aus werden nicht allein die sehr ähnlich lautenden Äußerungen von Kartäusern und Modernen Devoten über die Predigtfunktion des Buches und die Notwendigkeit von Bibliotheken für das geistliche Leben verständlich[35], sondern auch die Rezeption geistlicher Literatur kartäusischer Provenienz. Von Jakobs Schriften wurden in den Windesheimer Klöstern und bei den Fraterherren der Oculus religiosorum und De malis huius saeculi bevorzugt gelesen. Zeitweise haben sogar innerhalb der Windesheimer Kongregation dreizehn Klöster die Regelungen ihrer Statuten über die Absonderung von der Umwelt für nicht ausreichend gehalten und deshalb weitere *instrumenta* des Kartäuserordens übernommen, indem sie selber, mit Duldung des Kapitels, eine verschärfte Klausur *more Carthusiensium* einführten[36].

Der reformierte Status verband observante Klöster verschiedener Regel eng und nicht selten enger miteinander, als es die gleiche Ordensregel vermochte. Obwohl jeder Orden seine Identität zu wahren suchte und sich von den nach anderer Regel lebenden abgrenzte, machte die Frage der strikten Regel*beachtung* einen fundamentalen Unterschied aus, der die reformierten von den nicht reformierten trennte und andererseits die Observanten ungleicher Herkunft zu der von Nikolaus von Kues u. a. in Erfurt lebhaft geförderten und auch im süddeutschen Raum von den oben genannten Klöstern praktizierten Zusammenarbeit führte. Geiler von Kaysersberg brachte diesen Unterschied auf eine kurze Formel, als er seinen Hörern in den Predigten über den Tod den Eintritt in einen Orden empfahl[37]: *... mansio in religione reformata, de irreformata non loquor. Sed quid est religio reformata? ipsa est, in qua peccata puniuntur, irreformata, in qua non puniuntur. Nulla alia differentia est inter reformatos et irreformatos, utrique enim peccant, sed hi impunite, illi punite*[38]. Aber eben das ist die

---

[34] DOEBNER, Annalen und Akten S. 242.

[35] Vgl. die von OESER u. LOURDAUX zitierten Stellen aus Thomas von Kempen, besonders dessen Doctrinale juvenum, etwa mit dem Informatorium bibliothecarii Carthusiensis. Hg. von SIEBER, ohne Seitenzahl.

[36] Johannes Busch, Chronicon Windeshemense S. 370—372.

[37] S. unten S. 263 f.

[38] Geiler von Kaysersberg, De dispositione ad mortem fol. XV r; vgl. auch Geilers Sermones ad claustrales de fructibus vite monastice (Sermones et varii tractatus, Straßburg, Grüninger, 1518) fol. LXI v: *Laudate igitur dominum, vos claustrales, quia hic estis, quia bonum est vos hic esse in monasterio reformato, propter hos novem fructus. Dico autem notanter in monasterio reformato: quia hec omnia predicta vera sunt secun-*

entscheidende Differenz, nach dem Rebdorfer Prior Silvester eine ‚unendliche'; der Prior gab 1455 in einem Brieftraktat an die Chorherren von St. Michael in Ulm zu bedenken: *diligenter mente pertractate, quanta sit distancia inter celum et infernum, tantam ymaginacionem esse distanciam inter monasterium reformatum et non reformatum et est distancia infinita et nullo modo proportionata. Hec enim audiat, qui aures audiendi habeat*[39]. Die reformierten Klöster wurden wegen ihres reformierten Status nicht nur von Außenstehenden als zusammengehörig angesehen, sondern besaßen selbst ein Bewußtsein der Gemeinsamkeit, welches auch den ‚nie reformierten, weil nie deformierten Kartäuserorden' — um es mit einer viel zitierten Wendung Papst Innozenz' XI. zu sagen — umfaßte.

Das gilt freilich nicht in gleicher Weise für die Bettelorden. Die Verbindungen der benediktinischen und windesheimischen Reform und der Kartäuser zu ihnen sind gering. Auch Jakobs Schriften sind bei Franziskanern, Dominikanern[40] und Augustinereremiten[41] nur sporadisch verbreitet; wo sie vorkommen, scheinen Einflüsse ortsansässiger Konvente anderer Orden wirksam zu sein, nicht aber die Beziehungen der Orden oder ihrer Reformkongregationen insgesamt. Daß eine intensive Rezeption der Schriften Jakobs durch die Bettelorden nicht festzustellen ist, dürfte sowohl mit der von Nikolaus von Kues heftig kritisierten und bisweilen durch das Verbot des Predigens und des Beichtehörens bestraften Reformunwilligkeit[42] als auch mit dem unterschiedlichen *finis particularis* zusammenhängen. Die Spiritualität der die Seelsorge ausübenden Orden ist auf andere Ziele gerichtet als die der *contemplativi*. Jakobs Schriften über das mönchische Leben werten die Seelsorge so sehr zugunsten der *contemplatio* ab[43], daß ihre Lektüre für die Angehörigen der Bettelorden nicht eigentlich hilfreich sein konnte. Hinsichtlich der Rezipientengruppen Jakobs, die herausgearbeitet werden konnten, kann dieser negative Befund nur erhärten, daß es Fragen der Spiritualität waren, die ihre intensive und von den übrigen Rezipienten qualitativ verschiedene Rezeption ausschlaggebend motivierten.

Das Verhältnis Jakobs zu den Erfurter Vertretern der Franziskaner und vielleicht auch der Dominikaner war ohnehin nicht frei von Spannungen. 1447, im theologischen Streit um das Wilsnacker Wunderblut, teilte Jakob die Ansichten der franziskanischen Befürworter der Wallfahrten nicht[44].

---

dum Anthoninum et Bernhardinum de bonis religiosis et devotis, non de dissolutis in monasteriis totaliter lapsis viventibus, quia in talibus omnino contrarium accidit.
[39] Clm 15181 fol. 147 v.
[40] S. oben S. 119.   [41] S. oben S. 120 Anm. 290.
[42] Vgl. SCHRÖER, Die Legation S. 321 ff.
[43] S. unten S. 190 u. ö.
[44] L. MEIER, Wilsnack als Spiegel deutscher Vorreformation (ZReligGeistG 3. 1951 — S. 53—69).

1448 approbierten alle Professoren der Erfurter theologischen Fakulät Jakobs Traktat De sanctificatione sabbati, ausgenommen der Franziskaner (Johannes Kannemann) und der Dominikaner (Johannes Gudermann)[45]. 1452 schließlich fügte Jakob seinem Traktat De erroribus et moribus christianorum einen Passus ein, der, wie eine Marginalie verdeutlicht, ein Urteil über das Auftreten des Johannes Kapistran enthält; es ist eine klare Verurteilung: Kapistran und seine Genossen seien nichts weiter als Scharlatane, die zur Schande der feige schweigenden *doctores theologiae* und zur lauten Freude der Juden *(Iudaei cachinnant)* das einfache Volk betrögen[46].

3. Doctor Jacobus Carthusiensis

Wenn die Rezipienten, wie es in der weitaus überwiegenden Zahl der Handschriften und in den Drucken geschieht, Jakobs Zugehörigkeit zum Kartäuserorden vermerken, versehen sie die Schriften nicht allein mit dem Signum einer angesehenen Kommunität, sondern kennzeichnen zugleich ihre spirituelle Ausrichtung. Auch die Verwendung des akademischen Titels bringt mehr als nur eine allgemeine Hochschätzung des Autors zum Ausdruck. Vielmehr macht die kenntnisreiche Bearbeitung der aufgegriffenen Themen, die sich der Mittel der Wissenschaft bedient, für die Rezipienten einen besonderen Vorzug der Schriften Jakobs aus. Stets behandelt er auf der Grundlage umfassender Kenntnisse der Bibel, der Väter, der Philosophen und scholastischen Theologen, des Kirchenrechts, der monastischen Literatur von den Vitae patrum bis zu Bernhard und der mystischen Schriftsteller von Dionysius Areopagita bis Hugo von Balma und den Viktorinern seine Themen in einem analysierenden, argumentierenden und logisch schließenden Stil. Der methodische Ansatz seiner Überlegungen, der sich z. B. deutlich in der Formula reformandi religiones oder dem Tractatus de profectu spiritualis vitae ausprägt, ist durch die traditionelle Überzeugung bestimmt, daß der Verfall des Mönchsstandes durch ein Abweichen von der Regel und in den in ihr niedergelegten Intentionen der Ordensgründer verursacht und die Reform in der Rückkehr zu den *semitae patrum* zu suchen sei. Darum geht er von einer Analyse dieses Abfalls aus *(causas cognoscere)*

---

[45] Die Kolophone bei MEIER S. 56 Anm. 511. Ein Verzeichnis der Lehrstuhlbesetzungen der theologischen Fakultät in Erfurt bietet KLEINEIDAM, Universitas 1 S. 294, Bio-Bibliographie der Professoren S. 281 ff.

[46] JACOB, Johannes von Capistrano 2 S. 407—409 nach Dessau, LB Cod. H. 42/8; dieser Passus ist nicht in allen Hss. enthalten, z. B. nicht in Breslau, UB Cod. I. Fol. 164 (aus Glogau).

und findet in den *opposita* der aufgefundenen Gründe die *cause reformacionum et conservativa reformatorum*[47]. Der desolate Zustand des Mönchsstandes wie aller ‚Stände' überhaupt stellt sich ihm unter dem Bild einer Krankheit dar, gegen die es Heilmittel bereitzustellen gilt. Daher begegnet immer wieder das Wort *remedia;* es ist ein Kernbegriff seines Denkens[48]. Aber so wenig wie es eine einzige Ursache des Verfalls gibt oder das Laster oder die Tugend schlechthin — im Gegenteil, *vitia* und *virtutes* werden traditionsgemäß noch in verschiedene *gradus* aufgeteilt —, so wenig gibt es ein einziges *remedium*. Vielmehr haben alle *errores, passiones, vitia, spiritus nequam* ihre entsprechenden *remedia*. Diese Gedankenbewegung vom Feststellen über das Analysieren des Verfalls hin zum Aufruf zur *reformatio* und dem Aufsuchen der reformierenden *remedia* ist typisch für die Mehrzahl der Schriften des Kartäusers und bestimmt sie in Struktur und Stil. Ihre Merkmale, die in den verschiedenen von Jakob benutzten literarischen Formen immer wiederkehren, sind Reihung und Aufzählung als Gliederungsprinzipien der Traktate wie auch der einzelnen Kapitel und die Polarität der beiden Gedankenschichten, die Verfall und Fehlhaltungen einerseits und *remedia* und *reformatio* anderseits betreffen. Die Reihung verleiht den Traktaten Gleichmaß, aber oft auch scholastische Lehrhaftigkeit. Selbst dort, wo einzelne Kapitel nicht bloß verhältnismäßig lose miteinander verbunden sind, wie die fast dreißig Abschnitte über ebenso viele Fehlhaltungen mönchischen Lebens des Oculus religiosorum, sondern wo sie nach logischem Schlußverfahren auseinander hervorgehen wie z. B. die *proposiciones* der Schrift De erroribus et moribus, strebt der Aufbau der Darstellung nicht einem Höhepunkt zu, sondern behält die gleichmäßige Breite. Innerlich bedingt ist diese Darstellungsweise von der Vielzahl der *vitia* und *remedia* und von dem scholastischen Bemühen um Unterscheidungen, Vollständigkeit und Klarheit. Immer wieder geben verschiedene *errores, quaestiones, considerationes, apparentiae, conclusiones* samt *corollaria* oder *propositiones* Anlaß zu einem „erstens, zweitens, drittens...", auch in den Sermones. Spannung und Farbe gewinnen die Traktate nicht durch den Aufbau, sondern durch die Polarität der „negativen" und „positiven" Gedankengeschichten, des Gegensatzes von *deformatio* und *reformatio*. Die düstere Klage über die Sündhaftigkeit der Menschen ist beredt, sie macht sich die Wucht alttestamentlicher Prophetendrohungen ebenso zunutze wie die Reformrhetorik Bernhards[49] und der Konziliaristen des 15. Jahrhun-

---

[47] Jacobus Carth., Formula reformandi religiones, Wolfenbüttel, Cod. 309 Helmst. fol. 131 v, 134 v.

[48] Vgl. die Übernahme dieses seit Cassian traditionellen Begriffes durch Wimpfeling in seine Erziehungsschrift Adolescentia; HERDING, Jakob Wimpfelings Adolescentia S. 93.

[49] S. unten S. 233.

derts[50]. Die *remedia* reichen von den auf Aristoteles gestützten Überlegungen der natürlichen Vernunft über kirchenrechtliche Maßnahmen bis hin zu den religiösen Akten, als deren Ziel — und als solches nicht mehr eigentlich *remedium* — die mystische Vereinigung mit einem wiederum Bernhard von Clairvaux verpflichteten Vokabular beschrieben wird[51].

Jakobs Schriften sind weder einer Wissenschaft allein oder einer Sparte der Theologie allein noch der Wissenschaft überhaupt ausschließlich verpflichtet; daß sich in ihnen die Tradition der asketisch-monastischen Literatur wie auch die Erfahrung einer langen asketischen Praxis niederschlagen, war für die Rezipienten von gleicher Bedeutung; die kurze Charakteristik, die der Chronist von Sagan gibt, zielt darauf ab[52]. Auch der Chronist von Mogiła betont sowohl die *scientia* als auch die *sapientia* Jakobs: er sei ein *vir ... admodum literatus et sapientia multa praeditus*[53]; ähnlich nennt der Autor des Reinhauser Verzeichnisses als besondere Vorzüge der Werke des Kartäusers ihre wissenschaftliche Qualität und ihre *devotio*[54]. Der Oldenstädter Mönch Theodoricus sieht in Jakob den Arzt, der scharf diagnostiziert und zugleich als *sapiens medicus* heilt:

> *Hic sapiens medicus venerabilis ecce Jacobus*
>   *Abdita peccati vulnera rite notat,*
> *Que sit origo docet sceleris, capitalia passim*
>   *Ponit et in partes dividit ipsa suas*[55].

Daß Jakobs kritische Analysen des Verfalls die Erkenntnis schärfen, seine *remedia* aber zugleich hilfreich seien, betrachtet derselbe Mönch als das wichtigste Charakteristikum des Traktats De septem statibus mundi:

> *Qui veteris mundi cursum cupit atque moderni*
>   *Discere, pervideat, quid liber iste ferat.*
> *Priscorum varias pandit cum crimine penas,*
>   *Crimina vitandi datque deinde modum*[56].

---

[50] Die Benutzung des Speculum aureum de titulis beneficiorum von 1404, als dessen Verfasser zuletzt Paweł Włodkowicz identifiziert worden ist (E. KUPSCH, Der polnische Ursprung der Kampfschrift ‚Speculum aureum' (Kirche im Osten 3. 1960 — S. 104—155), wo die Forschungen von F. M. BARTOŠ referiert werden), bedürfte einer eigenen Untersuchung. Jakob hat eine Abschrift dieses Speculum durchgearbeitet (Dresden, LB Cod. P. 42 fol. 298 r — 322 v) und in seinem Traktat De officiis et statu ecclesiasticorum verwendet, s. das Konzept Jakobs ebd. fol. 258 r — 297 r, ein Verweis auf das Speculum aureum fol. 295 v.

[51] S. oben S. 99.   [52] S. oben S. 116 f.
[53] FIJAŁEK 2 S. 121 f.   [54] S. oben S. 66 f.
[55] Göttingen, UB Cod. theol. 131 fol. 11 r, zum Traktat De peccatis mentalibus mortalibus.
[56] Göttingen, UB Cod. theol. 129 fol. 138 v.

In den Schriften des *eximius doctor Jacobus Carthusiensis* spricht der Professor und der Mönch, und zwar — das ist für die Rezeption in den herausgearbeiteten Gruppen das Entscheidende — nicht über Themen der Wissenschaft, sondern des mönchischen Lebens, seiner Reform wie auch der Reform anderer ‚Stände'. Seine Schriften besitzen Aktualität, da sie unabhängig von den Erfordernissen des Lehrbetriebs der Universität Probleme der zeitgenössischen Reformbewegungen behandeln, indem sie *scientia* und *sapientia* für die Lösung der Zeitfragen fruchtbar machen. Sie bilden weder das Lehrsystem fort — soweit sie dies tun, werden sie nicht rezipiert — noch sind sie unmittelbare, den *affectus* mehr als den *intellectus* ansprechende Anleitungen zur Kontemplation. Sie durchdringen vielmehr mit den Mitteln der Wissenschaft Probleme der Praxis, d. h. des rechten, verdienstlichen Handelns (*prudentissime hominum saluti providet*[57]). Weil und sofern sie dies leisten, sind sie für die Rezipienten aktuell *(utilis): satis autentici* (sc. *libri*) *et multum perutiles tam pro religiosis quam aliis personis*[58]; *pro religiosis utilissima*[59]; *utilis* ist ein bis in die Drucke hinein häufig gebrauchtes Prädikat der Traktate[60]. Ein Vergleich der literarischen Produktion Jakobs mit der der gleichzeitig in Erfurt lehrenden Professoren der Universität[61] zeigt, daß von deren Seite die von Jakob aufgegriffenen Themen keine eigene Behandlung erfuhren, auch nicht seitens der Ordensleute in der theologischen Fakultät. Daß aber das Bedürfnis groß war nach einer Literatur, die zwar theologisch fundiert (*autenticus*), aber in exoterischer Sprache (*stilo non tamen difficili et inusitato*) die Probleme des religiösen Lebens behandelte (*attrahit hominem ad vitam spiritualem et devocionem corrigitque multos errores* — so das Reinhausener Verzeichnis), beweist mehr als alles andere der enorme Umfang der Rezeption der Werke Gersons im 15. Jahrhundert, welche die aller anderen Schriftsteller dieses Jahrhunderts bei weitem übertrifft. Die Schriften Jakobs wurden vielfach mit denen Gersons zusammen rezipiert[62], da sie wie diese als *libri autentici* und *libri devoti* ihren Lesern von unmittelbarem ‚Nutzen' waren[63].

---

[57] S. oben S. 66.   [58] FIJAŁEK 2 S. 121 f.
[59] Catalogus abbatum Saganensium S. 357.
[60] Z. B. Tractatus perutilis de veritate dicenda vel tacenda, Hain *9336; Tractatus de arte moriendi bonus et multum utilis, Leipzig, UB Cod. 621 fol. 269 v.
[61] Vgl. die Schriftenverzeichnisse der Erfurter Theologen bei KLEINEIDAM, Universitas 1 S. 264—293.
[62] Z. B. Bamberg, SB Cod. theol. 116 (Qu. III. 99), Dominikaner in Bamberg; Erfurt StB Cod. 174, Amploniana; Krakau, UB Cod. 2401, Dr. Arnolphus, Krakauer Kanoniker; Leipzig, UB Cod. 204, Zisterzienser in Altzelle; Magdeburg, GB Cod. 15, Magister Petrus Rode; Marburg, UB Cod. 58 (D. 21), Cod. 69 (D. 32), Cod. 75 (D. 38), Bursfelde; clm 21751, Michael Lattner, cooperator ad S. Spiritum, München; Wolfenbüttel, Cod. 71. 22. Aug. Fol., Cod. 29. 7. Aug. Qu., Fraterherren Hildesheim.
[63] In diesem Zusammenhang ist vor allem auch Matthäus von Krakau zu nennen, der als *doctor sacre theologie eximius, quondam pastor et plebanus ... multa utilia scripsit*

4. Buchdruck und Selektion

Die Selektion, die unter den Bedingungen des Buchdrucks vorgenommen wird, setzt die Schwerpunkte der Rezeption teilweise anders und ungleich stärker, als es je zuvor hatte geschehen können. Je mehr das gedruckte Buch nicht an die Seite der Handschriften tritt, sondern diese ersetzt[64] und ausschließlich die Kenntnis der Werke des Kartäusers vermittelt, um so stärker ist das Bild des Autors von den Schriften bestimmt, die in die neue Epoche der Buchherstellung Eingang gefunden haben.

Von den in den Kreisen der Klosterreform vorrangig rezipierten Werken ist allein die Ars moriendi zum Druck gelangt. Mit zwei Auflagen ist sie aber ebensowenig ausschlaggebend für die rezeptionsgeschichtliche Auslegung der Werke wie der einzige Druck der Schrift De arte curandi vitia. Eine Auflage erlebte auch die um 1495 zu Leipzig unter Jakobs Namen herausgegebene Epistola ad Simonem Nepotem[65] des Windesheimer Chorherren Johannes von Schoonhoven (1356—1431), die dieser in Eemstein an seinen Neffen Simon von Schoonhoven, erst Propst, dann Prior in Eemstein, geschrieben hatte[66]. Nur eine Handschrift weist diese Epistola Jakob dem Kartäuser zu; der Codex entstammt dem Zisterzienserkloster Altzelle bei Leipzig[67]. Auf ihn wird der Druck mittelbar oder unmittelbar zurückzuführen sein. Der Zisterzienserbruder Philipp, der zahlreiche Traktate Jakobs 1458/1459 *in cella hospitum* kopierte, scheint eine Abschrift, vielleicht von Jakobs Hand, für das Original gehalten zu haben[68]. Mit den Drucken der Ars moriendi, De arte curandi vitia und diesem unter dem Namen Jakobs rezipierten Brieftraktat werden in Leipzig Ansätze sichtbar, Jakob als den Autor erbauender und moralischer Schriften einem breiteren Publikum zugänglich zu machen. Doch diese Tendenz hält nicht länger an;

---

pro puritate vite, wie es der Erfurter Kartäuser-Katalog ausdrückt (MBK 2 S. 348 Z. 18 f., S. 577 Z. 2 f.); FIJAŁEK 1 S. 4 ff. begreift Jakob den Kartäuser ganz als ‚geistigen Schüler' des Matthäus von Krakau.

[64] EISENGREIN macht 1565 den Unterschied zwischen den *doctores publicati* und den *doctores in bibliothecis latentes,* s. unten S. 151.

[65] Nachträge zu Hains Repertorium bibliographicum Nr. 182; BRIEGER, Zu Jakob von Jüterbock S. 139 Anm. 2. MEIER Nr. 25 S. 27 f. kennt diesen Druck nicht, zählt aber mehrere Hss. auf, die freilich alle mit Ausnahme von Leipzig, UB Cod. 621 den tatsächlichen Verfasser Johannes im Briefkopf nennen.

[66] Vgl. A. GRUIS, Jean de Schoonhoven. Sa vie et son œuvre (ArchLatinMedii Aevi 32. 1962) S. 155 ff. — Johannes Busch, Chronicon Windeshemense S. 99, 353 kennt Autor, Adressaten und Schriften.

[67] Leipzig, UB Cod. 621 fol. 320 r — 330 v.

[68] Ebd. fol. 330 v: ... *finis huius tractatus sub anno domini MCCCCLVIII feria secunda post festivitatem beate katherine (scriptus autem) Doctor Jacobus hunc edidit (qui mundum contempsit et in karthusia nunc degit).* Die eingeklammerten Worte sind durchgestrichen.

denn beherrschend für das Verständnis des Autors wird der über mehr als vierzig Jahre hin dreizehnmal in lateinischer und einmal in deutscher Sprache aufgelegte Tractatus de animabus a corporibus exutis. Mit dessen enormer Multiplizierung folgten die Drucker-Verleger der Tendenz, die sich in der handschriftlichen Rezeption nicht der dem Autor eng verbundenen Rezipientengruppen, sondern des ihm ferner stehenden breit gestreuten Publikums schon abgezeichnet hatte. Ähnliches gilt für die nächst dem Traktat über die Geistererscheinungen erfolgreichsten Schriften De missis votivis pro defunctis (6 Auflagen) und De contractibus (3 Auflagen); letzterer sei „in aller Hände", schreibt der Carmelit Arnold Bostius (1445—1499)[69].

Diese drei kleinen Werke dienen vornehmlich der Lösung praktischer Einzelfragen und sind für die Beziehungen zwischen dem Autor und seinem engeren Publikum, das die Werke handschriftlich rezipierte, nicht konstitutiv. Der Autor der gedruckten Bücher antwortet nicht mehr auf die Frage, wie ein reformierter Mönch richtig, d. h. sein Heil wirkend lebt, sondern gibt Auskunft darüber, nach welchem Ritual erscheinende Geister zurückkehrender Toter zu behandeln seien, ob die Gebetsintentionen der Totenmessen kumuliert werden dürfen, wie Rückkaufverträge rechtsgültig und moralisch einwandfrei abgeschlossen werden können. Nicht der Spiritualität des Kartäusermönches, die den Autor mit seinen wichtigsten Rezipienten verband, gilt das Interesse des Publikums, das die Drucker befriedigen oder evozieren, sondern dem Sachverstand des geschulten Theologen. Wenn er aber in dem Tractatus de contractibus als der strenge, um die rechte geistliche Lebensführung der Kleriker besorgte Asket schärfere Anforderungen (hinsichtlich des Erwerbs von Renten) an die Geistlichen stellt, als die allgemeine Auffassung der Rechtswissenschaftler erforderte, findet er nicht die Zustimmung des Juristen Konrad Summenhart[70].

Daß die *contemplativi* an diesen Drucken nur ein eingeschränktes Interesse hatten, zeigt eine zweiteilige Liste geplanter Buchanschaffungen von der Hand des Zisterziensers Bernhard Knaus in Ebrach (um 1500). Unter den *libri quos volo emi* befindet sich Jakobs Traktat De valore et utilitate missarum. Da die Wünsche des Zisterziensers seinen finanziellen Möglichkeiten nicht ganz angepaßt waren, stellte er eine zweite, kleinere Liste zu-

---

[69] Arnold Bostius, Opusculum S. 38.
[70] Konrad Summenhart, Septipertitum opus de contractibus, Hagenau 1500, qu. 83 concl. 6; s. H. OTT, Zur Wirtschaftsethik des Konrad Summenhart, * ca. 1455, † 1502 (VjschrSozialWirtschG 53. 1966 — S. 1—27) S. 22 ff.
[71] Würzburg, UB Cod. chart. Qu. 34 fol. 191 v—193 r, abgedruckt bei SOTTILI, Studenti tedeschi S. 54 f.
[72] S. oben S. 78 Anm. 494.
[73] VOLK, Die Generalkapitels-Rezesse 1 S. 304.
[74] S. oben S. 93.   [75] S. oben S. 75.

sammen: *Quodsi pecunia non sufficeret ad predictos libros emendos, tunc saltem illi emantur* ... Jakobs Schrift kam nicht in die engere Wahl; auf sie konnte der Mönch also notfalls verzichten, nicht aber auf Bücher zur Spiritualität wie Seuses Horologium sapientiae *(quod maxime desidero)*[71]. Der Buchmarkt war nicht auf die literarischen Bedürfnisse der Mönche abgestellt, sondern, auf Grund der Warenproduktion den Gesetzen der Rentabilität gehorchend, auf die größerer Kundenkreise wie z. B. den Weltklerus oder das gebildete Bürgertum. Die Mönche mußten jene Literatur, die bei dem eminent wichtigen Selektionsvorgang, den die Entscheidung über die Aufnahme in ein Verlagsprogramm bedeutet, zurückgelassen worden war, auf die sie aber dennoch nicht verzichten wollten, entweder weiterhin handschriftlich kopieren oder — wie es die Bursfelder 1497 mit des Trithemius Schriften[72] und mit ihrem Missale[73] taten oder 1510 die Kartäuser mit ihren Statuten[74] — bei einem Drucker als Kundenprodukte auf eigene Rechnung herstellen lassen.

Die Drucke der Schriften Jakobs scheinen sämtlich im Zuge der Warenproduktion aufgelegt worden zu sein; daß irgendeine Auflage auf Bestellung eines festen Leserkreises angefertigt worden wäre, ist jedenfalls nicht zu erkennen. Mehr als eine Unterstützung der Drachschen Drucke der Sermones seitens der Erfurter Kartäuser läßt sich aus dem erhaltenen Pfandbrief nicht herauslesen[75]. Konrad Fyners Esslinger Druckerei erfreute sich der Förderung durch Graf Eberhard im Bart, die dazu führte, daß Fyner 1479/1480 zu den vom Grafen 1477 nach Urach geholten und von Gabriel Biel geführten Brüdern vom gemeinsamen Leben übersiedelte und seinem deutschsprachigen Verlagsprogramm eine deutliche Wendung zum erbaulichen Schrifttum gab[76]. Von Fyners deutschen Drucken noch der Esslinger Jahre fällt als theologischer nur einer aus dem Rahmen: Jakob des Kartäusers *büchlin von den abgeschydnen selen oder gaisten uss den liben* von — frühestens — 1477[77]. F. Hammer meint, der Druck komme sofort an die richtige Stelle, „wenn wir ihn bereits als Übersetzung aus dem Hause der Brüder vom gemeinsamen Leben betrachten"[78]. Er entsteht also im Einflußbereich Biels, der seit 1476 an der von Eberhard im Bart initiierten kirchlichen Reformierung Württembergs mitwirkte. Die Veränderung des historisch-literarischen Kontexts und der entsprechenden Funktion des Traktats von der ersten Begegnung Biels mit ihm kurz nach dem Entstehen 1455 in Erfurt bis zum deutschen Druck von 1477 ist beträchtlich und in mehrfacher

---

[76] HAMMER, Das Verhältnis Eberhards S. 67 ff.; OHLY, Eggestein, Fyner, Knoblochtzer S. 125 ff. (Verzeichnis der Fyner-Drucke).
[77] ASSION, Zur deutschen Überlieferung S. 176 ff.; OHLY, Eggestein, Fyner, Knoblochtzer S. 126.
[78] HAMMER, Das Verhältnis Eberhards S. 80.

Hinsicht signifikant. Die von Biel wohl aus Erfurt nach Butzbach mitgebrachte Handschrift[79] steht im engen Zusammenhang teils mit der theologischen Fakultät der Erfurter Universität, deren Lizentiatenwürde Biel im Herbst 1457 erwarb[80], teils mit der Erfurter Kartause, da sie ein volles Dutzend der Schriften Jakobs umfaßt, von denen eine wiederum eine Bestätigung durch ein Mitglied der theologischen Fakultät trägt. Die Handschrift wird aber eingeleitet von dem klassischen Werk für den Weltklerus, den Pastoralia Gregors d. Gr., in denen die Aufgaben des Seelsorgers grundlegend behandelt werden, denen Biel sich seit Weihnachten 1457 als Mainzer Domprediger verpflichtete[81]. Die Pastoralia bilden in dieser Handschrift ein Gegengewicht zu den Werken des Kartäusers mit ihrer stark monastisch-kontemplativen Tendenz. Insofern hält der Codex ‚Martha' und ‚Maria', Schriften zur geistlichen vita activa und zur vita contemplativa, beieinander, und dokumentiert zugleich die wissenschaftliche Beschäftigung Biels. Auf dem Weg nach Butzbach hat Biel keines dieser drei Elemente aufgegeben, denn der Weg ins Fraterhaus führte eben nicht zur reinen vita contemplativa, zumal Biel durch die in Marienthal gedruckten Übersetzungen[82] dem Anliegen der Fraterherren, durch Schriften zu predigen, auf aktuellste Weise entsprach und mit seinen in Butzbach verbliebenen Handschriften der dortigen Bibliothek einen für Fraterhäuser ungewöhnlichen wissenschaftlichen Charakter gegeben hatte. Der deutsche Druck galt aber nicht nur dem einen, vor der höchsten Prüfung stehenden Mitglied der höchsten Fakultät, sondern dem breiten, des Lateinischen unkundigen Publikum. Der Druck ist im Gegensatz zur privaten Funktion der lateinischen Abschrift in einem dreifachen Sinne ‚öffentlich': er verdankt seine Entstehung dem Zusammenwirken der reformierenden, den landesherrlichen Tendenzen des 15. Jahrhunderts entsprechenden Kirchenpolitik der ‚öffentlichen' Gewalt und der Absicht der Fraterherren, durch das *scriptis praedicare* eine literarische Öffentlichkeit herzustellen, sowie schließlich der Verwendung der neuen Technik der Buchherstellung, durch die der Begriff der literarischen Öffentlichkeit eine entscheidende Änderung erfuhr.

Allerdings hat der bedächtige Geschäftsmann Fyner offenbar keine allzu hohe und sicherlich keine zweite Auflage des deutschen Traktats herausgebracht. Denn nur eineinhalb Jahrzehnte später steht den Söflinger Klarissen, die sich doch im unmittelbaren Verbreitungsgebiet der Esslinger Druckerzeugnisse befinden, die gedruckte Übersetzung nicht mehr zur Ver-

---

[79] Gießen, UB Cod. 686.
[80] S. oben S. 53.
[81] Das Datum bei Elze, Handschriften von Werken Gabriel Biels S. 77, 86.
[82] Kraume, Die Gerson-Übersetzungen Geilers von Kaysersberg.

fügung; sie lesen eine andere, wohl von dem auch sonst als Übersetzer hervorgetretenen Benediktiner Thomas Finck neu bearbeitete Fassung[83].

Lateinische theologische Traktate — auch Jakobs — für die Klöster und den Weltklerus hat Fyner stets gedruckt und etwa 1476 hat Johannes Hug de Göppingen Jakobs Quodlibetum statuum humanorum mit Fyners Typen herausgebracht. Die Ausgabe wurde recht weit verbreitet und findet sich z. B. in Klosterneuburg ebenso wie in Cismar[84]; ihre Herstellung bedurfte kaum der Förderung von außen, konnte aber gleichwohl den Bestrebungen Eberhards dienlich sein.

Seit den vier Auflagen der Sermones dominicales und den zwei der Sermones de festivitatibus[85] gehörte Jakob in den weiteren Kreis der beliebten Predigtautoren[85a]. Diese Funktion des Autors, noch unterstrichen durch die Ausbeutung auch anderer Schriften für das homiletische Hilfsmittel *Speculum exemplorum* von 1481[86], ist aber keineswegs typisch für die Zeit der handschriftlichen Rezeption. Zwar hat Jakob die Predigten für ein breiteres Publikum bestimmt, wie aus dem Nachwort zu den Sermones de festivitatibus hervorgeht: *Neque studii mei est, ut hii sermones scienciarum altis viris, qui subtiliori doctrine eloquio pollent, proponi debent, sed simplicioribus et minus eruditis, quibus eciam grassiora fercula sapiunt, donec ad*

---

[83] Cgm 6940; Beschreibung und zu Finck s. RUH, Bonaventura deutsch S. 258 ff., zu Finck auch J. BRECHT, Die pseudothomasischen Opuscula ‚De divinis moribus' und ‚De beatitudine'. Texte und Untersuchungen (MünchTexteUnters 40) 1973 S. 182 ff. — Provenienz und Datierung von cgm 1145, worin ebenfalls eine deutsche Übersetzung enthalten ist, sind unbekannt. Daß der Traktat De animabus exutis durch den deutschen Fyner-Druck als einzige Schrift des Kartäusers die beiden Rezeptionsbarrieren der lateinischen Sprache wie auch der nur hs. Verbreitung zugleich überwindet, erscheint angesichts der Favorisierung dieses Traktats durch das breiter gestreute Publikum sowohl in der Handschriften- als auch in der Druckperiode folgerichtig. In deutscher Übersetzung existieren jeweils nur einmal hs. De receptione monialium, welche Schrift zusammen mit der lateinischen Fassung an das Augustinerinnenkloster Marienberg gelangte (Wolfenbüttel, Cod. 30. 1. Aug. Fol., s. oben S. 113), und De praeparatione ad sacramentum Eucharistiae (s. unten S. 284); daß dessen lateinischer Text — sofern es sich wirklich um einen selbständigen Titel handelt — nur einmal (Stuttgart, LB Cod. H. B. III. 46) auftaucht, läßt an der Zuweisung Zweifel aufkommen.

[84] V. C. LUDWIG, Die Klosterneuburger Inkunabeln. 1920 Nr. 472. — Kopenhagen, KB Inc. Nr. 2146.

[85] S. oben S. 75.

[85a] Einen in etwa typischen Querschnitt der wichtigsten Sermonessammlungen und weiterer Literatur für den Prediger dieser Zeit bietet der Nachlaß des Speyerer Sexpräbendars Dr. Nikolaus Matz zugunsten Michelstadts von 1499, s. L. F. HESSE, Urkunden über den Verkauf einzelner Bücher und Vermächtnisse von solchen, welche angekettet werden sollten (Serapeum 19. 1858 — S. 17—26); S. 25 Nr. 32 Jacobi Carthusiensis Sermones de praecipuis festivitatibus.

[86] Hain *14915. Im erweiterten Druck Magnum speculum exemplorum, Duaci 1608 (die Erweiterungen betreffen die Schriften Jakobs des Kartäusers nicht) S. 206, 215 f., 368, 422, 477, 772. Vier Exempla tragen keinen Hinweis auf die exzerpierte Schrift, zwei sind De peccatis mentalibus mortalibus entnommen.

preciosiores dapes perveniant[87]. Die umfangreichen Sammlungen sind jedoch handschriftlich vergleichsweise selten außerhalb der engeren Rezipienten in die Hände von Predigern gelangt: so zu den Dominikanern in Schweidnitz[88], den Franziskanern in Kamenz[89] und Breslau[90], nach Schlettstadt in die Umgebung Ludwig Dringenbergs[91] und zu den Pfarrern Johann Seratoris (Füssen)[92] und Ulrich Krepflin (Augsburg)[93]. Die insgesamt sechs Auflagen der beiden Predigtzyklen kehren das Verhältnis zwischen der Rezeption der Predigten und der nicht zum Druck gelangten monastischen Schriften geradezu um.

Die intensive Sammeltätigkeit der Reinhausener, Liesborner und Oldenstädter Benediktiner in der letzten Phase der handschriftlichen Rezeption sowie der Plan der Kölner Kartäuser, Jakobs Werke in größerem Umfang zu drucken, stellen sich gegen den literarischen Selektionsprozeß, der beim Übergang von der handschriftlichen zur technischen Buchproduktion stattfindet. Die Catalogi des Trithemius erfüllen unter anderem auch in diesem Zusammenhang eine Funktion. In Oldenstadt, wo man die unter Verwendung der Verzeichnisse des Trithemius und des Klosters Reinhausen hergestellte Bibliographie von einem verwandten, aber unbekannten Kloster übernahm, wurden in sechs[94] der sieben Bände, die Jakobs Werken gewidmet sind, Verse zu einzelnen Schriften eingetragen, die meist kurz auf den Inhalt aufmerksam machen. Aus dem unbekannten Kloster wurde mit der Bibliographie auch ein Gedicht in 15 Distichen übernommen, das über den Geist, in dem Jakobs Werke in beiden Klöstern gelesen wurden und nach der Intention des Verfassers dieser Verse gelesen werden sollten, Auskunft gibt[95]. Der Verfasser (um 1500) will es den Mönchen verwehren, die antiken Dichter zu lesen; wie sie als Mönche richtig handeln und fromm leben, erführen sie nicht von Ovid oder Vergil, sondern vom Kartäuser Jakob:

> *Quisquis in arrepta vis crescere relligione*
> *Et tua vota deo reddere corde pio,*
> *Que cernis magni patris lege sacra Jacobi*
> *Scripta tepescenti congrua spiritui.*

---

[87] Wolfenbüttel, Cod. 128 Helmst. fol. 232 r.
[88] Breslau, UB Cod. I. Fol. 496. [89] Breslau, UB Cod. I. Fol. 713.
[90] Breslau, UB Cod. I. Fol. 378. [91] Schlettstadt, StB Cod. 43.
[92] MBK 3 S. 80 Z. 26 f.
[93] Ebd. S. 39 Z. 38 f. — LANDMANN, Predigten und Predigtwerke S. 55 erweckt den unrichtigen Eindruck, als handele es sich bei St. Gallen, StiB Cod. 142 um Predigten Jakobs.
[94] Wolfenbüttel, Cod. 691 Helmst.; Cod. 703 Helmst.; Göttingen, UB Cod. theol. 129, Cod. theol. 130, Cod. theol. 131, Cod. theol. 132.
[95] Wolfenbüttel, Cod. 309 Helmst. fol. 64 v, Cod. 703 Helmst. fol. 138 v.

Non hic Dedalio phantasticus errat in antro
 Naso nec immunda suadet adulteria.
Hic sed spiritui corpus deferre subactum
 Cogitur et fedam ponere luxuriam.
Non hic rura colit lepidissimus ille poesis
 Princeps Maro nec pascua leta canit.
Sed monachus tumidam secli contemnere pompam
 Pellitur et blandas illius insidias.
Non hic Ausonias dux Penus destruit urbes
 Nec ferus in Penos Scipio castra movet.
Sed mens tartareis contraria tela sagittis
 Opponens stygias detegit insidias.
Hic nec Apollineis musarum turba corymbis
 Cincta canit vanis carmina feda choris,
Sed pia mens nitidis virtutum septa coronis
 Clare se speculans interiora videt.
Denique non tot apis libat promptissima flores,
 Quando locat patulis dulcia mella favis,
Quot pater hic apices virtutum melle suaves
 Condidit his vegeta mente voluminibus,
Que, lector, cupida dum mente relegeris, ora:
 Sit, deus, autori gloria laus et honor.
Tanto claro viro, mater Carthusia, gaude
 Et monumenta sua stemate pinge sacro
Utque magis valeas fulgere volumina sacra
 Sicque clausa tenes, pandere cuncta velis.

Bei den Bursfeldern wird Jakob demnach noch zu Beginn des 16. Jahrhunderts im traditionellen Sinne seines ursprünglichen engeren Rezipientenkreises als monastischer Schriftsteller gelesen, dessen Schriften ein ‚Wachstum im mönchischen Leben' bewirken sollen. Diese Funktion konnten die gedruckt verbreiteten Schriften Jakobs nicht erfüllen. Die späte handschriftliche Sammeltätigkeit der Benediktiner wendet sich daher gegen die Auslegung, welche die Auswahl der gedruckten Bücher bedeutet; zugleich wenden sich die Mönche gegen die durch den Druck begünstigte Rezeption antiker Autoren. Sie wehren sich mithin gegen die Umbesetzungen im literarischen System, die mit Hilfe der technischen Innovation schneller und durchgreifender vonstatten gehen können als je zuvor.

Auf der anderen Seite versuchte der Herausgeber der letzten Ausgabe des Traktats De animabus exutis, Basel, Th. Wolf (ca. 1520), die durchaus mittelalterliche Schrift in neuem Gewand auch dem an der neuen, humanistischen Literatur interessierten Leser schmackhaft zu machen, nicht allein durch die erstmalige Verwendung der Antiqua statt der für dieses Buch bislang ausschließlich benutzten gotischen Typen, sondern auch durch die Anfügung von Epigrammen [96] Reuchlins, Sebastian Brants, Jakob Lochers und anderer. Ihre Verse sind auf die Klage über die Vergänglichkeit abgestimmt; das Epigramm Brants mag für die anderen stehen:

Ad mea deproperant vitalia corpora regna
Serius aut citius cuncta creata ruunt [97].

In diesem Gewand hat Jakobs Werk auch in die Bibliothek des Beatus Rhenanus Eingang gefunden [98]; aber dieses Gewand ist eine Verkleidung. Denn die über den Tod klagenden Epigramme verdecken die asketisch-mönchische Konsequenz, die Jakob aus seinen Darlegungen über die Erscheinungen Verstorbener für die Lebenden zieht: *Omnes, quotquot leguntur resuscitati visis penis seculum deseruerunt et claustris se absconderunt penitentiam artam agentes nobis se exemplum prebentes et paucos imitatores habentes* [99]. Die Oldenstädter Mönche haben Jakob als den verstanden, der er auch mit dieser Schrift sein wollte: als mönchischen Schriftsteller, der zu Buße und Askese aufruft, durch welche die jenseitigen Strafen schon vor dem Tode vorweggenommen werden. So verstehen ihn die Verse des Mönches Theodoricus aus Oldenstadt, die er ca. 1514 dem Tractatus de animabus in der Handschrift seines Klosters beigefügt hat:

... hic simul invenies
Cum multis aliis et qualiter ipse paratas
hic redimas penas dum sinit ipse deus [100].

Einen humanistischen Anstrich verleiht den Schriften Jakobs auch der erste Literaturhistoriker des Kartäuserordens, der Karmelit Arnold Bostius aus Gent. Vor 1489 schrieb er einen Catalogus de viris Ordinis Cartusiensis illustribus, der 36 Kartäuser vom Gründer Bruno bis zu Werner Rolevinck behandelt, *aliquot dumtaxat nobis familiores* [101]. Die kleine Schrift wurde zwar 1489 in Bologna gedruckt, scheint aber im Norden kaum bekannt gewesen zu sein [102]. Petrus Sutor verwendete die Schrift in seinen

---

[96] Im angegebenen Druck fol. Eiii r — [Eiiii] v.
[97] Ebd. fol. Eiii v.
[98] WALTER, Catalogue générale S. 404 Nr. 1594, zusammengebunden mit Gregor von Nyssa, Hippokrates in der Reuchlin-Übersetzung, Konzilschriften des Pierre d'Ailly u. des Nikolaus von Clemanges. — Das Exemplar des Hartmann Schedel ist nicht zu identifizieren, s. MBK 3 S. 830 Z. 41 f.
[99] De animabus exutis, Basel, Th. Wolf, ca. 1520, fol. Eii v.
[100] Göttingen UB Cod. theol. 129 fol. 297 v.
[101] Arnold Bostius, Opusculum, Praefatio.
[102] Bologna, U. Pongerius, 10. 10. 1489.

Libri duo de vita Cartusiana[103], aber Petreius, der sie 1609 edierte, hatte Mühe, sie aufzufinden[104]. Bostius, Historiker seines eigenen Ordens, Freund des Reformers Johannes Soreth, lateinischer Dichter und Korrespondent zahlreicher Humanisten, nennt in dem kurzen Kapitel über *Jacobus de Paradiso*[105] vierzehn Schriften und die Sermones capitulares; ein Werk des Kartäusers Jakob von Gruitrode ist unter die des Erfurters geraten. Die Ars moriendi und De animabus exutis kennt er nicht. De arte curandi vitia und das Quodlibetum statuum humanorum, dessen Druck er vermutlich kennt *(late vulgatum),* bedenkt er mit besonderem Lob. Seine Charakterisierung Jakobs schildert diesen als den gelehrten Moraltheologen[106] und überlegenen Stilisten[107], vom asketisch-kontemplativen Mönch ist nicht die Rede. Vergil, Minerva, Apollo und die trauernde *pia veritas* — Jakob hätte wohl von der vera pietas gesprochen — sollen den Autor in die Ära eines neuen literarischen Verständnisses hinübergeleiten: *Quem felix tuba Maronis optaret meritis beare chartis. Ad cuius tumulum Minerva, Phoebus ac lugens pia veritas recumbit*[108]. Wimpfelings auswählende und verändernde Benutzung gerade der beiden von Bostius herausgehobenen Schriften des Kartäusers zeigt freilich, daß ihrer Rezeption für die humanistische Literatur enge Grenzen gesetzt waren, daß sie mehr Mühe kostete als ein generelles Lob und die Anrufung neuer Patrone.

---

[103] S. unten S. 155.

[104] *...hactenus quidem avide quaesitum, nunc autem e tenebris erutum,* so im Titel der Edition des Petrejus; vgl. auch die Praefatio fol. A 2 r.

[105] Arnold Bostius, Opusculum S. 36—38.

[106] *Est enim usus semper diligentia singulari eademque coniuncta cum tam mirabili quadam ingenii acrimonia, ut secus se res habere nequeat,* ebd. S. 38; *...nihil ad ostentationem, omnia vero ad conscientiam referens,* ebd. S. 37.

[107] *cuius equidem facundia et dicendi elegantia ingenium praeclare instituere et alere potest,* ebd. S. 38.

[108] Ebd. S. 38.

IV. Rezeption und Forschung

1. Konfessionelle Kontroverse im 16. Jahrhundert

Nach 1520 sind die Werke des Jakob von Paradies nicht mehr handschriftlich oder drucktechnisch auf Grund spontanen Interesses an dem noch aktuellen Werk vervielfältigt oder verbreitet worden, sondern in polemischer oder apologetischer Absicht als historisches Argument und daher mit dem Bewußtsein der Distanz zum Autor im Rahmen umfänglicher Dokumentationen herausgegeben worden. Das spontane Interesse ist auf die vorhandenen Bestände an Handschriften und Drucken angewiesen, richtet sich aber je später um so mehr nur noch auf die Drucke, die allein noch über Besitzveränderungen und damit neu hinzukommende Leser Auskunft geben.

Obwohl die bibliographischen Forschungen des 16. Jahrhunderts die literarische Produktion des Kartäusers zum Teil in beträchtlicher Vollständigkeit verzeichnen, werden für die historische Betrachtung nur einige wenige Schriften maßgeblich, die bis dahin weder im Mittelpunkt der Rezeption gestanden haben noch unter den nunmehr herangetragenen Fragestellungen gelesen worden sind. Jakob wird in die konfessionelle Kontroverse einbezogen, in der die protestantische Interpretation Jakobs die Oberhand behält und bis zur Mitte des 19. Jahrhunderts, teilweise bis heute, wirksam bleibt, da die im 19. Jahrhundert einsetzenden Forschungen über Jakob mit den seit dem 16. Jahrhundert zugänglich gemachten Texten auch die Fragestellungen übernehmen, die die Auswahl dieser Texte bestimmt hat. Die Forschungen bewegen sich in den seit der Reformation und der Gegenreformation vorgezeichneten Bahnen der Rezeption, ohne diese Abhängigkeit zu durchschauen. Sie wiederholen nur eine Kontroverse des 16. Jahrhunderts. Die wissenschaftliche Behandlung setzt erst mit der Monographie Jan Fijałeks ein, der die Anknüpfung an die späteste Phase der Rezeption bewußt vermeidet und die Krakauer Wirksamkeit Jakobs, die von der Rezeption am frühesten übergangen wurde, in den Mittelpunkt rückt.

Daß seit 1520 keine neuen Exemplare mit Werken Jakobs mehr in Fortsetzung der bisherigen Rezeption hergestellt wurden, besagt noch nicht, daß das Interesse an den vorhandenen sogleich schwand. In der Kölner Kartause muß die umfängliche Erbschaft des Tzewerschen Handschriftenbesitzes die Lektüre der Schriften Jakobs neu angeregt haben. 1534 planten die Kartäuser, sie einer breiten Öffentlichkeit im Druck zugänglich zu machen. Ihre Ausgabe sollte den Werken des Kartäusers Dionysius Rickel an die Seite gestellt werden, um wie diese — *in favorem disciplinae veteris monastices resuscitandae*[1] — die gleiche Funktion zu erfüllen, das durch die Reformation in die Verteidigung gedrängte und in seinem Bestand bedrängte Mönchtum wieder aufzurichten. Die Kölner Kartäuser, die zu Beginn des 16. Jahrhunderts zu einem Zentrum der katholischen Reform wurden[2], nutzten planmäßig die Möglichkeiten der Druckpresse, die „Frömmigkeit", die nach einem spöttischen Wort der *Stultitia* des Erasmus in den Kartausen vermutlich vorhanden, aber jedenfalls tief verborgen sei[3], aus der *solitudo* der Konvente ans Licht der Öffentlichkeit zu tragen. Der Auftrag der Consuetudines, ‚mit den Händen zu predigen', konnte jetzt mittels der Druckpresse in vielfach gesteigertem Ausmaß erfüllt werden. Aber nicht dieser Auftrag allein drängt die Kartäuser zur Wirksamkeit nach außen, sondern mehr noch die Situation der Kirche und der Orden *inter tot adversitatum procellas, inter tot heresum varietates, inter minas et persequutiones, in contemptu denique* . . .[4].

Zugleich dient das ‚Predigen' mit der Druckpresse dazu, in dialektischer Argumentation das eremitische Ordensideal gegen den Vorwurf der Nutzlosigkeit zu verteidigen. Eingespannt in die Arbeit an „sechs bis sieben Druckpressen", schreibt der Vikar der Kartause St. Barbara in Köln, Dietrich Loher, 1534 im Widmungsbrief an den Kartäuserprior von Utrecht, dem er einen Band mit Werken des Dionysius Rickel dediziert: *Verum quo in heremo olim libentius Carthusiana latuit* (sc. Dionysius), *eo nunc magis prodit. Et quo dum viveret, gaudebat nesciri, nunc toti orbi factus est notior . . . Unde satis constat, quanto magis soli plerique vivant, tanto minus vivant sibi solis . . . Nam unus nunc Dionysius suis* (sc. libris) *nonne plus praedicat mortuus, quam alii centum qui vivunt? Nunquid heremus ac solitudo eius non plus contulit mundo, quam si in turba vitam contrivisset omnem? Nonne libri eius longius latiusque discurrunt pluribusque*

---

[1] Dionysius Carth., Opuscula aliquot, quae spirituali vitae . . . conducunt, Titelblatt.
[2] GREVEN, Die Kölner Kartause.
[3] Erasmus, Laus stultitiae (Opera omnia 3) Sp. 485 F—486 A: die Last der Frömmigkeit schiebe einer dem anderen zu, *Regulares in Monachos, Monachi laxiores in arctiores, omnes simul in Mendicantes, Mendicantes in Cartusienses, apud quos solos sepulta latet pietas, et adeo latet, ut vix unquam liceat conspicere.*
[4] Dietrich Loher, Vikar der Kölner Kartause, an Johannes Schongau, Prior der Straßburger Kartause, 20. 8. 1534, in Dionysius Carth., Opuscula aliquot, quae spirituali vitae . . . conducunt, Widmungsbrief fol. 3 v.

praedicant, quam ipse in vita potuisset unquam? Nam hic si verbo etiam vivens docuisset, eos tamen auditores dumtaxat habuisset, qui secum tunc erant in corpore. At vero dum scriptis loquitur, eius eruditio ad eos quoque qui diu post nos sunt futuri, perveniet[5]. Im gleichen Jahr kündigt Loher im Widmungsbrief des nachfolgenden Bandes an, der jene Werke des Dionysius Carthusianus enthält, *quae spirituali vitae et perfectioni tam vehementer conducunt quam universae etiam inserviunt Ecclesiae*[6], er wolle sich nach der Drucklegung der Dionysius-Ausgabe den Werken Jakobs von Paradies zuwenden: *Tu* (sc. Johannes Schongau, 1534—1540 Prior in Straßburg) *perge, quod soles, Dionysio esse amicus, eiusque ut ecclesiae prosint scripta in medium iuva produci: post quem, si aliquando tibi placuerit, Jacobi de Paradiso praeclara apud vos asservata monumenta curabimus piis lectoribus offerenda*[7]. Dieser Plan, dessen Realisierung die Rezeption der Werke Jakobs entscheidend hätte beeinflussen können, ist jedoch nicht ausgeführt worden. Die Schriften zur *spiritualis vita et perfectio* blieben seither ungedruckt und gerieten immer mehr in Vergessenheit; ihre Rezeption erhielt keine Impulse mehr und ging zu Ende[8].

Die im Umlauf befindlichen Drucke wurden noch bis in das 17. Jahrhundert weitergereicht und wohl auch benutzt, so vor allem die Predigtsammlungen, die sich in den Händen des Klerus befanden. Ein Druck der Sermones dominicales wechselte z. B. viermal den Besitzer, bis er in der Mitte des 16. Jahrhunderts der Bibliothek erst des Wimpfener, dann des Bensheimer Kapuzinerklosters einverleibt wurde[9], ein Exemplar der Ser-

---

[5] Dionysius Carth., Opuscula aliquot, quae ad theoriam mysticam...instituunt, Widmungsbrief Lohers an Petrus Sass, Prior der Utrechter Kartause, 2. 2. 1534, fol. A 1 v— A 2 r. — Loher drängte unter den Kölner Kartäusern am meisten darauf, *gute auffrechte bucher latin und theutsch durch denn druck ins licht zu bringen...auf das die leutte wider die unzellige mennige der Lutherschen bucher (wie man sie nennt), so an allen ortten außgeen die selen zu verfuren, im rechten glaube gesterckt und in der liebe Gottes entzundet werden*, Der Psalter latein und teutsch, Köln, Quentell, 1535 fol. a 2 r—a 3 r, zitiert von GREVEN, Die Kölner Kartause S. 58.

[6] Dionysius Carth., Opuscula aliquot, quae spirituali vitae...conducunt, Titel.

[7] Ebd. fol. 3 v — 4 r.

[8] Die einzige bekannte Ausnahme bildet Köln, StA Cod. W. Qu. 33, die ausschließlich Jakobs Dialogus de temptacione et consolacione religiosorum enthält; die Hs. wird von LÖFFLER, Kölnische Bibliotheksgeschichte S. 67 in das 17. Jh. gesetzt. — Der Editionsplan scheiterte nicht zuletzt an den Kosten. Schon die Dionysius-Ausgabe hatte enorme finanzielle Anstrengungen nötig gemacht, sowohl seitens des Ordens, in dessen Auftrag die Edition unternommen wurde, als auch seitens zahlreicher Geldgeber außerhalb des Ordens. Außerdem wurde Loher noch vor Abschluß der Edition als Prior nach Hildesheim gerufen (1539) und konnte sich, bald vom Kampf um die Rettung der Kartausen in Deutschland fast völlig beansprucht, kaum mehr editorischen Aufgaben widmen. Vgl. GREVEN, Die Kölner Kartause S. 63 ff.

[9] Gießen, UB Inkunabel Nr. 469, Hain *9331, s. H. SCHÜLING, Die Inkunabeln der Universitätsbibliothek Gießen. 1966 s. nr.

mones de festivitatibus wurde zwischen 1581 und 1629 ebenfalls viermal weiterverkauft, ehe es an die Prämonstratenser in Oberzell a. M. gelangte [10]. Der Freisinger Bischof Johann Franz Ecker von Kaepfing (1695—1727) erwarb die Sermones dominicales in einem von mehreren Händen durchgearbeiteten Exemplar noch 1696 [11]. Auf Grund von Stichproben, die auf den Münchener Beständen und den die Provenienzen verzeichnenden Inkunabelkatalogen beruhen, kann das Ende des 17. Jahrhunderts als Grenze der Rezeption der bis 1520 entstandenen Drucke angegeben werden [12].

Unabhängig von der Rezeption der gedruckten Werke zogen protestantische Theologen Jakobs Traktat De septem statibus ecclesiae in Apocalypsi descriptis aus den Handschriften ans Licht und machten ihn zum Kernstück ihres Verständnisses aller übrigen Werke Jakobs, soweit sie diese zur Kenntnis nahmen. Bis dahin hatte der Traktat keine herausragende Aufmerksamkeit gefunden. Er ist auch, von einem Fragment abgesehen [13], stets mit anderen Traktaten des Kartäusers zusammen überliefert. Die Erfurter [14], Kölner [15], Trierer [16], Buxheimer und Mauerbacher [17] Kartäuser besaßen ihn — Köln aus dem Besitz Tzewers', Buxheim aus dem des Hiltbrand Brandenburg —, ferner die Chorherren in Sagan [18] und Glogau [19], die Fraterherren in Butzbach [20] durch Gabriel Biel, die Benediktiner in Liesborn [21], die Zisterzienser in Burlo [22] und der „Schüler" Dringenbergs in Schlettstadt [23]. Die Bibliographien der Trithemius und Bostius verzeichnen ihn nicht. Georg Cassander (1513—1566), der auf Ausgleich mit dem Protestantismus bedachte Theologe, scheint sie bei einem Besuch in der Kölner Kartäuserbibliothek 1545 als erster vor dem Hintergrund reformatorischer Kirchen-

---

[10] Würzburg, UB Inkunabel Nr. 1193, Hain *9330.

[11] München, SB 2° Inc. s. a. 716, Hain *9331; die Marginalien stammen von verschiedenen Händen des 15. und 16. Jahrhunderts.

[12] Weitere Beispiele: München, SB 2° Inc. s. a. 711a, Hain *9330, Augustiner-Chorherrenstift Beyharting, 16./17. Jh. — München, SB Inc. s. a. 711d, Hain *9330, Besitzwechsel in Privathänden 1540, später Tegernsee. — Eichstätt, SB Ink. Nr. 543, Hain *9340, OSB-Abtei Prüfening 15. Jh., um 1581 im Besitz von Weltklerikern. — Schlettstadt (WALTER, Catalogue général S. 99), Hain *9341, im 16./17. Jh. in Privatbesitz, dann Eigentum der Kapuziner in Schlettstadt. — Hain *9343 wird 1606 bei den Jesuiten in Brünn katalogisiert, A. SCHUBERT, Die Wiegendrucke der k. k. Studienbibliothek zu Olmütz 1901 Nr. 958. — Eichstätt, SB Ink. Nr. 542, Hain *9345, von Rebdorf 1551 an die Pfarrei Treuchtlingen gegeben. — Hain *9353 gelangt aus dem Besitz der Hildesheimer Fraterherren zunächst an die Kapuziner, dann an die Jesuiten in Hildesheim, s. C. ERNST, Incunabula Hildeshemensia 2. 1909 Nr. 169.

[13] Karlsruhe, LB Cod. K. 347, aus der Bibliothek von der Hardts.

[14] Dresden, LB Cod. P. 42; Berlin, PK Cod. theol. lat. Fol. 510.

[15] Darmstadt, LB Cod. 1422.   [16] Trier, StB Cod. 1913/2033.

[17] London, BM Cod. Add. 41618; Wien, ÖNB Cod. Ser. nov. 13423.

[18] Breslau, UB Cod. I. Fol. 280.   [19] Breslau, UB Cod. I. Fol. 321.

[20] Gießen, UB Cod. 1266.   [21] Münster, UB Cod. 82 (Verlust).

[22] Münster, UB Cod. 165 (Verlust).   [23] Schlettstadt, StB Cod. 57.

kritik gelesen zu haben. Im brieflichen Bericht über seine Bibliotheksfunde, den er an den Löwener Juristen Johannes Molinaeus († 1575) richtete, erwähnte er von den Schriften Jakobs, die er in dem ehemals Tzewerschen Bande vorgefunden hatte, De septem statibus und De erroribus et moribus christianorum namentlich[24]. Zehn Jahre später nahm Wolfgang Wissenburg, aus dem Basler Kreis um Oekolampad hervorgegangen, den Text des Traktates in seine Antilogia[25] — nicht Anthologia[26] — Papae auf. Dadurch erhielten allein Jakobs scharfe Kritik an Papst, Kurie und *natio Italica*[27] Gewicht — und dies im Licht protestantischer Lehre —, während für die oben genannten Leser der Handschriften auf Grund des Rezeptionszusammenhanges neben Jakobs verzweifelten Klagen vor allem die entscheidende Rolle, die er den reformierten Klöstern beimißt (da sie das Kommen des Antichrist noch aufhalten), von Bedeutung sein und als Ansporn, die Teilreform in den Orden voranzutreiben, wirken mußte.

Mit Wissenburgs Abdruck der Schrift war Jakob des Kartäusers Funktion auf Jahrhunderte hin festgelegt, dem Protestantismus als Zeuge der Anklage gegen den Papst zu dienen, zumal Mathias Flacius Illyricus, der schon auf die Gestaltung der Antilogia Einfluß genommen hatte, im nachfolgenden Jahr den Kartäuser unter die Zeugen protestantisch verstandener Wahrheit einreihte, sich dabei an erster Stelle auf die Schrift De septem statibus ecclesiae berufend[28]. Was Jakob mit ihr zum Heraufführen der evangelischen Wahrheit beiträgt, ist nach Flacius folgendes: ... *multum accusat praelatos, curiam Romanam et papam. Ostendit Ecclesiam papa superiorem esse et queritur spirituales, praesertim vero curiales semper reformationem Ecclesiae impediuisse* ... Als zweite Schrift behandelt Flacius De erroribus et moribus christianorum, die auch schon Cassander notierte. Ihr rechnet er als Verdienst an, die *idololatria* aufzudecken: *peregrinationes, concursus ad statuas, conficta avaricie causa miracula* — die auf Kapistran bezügliche Stelle hat er mit besonderer Aufmerksamkeit gelesen[29]. Auch eine Bemerkung zur *gratuita iustificatio* empfiehlt den

---

[24] S. H. Knaus, Ein Band von Johannes Fogel in Darmstadt (GutenbergJb 30. 1955 — S. 262—264) S. 263.
[25] Basel, Th. Wolf, 1555.
[26] So Meier Nr. 41 nach S. Autore, Jacques de Jüterbock, DThC 8. 1923 Sp. 298.
[27] Vgl. unten S. 222.
[28] Flacius Illyricus, Catalogus S. 974 f.; Flacius behandelt unter dem Stichwort *Jacobus Cartusensis* ausschließlich Schriften des Erfurter Kartäusers Jakob von Paradies, nennt ihn aber eingangs *Jacobus de Gruitrode Cartusensis*.
[29] *Additque ob eiusmodi manifestas vanitates et impietates derideri ab infidelibus nostram religionem, ac a Judaeis multos nostros etiam in fide languefieri, quod Christianis et praesertim imperitioribus proponant illas manifestarias falsitates erroresque, quibus a sacerdotibus quaestus gratia ludificentur, indeque eos et reliquae nostrae religionis vanitatem probare conari.* Flacius Illyricus, Catalogus S. 974. Vgl. damit Jacobus Carth.,

Autor[30] — die Schriften zur Mönchsaskese hätten ihm vermutlich einen Tadel eingetragen, wie ihn Walch später aussprach. Als das Wesentliche an De malis huius saeculi, De officio et statu ecclesiasticorum, De arte curandi vitia und De causis multarum passionum[31] sieht Flacius die Beschuldigungen der *spirituales et praelati;* daß aber, um nur ein Beispiel herauszugreifen, die *ars curandi vitia* in der *sacrarum religionum conversatio* ihre Vollendung erfährt[32], übergeht Flacius. Die Auffassung der Reformation als des Zusichselberkommens der mittelalterlichen Kirchenreform erlaubt es, den Autor besser zu verstehen, als er sich selber verstanden hat, die *veritas* von ihren Verhüllungen zu scheiden, den Kritiker der Kirche vom rigorosen Mönch[33].

Gegen die Beanspruchung Jakobs für den Protestantismus trat 1565 Wilhelm Eisengrein (1543—1584), der Widersacher des Flacius, auf den Plan, indem er den Kartäuser seinerseits zum Zeugen der katholischen Wahrheit erklärte. Er nahm ihn auf in seinen *Catalogus testium veritatis locupletissimus, omnium orthodoxae matris ecclesiae doctorum, extantium et non extantium, publicatorum et in biliothecis latentium, qui adulterina Ecclesiae dogmata, impuram, impudentem et impiam haeresum vaniloquentiam in hunc usque diem firmissimis demonstrationum rationibus impugnaverunt* ...[34]. Der Erfolg des Catalogus von Flacius *passim apud doctos pariter atque indoctos*[35] veranlaßte ihn, der ‚vom Ziel der Wahrheit völlig abweichenden' und ‚nach persönlichen Gefühlen und Feindseligkeit' gearbei-

---

De erroribus et moribus christianorum, Einschub über Capistran, JACOB, Johannes von Capistrano 2,1 S. 409: ... *Talibus et similibus fortioribusque motivis Iudei invehunt contra fidem nostram..., quis verisimiliter evadere posset eos precipue simplici ex populo sine litteris... Inde tunc accidit, quod simplices audientes has historias martirum et sanctorum reputant illas omnes fore figmenta, repudiantes eas ut deliramenta et ficticia cecorum.*

[30] FLACIUS ILLYRICUS, Catalogus S. 974 f.; vgl. Jacobus Carth., De erroribus et moribus christianorum, JACOB, Johannes von Capistrano 2,1 S. 368 f. — Luther fand in den Kartäuserstatuten nur dies: *perpetua mentio propriae iustitiae et Christi penitus nulla;* D. Martin Luthers Werke. Tischreden 3 (Weimarer Ausgabe) 1914 Nr. 2851 (Dez.-Jan. 1532/1533).

[31] S. dazu unten S. 160.

[32] Jacobus Carth., De arte curandi vitia, Leipzig, M. Landsberg, um 1497, fol. [Ciiii] v: *Haud dubium quia non est locus accomodus ad spiritualium incrementa virtutum capienda et vicia tam spiritualia quam carnalia curanda, quam sacrarum religionum conversatio...*

[33] Die Traktate Jakobs De contractibus und das Quodlibetum statuum humanorum kann Flacius ebenfalls gekannt haben: denn der Besitzer von Göttingen, UB Cod. theol. 133 notiert einen Besuch des Flacius in Ansbach am 18./19. 6. 1552 in seine Hs., fol. 158 r, welche ausschließlich diese Schriften samt der im Catalogus des FLACIUS genannten De officiis et statu ecclesiasticorum enthält.

[34] Dillingen, Sebaldus Mayer, 1565.

[35] Ebd. fol. A 2 r, Widmungsbrief an Erzbischof Daniel von Mainz (1555—1582).

teten Darstellung[36] eine eigene Schrift entgegenzuhalten. Daß er — eingestandenermaßen — eilig zusammenraffte, was zur Hand war[37], macht sich im Abschnitt über Jakob deutlich bemerkbar[38]; er ist nur eine unvollständige, leicht paraphrasierende Abschrift aus des Trithemius Scriptores ecclesiastici, ohne ein eigenes Wort der Charakterisierung. Eisengrein hat im Gegensatz zu Flacius die Texte des Kartäusers wohl nicht gekannt, doch mußte er, polemisch auf Flacius bezogen, von der Schrift De septem statibus ecclesiae wissen. Daß er sie fortläßt, kann nicht nur durch seine Quelle Trithemius bedingt sein; Eisengrein will vielmehr schon durch die Auswahl der Titel andere Akzente setzen.

Auf einen Abdruck der Literaturangaben aus des Trithemius Scriptores ecclesiastici hat sich auch der Zürcher Mediziner und Philosoph Konrad Gesner (1516—1565) in seiner 1545 erschienenen Bibliotheca universalis[39] beschränkt, jedoch ohne polemische Absichten. Die alphabetisch geordnete Bibliotheca und mehr noch die 1548/49 herausgegebenen, nach Sachgebieten geordneten Pandectarum sive Partitionum universalium... libri XXI[40] sollten es dem Gelehrten, der von einer Bücherflut überschwemmt werde, die keiner mehr bewältigen könne, ermöglichen, sich auf das Wesentliche zu beschränken: ... *non alium mihi magis scopum esse propositum, quam ut minuatur inutilium scriptorum numerus, saltem quod lectionem attinet, hoc est, ut facilius liceat ex pluribus unum vel pauciores deligere, quorum comparatione alii multi in eiusdem argumenti tractatione inutiles sunt*[41]. Gesners Bibliographie will also selber kein Urteil über den Nutzten der einzelnen Schriftsteller etwa durch Fortlassen der unnützen fällen, sondern möglichst umfassendes Material bereitstellen. Dieser Tendenz entsprechen die Erweiterungen, welche die Sachbibliographie gegenüber dem alphabetischen Autorenindex enthält; sie enthalten also weder ein positives noch ein negatives Urteil. Was Jakob den Kartäuser betrifft, gehen die Erweiterungen auf die Benutzung des Catalogus illustrium virorum des Trithemius zurück, der vollständiger ist als das ältere Verzeichnis der Kirchenschriftsteller. Die Schriften Jakobs sind mit verschiedenen Autorenbezeichnungen versehen: *Jacobus de Paradiso*[42], *Jacobus Junterbuck*[43], *Jacobus Car-*

---

[36] Ebd.: *Intellexi a veritatis scopo Illyricum penitus deflectere et evagari et inter scribendum non solum privatis affectibus seu simultate quadam laborasse, quin etiam imponere et calumnari...*
[37] Ebd. fol. A 2 v: *magna celeritate et ex tempore collecta...*
[38] Ebd. S. 169 f.
[39] GESNER, Bibliotheca universalis S. 357.
[40] Zürich 1548; Partitiones Theologiae, Pandectarum... liber ultimus. Zürich 1549.
[41] GESNER, Pandectarum..., Praefatio fol. *2 v.
[42] Ebd. fol. 298 v (Abteilung Moralis philosophia), fol. 54 v, 70 v, 86 v (Abteilung Theologia).
[43] Ebd. fol. 31 r, 87 v, 96 v, 101 v (Abteilung Theologia).

thusiensis Erfordiensis[44] und *Jacobus Carthusiensis*[45]. Letztere Bezeichnung tragen ebenfalls mehrere Werke des Jakob von Gruitrode[46], so daß für den Benutzer der Bibliographie Gesners mehr noch als für den der Kataloge der Trithemius, Bostius und Flacius Illyricus das Schrifttum beider Kartäuser teilweise nicht mehr unterscheidbar und anderseits die Identität des *Jacobus de Paradiso* und des Erfurter Kartäusers Jakob nicht mehr gewußt wird. Die ohnehin nur noch in Auswahl bekannten Werke werden in der Rezeption, den unterschiedlichen Quellen entsprechend, zudem noch aufgespalten und auf scheinbar unterschiedliche Autoren aufgeteilt. Schon die Appendix Bibliothecae Conradi Gesneri, von Josias Simler betreut[47], welche die Erweiterungen der Sachbibliographie nun wieder nach Verfassern ordnet, führt die Werke des Erfurter Jakob unter drei unterschieden Autorennamen auf: *Jacobus de Erfordia Carthusianus*[48], *Jacobus Junterbuck Germanus O. Carth.*[49] und *Jacobus de Paradiso theologus O. Carth.*[50]. Unter *Jacobus Junterbuck* werden vorwiegend die ungedruckten, unter den anderen Namen die gedruckten Werke, jedoch unvollständig, den Autorenbezeichnungen der Inkunabeln folgend, aufgezählt.

Auf einer ganz anderen Quelle, der besten, die zu erreichen war, beruht die Neubearbeitung der Bibliotheca Gesners durch Josias Simler im Jahr 1574[51]. Simler bediente sich der Hilfe des Matthäus Dresser (1536—1607), des späteren Inhabers des Leipziger Lehrstuhls von Joachim Camerarius. Dresser studierte und lehrte bis 1574 in Erfurt; er recherchierte für Simler in Meißener und thüringischen Bibliotheken[52]. Aus Volradis Bibliothekskatalog der Erfurter Kartause exzerpierte er[53] das Verzeichnis der Schriften Jakobs im Verfasserregister, das dann Simler zusammen mit den Angaben aus dem Catalogus illustrium virorum des Trithemius unter dem Namen Jacobus Junterbuck abdruckte[54]. Obwohl Simler entsprechend der älteren Auflage der Bibliotheca einige Inkunabeldrucke gesondert und unter anderer Autorenbezeichnung aufführt[55], erreicht seine Bibliographie 1574

---

[44] Ebd. fol. 56 v, 60 v, 86 r, 92 v, 95 r, 103 r, 106 v.
[45] Ebd. fol. 57 v, 101 v.   [46] Ebd. z. B. fol. 40 v, 46 r, 48 r, 95 r.
[47] Zürich 1555.   [48] SIMLER, Appendix fol. 54 r.
[49] Ebd. fol. 54 v.   [50] Ebd. fol. 55 r.
[51] SIMLER, Bibliotheca instituta, Zürich 1574. Die nachfolgende Auflage Zürich 1583, noch einmal erweitert — um die Bestände der ‚Kaiserlichen Bibliothek in Wien' — bringt zu Jakob dem Kartäuser nichts Neues hinzu.
[52] SIMLER, Bibliotheca instituta, Praefatio, nicht foliiert.
[53] MBK 2 S. 227 weist auf die Benutzung des Katalogs durch Dresser hin.
[54] SIMLER, Bibliotheca instituta S. 317 f.
[55] Ebd. S. 313: *Jacobus de Clusa*, Hain *9349; S. 314: *Jacobus de Erfordia Carthusianus*, Hain *9337; S. 321: *Jacobus de Paradiso*, Hain *9336 u. De animabus exutis, Basel, Th. Wolf, ca. 1520. — S. 313: *Jacobi Carthusiensis Disputatio pro utraque parte concilii Basiliensis*, manuscr. M. Dresserus. Videndum, an sit Jacobi Gruytrode Carthusiensis; gemeint ist MEIER Nr. 35.

ein großes Maß an Vollständigkeit, durch die es im Jahr 1900 Jan Fijałek, dem P. Lehmanns Edition des mittelalterlichen Bibliothekskatalogs (1928) nicht zur Verfügung stand, noch hätte von Nutzen sein können. Simlers Bibliographie der Werke Jakobs ist zwar benutzt, aber nie eigentlich ausgewertet worden. Auch hat sie nicht den Zweck erfüllt, zu dem Simler die gründlichen Aufzeichnungen auch des ungedruckten Materials vornahm, nämlich eine Verbindung zwischen der mittelalterlichen Form der „geschlossenen Öffentlichkeit" und der durch den Buchmarkt neu geschaffenen literarischen Öffentlichkeit herzustellen. Denn dieses war seine Absicht, wie aus der Praefatio seiner Bibliotheca hervorgeht: den *catalogus librorum manuscriptorum*, den ihm Dresser von Thüringen nach Zürich sandte, habe er so verwertet, daß er den einzelnen Titeln Dressers Namen beigefügt habe, damit die Drucker, die noch ungedruckte Werke herausgeben oder früher gedruckte vor einer Neuauflage mit den Handschriften kollationieren wollten, wüßten, an wen sie sich zu wenden hätten[56]. Die unter den Bedingungen handschriftlicher Buchproduktion erreichte Struktur literarischer Öffentlichkeit ist demnach durch den Buchdruck völlig überholt und ihre Qualität ins Gegenteil verkehrt worden. Denn was handschriftlich vervielfältigt existiert, gilt nun gerade nicht mehr als ‚öffentlich'. Die Hauptmasse des Schrifttums des Kartäusers ist daher, weil sie ungedruckt geblieben, d. h. nicht in die neue Form literarischer Öffentlichkeit eingegangen ist, aus dem Literatursystem des 16. Jahrhunderts ausgeschieden. Nur für das noch, was das *ingens studium* der Gelehrten aus den Bibliotheken ans Licht zieht und unter die Presse bringt, gilt — mit dem Straßburger Philosophen und Mitglied der dortigen „Deutschen Gesellschaft" Johann Jakob Witter (1746) zu reden — seit Gutenbergs Erfindung: *Hac ratione juris publici fiebat, quod antea nonnisi privatorum erat*[56a].

2. Kartäusische Geschichtsschreibung im 17. Jahrhundert

Seit dem Beginn des 17. Jahrhunderts wendeten sich die Kartäuser der Geschichte ihres Ordens intensiver zu, als sie es zuvor getan hatten. Sie verfaßten umfangreiche Kompilationen und ließen neue und ältere Werke über ihren Orden im Druck erscheinen. Die Kölner Kartause steht mit dem rührigen Bibliothekar Theodor Petreius (1569—1640) in der vordersten Linie dieser Bewegung.

---

[56] SIMLER, Bibliotheca instituta, Praefatio.
[56a] WITTER, Catalogus, Vorwort fol. (2 r).

Auch Petreius begründet, wie andere Kartäuser vor ihm, seine Tätigkeit mit Guigos Consuetudines: *Quot libros scribimus, tot nobis veritatis praecones facere videmur: Sperantes a Deo mercedem pro omnibus, qui per eos vel ab errore correcti fuerint, vel in* CATHOLICAE *fidei veritate profecerint*[57]. Mittels der Hervorhebung CATHOLICAE *fidei*, die Petreius vornimmt, wird die Bestimmung der Statuten in das Zeitalter der Konfessionen übertragen; durch sie verdeutlicht der Autor kontroverstheologischer Werke sein Bemühen, die literarische Front des Katholizismus gegenüber den Protestanten durch das Gewicht seines Ordens zu verstärken. Petreius veröffentlichte in diesem Sinne 1609 das Werk des Arnold Bostius über die Kartäuserschriftsteller, wie er glaubte, zum ersten Male[58], ebenso De vita Cartusiana libri duo des französischen Kartäusers Petrus Sutor († 1537), zuerst Paris 1522[59]. Sutor, der gegen Luther und Erasmus schrieb — beider Lektüre wurde 1537 den Kartäusern verboten[60] — verteidigt die *vita Cartusiana* gegen zwei Vorwürfe des *oblocutor:* sie sei zu verwerfen, da sie nicht auf göttliche Einsetzung zurückgehe, vielmehr dunklen und ungewissen Ursprungs sei, und sie sei zu meiden, da sie gefährlich und zudem fruchtlos sei. Im zweiten Buch (II, 2, 7) werden zur Verteidigung des Ordens seine Schriftsteller angeführt, unter ihnen Jakob[61]. Sutor hat dafür das Werk des Bostius ausgeschrieben, jedoch ohne das humanistische Lob über den Stilisten und Moraltheologen. Statt dessen stellt Sutor den Jakob von Paradies mit dreimaliger Anspielung auf diesen Namen als einen Schriftsteller kartäusischer Spiritualität dar *(... ad Paradisi desiderium accendit*[62]*)*, die er dem *oblocutor* und mit ihm dem Leser zuvor in aller Ausführlichkeit erläutert hat. Jakob soll also entgegen jedem anderen Interpretationsversuch durch nichts anderes als durch seinen Orden erklärt werden.

Auch des Petreius eigene Bibliographie Bibliotheca Cartusiana ordnet Jakob in den Ordenszusammenhang ein. Seine Quellen sind der Katalog der Kölner Kartause von Surius[63], Trithemius' Catalogi, Simlers Biblio-

---

[57] PETREJUS, Bibliotheca Cartusiana, Titelblatt verso. Vgl. Guigo, Consuetudines, Migne PL 153 Sp. 695/696: *vel in catholica veritate profecerint*.

[58] S. oben S. 144 f.

[59] Arnold Bostius, Liber de viris aliquot illustribus, sive praecipuis Patribus ordinis Carthusianorum. Köln 1609.

[60] *Libros et lectura omnium librorum Lutheri et Erasmi ac aliorum, qui sanam ac catholicam non sapiunt doctrinam et religionis statui impie adversantur: interdicimus omnibus personis ordinis nostri sub poena disciplinae generalis, super quo Priores et Visitatores diligenter invigilent.* Charta des Generalkapitels der Kartäuser 1537, Köln, StA Kart. Rep. u. Hs. 12,25; zitiert bei F. BUCHHOLZ, Die Bibliothek der ehemaligen Kölner Kartause. Köln, Bibliothekarlehrinstitut des Landes Nordrhein-Westfalen. 1957 (Masch.) S. 184.

[61] SUTOR, De vita cartusiana S. 595 f.

[62] Ebd. S. 595.   [63] S. oben S. 89.

theca, das Magnum Speculum exemplorum, (Exzerpte aus) Jakob Volradis Biographie und die in seinem Kloster vorhandenen Drucke. Durch Simlers Trennung zwischen *Jacobus Junterbuck* und *Jacobus de Paradiso* bestimmt, unterscheidet auch er streng zwei verschiedene Personen. Den Artikel über den ersteren[64] kompiliert er aus den biographischen Angaben des Trithemius (De scriptoribus ecclesiasticis) und dem Katalog des Surius, zu dessen Gunsten Simlers Exzerpte aus dem Erfurter Kartäuserkatalog übergangen werden. Für die biographischen Daten zu *Jacobus de Clusa alias de Paradiso*[65] beruft er sich auf Volradis Lebensbeschreibung, für die diesem Jakob zugewiesenen Buchtitel auf zwei Inkunabeln, die er eingesehen hat, und auf Simlers Stichwort *Jacobus de Paradiso*, und fügt aus der neuesten Edition des Magnum Speculum exemplorum De peccatis mentalibus mortalibus hinzu[66]. Auf die von ihm selbst edierten Werke des Bostius und Sutor rekurriert er nicht; sie hätten seinen Versuch, die vermeintlichen Kontaminationen zu entwirren, scheitern lassen müssen.

Petreius übernahm aus dem, was ihm von Volradis Lebensbeschreibung bekannt war, die Mitteilung, daß Jakob Abt des Zisterzienserklosters Paradies gewesen sei. Dagegen wehrte sich nun die zisterziensische Literaturgeschichtsschreibung. Carolus de Visch († 1666), Prior in Dünen bei Brügge, machte die von Petreius erreichte Identifizierung des *Jacobus de Clusa* und *de Paradiso* rückgängig, um letzteren mit einem Paradieser Abt angeblich gleichen Namens — gemeint ist Petrus Hirschberg[67] — von der Wende des 15. zum 16. Jahrhundert gleichzusetzen: *Jacobum de Paradiso nobis retinentes, Jacobum de Clusa, cum scriptis suis, Carthusianis relinquemus*[68]. Für die kartäusische Geschichtsschreibung blieb dieser Einspruch jedoch ohne Folgen. Nicolaus Molin († 1638) übernahm die zwei Artikel des Petreius über *Jacobus de Paradiso* und *Jacobus Junterbuck*, bemerkte den Widerspruch zu Bostius und Sutor, ohne ihn aber lösen zu wollen: denn die Schriften gereichten auch ohne literaturgeschichtliche Kritik den Kartäusern zur Ehre[69].

Am Ende des 17. Jahrhunderts schrieb der Kartäuser Leone Le Vasseur († 1693) unter Verwendung reichen Quellenmaterials, das ihm aus den

---

[64] Petrejus, Bibliotheca Cartusiana S. 151—156.
[65] Ebd. S. 148 f., 309.
[66] S. oben S. 90, 141.
[67] Siehe Fijałek 2 S. 134. — Eine ähnliche Verwirrung herrscht auch bei S. Starovolski, Scriptorum Polonicorum ʽΕΚΑΤΟΝΤΑΣ seu centum illustrium Poloniae Scriptorum Elogia et vitae. 1733 Nr. 40 S. 56 f.
[68] Carolus de Visch, Bibliotheca scriptorum sacri ordinis Cisterciensis. Duaci 1649 S. 143 f.
[69] Nicolaus Molin, Historia Cartusiana 2. Tournai 1903 (verfaßt 1631) S. 210 ff., 229 ff.

Klöstern seines Ordens zuging, die Ephemerides der Kartäuser[70]. Aus Erfurt besaß er die von Volradi verfaßte Vita, die zuvor schon der Erfurter Prior Johannes Arnoldi († 1638) in die Klosterchronik transkribiert hatte[71]. Le Vasseur verwendete sie ebenfalls für seine Ephemerides[72], *Jacobus de Paradiso* und *Jacobus Interbuck* wie Volradi identifizierend.

Als der Vikar der Kartause Gaming Leopold Wydemann an einer Geschichte seiner Ordensprovinz arbeitete, stieß er auf die Schriften des *Jacobus de Paradiso, unus ex celebrioribus ordinis nostri scriptoribus*. Genaueres über ihn zu erfahren, schrieb Wydemann 1723 an den Prior der Kartause Paradisus Mariae bei Danzig, um zu erfragen, ob Jakob von diesem Kloster seinen Namen trage. Georg Schwengel, der Danziger Prior, korrigierte diese Vermutung zutreffend, fügte allerdings falsche Auskünfte über Jakobs Vaternamen bei[73]. Schwengel, selbst mit historischen Arbeiten beschäftigt — er stellte einen Apparatus ad annales Cartusiae Paradisi B.M.V. prope Dantiscum zusammen[74] — musterte die Handschriftenbestände seines Klosters. 1750 faßte er die drei reichhaltigsten Bände mit Werken Jakobs zu einer dreiteiligen Sammlung zusammen und stattete die Codices mit biographischen Vorbemerkungen aus, welche er u. a. Petrus Sutor entnahm[75]. Die Kompilationen der N. Molin und Le Vasseur standen ihm nicht zur Verfügung; sie waren weder innerhalb des Ordens verbreitet noch auf die Rezeption der Werke Jakobs außerhalb von Einfluß; erst um 1900 gelangten beider Werke an die Öffentlichkeit.

3. Protestantische Rezeption im 17. und 18. Jahrhundert

Die Bemühungen des Petreius — seiner Bibliotheca und der von ihm neu aufgelegten Werke der Bostius und Sutor —, Jakob als Kartäuser im Zusammenhang seines Ordens zu deuten, trugen nur in diesem Orden selber Früchte. Die protestantische Rezeption haben sie nicht entscheidend beeinflussen können.

Schon fünf Jahre nach den Ausgaben des Petreius, 1614, ließ Melchior Goldast im zweiten Band seiner Monarchia S. Romani Imperii wiederum

---

[70] 1—5. Montreuil 1890—1893.
[71] HESSE, Kartäusermönche S. 2 f.; FIJAŁEK 2 S. 127.
[72] LE VASSEUR, Ephemerides 1 S. 546—551.
[73] FIJAŁEK 2 S. 131 ff.
[74] Breslau, Bibliotheca Ossoliana Cod. 2736, s. FIJAŁEK 2 S. 155 Anm. 3.
[75] FIJAŁEK 2 S. 180—189; diese Hss. sind Breslau, UB Cod. I Fol. 285, Cod. I. Fol. 286, Cod. I. Fol. 287.

Jakobs Schrift De septem statibus ecclesiae erscheinen[76]. Der Titel der riesigen Quellensammlung ist polemisch gemeint: gegen den Anspruch des Papstes — *in Catholica Dei Ecclesia quondam inaudita* —, der *totius orbis absolutus Monarcha, in celestibus, terrestribus et infernis immediatus Vicarius et Vicedeus* zu sein, gelte es, die *Monarchia Imperii* zu behaupten; dem Kaiser, mit Konstantins Worten τῶν ἐκτὸς ἐπίσκοπος, stehe, neben anderem, die Einberufung der Konzilien zu[77]. In diesen Zusammenhang fügt Goldast Jakobs strikte Ablehnung der Superiorität des Papstes über das Konzil ein, den Kartäuser dahingehend interpretierend, daß dieser den Anspruch der *plenitudo potestatis* des Papstes nicht zu Gunsten des Konzils, sondern des *rerum exteriorum in Ecclesia Epsicopus ac Inspector* zurückgewiesen habe[78]. Goldasts Quellensammlung war außerordentlich erfolgreich; sie erlebte im 17. Jahrhundert noch fünf weitere Auflagen: 1621, 1622, 1623, 1668 und 1692[79], und mit ihr erreichte die Interpretation Jakobs als eines Vorläufers protestantischer Anschauungen weit größere Publizität als die Revindikationsversuche des Petreius.

Flacius hatte 1556 unter anderem auf Jacobs Traktate De arte curandi vitia und De abusionibus clericorum (meist mit dem Titel De officiis et statu ecclesiasticorum versehen) aufmerksam gemacht. Auf diese Hinweise berief sich 1617 Johannes M. F. Lydius, als er seiner Ausgabe der Werke des Wessel Gansfort, eines hervorragenden *testis veritatis*, jene beiden Schriften Jakobs sowie den Planctus Peccatoris anhängte[80]: Denn Jakob habe wie Wessel die Papstkirche aus ihrem Schlafe aufgeweckt. Da Flacius den Planctus peccatoris nicht erwähnt hatte, sah sich Lydius veranlaßt, diese Schrift der Tendenz des Flacius einzuordnen und durch zwei Marginalien auf die wichtigen und in seinem Sinne richtigen Stellen aufmerksam zu machen, deretwegen die Schrift den Abdruck verdiene. Die eine Stelle betrifft die *iustificatio hominis coram Deo*[81], die andere die *penitentia papistica nihil habens praecepti Dominici*. Letztere soll hervorheben, daß Jakobs metrische Zusammenfassung des *opus satisfactionis* — *Sit tibi potus aqua, aridus cibus, aspera vestis, / Dorso virga, brevis somnus durumque cubile* etc. — nicht vom Ablaß spricht[82]. Jakob erwähnt den Ablaß jedoch

---

[76] Frankfurt/M. 1614 S. 1567—1575.

[77] GOLDAST, Monarchia S. Romani imperii 1. Hanoviae 1611, Widmungsbrief an Johann Sigmund, Kurfürst von Brandenburg.

[78] Ebd. — Die Schrift Jakobs zählt GOLDAST zu den *opposita* (sc. *scripta*) *Tractatibus eorum, qui utramque potestatem in spiritualibus et temporalibus aut adultorie aut imperite confundunt*; s. das Titelblatt.

[79] Marsilius von Padua, Defensor pacis. Hg. von R. SCHOLZ (MGH FontIurGermAnt in us. schol.) 1932 S. LXVIII.

[80] LYDIUS, Aura purior, Appendix S. 162; die Stelle über Jakob aus Flacius, Catalogus ist zitiert fol. A 2 rv.

[81] Ebd. S. 27.   [82] Ebd. S. 32.

deshalb nicht, weil er über die *securior via* der *poenitentia plenaria* schreibt, d. h. über den mönchischen Weg des Bußetuns[83], und die Mönche sollen nach seiner Vorstellung keine Ablässe erwerben, sondern diese vielmehr durch „überschüssige" gute Werke den übrigen Mitgliedern der Kirche erst ermöglichen[84]. Die Rezeption des Jakob als *testis veritatis* im Sinne des Flacius ist also nur einmal mehr darauf angewiesen, gegen den Sinn des Kontextes einzelne Stellen zu isolieren, um sie entsprechend interpretieren zu können.

Auf Flacius und Wissenburg griff Edward Brown zurück, der 1690 des Ortwin Gratius Fasciculus rerum expetendarum et fugiendarum wieder abdruckte — Rom habe das Buch mit solchem Erfolg unterdrückt, daß nur noch wenige Exemplare zur Hand seien und eine Neuausgabe deshalb angebracht sei — und durch eine umfangreiche Appendix ergänzte, die solche Schriftsteller umfaßt: *qui Ecclesiae Romanae Errores et Abusus detegunt et damnant necessitatemque Reformationis urgent*[85]. Aus Wissenburgs Antilogia übernahm er unter anderem Jakobs Schrift De septem statibus ecclesiae; wiederum erscheint der Kartäuser ausschließlich als der Kritiker des Papsttums, denn zu seiner Kennzeichnung wird nur lapidarisch mitgeteilt: *scripsit multa alia, in quibus mediocriter Papam momordit eiusque spirituales etc.*[86]. Die Edition des Fasciculus und der Appendix sollen nach dem Willen Browns die *Ecclesia Anglicana* stärken, die sich mit jeder reformierten Kirche im Kampf gegen die *tyrannis papalis* verbunden wisse[87].

E. Brown faßt es als eine Ehre auf, daß er bald auf dem Index stehen werde — denn er wolle lieber amanuensis eines der berühmten Autoren indizierter Bücher als etwa römischer Kardinal sein[88] —; der Fasciculus des Ortwin Gratius, Wissenburger und Flacius Illyricus standen schon längst auf der Liste der verbotenen Bücher[89]. Damit wurde die protestantische Rezeption auch Jakobs des Kartäusers im katholischen Bereich unterdrückt.

Die erste Textausgabe einer Schrift Jakobs von katholischer Seite veranstaltete erst der Melker Stiftsbibliothekar und Historiker Bernhard Pez (1683—1735). Er benutzte aus seiner Bibliothek den 1458 von Martin

---

[83] Vgl. die Bemerkung des Erfurter Kartäuserkatalogs zum Planctus peccatoris, MBK 2 S. 386 Z. 8 f.: *Et eciam describitur hic, quid necessarium sit volenti conversari in religione et cupienti pro peccatis preteritis satisfacere et futura precavere.*
[84] Vgl. unten S. 194.
[85] BROWN, Fasciculus 1—2. London 1690. Über die Unterdrückung des Fasciculus ebd. 1 fol. b v.
[86] Ebd. 2, Appendix S. 102—112, hier S. 102.
[87] Ebd. 1 fol. a r — [a 5] r, Widmungsbrief an Wilhelm, Erzbischof von Canterbury.
[88] Ebd. 1 fol. b v.
[89] F. H. REUSCH, Die Indices librorum prohibitorum des sechzehnten Jahrhunderts, (BiblLitV 176) 1886 S. 186, 197, 204 (Index Pauls IV. von 1559), S. 263, 266, 273 (sog. Trienter Index).

Senging abgeschriebenen Band und druckte daraus 1725 den Tractatus de causis multarum passionum, praecipue iracundiae, et remediis earundem im VII. Band seiner Bibliotheca ascetica antiquo-nova ab[90]. Flacius hatte diese Schrift folgendermaßen charakterisiert: *In libro de causis et remediis passionum animi, reprehendens praelatorum superbiam, diserte dicit eos locum tenere Antichristi et non Christi: et eos Luciferana superbia praeditos esse*[91]. Dieses trifft aber auf den Traktat nicht im mindesten zu; Jakob ist gerade hier entgegen seiner sonstigen Gewohnheit äußerst sparsam mit Klagen und Anklagen[92] und bringt die *praelati* in diesem Traktat auch nicht mit dem Antichrist in Verbindung. Flacius muß also ein anderes Werk des Kartäusers vor Augen gehabt haben — erst C. G. F. Walch bezieht die Worte des Flacius zutreffend auf De negligentia praelatorum[93] — aber die irrige Charakterisierung eines ganz anders gearteten Traktates konnte lange Zeit unangefochten ihre Wirkung tun. Pez ließ nun die Schrift in einem Zusammenhang erscheinen, der der benediktinischen Rezeption des 15. Jahrhunderts am ehesten nahekommt: so z. B. mit Schriften Bernhards von Waging zusammen, mit denen er auch in Tegernseer Codices vereinigt ist. Doch der für das 15. Jahrhundert wesentliche Gegensatz zwischen reformierten und nicht reformierten Mönchen fehlt nunmehr; er kommt auch in der ruhig, *ex naturali philosophia* argumentierenden Schrift Jakobs nicht zur Sprache. Der Traktat zählt für Pez zur moralisch-asketischen Fachliteratur, die an Aktualität nichts verloren hat; denn gerade die asketischen Bücher, denen Fortuna so wenig geneigt sei, seien zu beurteilen *non ex aetate, sed ex robore atque soliditate doctrinae*[94]. Pez plante die Edition weiterer Schriften Jakobs, dazu eine gesonderte *Dissertatio de vita et scriptis prope innumeris Jacobi*[95], ohne dieses Projekt jedoch auszuführen. Er hatte mit der Unterstützung der Kartäuser von Gaming — es wird an Leopold Wydemann zu denken sein — eine große Zahl von Jakobs Werken gesammelt, die aber ebenso wie zweihundert Jahre zuvor die Sammlung der Kölner Kartäuser nicht an die Öffentlichkeit kamen und daher der Rezeption ebenfalls keine neuen Impulse geben konnten. Immerhin deutete Pez in seiner Einleitung zu dem edierten Traktat schon an, daß die Trennung des einen Autors Jakob in drei oder vier, wie es bislang geschehen sei, nicht angehe. Die Handschriftenforschungen der Kartäuser in Gaming hatten ihn die Identität der vermeintlich verschiedenen Personen erkennen lassen[96].

---

[90] Pez, Bibliotheca ascetica 7 S. 389—444; zum Codex oben S. 57.
[91] Flacius Illyricus, Catalogus S. 975.
[92] Pez, Bibliotheca ascetica 7 S. 430 f.
[93] S. oben S. 40.
[94] Pez, Bibliotheca ascetica 1 fol. 4, Praefatio.
[95] Ebd. 7 Nr. VIII.   [96] Ebd.

Ein Sammelbecken aller seit Flacius angestellten Forschungen zu Jakob und Grundlage für die Deutung des Kartäusers durch Ullmann in der Mitte des 19. Jahrhunderts sind die Einleitung und die Wiedergabe dreier Schriften Jakobs durch Christian Wilhelm Franz Walch (1726—1784) in den Monimenta medii aevi[97]. Walch möchte im Sinne seines großen Vorbildes Hermann von der Hardt (1660—1746) aus der Kirchengeschichte des 14. und 15. Jahrhunderts die Notwendigkeit der Reformation erweisen; die Verderbtheit der *christiana civitas,* die Verfälschung der Lehre durch Aberglauben, die Verbrechen, durch die Europa *in servitutem servi servorum* gebracht worden sei, müsse weiter erforscht werden; zwar seien seit der Zeit des Flacius viele Quellen *(testimonia)* publiziert worden, das meiste habe von der Hardt mit der Publikation der Akten des Konstanzer Konzils geleistet, doch seine Historia litteraria reformationis sei leider nur unvollständig erschienen, so daß es noch vieles, was von der Hardt schon aufgearbeitet habe, zu publizieren gebe[98]. Der Nachlaß von der Hardts stand Walch zur Verfügung einschließlich der von ihm zusammengetragenen Codices. Mindestens sieben Handschriften mit Werken Jakobs befanden sich im Besitz der von der Hardt[99]. In den gedruckten Werken Hermanns von der Hardt findet sich jedoch nur ein geringfügiger Hinweis auf ihre Benutzung[100]. Doch Walch wertete die ungedruckten Vorarbeiten aus[101] und edierte aus einem Hardtschen Codex[102] drei Schriften: die nunmehr vierte Ausgabe von De septem statibus ecclesiae[103]; De negligentia praelatorum[104] und De indulgentiis, d. i. die 13. Quaestio des Liber quaestionum[105]. In der Einleitung zum ersten Band klärt Walch unter Verwendung vieler bis dahin erschienener Bibliographien und Praefationes die Verfasserfrage. Da inzwischen Just Christoph Motschmann die Erfurter Kartäuserchronik (des Johannes Arnoldi?) für seine Erfordia literata[106] verwertet hatte, konnte Walch einen einigermaßen präzisen biographischen

---

[97] WALCH, Monimenta 1—2. Göttingen 1757—1764.
[98] Ebd. 1, 1 S. I—VII.
[99] Göttingen, UB Cod. theol. 129, Cod. theol. 130, Cod. theol. 131, Cod. theol. 133, Cod. theol. 134; Karlsruhe, LB Cod. K. 347, Cod. K 381.
[100] H. V. D. HARDT, Rerum Concilii Oecumenici Constantiensis t. 2. Frankfurt-Leipzig 1697 S. 16; die Benutzung der Epistola ad Episcopum Wormatiensem des Heinrich von Hessen O. Carth. durch Jakob in De erroribus et moribus Christianorum wird vermerkt. — In H. V. D. HARDT, Historia literaria Reformationis in honorem jubilaei anno MDCCXVII. Frankfurt-Leipzig 1717 kommt Jakob der Kartäuser nicht vor.
[101] WALCH, Monimenta 1, 1 S. XI.
[102] Göttingen, UB Cod. theol. 134.
[103] WALCH, Monimenta 2, 2 S. 23—66.
[104] Von WALCH, Monimenta 1, 1 S. 157—202; 2, 2 S. 67—114, versehentlich zweimal abgedruckt.
[105] WALCH, Monimenta 2, 2 S. 163—270.
[106] MOTSCHMANN, Erfordia literata 6 S. 912—915.

Abriß schreiben und zudem, auf Pez gestützt, zahlreiche Irrtümer korrigieren, zu welchen Jakobs verschiedene Beinamen außer bei Flacius Illyricus[107] inzwischen auch bei Wharton und Gerius, den Fortsetzern des William Cave[108], de Visch und Starovolski[109] Anlaß gegeben hatten. Die umfassendsten der gedruckten Bibliographien, die Simlers und des Petreius, hat Walch nicht benutzt, seine bibliographische Quelle ist Trithemius, dessen Catalogi seit der Frankfurter Gesamtausgabe der Opera historica von 1601 und ihrer Einfügung in des Albert Fabricius Bibliotheca ecclesiastica[110] gut zugänglich waren.

Obwohl Walch der seit Flacius am besten über Jakob informierte Editor ist, dem in den Handschriften der von der Hardt viele Werke Jakobs zugänglich sind[111], gelangt er zu keiner anderen Interpretation als die protestantischen Editoren vor ihm. Denn die Fragestellung ist die gleiche; Jakob gilt nach wie vor als *testis veritatis* im Sinne des Flacius. Was dieser Deutung entgegensteht, scheidet Walch als *istius aevi vitia* aus[112]. Er erkennt Jakobs monastisch-kontemplative Grundhaltung und rigorose Strenge wohl, sie beeinträchtigen seiner Meinung nach zwar die *cognitio purioris disciplinae*, so daß er hierin den Weltgeistlichen Matthäus von Krakau und Johann von Wesel nachstehe, aber er glaubt, von dem *superstitiosus ... vitae austerioris amor* absehen zu dürfen; denn seine Schriften enthielten Stellen, die unter die ‚bedeutendsten Zeugnisse der Wahrheit' zu zählen seien[113]. Am stärksten beeindruckt zeigt sich Walch von einem Passus aus Jakobs De negligentia praelatorum[114], in dem der ‚Mönch des 15. Jahrhunderts' die *secularisatio bonorum ecclesiasticorum* nicht nur rechtfertige, sondern ihre Notwendigkeit aus dem Kirchenrecht sogar nachweise[115]. Die Auswirkungen der Scheidung zwischen den *vitia istius aevi* und der *veritas* als Interpretationsprinzipien sind hier überdeutlich. Denn wenn Jakobs ‚abergläubige Liebe' zum monastischen Leben nicht beiseite geschoben, der Autor vielmehr beim Wort genommen wird, so sagt er nichts anderes, als daß die Fürsten und Landesherren *(principes et terrarum rectores)* den die observante Regelbeobachtung verweigernden Mönchen die *bona temporalia* entziehen könnten, *quousque se emendaverint*. Jakob verknüpft die Pflicht der Mönche zur *magna patrum devotio et vitae sanctitas* mit dem Recht an den *bona temporalia*[116], will aber weder das eine noch das andere ab-

---

[107] Verwechslung mit Jacobus von Gruitrode, s. oben Anm. 28.
[108] W. Cave, Scriptorum ecclesiasticorum historia literaria 2. Genf 1705 S. 174, 206 (Appendices).
[109] S. oben Anm. 28.
[110] Hamburg 1718.
[111] Walch, Monimenta 1,1 S. LXXIII.
[112] Ebd. S. LXXI.
[113] Ebd. S. LXXIII—LXXVI.
[114] Ebd. S. 108—110.
[115] Ebd. S. LXXVI f.
[116] Ebd. S. 109.

schaffen. Hätte Walch die Konsequenz aus seiner Interpretation gezogen, so hätte er Jakob entgegen allem, was er in den von ihm selber abgedruckten Texten lesen konnte, die Absicht unterstellen müssen, dieser habe die Klöster aufheben wollen. Doch dieser logischen Konsequenz ist Walch durch seinen hermeneutischen Ansatz enthoben.

4. Rezeption und Forschung im 19. Jahrhundert

Carl Ullmann unternahm 1841 als erster den Versuch, der Gestalt des Kartäusers Jakob in der Entwicklung der vorreformatorischen Ideengeschichte des 15. Jahrhunderts einen Platz zuzuweisen[117]. Dabei will Ullmann nicht der „beschränkt protestantischen", d. h. engen protestantischen Auffassung folgen, die „das Naturgemäße und relativ Nothwendige in der Entwickelung des Katholicismus" verkenne, sondern einen „richtigen und freien geschichtlichen Standpunct" einnehmen[118]. Er will nicht wie Walch durch die Ausbreitung von Zeugnissen über die Notwendigkeit kirchlicher Reform das Recht der Reformation beweisen, sondern den Ursprung der Reformation „in und aus der Kirche selbst"[119] als eine Entwicklung erklären. Die Träger dieser Entwicklung sind nach Ullmann die „Reformatoren vor der Reformation". Sie bedeuten ihm nach wie vor „Zeugen evangelischer Wahrheit vor der Reformation"[120], aber er stellt sie zueinander und zur Reformation in ein dialektisches Verhältnis, das die Entwicklung der Reformation „in und aus der Kirche selbst" ausmache und die Vorläufer der Reformation an ihrem geschichtlichen Ort belasse. Nach Ullmann verwirklichen die Reformatoren vor der Reformation „das Charakteristische der Reformatoren" zwar schon zu ihrer Zeit, aber nur partiell in Thesen oder Antithesen: in „kirchlichem Handeln" oder „theologischem Forschen" und dies entweder in der Polemik oder der „positiven Begründung". „Der Beruf der Reformatoren bestand nur darin, die Elemente ... zusammenzufassen", sie „vereinigen das Thetische und Antithetische, Position und Opposition in schöner Gleichmäßigkeit"[121]. Jakobs Stellung innerhalb dieses Systems ist in Ullmanns Deutung die eines überwiegend polemischen Gelehrten, der zum Ausdruck bringt, „wie man über das Bedürfniß kirchlicher Reformation

---

[117] ULLMANN, Reformatoren vor der Reformation 1—2. 1841—1842. Im folgenden wird nach der zweiten Auflage von 1866 zitiert.
[118] ULLMANN, Reformatoren S. XVII.
[119] Ebd. S. XIX.
[120] Ebd. S. 195, zu Jakob dem Kartäuser.
[121] Ebd. S. 13.

und über die Art ihrer Bewerkstelligung dachte"[122]. Ullmanns Interpretation beruht allein auf den von Walch mitgeteilten Quellen, besonders auf der Schrift De septem statibus ecclesiae. Er bewegt sich damit ganz in den seit Wissenburg und Flacius vorgezeichneten Bahnen der Rezeption. Sein theoretischer Ansatz vermag ihn nicht über sie hinauszuführen, da er zwar die Gliederung des rezipierten Stoffes, aber nicht seine Auswahl und Betrachtungsweise neu bestimmt. Sein Ansatz berührt die grundsätzliche Frage nach dem Ziel der dargestellten Entwicklung nicht; denn These und Antithese werden retrospektiv aus der vorweg fixierten Synthese abgeleitet, so daß die Frage nach anders gerichteten Entwicklungen sich gar nicht stellt. Da das „relativ Nothwendige" des Katholizismus mit der erreichten Synthese im wesentlichen überflüssig wird, können trotz Ullmanns „freiem geschichtlichen Standpunkt" die von Walch getroffenen Unterscheidungen in *vitia* und *veritas* wieder Eingang finden[123].

Gegen Ullmanns Interpretation, die schon recht bald in Herzogs Real-Encyklopädie[124] und Kampschultes[125] Erfurter Universitätsgeschichte übernommen wurde, wendete sich H. Kellner, um die „Annexion" des Kartäusers durch die protestantische Forschung rückgängig zu machen[126]. Wie im 16. Jahrhundert Eisengrein der Schriftenauswahl des Flacius den Katalog des Trithemius entgegenhielt, bringt auch Kellner diesen noch einmal zum Abdruck, um aus den Titeln zu folgern, daß das quantitative Schwergewicht der literarischen Produktion Jakobs nicht auf den „reformatorischen" Schriften liege, sondern auf denen, die moralische, kasuistische und asketische Fragen behandeln. Kellner standen zudem Hains Inkunabelverzeichnis, eine Freiburger Handschrift[127] und die Editionen des Avisamentum ad papam und der Petitiones religiosorum, die E. Klüpfel 1780 veranstaltet hatte[128], zur Verfügung. Diese Quellen benutzte er, um das Bild eines Reformers zu zeichnen, der „mit den eigentlichen Reformatoren ... gar nichts gemein" habe, sondern die Wiederherstellung der alten Kirchenzucht und Klosterdisziplin und die Abschaffung einiger Mißbräuche gewollt habe[129].

---

[122] Ebd. S. 194.
[123] Ebd. S. 195, vgl. damit WALCH, Monimenta 1,1 S. LXXV. Den Verweis auf die von WALCH als Säkularisation interpretierte Stelle übernimmt Ullmann unbesehen einschließlich einer fehlerhaften Stellenangabe.
[124] Real-Encyklopädie für protestantische Theologie und Kirche. Hg. von J. J. HERZOG, 6. 1856 S. 380f.
[125] F. W. KAMPSCHULTE, Die Universität Erfurt in ihrem Verhältnisse zu dem Humanismus und der Reformation 1. 1858 S. 15ff.
[126] KELLNER, Jakobus von Jüterbogk S. 315—348.
[127] Freiburg i. Br., UB Cod. 252, worin KELLNER aber nur einen der neun Traktate als Jakob zugehörig erkannt hat.
[128] KLÜPPEL, Vetus bibliotheca S. 135—169.
[129] KELLNER, Jakobus von Jüterbogk S. 347.

Die konziliaristischen Anschauungen Jakobs bereiteten Kellner allerdings Schwierigkeiten, da sie mit seinem Verständnis des „orthodoxen Katholiken" nicht harmonierten. Er glaubt, die „teilweise so kurzsichtigen und verschrobenen Behauptungen" und „Ausschreitungen" mit Jakobs „wohlgemeinten Bemühungen" entschuldigen zu müssen[130]. Nach dem gleichen Verfahren hatten Walch und Ullmann Jakobs ‚mystische' Deutung der Schrift gegen das Zeugnis für die evangelische Wahrheit aufgewogen. Die Kontroverse zwischen Ullmann und Kellner spiegelt eine bestimmte Phase der Rezeption wieder; die geschichtliche Bedeutung, die dem Kartäuser um die Mitte des 16. Jahrhunderts für die Auseinandersetzung der Konfessionen beigemessen wurde, und die entsprechende Selektion der literarischen Produktion Jakobs erweisen sich noch immer als maßgebend.

Trotz ausdrücklicher Kritik an Ullmanns Buch steht die 1967 herausgegebene deutschsprachige Quellenauswahl G. A. Benraths, „Wegbereiter der Reformation"[131], in den überkommenen Bahnen der protestantischen Rezeption Jakobs. Die Wegbereiter seien „nicht so sehr als reformatorische Einzelpersönlichkeiten verstanden, sondern vor allem als Vertreter ihrer ‚Hauptrichtungen'"[132], d. h. der ‚Hauptrichtungen' der mittelalterlichen Kirche, „die teils durch ihre Positionen, teils durch Negationen" der Reformation aktiv vorgearbeitet haben[133]. Jakob kommt nun zusammen mit dem Pfeifer von Niklashausen, Geiler von Kaysersberg und anderen unter die ‚Hauptrichtung' der ‚Reformprediger' zu stehen, und zwar mit keiner anderen Schrift als De septem statibus ecclesiae[134].

Damit seine Interpretation nicht den lang anhaltenden Wirkungen der Rezeptionsgeschichte unterliege, arbeitete Jan Fijałek ihnen bewußt entgegen, indem er Jakob aus der schon von den mittelalterlichen Rezipienten übergegangenen Krakauer Periode her deutete. Mochte Jakob auch in Deutschland geboren sein — so Fijałek —, er sei nicht der deutsche, sondern der polnische Professor[135], und wenn er auch später als Kartäuser in

---

[130] Ebd. S. 346. L. PASTOR, Geschichte der Päpste 1. ⁴1901 S. 386 ff. schließt an KELLNER an, kritisiert die „falsche Konzilstheorie" und hält es für „ein Glück, daß die Mehrzahl der Zeitgenossen nicht also dachte". PASTOR gibt insofern der ULLMANNschen „Annexion" nach, als er Jakob nicht auf „dem richtigen Weg (sieht), um zur Reform zu gelangen".

[131] (Klassiker des Protestantismus 1) 1967.

[132] Ebd. S. XXXI.   [133] Ebd. S. XI.

[134] Ebd. S. 224—231; Jakobs Schilderung der reformbedürftigen Deformationes wird ausgewählt.

[135] FIJAŁEK 2 S. 148 ff. wendet sich zu Recht gegen den von KELLNER u. anderen verbreiteten Irrtum, den noch 1957 RUDOLF, Ars moriendi S. 100 wiederholt, Jakob habe in Erfurt eine Professur für kanonisches Recht innegehabt. Dieser Irrtum beruht auf einer grundlosen Identifizierung Jakobs mit dem Erfurter Professor Benedikt Stolzenhagen aus Jüterbog; über ihn s. KLEINEIDAM, Universitas 1 S. 318 f. Der Vatername des Kartäusers Jakob von Paradies, welchen LEHMANN, Handschriften 1 S. 20 in der Kopenhagener Hs. Ny kgl. S. 1786 fol. 216 v fand, lautet Kuniken. Der Fund LEHMANNS wird bestätigt durch

Deutschland ein großes Echo gefunden habe, so sei dennoch die Krakauer Zeit die wichtigste [136] — im Sinne der Genesis, nicht der Geltung, wird man hinzufügen müssen. Fijałeks Ansatz, die Gestalt Jakobs genetisch, von ihren geistigen Urspüngen her zu erklären, fällt zusammen mit einer national gefärbten Tendenz. Beide hindern ihn, die Dimension der Wirkung Jakobs als konstitutiv für die erlangte geschichtliche Bedeutung zu erkennen. Obwohl Fijałek die Krakauer Universitätsgeschichte zur Zeit der Lehrtätigkeit Jakobs sehr umfassend klärt, isoliert er dennoch nur eine bestimmte Phase der Wirkung Jakobs, um sie zum Prinzip der Deutung zu erheben. Aber die geschichtliche Bedeutung des Autors Jakob entfaltet sich erst in der Geschichte der Rezeption seiner Schriften.

---

den Eintrag in einer Hs. aus dem Besitz des Wilhelm Tzewers Köln, StA Cod. W. 272 fol. 212 r, wo es wohl von Tzewers Hand geschrieben heißt: *per Dr Jacobum* (mit dunklerer Tinte hinzugesetzt: *de paradiso*) *ordinis carthusiensis* (wiederum mit dunklerer Tinte das Folgende:) *Doctor Coneken de Jücterbuck fuit nomen eius in minoribus promotus in Polonia in universitate cracoviensi.* Der Name Coneken od. Kuneken taucht im sächsischen Raum mehrfach auf, vgl. z.B. G. Knod, Deutsche Studenten in Bologna. 1899 S. 264 f. Volradi, Jakobs Biograph (s. Le Vasseur, Ephemerides 1 S. 548: *Natione ut puto fuit Saxo ... de oppido ... nomine Interbuck*) ist sich nicht ganz sicher, ob er sich an Jakobs Herkunft richtig erinnert; in der Tat könnte schon bei ihm eine Verwechslung mit der Herkunft des Erfurter Kartäusers Jacobus Pulman aus Jüterbog, gest. 5. 5. 1462, vorliegen. Jakobs Selbstaussagen gehen über die Andeutung ärmlicher, bäuerlicher evtl. ackerbürgerlicher Herkunft nicht hinaus *(Recolens me a pulveribus civilis immo et rusticanae sobolis traxisse originem et in camino paupertatis plurimis annis detulisse ...* Klüpfel, Vetus bibliotheca S. 169; Fijałek 2 S. 119). Den Beinamen *Juterbuick* hat Trithemius publik gemacht, in den Hss. taucht er vorher nicht auf. Offiziell hieß Jakob im Orden *Jacobus de Paradiso*, so auch in der Notiz über seinen Tod in den Akten des Generalkapitels (lt. frdl. Auskunft der Mönche der Grande-Chartreuse vom 25. 1. 1971). In den Akten trägt allein *Jacobus Pulman* den Beinamen *de Jutirbuck*. In den Hss. sind als Bezeichnungen Jakobs von Paradies zudem gebräuchlich: *Jacobus Carthusiensis, Erffordiensis, de Polonia, de Claratumba, de Cracovia. Jacobus de Clusa* nennt ihn erstmals die Burgdorfer Inkunabel von 1475, und mit der Verbreitung dieses Druckes (Hain *9349) ging die Bezeichnung *de Clusa* vor allem in die Bibliographien ein. Le Vasseur, Ephemerides S. 546 überschreibt Jakobs Vita mit *Jacobus de Palma de Paradiso;* die Quelle dieses Irrtums scheint die Abschrift der Vita durch Johannes Arnoldi, den Erfurter Kartäuserchronisten vom Beginn des 17. Jh.s, zu sein, der seinerseits vermutlich Jacobus Pulman nicht von Jacobus de Paradiso unterschied und evtl. durch das Hinzusetzen des Namens *Pulmā* Anlaß zur Verlesung *Palma* gab; Fijałek 2 S. 157 vermutet Verlesung aus *de Polonia*.

[136] Fijałek 1 S. 7 ff.

V. Die textverarbeitende Rezeption am Beispiel der *Ars moriendi*

1. Das Verhältnis zur vorangehenden Ars-moriendi-Literatur

Die Präjudizierung des wissenschaftlichen Urteils über den Kartäuser Jakob, die im Verlauf der vorwissenschaftlichen, im Zeichen starker Selektion stehenden Rezeption bewirkt wurde, konnte durch eine bloß quantitative Erweiterung der Quellenbasis, den Rückgriff auf lange Zeit vergessene Werke allein nicht überwunden werden, weil dabei die das eigene Verstehen leitenden Voraussetzungen nicht mitbedacht wurden. So führte z. B., wie eben dargelegt, die vermeintliche Objektivierung der Betrachtung seitens katholischer Forscher zuächst nur zu einer der Rezeption des 16. Jahrhunderts verpflichteten und in mancher Beziehung vergleichbaren Konstellation konfessioneller Auseinandersetzung. Denn solange mit dem Rückgriff, selbst auf die schriftstellerische Gesamtproduktion Jakobs, die Selektion ungeschehen gemacht und die geschichtlich erwirkte Reliefierung gleichsam eingeebnet wird, kann nur ein fiktives Bild von dem Kartäuser zustande kommen, das in dieser Weise zu keiner Zeit geschichtliche Wirklichkeit gewesen ist. Das historische Urteil über den Kartäuser kann darum von der Rezeption nicht absehen, sondern muß sie in das Verstehen einbeziehen.

Der bisher erarbeitete Überblick über die Rezeption hatte die Aufgabe, den Prozeß, in dem sich die geschichtliche Bedeutung entfaltete, zunächst einmal im ganzen aufzuzeigen. Im folgenden soll nun, paradigmatisch, der rezeptionsgeschichtlich kontrollierte Zugang zu einem einzelnen Werk gesucht werden. Gerade die nähere Textinterpretation muß, um nicht auf Grund unbefragter Normen fiktive Ergebnisse zu erzielen — mit ihnen werden wir uns im abzuhandelnden Beispielfall auseinanderzusetzen haben —, den Wandel des Textverständnisses im einzelnen aufzeigen. Dies kann freilich nur nach Maßgabe der spezifischen rezeptionsgeschichtlichen Quellenlage, den Manifestationen der im Verstehen sich ereignenden „Horizontverschmelzungen" entsprechend, gelingen.

Schon aus den besonderen Bedingungen der handschriftlichen, noch nicht technisierten und dadurch notwendigerweise individuelleren Buchherstellung erwachsen der rezeptionsgeschichtlichen Betrachtung Vorteile, die zur Folge haben, daß die ältere Rezeption der Texte deutlicher und differenzierter zu Tage tritt als die jüngere. Die Personen der Schreiber oder Besitzer einer Handschrift, der Zeitpunkt der Herstellung, des Erwerbs oder der Schenkung, der literarische oder bibliothekarische Zusammenhang erweisen sich als wichtige Indikatoren für die Geschichte der Rezeption. Denn indem sie zu gesellschaftlich abgegrenzten Gruppierungen hinführen, innerhalb derer die Texte gelesen, und Rahmenbedingungen abgeben, unter denen sie verstanden worden sind, ermöglichen sie eine annähernde Rekonstruktion der Frage, zu deren Beantwortung der rezipierte Text beitragen sollte.

Diese Rekonstruktion — und mit ihr die Interpretation — kann aber wesentlich präzisiert werden, wenn darüber hinaus Zustimmung und Kritik des Publikums die literarische Produktion erneut in Gang setzen. In den neuen Werken, die nunmehr den rezipierten Text verarbeiten, werden die „Horizontverschmelzungen" manifest. An ihnen ist die fortschreitende Dialektik von Frage, Antwort und neuer Frage, Problem, Lösungsversuch und hinterlassenem Problem ablesbar, in welcher einerseits die virtuelle Bedeutung des rezipierten Werkes zur Entfaltung kommt, anderseits der auf Rezeption überhaupt basierende Fortgang der Literargeschichte sichtbar wird. Zunächst einmal ist der Autor selber Rezipient. Sein Werk erwächst aus der literarischen Erfahrung, die zugleich den Erwartungshorizont vieler seiner zeitgenössischen Leser bestimmt. Vor diesem Hintergrund können die vom Autor behandelten Probleme und der durch seine Antwort dem Leser abgeforderte „Horizontwandel"[1] vergegenständlicht werden. Aber so wenig die geschichtliche Bedeutung politischen Handelns allein in der Absicht der Handelnden definiert ist, so wenig erschöpft sich die Bedeutung des literarischen Werkes im Selbstverständnis seines Autors. Denn welche Bedeutung das Werk gewinnt, hängt entscheidend von der Rezeption ab. Die Differenz zwischen der vom Autor beabsichtigten und den durch das Publikum im Licht neuer Fragen und Probleme aktualisierten Bedeutungen eines Werkes findet in der textverarbeitenden Rezeption ihren deutlichsten Ausdruck. Denn die Textverarbeitungen ermöglichen eine nähere Interpretation der Bedingungen, unter denen das rezipierte Werk verstanden worden ist. Solange es als Ganzes aktualisierbare Bedeutung besitzt, wahrt die Rezeption, ob sie zustimmend, modifizierend oder polemisch ist, den entsprechenden thematischen und formalen Zusammenhang der literarischen Reihe. Als ein Beispiel dafür soll die Rezeption der Schrift des Kartäusers De arte bene moriendi durch spätere Autoren der Ars moriendi-Literatur eingehend behandelt werden. Wenn aber die virtuelle

---

[1] JAUSS, Literaturgeschichte S. 178.

Bedeutung des Werks mit der Veränderung der Probleme nicht mehr Schritt halten kann, werden möglicherweise zunächst einzelne Textteile aus ihrem überkommenen Zusammenhang gelöst und in einen thematisch und formal neuen Zusammenhang eingearbeitet, bis schließlich auch dies nicht mehr möglich erscheint und das Werk im Horizont der literarischen Erfahrung endgültig aufgegangen ist und seine unmittelbare Bedeutung für den Fortgang der Literar- und Ideengeschichte eingebüßt hat.

Um die relativ große Konsistenz der textverarbeitenden Rezeption von Jakob des Kartäusers Ars moriendi bis hin zu Geiler von Kaysersberg vorweg am Gegenbeispiel der Transformation einer einzelnen Textpartie in einen neuen Zusammenhang zu verdeutlichen, ist es zweckmäßig, noch einmal auf Wimpfelings Benutzung des Quodlibetum statuum humanorum zurückzugreifen.

Das Quodlibetum des Kartäusers (1452) will durch die Besinnung auf das Wesen der verschiedenen „Stände" vom Papst bis zu den Mönchen und von den Königen bis zu den Leibeigenen, wobei aber „status bald im engeren sozialen, ja berufständischen Sinne, bald im weiteren des natürlichen Zustandes gemeint ist"[2], zu deren Besserung und Reform beitragen: *Corde (!) igitur mihi esse video, ut de qualitate statuum diversorum contemplatione emendationis et reformationis stilo ... aliquid depingam*[3], heißt es in der Einleitung. Da er mit der Einsicht seiner Leser rechnet — *putavi enim divina inspirante clemencia aliquos posse reperiri, qui errores suos recognoscentes sanitatis remedia amplectentur*[4] —, steht er dem „Stand" der ihrer Vernunft noch nicht mächtigen Jugend ziemlich ratlos gegenüber: *De iuvenibus vero quid dicam, cum hec etas plena sit passionibus dicente sapiente ‚viam viri adolescentis penitus ignoro'*[5]? *Nam sensualitas, non racio in hiis dominatur*[6]. Entsprechend kurz fallen seine Bemerkungen aus, die lediglich eine der vier Seiten des Kapitels *De senibus et iuvenibus* bzw. eine der 57 Seiten des ganzen Quodlibetum füllen. Sie sind zunächst auch nicht als die wesentlichen dieser Schrift aufgefaßt worden. Denn wenn die Leser des Quodlibetum, statt das ganze Werk abzuschreiben oder, seit etwa 1475, im Druck zu erwerben, nur ein einzelnes Kapitel auswählten, galt ihr besonderes Interesse den von Jakob ausführlich behandelten Problemen der Mönche und des Weltklerus: *de religiosis*[7] im allgemeinen und *de abbatibus,*

---

[2] HERDING, Jakob Wimpfelings Adolescentia S. 102.
[3] Leipzig, UB Cod. 621 fol. 170 r; Hain *9335, unfoliiert, Vorwort.
[4] Ebd.
[5] Vgl. Prov. 30, 18 f., der Nachweis bei HERDING, Jakob Wimpfelings Adolescentia S. 102.
[6] Leipzig, UB Cod. 621 fol. 221 r, Kap. *De senibus et iuvenibus.*
[7] Lübeck, StB Cod. iur. Fol. 25 fol. 84 v — 91 v (Verlust), Provenienz unbekannt.

praepositis et ceteris praesidentibus religiosorum[8] im besonderen oder *de remediis incontinentie*[9].

Erst Wimpfeling löst sich deutlich aus diesem Rezeptionszusammenhang, weil sich ihm das Problem der *ecclesiastica reformatio* neu und anders stellt. Was für Jakobs Programm von untergeordneter Bedeutung war und deshalb nur mehr der Vollständigkeit halber mitbehandelt wurde — *et inter cetera eciam non preteriit* (sc. Paulus) *anthidota seniorum atque iuvenum, de quibus in presenti opusculo adhuc restat aliquid tractandum*[10] —, erklärt Wimpfeling, einen Gedanken Gersons weiterführend, in seiner Adolescentia (1500) zum Hauptanliegen und Ausgangspunkt der Reform: *Christianae religionis et ecclesiasticae reformationis plurimum interest pueros et adolescentes bene in moribus institui. Catholicae ecclesiae ad pristinos et sanctos mores reformatio a pueris inchoanda esset, quoniam eius deformatio ab eis prave et nequiter institutis processit*[11]. Mit dieser Diagnose der *deformatio* geht er einen wesentlichen Schritt über die ihm durchaus bekannte spätmittelalterliche Reformliteratur hinaus. Jakob spielte im Kapitel *De papa et eius curia* des Quodlibetum noch einmal auf die gescheiterten Hoffnungen der Konzilszeit an, welche auch die seinen gewesen waren, die Kirche von ihrer Spitze her gleichsam in einem Zug zu reformieren: *O quantis sudoribus et expensis cupierunt omnia retroacta sacra consilia et novissime duo ultima celebrata in Constancia et Basilea curiam reformare, sed forte qui primi debuissent se submisisse reformationi, primi fuerunt in resistendo et manum medentis admittere noluerunt*[12]. Danach blieb nur die Hoffnung auf allmähliche Teilreformen der verschiedenen „Stände", vor allem der Orden, wie sie Johannes Nider († 1438) in seinem Formicarius

---

[8] Breslau, UB Cod. IV. Fol. 195 m fol. 52 v — 56 v, Provenienz unbekannt.

[9] Brünn, UB Cod. R. 426 fol. 272 sqq., aus dem Benediktinerkloster Rajhrad. — St. Gallen, StiB Cod. 953 p. 18—21; aus dem Besitz des Pfarrers Matthias Bürer an das Kloster St. Gallen gelangt, s. oben S. 73. Das Inhaltsverzeichnis der Hs. nennt nach den *Remedia contra incontinentiam Jacobi carthusiensis* einen *Sermo Augustini de continentia*.

[10] Leipzig, UB Cod. 621 fol. 219 v—220 r, Kap. *De senibus et iuvenibus*.

[11] So die Überschrift und der erste Satz des auf die übernommene Stelle aus dem Quodlibetum folgenden 29. Kapitels der Adolescentia, s. HERDING, Jakob Wimpfelings Adolescentia S. 207. Wimpfeling fährt mit Auszügen aus Gersons De parvulis ad Christum trahendis fort. In eben dieser Schrift hatte Gerson geschrieben: ... *quatenus iuvenes de levi ad otium currentes ad studium se convertent et moribus virtuosis assuescant. In hoc autem, ut videtur, jacet tota Ecclesiae fructuosa reformatio* ... (Gerson, Oeuvres complètes 2 S. 114). Um 1497 schrieb Wimpfeling im Isidoneus (s. l. et a., fol. G r, Kap. *De condicionibus boni principis*): *Si enim unquam pristinus flos christianae vitae et vera morum reformatio in nostra religione reduci et resuscitari poterit, a bona puerorum educatione id ortum et fundamentum sumat necesse est*. Auch dem Kartäuser Jakob waren Gersons Schriften selbstverständlich nicht unbekannt. Aber Wimpfeling liest sie anders, und dieses veränderte Verständnis ist der Schlüssel für seine Benutzung des Quodlibetum.

[12] Leipzig, UB Cod. 621 fol. 172 r v.

aussprach, den Wimpfeling 1517 erstmals im Druck veröffentlichte: *De totali ... reformatione ecclesie ad praesens et ad propinqua futura tempora nullam penitus spem habeo ... Verum de reformatione particulari in civitate ecclesiae possibili in multis statibus et religionibus non dubito, quin easdem dietim introduci videmus in quibusdam monasteriis et conventibus; sed cum quanta difficultate, novit altissimus*[13]. Diesem Stand der Erkenntnis entspricht der Ständespiegel Jakobs für die *diversi status*. Wimpfeling hingegen führt, anstatt wie der Kartäuser die ‚statische' *qualitas* eines jeden *status* stets von neuem herauszuarbeiten, die *deformatio* auf das eine Problem der Entwicklung des jungen Menschen überhaupt zurück. Dies zu lösen, bedurfte es des Anschlusses an andere literarische Traditionen als an die des Ständespiegels (vgl. „Die Autoren aus der Umgebung der Adolescentia", Kapitel II A der Einleitung O. Herdings). Nur das, was aus dem alten Ständespiegel für das neue Problem Bedeutung besaß, wurde in die Erziehungsschrift eingearbeitet. Welchen charakteristischen Veränderungen die einschlägige Textpartie selber dabei unterzogen wurde, hat O. Herding ausführlich behandelt[14]. Für den vorliegenden Zusammenhang bleibt daraus festzuhalten, daß der von Wimpfeling verarbeitete Abschnitt des Quodlibetum weder in seinem ursprünglichen noch in seinem neuen Kontext eine konstitutive, das Ganze mittragende Funktion besitzt. So verdeutlicht das Detail dieser den thematischen und formalen Zusammenhang wechselnden Textverarbeitung, daß Wimpfeling in seiner durch gewandelte Probleme und neue Interessen bestimmten Distanz zum rezipierten Autor steht, die durch die ausdrückliche Nennung des *Jacobus Carthusiensis* unter den Autoren, *quos imitati sumus quorumque sententias citavimus*[15], zunächst unsichtbar gemacht wird[16].

Anders verläuft dagegen die Rezeption der Ars moriendi. Bei ihrem Erscheinen, ca. 1450, rief sie Widerspruch hervor, der zu einer Gegendarstellung ebenfalls in der Form einer Ars moriendi führte, auf die Jakob der Kartäuser 1458 in einer weiteren Schrift mit dem Titel De desidero moriendi vel de preparatione ad mortem zu antworten sich genötigt fühlte. Ein unmittelbarer Zeuge dieser Kontroverse, Wilhelm Tzewers, benutzte später, nachdem er von der Erfurter an die Basler Universität übergewechselt war, beide Traktate des Kartäusers für sein eigenes Preparamentum saluberrimum christiani hominis ad mortem se disponentis. Schließlich hat Geiler von Kaysersberg, der 1471, ein Jahr vor dem Ausscheiden Tzewers'

---

[13] Johannes NIDER, Formicarius fol. XII r; vgl. damit Jakobs Äußerung unten S. 22.
[14] HERDING, Jakob Wimpfelings Adolescentia S. 102—106.
[15] Ebd. S. 187.
[16] BLUMENBERG, Epochenschwelle S. 117 betont, es sei „eben der Sinn der Rezeption, den Grund der Rezeption unsichtbar zu machen". In analoger Weise deutet Wimpfelings

aus dem theologischen Professorenamt[17], als Magister und eben geweihter Priester die Basler Universität bezogen hatte, um dort Theologie zu studieren, und zudem als Seelsorger am Basler Münster in den engeren Wirkungskreis des 1465—1482 amtierenden Münsterpredigers Tzewers getreten war[18], zur Fastenzeit 1496 im Straßburger Münster einen von ihm selbst als Ars moriendi bezeichneten Predigtzyklus gehalten und diesem die gleichnamige Schrift des Jakob zugrundegelegt. Im Verlauf dieser Rezeption wird der thematische Zusammenhang voll gewahrt. Es ist sogar — im Vergleich zur Rezeption des Quodlibetum — der umgekehrte Vorgang zu beobachten: statt daß einzelne Stücke aus dem vorgegebenen Zusammenhang herausgelöst und in einen neuen eingearbeitet werden, kommen im Rahmen des Problems der rechten Todesvorbereitung Probleme zur Sprache, die vorher nicht in diesem Zusammenhang erörtert wurden. Und gerade an diesen dem Thema der Ars moriendi neu subsumierten Problemen entzündet sich die Kontroverse, freilich nicht deshalb, weil sie etwa in diesen Zusammenhang nicht hineingehörten, sondern weil der Kartäuser sie so und nicht anders beantwortete.

Jakob der Kartäuser teilt seinen Traktat De arte bene moriendi in zwei Teile. Dem zweiten Teil, welcher mit dem *De morituris* überschriebenen Kapitel beginnt, schickt er eine besondere Vorbemerkung voraus[19]: *Secunda pars huius de hiis, que circa finem vite morituro solent evenire. Non mirum michi videri debet, si lector meus mirari videatur de stilo, quo tendat in presenti, cum de arte bene moriendi philosophari promiserim et ea, que dicta sunt, ymaginem preferunt de arte bene vivendi, quasi digesta materia titulo et proposito non sit conformis. Sed si bene consideretur, nil extra propositum est digestum, cum ars bene moriendi prima vult habere artem*

Rezeption des Kartäusers mehr den Abstand als die Nähe zu diesem Autor an, und sie weist dadurch auf bedeutende Wandlungen im literarischen System an der Wende zum 16. Jh.

[17] Vgl. unten S. 243f.

[18] HERDING, Jakob Wimpfeling-Beatus Rhenanus S. 70, 90: *Exinde* (sc. Geiler nach seiner Magisterprüfung 1463/1464) *mox sacris initiari curavit ... Basileam venit theologiae operam daturus* (sc. 1471). — *Fatebatur se olim curae animarum Basiliensis templi praefectum ...*

[19] Im folgenden wird nach Dresden, LB Cod. P. 42 zitiert; diese Hs. enthält in Reinschrift das zwar nicht von Jakob selbst geschriebene, aber von ihm korrigierte und eigenhändig ergänzte Handexemplar des Autors. Die Kapitelüberschriften und einige Zusätze stammen von Jakob selbst, vgl. dazu den Vermerk des mittelalterlichen Bibliothekars auf der Innenseite des Vorderdeckels der Hs.: *Nota: omnia in hoc volumine contenta, licet habeant diversas manus in scribendo, tamen singula excepto ultimo tractatu collecta, dictata seu comportata sunt per fratrem Jacobum Carthusiensem sacre theologie professorem, cuius manus propria est in Quodlibeto henrici de gandavo circa medium voluminis* (sc. fol. 126 r — 185 r). — Die Überschrift *De morituris* ebd. fol. 70 r. Im weitverbreiteten Druck Hain *9340 fol. [CCciv] v lautet die Überschrift: *Explicit prima pars / Sequitur nunc secunda. De his que circa finem morituris solent evenire Capitulum XV.*

bene vivendi et unum sit introductivum alterius. Neque enim speranda est mors bona, quam non precessit vita bona secundum Jeronimum[20] *de lege communi, neque timendum est de mala morte, quando vita bona precessit. Nisi ergo una premittatur, alia non subsequitur.* Aus der im folgenden Text näherhin *secundum evangelicam maiestatem* theologisch begründeten Notwendigkeit — *secundum Aristotelem* geschah es schon zu Beginn der Schrift[21] —, dem Tod, soll er ein guter Tod sein, auch ein gutes Leben ,vorauszuschicken', zieht der Kartäuser die literarische Konsequenz, im Rahmen der Ars moriendi der Behandlung des guten Sterbens eine ars bene vivendi ,vorauszuschicken' — *que presens stilus premisit*[22]. Aber dies gerade widerspricht, wie der Verfasser voraussetzt, der literarischen Erwartung seiner Leser. Deshalb scheint ihm die ausführliche Begründung erforderlich.

Zwei Schriften aus der Ars-moriendi-Literatur waren beim Erscheinen der Schrift Jakobs des Kartäusers so weit verbreitet, daß sie als konstitutiv für den Erwartungshorizont der Leser solcher Traktate angesehen werden müssen: Gersons Ars moriendi aus dem Opusculum tripartitum und das verschiedenen Autoren, zuletzt Nikolaus von Dinkelsbühl zugeschriebene Speculum artis bene moriendi mit dem Incipit *Cum de praesentis exilii*[23].

Gersons Sterbekunst, 1403 zunächst in französischer Sprache verfaßt[24], dann aber von ihm selbst in die lateinische übersetzt[25], gehört zusammen mit den Schriften De praeceptis decalogi und De confessione in das energisch vorangetriebene Reformprogramm des Pariser Kanzlers und seiner Universität, die beim französischen Episkopat und auf dem Konstanzer Konzil auf amtliche Verbreitung dieser drei, seit der Reimser Synode von 1408 zum Opusculum tripartitum vereinigten Werkchen drängten[26]. Im

---

[20] Hain *9340 fol. [CCciv] v: *Gregorium*. Der Druck hat weitere Abweichungen, die hier nicht weiter notiert zu werden brauchen.
[21] Dresden, LB Cod. P. 42 fol. 62v.   [22] Ebd. fol. 70v.
[23] Diese rezeptionsgeschichtlich bedingte Eingrenzung gilt auch für die Jakob bei der Abfassung seines Traktates zur Verfügung stehende Bibliothek der Erfurter Kartause; dort fehlte z. B. Johannes Niders gattungsgeschichtlich und theologisch wichtiges, aber erst im letzten Drittel des 15. Jh.s seit der Drucklegung weiter bekannt gewordenes Dispositorium moriendi. Die umfassendste Übersicht über die im 15. Jh. im deutschsprachigen Raum entstandenen Sterbebücher enthält Rudolf, Ars moriendi, dessen Interpretation der Entwicklung und der geschichtlichen Funktion der Gattung freilich nicht befriedigen kann. Unter umfassenderer Perspektive hat Tenenti die Ars moriendi — im wesentlichen für Italien und Frankreich, aber auch das Speculum und Jakobs Ars in die Darstellung der sensibilità europea einbeziehend — behandelt, s. Tenenti, La vie et la mort S. 48 ff., ders., Il senso della morte S. 80 ff., Romano-Tenenti, Die Grundlegung S. 100 ff., 116 ff.
[24] Gerson, Oeuvres complètes 7 Nr. 332 S. 404—407; zur Datierung ebd. S. XVIII.
[25] Im folgenden zitiert nach der Ausgabe Basel, Nikolaus Kessler, 1489, 2. Band. Alphabetum und Buchstabe; zur Ausgabe s. Gerson, Oeuvres complètes 1 S. 42.
[26] Acta Concilii Constantiensis 1 S. 131 ff.: Plura avisata per universitatem Parisiensem in generali concilio prosequenda, deren § 3 sich auf das Opusculum bezieht. Vgl. Kraume, Die Gerson-Übersetzungen Kap. 2.

Vorwort zum Opusculum skizziert Gerson den Personenkreis, für den es bestimmt ist: *Primo sacerdotibus et curatis illiteratis atque simplicibus, qui confessiones audire debent, secundo indoctis quibuscunque personis saecularibus aut religiosis, quae ecclesiae solitis sermonibus aut praedicationibus pro divinorum praeceptorum noticia interesse non possunt, tertio pueris et iuvenibus, qui a rudimentis infantiae circa fidei nostrae generalem tenorem et principalia puncta primitus debent erudiri, quarto personis domos dei vel hospitalia loca frequentantibus et infirmorum sollicitudinem gerentibus*[27]. Um den Bedürfnissen dieses Personenkreises zu entsprechen, ist das Opusculum streng unter den Gesichtspunkten der leichten Faßlichkeit, Kürze und unmittelbaren Verwendbarkeit abgefaßt. Diese unmittelbare Verwendung hat es auch gefunden; denn durch die Aufnahme in die Ritualien, mit welcher der französische Episkopat und das Konstanzer Konzil dem Werk, Gersons Intentionen entsprechend[28], offizielle Geltung verliehen, hat es tatsächlich noch jahrhundertelang vielerorts die amtliche Seelsorgpraxis geprägt[29].

Die pastorale Brauchbarkeit, die offizielle Förderung und nicht zuletzt der Name des Verfassers sicherten dem Werk eine weite Verbreitung in seiner lateinischen und in den volkssprachlichen Versionen. Es wurde als Ganzes und auch teilweise abgeschrieben und später gedruckt — *tota vel per partes*, hatte Gerson selbst empfohlen, sollte die Lehre *(doctrina)* dieses Buches auf Tafeln *in locis communibus utpote in parrochialibus ecclesiis, in scholis, in hospitalibus, in locis religiosis* bekannt gemacht werden[30]. So hat z. B. Geiler von Kaysersberg sowohl die Ars moriendi als Einzelschrift mit dem Titel *Wie man sich halten sol bei einem sterbenden Menschen* als auch das dreiteilige Werk geschlossen als *Dreieckecht Spiegel* übersetzt[31]. Auch die Erfurter Kartause besaß nach Ausweis ihres aus der zweiten Hälfte des 15. Jahrhunderts stammenden Katalogs das Opusculum tripartitum insgesamt (im Band L 109) und die Ars moriendi gesondert (im Band H 69)[32].

---

[27] Vorrede zum Opusculum Gersons, Alphabetum XXXI Q; Gerson, Oeuvres complètes 3 S. 74.

[28] Vgl. die Epistola ad quendam episcopum, Gerson Oeuvres complètes 3 S. 72 f.; die Synodalrede auf dem Reimser Konzil von 1412, Acta Concilii Constantiensis 1 S. 131 Anm. 1 und die Vorrede zum Opusculum.

[29] Im 16. Jh. wurde der Beschluß des französischen Episkopats erneuert, 1544 ließ der Bischof Juan de Zumárraga das Opusculum auf Spanisch in Mexiko drucken, im 17. Jh. führte es Franz von Sales in der Diözese Genf ein; noch 1782 findet es sich im Rituale der Diözese Lüttich; s. O'CONNOR, The Art of Dying Well S. 22 f.

[30] S. oben Anm. 27.

[31] DACHEUX, Les plus anciens écrits Nr. 48 S. CXIII.

[32] MBK 2 S. 471 Z. 10 f. (L 109), S. 405 Z. 29 f. (H 69). Der erstere Band gehört zu einer vierteiligen Sammlung von Werken Gersons und steht in der Abteilung der *approbati doctores*. Der Band H 69 ist hingegen denjenigen Werken eingeordnet, die dem *affectus*

Wie aus den oben angeführten Zitaten hervorgeht, bestimmte Gerson den dritten Teil besonders zur Verwendung in den Hospitälern wie auch bei der Krankenbetreuung überhaupt. Der Text wendet sich daher an die *veraces fidelesque amici cuiuspiam egroti*, die sich als *fideles* erweisen, wenn sie nicht nur um das leibliche Leben, sondern vor allem um das geistliche Heil des Kranken besorgt seien[33]. Ihnen gibt er seinen *brevem quendam exhortationis modum habendum circa eos, qui sunt in articulo mortis constituti*, an die Hand. Er enthält in vier „Partikeln" *exhortationes* und *interrogationes*, die an den Sterbenden zu richten, *orationes*, die mit ihm zu beten sind, und schließlich *observationes*, welche den Sterbehelfern weitere Anweisungen für den Vollzug der geistlichen letzten Hilfe erteilen. Ganz auf die Stunde dieser Hilfeleistung bezogen, bleibt kein Raum für theologische Darlegungen über das Sterben, gar mit Zitaten der Philosophen und Väter, geschweige denn für Ausführungen über die *ars bene vivendi*.

Das Speculum artis bene moriendi[34] besitzt nicht diese strikte Bezogenheit auf die Tätigkeit des Sterbehelfers und die daraus resultierende Knappheit des Textes. Zwar nennt es der Verfasser einleitend mit Gersons Worten ebenfalls einen *brevis exhortationis modus . . .*, zählt dann aber sogleich sechs statt nur vier *particulae* auf, aus denen sich die Schrift zusammensetze[35]. Drei von ihnen, die 3., 4. und 5. verarbeiten die *interrogationes*, *orationes* und *observationes* Gersons und ergänzen sie erheblich. Neu sind die 1. *particula De laude mortis et scientia bene moriendi*, die 2. und umfangreichste über die fünf *temptationes morientium* und die 6. mit den Gebeten *super agonizantes* (im Unterschied zu den Gebeten der 4. Partikel, die der Sterbende selbst sprechen soll). Durch diese neu hinzukommenden Stücke sowie durch die theologische Darlegungsweise, welche Zitate der Bibel und der gelehrten Autoritäten von Aristoteles und Seneca bis zu Gerson reichlich verwendet, schwillt das Speculum etwa auf das Fünffache des Umfangs der Ars Gersons an. Der gelehrte Stil und der große Umfang lassen schon erkennen, daß das Werk als Ganzes nicht für die unmittelbare Verwendung in der Sterbestunde geeignet und bestimmt ist. Nur die Fragen und Gebete können in dieser Situation benutzt werden. Ein Vergleich der Einleitungsworte des Speculum mit ihrer Vorlage liefert die Begriffe, welche die gegenüber Gersons Ars veränderte Absicht des Speculum benennen:

---

pure mentis und dem *effectus bone operis* dienen sollen; s. oben S. 82. Sowohl der gelehrtintellektuelle als auch der affektiv-moralische Zusammenhang bedeuten eine Veränderung gegenüber den pastoralen Intentionen Gersons.
[33] Der französische Titel des Werkes lautet La médicine de l'ame.
[34] Im folgenden zitiert nach dem Druck GW 2610: Köln, Heinrich Quentell, um 1495.
[35] Ebd. fol. aii r.

Gerson	Speculum
Quamobrem cura fuit presenti scripto componere brevem quendam exhortationis modum habendum *circa eos, qui sunt in mortis articulo constituti, valentem* etiam *generaliter omnibus catholicis ad artem et noticiam bene moriendi conquirendam*[36].	...*idcirco in presenti materia (que de arte moriendi est) sequens brevis exhortationis modus est circa eos* maxime, *qui in articulo sunt constituti*, mentis intuitu et subtili consideracione notandus seu perpendendus, eo quod *modus rite generaliter omnibus catholicis ad artem et noticiam bene moriendi conquirendam* plurimum valere prodesse potest[37].

Während Gersons Schrift demnach der Anwendung (als ein *modus habendus*) am Lager eines Sterbenden dient und daneben auch *(etiam)* außerhalb dieser besonderen Situation *(generaliter)* die Kenntnis über das rechte Verhalten *in articulo mortis* zu vermitteln vermag, dient das Speculum dem Erwägen und Betrachten (...*subtili consideracione notandus seu perpendendus),* gerade weil *(eo quod)* seine Ausführungen *generaliter,* außerhalb der Todesstunde, von großem Wert und Nutzen für die Kenntnis des rechten Sterbens seien. Daher ist nicht allein der Helfer des Sterbenden, sondern mehr noch der Gläubige, der seinen eigenen Tod bedenkt, Adressat des Speculum. Er muß freilich unter die literati zählen, nicht unter die *illiterati, simplices* und *indocti* Gersons. Denn um die im Speculum gebotene *consideracio* selber und ohne weitere Vermittlung nachvollziehen zu können, bedurfte der so oft auf philosophische, theologisch-scholastische und geistliche Autoritäten detailliert verwiesene Leser beträchtlicher Kenntnisse[38], am ehesten wohl der Leseerfahrung eines gelehrten Klerikers oder reformierten Mönches. Wie sich die volkssprachlichen Versionen — R. Rudolf nennt z. B. sieben verschiedene deutsche Bearbeitungen[39] — zum gelehrten Zitatenapparat verhalten, ob sie mit der Überwindung der sprachlichen Barriere zugleich die der theologischen Bildung abbauen wollen, um auf diese Weise ein sozial ganz anders strukturiertes Publikum zu erreichen als das lateinische Speculum, bliebe noch zu untersuchen.

H. Appel und R. Rudolf haben „Grundformen" und textgeschichtlich von diesen abhängige „erweiterte" oder „zusammengesetzte" Formen der

---

[36] Gerson, Opusculum. Alphabetum XXXII G.
[37] Speculum fol. aii r.
[38] So z. B. Aristoteles, Ethik 3 (ebd. fol. aii r), Innozenz III., De vilitate conditionis humanae 3 (fol. aiii v), Augustinus, Super Johannem (fol. a iiii r), Scotus, Sent. (fol. [av] v), Thomas von Aquin, Sent. (fol. b ii v).
[39] RUDOLF, Ars moriendi S. 78 ff.

Sterbebücher unterschieden[40]. Zu den Grundformen zählt Appel 1. die sog. Anshelmschen Fragen, 2. die Sterbekunst Gersons und 3. die sog. Bilder-Ars; Rudolf reiht dieser Gruppe noch die von ihm erstmals abgedruckten sehr kurzen Aufzeichnungen des Johannes von Kastl[41] als unmittelbaren Vorläufer der Bilder-Ars ein — ob dies textgeschichtlich haltbar ist, wird gleich noch zu fragen sein —, und er rechnet den Grundformen im Gegensatz zu Appel das Speculum zu. Rudolf deutet diese von der Textgeschichte bestimmte Zweiteilung zugleich funktional: „Waren die Grundformen der ars moriendi als Handreichung für den Seelsorgeklerus gedacht . . ., so sind die von ihnen abhängigen Sterbebüchlein fromme, gelehrte und fleißige Arbeiten, die aber höchstens als entferntere Vorbereitung des Klerus oder als Erbauungsschriften benützt werden konnten."[42] Das Speculum entzieht sich jedoch gerade dieser alternativen Funktionsbestimmung. Denn gerade der Zuwachs und die Erweiterungen, welche das Speculum gegenüber der Schrift Gersons erfahren hat, leiten primär zur persönlichen *consideracio* statt zur Sterbehilfe an, die sechste Partikel ausgenommen. Die Frage nach der Herkunft des Zuwachses kann die Intentionen des Speculum verdeutlichen helfen und zugleich das Verständnis der Ars moriendi des Kartäusers vorbereiten.

Nach R. Rudolf fußt das Speculum auf Gerson und dem Text der sog. Bilder-Ars[43] mit dem Incipit *Quamvis secundum philosophum* (im folgenden QS genannt). Indem Rudolf den Text QS dem Speculum zeitlich vorordnet, folgt er einer auf T. O. Weigel zurückgehenden opinio communis, die seither selten in Zweifel gezogen wurde[44]. Sich ihr anzuschließen mußte Rudolf um so leichter fallen, als sie seine These über die Entwicklung der Ars moriendi stützen konnte und ihm zudem die einzige Arbeit, die in jüngerer Zeit das Gegenteil behauptet hat, unbekannt geblieben ist. Mary C. O'Connor faßt in ihrem 1942 erschienenen Buch ‚The Art of Dying Well. The Development of the Ars moriendi' entgegen der allgemeinen Ansicht den Text QS als eine Bearbeitung des Speculum auf. Es ist hier nicht der Ort, die Gründe T. O. Weigels auf ihre Stichhaltigkeit zu überprüfen; insgesamt beruhen sie auf höchst subjektiven und unbeweisbaren Vermutungen über das, was der Verfasser von QS hätte weglassen dürfen oder übernehmen müssen, wenn er wirklich ein Bearbeiter des Speculum gewesen

---

[40] APPEL, Anfechtung und Trost S. 67, 85; RUDOLF, Ars moriendi S. 114 u. ö.

[41] RUDOLF, Ars moriendi S. 69; in verbessertem Abdruck bei SUDBRACK, Die geistliche Theologie 2 S. 138 f.

[42] RUDOLF, Ars moriendi S. 114; in seinem älteren Aufsatz nannte RUDOLF (Der Verfasser des Speculum S. 396) das Werk freilich noch „eine theoretische Handreichung für den Priester, der sich auf sein Wirken am Krankenbette vorbereiten will".

[43] RUDOLF, Ars moriendi S. 75.

[44] Ebd. S. 70; vgl. O'CONNOR, The Art of Dying Well S. 11.

wäre. M. C. O'Connor argumentiert teilweise wohl auf der gleichen Basis, hebt aber insgesamt auf die Komposition und die künstlerische Absicht des Verfassers von QS ab, ohne freilich über Plausibilitätsgründe hinaus zu eindeutigen Beweisen zu gelangen. Doch die These M. C. O'Connors findet weitere Stützung, wenn die Beziehungen der beiden umstrittenen Texte zu Johannes von Kastl in Betracht gezogen werden.

Die kurzen Aufzeichnungen des Johannes von Kastl über das *scire bene mori* füllen wenig mehr als eine Spalte der Sammelhandschrift clm 18195, fol. 153^vd—154ra, Inc. *Hec quilibet fidelis*. Die Handschrift entstand erst um 1455 in Tegernsee und enthält die einzige bekannte Abschrift[45]. Der kopierte Text muß aber schon um 1410 von Johannes verfaßt worden sein[46]. Darin zählt er von *primo* bis *sexto* auf, was im Todeskampf *contra daemonum ... insultus* zu beachten sei: *fides firma, spes fixa* und *patientia in caritate* seien festzuhalten, *vana complacentia* zurückzuweisen[47]. Diese ersten vier Punkte des Johannes von Kastl entsprechen den ersten vier der insgesamt fünf *temptationes* im Speculum und im Text QS. Das Speculum wie der Text QS erklären nun aber die *vana complacentia superbiae spiritualis de suis meritis*, so Johannes, zu einer bevorzugt die Mönche anfechtenden Versuchung:

Speculum

Quarta temptacio est suiipsius complacentia, que est superbia spiritualis, per quam dyabolus devotis atque religiosis et perfectis magnis infestus est[48].

QS

Quarto dyabolus temptat hominem infirmum per suiipsius complacentiam, que est superbia spiritualis, per quam devotis et religiosis etque perfectis magis est infestus[49].

Im Urteil des älteren dieser beiden Rezipienten Johanns von Kastl besaß die Vorlage, zumindest an dieser Stelle, einen speziell monastischen Charakter; als Rezipient auch der Ars moriendi Gersons konnte er sie nicht übernehmen, ohne ein Pendant für die Laien hinzuzufügen. Deshalb die *quinta temptatio* über den weltlichen Besitz (an Stelle der geistlichen Verdienste der Mönche) in den beiden Schriften:

Speculum

Quinta temptatio (que magis seculares atque carnales infestat) est

QS

Quinta temptatio est avaricia magis seculares et carnales infestans,

---

[45] Vgl. die Beschreibung der Hs. bei Sudbrack, Die geistliche Theologie 2 S. 191 f.
[46] Ebd. 2 S. 80.   [47] Ebd. 2 S. 138.
[48] Speculum fol. [av] r.
[49] Ars moriendi, Faksimile Tafel 16; Tenenti, La vie et la mort S. 112.

nimia occupatio temporalium atque exteriorum circa uxorem, liberos atque amicos carnales atque divitias ... [50]

que est nimia occupatio temporalium atque exteriorum circa uxores et amicos carnales seu corporales, divitias ... [51]

Bis hierher reicht die Übereinstimmung zwischen dem Speculum und dem Text QS in ihrer Beziehung zu Johannes von Kastl. Eine weitergehende Verwandtschaft mit den Aufzeichnungen des Kastler Mönches weist nur noch das Speculum auf. Sie steht im Zusammenhang mit der das Speculum im Gegensatz zum Text QS kennzeichnenden Betonung der Dichotomie *religiosi — seculares*. QS kennt sie nur an den zitierten Stellen der vierten und fünften Versuchung, das Speculum konfrontiert den Leser mit ihr schon im ersten Satz: *Cum de presentis exilii miseria mortis transitus propter moriendi imperitiam multis non solum laicis, verum etiam religiosis atque devotis difficilis multumque periculosus ... videatur, idcirco* ... [52]. Die Dichotomie tritt u. a. auch in der dritten *particula* deutlich hervor, wenn den *interrogationes* Gersons, die für *seculares* wie für *regulares* geeignet seien, die Mönchsreihe der sog. Anshelmschen Fragen vorangestellt wird mit folgender Bemerkung: *... solum personis religiosis atque devotis competere atque sufficere videantur* ... [53]. Die *prima particula de laude mortis et scientia bene moriendi* des Speculum enthält eine Definition des *scire mori*, die als die Worte eines *quidam sapiens* zitiert werden. Diese Definition findet sich nun ebenfalls — mit einigen Varianten — bei Johannes von Kastl. Sie geht, was Sudbrack bei der Edition der Aufzeichnungen des Johannes entgangen ist, auf das Horologium sapientiae Heinrich Seuses zurück. Die Stelle lautet bei den drei Autoren:

Seuse[54]	Johannes von Kastl[55]	Speculum[56]
Scientia utilissima et cunctis artibus praeferenda, scire videlicet	*Praeterea ars artium et scientia scientiarum est scire bene mori; verum-*	*Propterea ut homo christianus bene et secure moriatur, necesse*

---

[50] Speculum fol. [av] v.
[51] Ars moriendi, Faksimile Tafel 20; TENENTI, La vie et la mort S. 116.
[52] Speculum fol. a ii r.
[53] Ebd. fol. [a vi] rv. Vgl. auch ebd. fol. a iii v; b [iiii] r; b ii r: ... *rarissime etiam aliqui inter religiosos atque devotos ad mortem se disponunt tempestive*. Dagegen heißt es in QS im Vorwort: ... *rarissime aliquis se ad mortem disponit tempestive*, Ars moriendi, Faksimile Tafel 1; TENENTI, La vie et la mort S. 98.
[54] SEUSE, Horologium S. 184.
[55] SUDBRACK, Die geistliche Theologie 2 S. 138 Z. 19—25.
[56] Speculum fol. a ii v—aiii r; der Schluß, hier Z. 15 f., ist im Druck verderbt; Karlsruhe, LB Cod. Aug. 90 fol. 158 v, eine der ältesten Hss. des Speculum (von 1431), hat das korrekte Seuse-Zitat.

mori ... Scire namque mori est paratum habere cor et animam omni tempore ad superna, ut quandocunque mors venerit, paratum eum inveniat, ut absque omni retractione eam recipiat, quasi qui socii sui dilecti adventum desideratum exspectat.	tamen scire bene et secure mori est paratum cor habere et animam omni tempore ad superna, ut quandocunque iuxta dei voluntatem mors adveniret, paratum et ab omnibus aliis expeditum eum inveniat, ut absque omni retractione eam recipiat quasi qui boni, et desiderat, nuntii adventum de manu Dei Domini nostri Jesu Christi laetus expectet et acceptet.	est ei ut mori sciat. Nota quid est scire mori. Scire autem mori, ut quidam sapiens ait, est habere paratum cor et animam omni tempore ad superna, ut quandocunque mors veniat paratum eum inveniat et absque retractione eam recipiat quasi qui socii sui dilecti adventum desideratum expectat. Hec ille.

Es ist nicht möglich, ohne kritische Editionen des Horologium wie des Speculum eine endgültige Entscheidung über die Abhängigkeiten zu fällen. Sicher ist, daß Johannes von Kastl das Horologium gekannt hat; denn er zitiert das auf die genannte Stelle folgende Kapitel II, 3 in seinem meist Albertus Magnus zugeschriebenen De adhaerendo Deo[57]. Auch der Autor des Speculum dürfte direkt auf das Horologium zurückgegriffen haben, denn sein Zitat ist korrekter als das des Johannes von Kastl. Das schließt freilich die Kenntnis der Aufzeichnungen des Kastlers nicht aus — es sei noch einmal an die bei beiden gleiche Anordnung der vier Versuchungen erinnert —, sie können ihn auch zum Rückgriff auf Seuses Schrift angeregt haben. Auch könnte die Formulierung *bene et secure mori* des Speculum auf den Kastler hindeuten; Seuse verwendet diesen Ausdruck nicht, er sagt an entsprechender Stelle *feliciter mori*[58], QS spricht in allerüblichster Weise nur von *bene mori*[59]. Eine spätere Stelle des Speculum erinnert ebenfalls an Johannes von Kastl[60].

---

[57] SUDBRACK, Die geistliche Theologie 1 S. 158; vgl. auch das Vorkommen des Horologium in der Bibliotheksliste ebd. 2 S. 170.
[58] SEUSE, Horologium S. 183.
[59] Ars moriendi, Faksimile Tafel 2; TENENTI, La vie et la mort S. 98.
[60] Vgl. Speculum fol. a [v] r: *Quarta temptacio est suiipsius complacentia que est superbia spiritualis ... O quam firmus es in fide, quam fortis in spe et quam constans in patientia ...* mit Johannes von Kastl, SUDBRACK, Die geistliche Theologie 2 S. 138 Z. 4—8: *primo videlicet fidem firmam ..., secundo spem fixam ..., tertio patientiam ... omnia tunc constanter sufferentem, quarto vanam complacentiam superbiae spiritualis de suis*

Um die Frage nach der Herkunft des Zuwachses zu beantworten, den das Speculum gegenüber Gerson bietet, ist es nicht erforderlich, nach weiteren inneren Merkmalen zur Bestimmung des Verhältnisses von QS zum Speculum zu suchen. Die Beobachtungen machen schon jetzt wahrscheinlich, daß das Speculum den Aufzeichnungen des Johannes von Kastl näher steht als der Text QS, so daß die Placierung von QS als Vermittler zwischen Johannes von Kastl und dem Speculum sehr fragwürdig erscheint. Mit diesem Befund stimmt die von der Forschung vermutete Herkunft der beiden anonymen Verfasser überein. Der Autor des Speculum dürfte, wie eine deutsche Übersetzung im Explicit angibt, *ain mayster von Wienn* sein[61]. Rudolfs Identifizierungsversuch — dieser *mayster* sei Nikolaus von Dinkelsbühl — überzeugt allerdings wegen seiner methodischen Unzulänglichkeit nicht[62], die Ordensleute, die als Verfasser in Frage kommen könnten, müßten noch eingehender untersucht werden. Die Zahl der Handschriften des Speculum aus den österreichisch-süddeutschen, mit der Wiener Universität in Verbindung stehenden Reformklöstern ist besonders groß[63]. Lateinische und deutsche Handschriften des Textes QS sind dagegen sehr selten[64]; sein Ver-

---

meritis ... — Der Hinweis auf die Häresie findet sich implizite ebenfalls bei Johannes von Kastl, wenn man die Forderung nach der *fides ... inconcussa catholica* vor dem Hintergrund seiner Polemik gegen die *foedissima haeresis, que intitulatur de spiritu libertatis* hört; diese Stelle bei SUDBRACK, ebd. 1 S. 235 Anm. 404, S. 350 Anm. 481.

[61] RUDOLF, Der Verfasser des Speculum S. 392.

[62] RUDOLF lokalisiert wohl zu Recht mittels eben genanntem Explicit den Verfasser in Wien, datiert dann aber die Schrift mit den unten genannten Begründungen, die nicht haltbar sind, und identifiziert schließlich Nikolaus von Dinkelsbühl mittels dessen, was er später (Ars moriendi S. 75) eine „Analyse der Zitate" nennt. In Wirklichkeit handelt es sich um nichts weniger als eine Analyse der Zitate, denn RUDOLF zählt lediglich die vom Verfasser des Speculum als Autoritäten berufenen Namen und Buchtitel auf, und dies — sofern er den von ihm mehrfach zitierten Druck GW 2610 benutzt — unvollständig; fünf Titel sind übersehen, von der Funktion der Bibelzitate ganz zu schweigen, obwohl auch Bibelzitate in einer die Gedankenführung charakterisierenden Weise, z. B. auf ein Aristoteles-Zitat bezogen, verwendet werden. RUDOLF verifiziert kein einziges Zitat und unterläßt es zu fragen, inwieweit es sich um Zitate aus zweiter Hand handelt; der Hinweis auf ein Decretale ist z. B. in einem Gerson-Zitat enthalten. Da RUDOLF nicht nur die gebräuchlichen, sondern auch die angeblich weniger gebräuchlichen Autoren, zu denen er z. B. Cassian zählt, in den Predigten Dinkelsbühls wiederfindet, glaubt er den Beweis für die Verfasserschaft erbracht zu haben, ohne diese Beweisgründe versuchsweise zu falsifizieren. RUDOLF, Ars moriendi S. 75 nimmt diese Beweisführung wieder in Anspruch und erklärt gleichzeitig die Bilder-Ars zur Quelle des Speculum, das dann allerdings einen erheblichen Teil der Zitate dieser Quelle verdankt. Wäre die Bilder-Ars die Quelle, könnte die ‚Beweisführung' zur Identifizierung des Verfassers des Speculum nicht stichhaltig sein; sollen anderseits die Zitate des Speculum charakteristisch für Nikolaus von Dinkelsbühl sein, wird man die Bilder-Ars nicht gleichzeitig zur Quelle erklären können. Ähnlich wie mit den inneren Gründen steht es mit den äußeren. MADRE, Nikolaus von Dinkelsbühl S. 294 f. meldet gerade vom Handschriftenbefund her Bedenken gegen Dinkelsbühls Verfasserschaft an.

[63] O'CONNOR, The Art of Dying Well, part 2. — RUDOLF, Ars moriendi S. 77 f.

[64] O'CONNOR, The Art of Dying Well S. 11.

fasser wird in Kreisen des französischen Klerus vermutet[65]. Daß er den sicher nur gering verbreiteten Aufzeichnungen des Johannes von Kastl, des Priors eines süddeutschen Reformklosters, näher stehen könnte als der Verfasser des Speculum, ist kaum denkbar.

Die Argumente schließlich, mit welchen die Datierung des Textes QS in die Jahre zwischen 1408 und 1414, die des Speculum zwischen 1414 und 1419 durch Weigel und Rudolf begründet wird[66], stehen einer Umkehrung des Verhältnisses von QS und dem Speculum nicht im Wege. Rudolf argumentiert im Anschluß an Weigel: Da in beiden Schriften Gerson nur mit dem Titel *cancellarius Parisiensis,* ohne Beifügung des Namens, genannt wird, müßten sie in der Zeit zwischen der Abfassung des Opusculum tripartitum (1408) und der Niederlegung der Kanzlerwürde durch Gerson (1419) entstanden sein; der Text QS jedoch vor dem Konstanzer Konzil, da er nicht wie das Speculum die *vera fides* im Gegensatz zur *haeresis* besonders hervorhebe; das Speculum sei wegen dieser Akzentsetzung während des Konstanzer Konzils verfaßt worden. Dagegen sei hier nur kurz darauf verwiesen, daß 1. Gerson seit dem Konzil in Konstanz den theologischen Autoren als der Pariser Kanzler schlechthin galt[67], 2. die in der theologischen Literatur verwendeten Autorentitel nicht ohne weiteres als eine juristisch korrekte Bezeichnung der jeweiligen Rechtsstellung des zitierten Autors angesehen werden dürfen, 3. das Problem der Häresie mit dem Konstanzer Konzil weder erst auftauchte noch aus der Welt geschafft wurde, 4. der Autor von QS die *interrogationes,* die im Speculum eine eigene *particula* bilden und die Warnung vor der Häresie enthalten, überhaupt nur kurz in seiner Einleitung streift[68]. Zudem läßt die handschriftliche Überlieferung — sie reicht bloß bis 1428 zurück[69] — an einer so frühen Datierung Zweifel aufkommen; sie erschwert überdies die These von der Priorität des Textes QS, da dessen älteste Handschriften sämtlich jünger sind als die ältesten des Speculum[70].

---

[65] RUDOLF, Ars moriendi S. 70. W. SEŃKO, Traktaty ‚De arte moriendi' przypisywane Mateuszowi z Krakowa (Materiały i studia zakładu historii filosofii starożytnej i średniowiecznej 7. 1967 — S. 130—136) weist die Schrift dagegen Matthäus von Krakau (gest. 1410) zu, rückt sie damit zeitlich ganz nahe an Gerson heran und vor das Speculum.
[66] T. O. WEIGEL, A. ZESTERMANN, Die Anfänge der Druckerkunst in Bild und Schrift 2. 1866 S. 3 ff.; RUDOLF, Der Verfasser des Speculum S. 393 f.; ders., Ars moriendi S. 70.
[67] Nur den Titel, ohne Namensnennung zitiert z. B. der Tegernseer Abt Kaspar Aindorffer in seinem Brief an Nikolaus von Kues, 22. 9. 1452; Vinzenz von Aggsbach verwendet in seinem Tractatus ... de mystica theologia vom Juni 1453 wechselweise den Namen mit und ohne Titel wie auch den Titel allein, s. VANSTEENBERGHE, Autour de la Docte ignorance S. 110, 191, 206.
[68] Ars moriendi, Faksimile Tafel 1, 2; TENENTI, La vie et la mort S. 98.
[69] Clm 6174, s. RUDOLF, Der Verfasser des Speculum S. 390.
[70] O'CONNOR, The Art of Dying Well S. 17.

Wenn der Text QS nicht als Quelle des Speculum, sondern umgekehrt als eine in wesentlichen Teilen verkürzende Bearbeitung begriffen wird, ist es möglich, die Intentionen der Verfasser beider Schriften in ein klareres Licht zu rücken und voneinander abzuheben. Zunächst folgt aus der Umgruppierung, daß der Autor des Speculum selbst als der — von Seuse und wahrscheinlich auch von Johannes von Kastl angeregte — Urheber des beträchtlichen Zuwachses anzusehen ist. Die Frage nach der Herkunft der neuen Elemente ist dann aber nicht mehr gleichbedeutend mit der Frage nach einer literarischen Vorlage, als welche Rudolf den Text QS bezeichnete; die Frage muß anders gestellt werden.

Die Ausweitung ist bedingt durch die Funktionsveränderung, welche der Verfasser des Speculum in seiner Einleitung durch die Abwandlung der Worte Gersons benennt. Denn als ein *modus ... consideracione ... perpendendus* bedarf die Schrift nicht der Beschränkung auf die knappen Fragen, Ermahnungen und Gebete für die Sterbestunde; längere begründende Ausführungen beeinträchtigen die *consideracio* keineswegs, besonders dann nicht, wenn die Schrift die *illiterati* und *indocti* unmittelbar gar nicht erreichen will. Die Frage muß sich also auf die Herkunft und die nähere Bestimmung der angestrebten *consideracio* richten und rezeptionsgeschichtlich gewendet lauten: Von woher nimmt der Verfasser den Gedanken der *consideracio* und wie versteht er ihn? Die Antwort gibt das Speculum im Kontext der dem Horologium sapientiae entstammenden Definition des *scire mori*. Johannes von Kastl fügte diese Definition, obwohl sie grundsätzlicher Art ist, seinen Aufzeichnungen über das, was *in et circa agonem* [71] zu beachten sei, formal nur beiläufig (und darum mit *praeterea* beginnend) ein. Anlaß gab die unter *sexto* erteilte Anweisung zur Liebes- statt zur Furchtreue *tam in morte quam vita*[72]: *Praeterea ... animam omni tempore ad superna (habere)*, sei die Kunst des Sterbens. Anschließend handelt er wieder vom *agonisans et moriturus*. Der Verfasser des Speculum erhebt hingegen die Definition zur Quintessenz der Gedankenführung seiner Einleitungspartikel *De laude mortis et scientia bene moriendi*, in der er seinen Leser vom Aristoteles-Wort *omnium terribilium mors corporis (est) terribilior* (!)[73] zum Paulus-Wort *cupio dissolvi et esse cum Christo*[74] führt. Er fährt im Anschluß an Seuses Definition fort: *Hec est scientia utilissima, in qua religiosi precipue magis quam seculares sine intermissione quotidie atque continue solliciti studere debent, et eam veraciter apprehendant, cum presertim religionis status idipsum exigat et requirat, quamquam etiam*

---

[71] SUDBRACK, Die geistliche Theologie 2 S. 138 Z. 1.
[72] Ebd. Z. 15 f.
[73] Speculum fol. a ii r, nach Aristoteles, Ethik 3, 6.
[74] Speculum fol. a iii r, nach Phil. 1, 23.

quilibet secularis clericus et laicus sive ad moriendum paratus et dispositus fuerit sive non, nihilominus obedire deo tenetur, quando ei mandatur. Debet itaque non solum religiosus, verum etiam quilibet christianus bonus et devotus, qui bene et secure mori desiderat, taliter vivere et se habere, ut omni hora (quando deus voluerit) mori possit et ita vitam habere in patientia et mortem in desiderio exemplo Pauli Apostoli, qui ait: cupio dissolvi et esse cum Christo[75].

Durch die Übernahme der Definition Seuses und die angefügte Erläuterung verändert der Verfasser des Speculum den Begriff der *ars moriendi*, wie ihn Gerson verwendete, wesentlich: Ars moriendi bedeutet nun nicht mehr nur das „gute Sterben" allein, sondern auch die ständige Bereitschaft dazu, die durch die *consideracio* geweckt und wachgehalten werden soll. Damit ist die grundsätzliche Forderung nach dem *bene vivere* als Todesvorbereitung in den Begriff aufgenommen. Deshalb wird auch gegen Ende des Traktats noch einmal eingeschärft, daß die Ars moriendi schon für den *sanus*, nicht erst für den *infirmus* oder *moriens* gedacht sei: *Cum autem placide, libenter et sine periculo bene et secure mori velit et meritorie, talis curare debet studiosius, ut moriendi artem eiusque dispositionem iuxta premissa, dum adhuc sanus sit, sollicite studeat et discat nequaquam mortis expectans ingressum*[76]. Die Umdeutung des Begriffes der *ars moriendi* geschieht unter dem Einfluß der Tradition, welche durch das Horologium sapientiae repräsentiert wird. Entsprechend ihrer Herkunft versteht der Verfasser des Speculum die Definition als eine monastische und sagt ausdrücklich, daß sie in erster Linie für Mönche gelte. Aber er weitet sie nachträglich, in der weniger nachdrücklichen Formulierung eines Einräumungssatzes auf die in der Welt Lebenden, die *seculares clerici* und die *laici*, aus, indem er diese wie jeden Christen verpflichtet: *taliter vivere..., ut omni hora... mori possit*. Das Problem jedoch, wie dieses Leben als ständige Todesvorbereitung zu gestalten sei, läßt er offen. Hier setzt die *ars bene vivendi* Jakobs des Kartäusers ein.

So markiert das Speculum zwar die logische Stelle, an welcher der Kartäuser einsetzen kann — er stellt den Anschluß dadurch her, daß er in seiner Vorrede von einer Gegenüberstellung der schon bekannten Aristoteles- und Pauluszitate ausgeht[77] —, es hat den Begriff der *ars moriendi* schon grundsätzlich geöffnet, aber doch die literarischen Konsequenzen daraus noch nicht gezogen. Der Kartäuser muß nun, um das vom Speculum hinterlassene Problem innerhalb derselben Gattung lösen zu können, diese in einem solchen Ausmaß erweitern, daß er den Eingriff vor seinen Lesern, deren lite-

---

[75] Speculum fol. a iii r.   [76] Ebd. fol. b iii v.
[77] Dresden, LB Cod. P. 42 fol. 62 r.

rarische Erwartung er sich von Gersons Ars und dem Speculum bestimmt denkt, mit der eingangs teilweise zitierten Vorbemerkung glaubt rechtfertigen zu müssen.

Ineins mit der Erweiterung der Ars bene moriendi durch eine *ars bene vivendi* führt er den Wandel der Funktion des Sterbebuches konsequent zu Ende. Während das Speculum mit einigen seiner *particulae*, den Fragen und Gebeten, unbeschadet der vorrangig intendierten *consideracio* zu Lebzeiten, auch am Sterbebett Verwendung finden konnte und sich auf diese Weise einer alternativen Funktionsbestimmung noch entzieht, läßt der Kartäuser im zweiten Teil *(de hiis, qua circa finem vite morituris solent evenire)* die formalen Teile einer Sterbeliturgie fort und erhebt in gar keiner Weise mehr den Anspruch auf unmittelbare pastorale Verwendung seines Buches, er will: *de arte moriendi philosophari*[78]. Trotzdem hat R. Rudolf gegen diese Ars wie gegen alle „Erweiterungen" der Sterbekunst den „Vorwurf" erhoben, „daß sie zu lang und für den praktischen Gebrauch am Sterbebett untauglich" seien[79], und das Fazit ziehen zu können geglaubt, „im großen und ganzen (habe) das Anschwellen des Umfangs durch Hereinnehmen immer neuer Formstücke der ars moriendi mehr geschadet als genützt, zumal nichts wesentlich Neues hinzukam (!), während die Brauchbarkeit in eben demselben Verhältnis sank"[80]. Rudolfs vorwurfsvolle Wertung der von ihm dargestellten Entwicklung mißt alle Schriften an dem grundlos kanonisierten Kriterium ihrer „Brauchbarkeit" am Sterbebett; er leitet es aus der Funktion der Grundformen ab und läßt an ihm die „Erweiterungen" bis auf „erfreuliche Ausnahmen"[81] scheitern. Offenbar geht er von der Vorstellung aus, daß die „Erweiterungen" die „Grundformen" in ihrer Funktion hätten ersetzen wollen. Doch die Beschreibung der zeitlichen Folge der literarischen Produktion erfaßt noch nicht die geschichtliche Wirklichkeit der Verwendung dieser Produktion. Eine Literargeschichte des Lesers, also der Rezeption, nicht der Produktion, würde zur Anschauung bringen, daß die verschiedenen Werke einander nicht verdrängen, sondern ihre unterschiedlichen Funktionen nebeneinander, z. T. in ganz verschiedenen „Öffentlichkeiten" erfüllen. Sogar ein und dieselbe Schrift der Ars-moriendi-Gattung kann in der Rezeption differenzierte Funktionen erhalten, wie sich am Beispiel des Speculum zeigen läßt. Auf das Problem seiner volkssprachlichen Verbreitung wurde schon hingewiesen; die Rezeption der lateinischen Fassung selber führt schon in unterschiedliche Richtungen. Einmal wurde das Gewicht auf die *consideracio*, ein andermal auf die Anwendung in der Sterbestunde gelegt. In die erste Richtung führt

---

[78] S. oben S. 172.
[80] Ebd. S. 114.
[79] RUDOLF, Ars moriendi S. 100.
[81] Ebd.

der Kölner Druck Heinrich Quentells von 1495, der dem Speculum unter anderem das Kapitel I, 23 der Imitatio Christi *De meditatione mortis* ohne nähere Kennzeichnung anfügt [82]; die andere Richtung schlägt der das Speculum bearbeitende Verfasser des Textes QS ein. Zwar hält er ebenfalls das *preconsiderare* [83] für wichtig, da aber — wie er sagt — solches nur sehr selten geübt werde, läßt er alles fort, was der Betrachtung zu Lebzeiten dient; die Bilder-Ars bringt nur soviel, wie auch der Kranke noch erwägen kann — für die *laici*, d. h. hier die *illitterati* einprägsame Bilder, für die *litterati* dazu einen kurzen korrespondierenden Text [84].

Der Kartäuser Jakob hat die Bilder-Ars, als er um 1450 sein Werk verfaßte, wahrscheinlich nicht gekannt; denn handschriftlich war sie nur wenig verbreitet und das Blockbuch entstand erst zwischen 1450 und 1460 [85]. Die bekanntesten Sterbebücher der ersten Hälfte des 15. Jahrhunderts waren Gersons Ars moriendi und das Speculum; mit ihrer Kenntnis konnte der Kartäuser rechnen. Das Speculum ist noch in mehreren hundert Handschriften erhalten [86]. Die Erfurter Kartause besaß es nach Ausweis ihres Katalogs wenigstens dreifach in lateinischer Sprache [87]; ob die drei deutschen Sterbebücher in den Bänden Q 15, Q 24 und Q 25 auf das Speculum zurückgehen, läßt der Katalog nicht eindeutig erkennen, die Art der Querverweise

---

[82] Speculum fol. c iii r sqq.; s. APPEL, Anfechtung und Trost S. 86 f.; RUDOLF, Ars moriendi S. 76 Anm. 10.

[83] *Nam si futurum malum preconsideratur, facilius tollerari potest. Juxta illud: Futura si presciantur, levius tollerantur. Sed rarissime aliquis se ad mortem disponit tempestive.* Ars moriendi, Faksimile Tafel 1; TENENTI, La vie et la mort S. 98.

[84] Die Ars moriendi (QS), die sog. Bilder-Ars, konzentriert sich auf die fünf Versuchungen, die als dramatische Vorgänge gestaltet werden; zuerst kommt jeweils der Teufel zu Wort, dann die *bona inspiracio angeli*. Die übrigen Teile, die das Speculum über die Versuchungen hinaus aufweist, werden im Vor- und Nachwort der Bilder-Ars nur kurz behandelt. Zu jeder Versuchung gehören zwei Seiten Text und zwei Bilder, ein elftes Bild zeigt den friedlich Entschlafenen. Zu dieser Anlage des Buches heißt es im Vorwort: *Sed ut omnibus ista materia sit fructuosa et nullus ab ipsius speculatione secludantur* (!), *sed inde mori salubriter discat tam litteris tantum litterato deservientibus, quam ymaginibus laico et litterato simul deservientibus, cunctorum oculis obicitur* (Ars moriendi, Faksimile Tafel 2; TENENTI, La vie et la mort S. 98). Entsprechend dem Zurücktreten der monastischen Ausrichtung steht nicht der *religiosus* dem *laicus*, sondern der *litteratus* schlechthin gegenüber.

[85] APPEL, Anfechtung und Trost S. 76; RUDOLF, Ars moriendi S. 69.

[86] O'CONNOR, The Art of Dying Well, part 2; RUDOLF, Ars moriendi S. 77 Anm. 14. — Wenn Gersons Ars moriendi in einer nur relativ geringen Zahl von Hss. erhalten ist, deutet diese Tatsache nicht unbedingt auf geringere Verbreitung hin; das Gegenteil kann sogar der Fall sein. Ein schmales Heft, sei es geschrieben oder gedruckt, das außerhalb der Bibliotheken verwendet und zerlesen wurde, hat geringere Überlebenschancen als ein Werk, das im Schutz einer Bibliothek oder als Bestandteil eines kostspielig erstellten und deshalb sorgfältiger bewahrten und ohnehin widerstandsfähigeren Codex existiert. So sind z. B. Geilers Übersetzungen der Ars moriendi Gersons, die für einen Pfennig zu erwerben er alle seine Zuhörer aufforderte, nur in zwei Exemplaren erhalten.

[87] MBK 2 S. 349 Z. 31 f.; S. 360 Z. 5 f;. S. 477 Z. 12 f.

legt es aber nahe, sie dem Speculum zuzuordnen[88]. Falls dem Kartäuser um 1450 schon der Band F 14 seiner Klosterbibliothek mit dem *Speculum mortis valde extensum ... alio nomine Dieta vite sive sortis* zur Verfügung gestanden haben sollte, das eine Ars bene vivendi enthielt, hat er jedenfalls dessen Kenntnis nicht bei seinen Lesern vorausgesetzt. Denn dieser Band scheint für den internen Kloster- und Ordensgebrauch angelegt worden zu sein[89]; Jakob hat seine Ars moriendi jedoch nicht auf diesen allerengsten Kreis abgestimmt.

2. Jakob des Kartäusers Ars moriendi

Die Einführung der *ars bene vivendi* in die Gattung der Ars bene moriendi ist nicht nur ein formal-literarisches Problem. Der Rückgriff auf die monastische Tradition, durch den zunächst nur die grundsätzliche Forderung nach dem *bene vivere* in die *ars moriendi* Eingang findet, impliziert ein bedeutendes inhaltliches Problem, welches das Speculum mit einer gewundenen Formulierung[90] noch mühsam überdecken konnte, zu dem der Kartäuser aber deutlich Stellung nehmen muß, wenn er jene grundsätzliche Forderung in einer *ars* expliziert. Ihm stellt sich die Frage, welches *genus vivendi* auf einen guten Tod vorbereiten soll. Wenn er der vom Speculum eingeleiteten Rezeption der monastischen Tradition weiter folgte, etwa zu dem im Speculum zitierten Kapitel Seuses über das *scire mori* die daran anschließende *doctrina bene vivendi* hinzufügte, könnte dieses *genus vivendi* nur das kontemplative Leben eines mystisch gestimmten Mönches sein[91]. Dann aber wären der *secularis clericus* und der *laicus* entgegen der

---

[88] Der Katalogteil mit der Abteilung Q ist verloren. Der Verweis auf Q 15: MBK S. 360 Z. 6; auf Q 24 und Q 25: ebd. S. 477 Z. 13. Diese Verweise sind ausschließlich dem Speculum beigefügt, nicht den Bänden, die irgendeine andere Ars moriendi enthalten.

[89] MBK 2 S. 344 Z. 5—27; Z. 18 f.: *Practica circa modum moriendi, quam servat quidam Carthusiensis adhuc corpore sanus.* Der Band enthält u. a. 7 *exercicia secundum 7 dies septimane.* Zu der hier angedeuteten methodischen Form der Meditation s. Johannes Busch, Chronicon Windeshemense S. 226 ff., ferner SCHWARZ, Vorgeschichte S. 138 ff. — Der Band F 21 enthielt eine weitere Ars moriendi mit dem Incipit *Vigilate,* s. MBK 2 S. 346 Z. 31 ff.

[90] *religiosi precipue magis quam seculares ..., quamquam etiam quilibet secularis clericus et laicus ...,* s. oben S. 183 f.

[91] Vgl. Seuse, Horologium S. 200 f.: *debes te ipsum abstrahere a societatibus et familiaritatibus nocivis, et ab omnibus hominibus propositum tuum impedientibus, et breviter a cunctis mortalibus, quantum possibile est, ex voto tuae professionis ... et contemplationis carpere secreta silentia praesentisque saeculi vitare naufragia et perturbationes mundi fugere perstrepentis ... Sabbatizare vero est, ... in amore et fruitione conditoris suaviter quiescere.*

Forderung des Speculum von der ‚Erlernung' einer solchen *ars vivendi* bzw. *moriendi* ausgeschlossen. Wie hat der Kartäuser das Problem des *genus vivendi*, das er in der rezipierten Gattung als ein ungelöstes vorfand, behandelt? Entwickelt er eine dem Mönch wie auch dem in der ‚Welt' Lebenden angemessene Spiritualität der Todesvorbereitung?

Die Antwort auf diese Frage gewinnt in der textverarbeitenden Rezeption seiner Ars moriendi zentrale Bedeutung. An ihr entzündet sich die Kontroverse, die wenig später eine Gegendarstellung hervorgerufen hat, welche wiederum zu einer Erwiderung Jakobs führte. Die Dimension, die der Text in dieser Auseinandersetzung gewinnt, konnten weder H. Appel noch R. Rudolf erkennen, sie wird erst unter rezeptionsgeschichtlicher Fragestellung sichtbar. Da die Darstellung der Kontroverse sich auf die Behandlung jener Kapitel beschränken kann, in denen die wichtigsten Argumente vorgetragen werden, ist zunächst ein Überblick über den Aufbau und die Gedankenführung der ganzen Schrift Jakobs erforderlich.

Die beiden Teile, welche die Schrift im großen gliedern, sind von ungleicher Länge; von der *ars bene vivendi* handeln 13 Kapitel, von der *ars bene moriendi* fünf. Hinzu kommen ein Vorwort und eine *Cautela finalis predictorum* sowie die Vorbemerkung zum zweiten Teil, aus der oben zitiert wurde. Der Verfasser hat die Kapitel in seinem Handexemplar[92], das im folgenden benutzt wird, nicht regelmäßig numeriert; das tun, mit Unterschieden, erst spätere Handschriften und Drucke; hier werden die Abschnitte der Einfachheit halber von 1 bis 21 durchgezählt.

Ausgehend von 2 Kge. 14, 14 *Omnes morimur et quasi aque dilabimur in terram, que non revertentur*[93] erklärt der Kartäuser die Unentrinnbarkeit des Todes theologisch mit der Sünde der Stammeltern und unterstreicht seine Furchtbarkeit mit dem schon bekannten Aristoteles-Zitat, das er ähnlich wie der Verfasser des Speculum nicht allein auf den leiblichen Tod bezieht, sondern durch den Hinweis auf die nachfolgende unerträgliche, womöglich ewige Pein überbietet. Diese Schrecken nicht nur zu lindern, den Tod nicht nur erträglich, sondern sogar wünschenswert zu machen, so daß der Gläubige mit Paulus sprechen könne: *cupio dissolvi et esse cum Christo*, soll die Aufgabe seiner Schrift sein: *Cordi itaque michi fuit et opere precium videtur de hac materia stilo qualicunque inculto aliquid ad lucem producere, ut quia iudicium mortis nemo effugere valeat, ad ipsam tamen modis sibi possi-*

---

[92] Dresden, LB Cod. P. 42 fol. 62r—76v. Der Druck Hain *9340 ist voll sinnentstellender Fehler. Da er von den hier zu behandelnden Autoren, die Jakobs Ars moriendi verarbeitet haben, nicht benutzt worden ist, wird im folgenden die hs. Überlieferung zu Grunde gelegt.

[93] Dieses Zitat gehört zum festen Bestand der meisten Schriften über das Todesthema, s. z. B. Seuse, Horologium S. 188.

bilibus se disponat, ut eo minus offendat, ymmo gracior fiat, quo magis previsa et ad eam dispositus homo accedat[94]. Um dem Mißverständnis vorzubeugen, er wolle und könne eine Anweisung geben, wie die Schrecken des Todes *ex naturalibus principiis* gemildert werden könnten, formuliert er seine Absicht kurz in einem Satz: *Sed pro modulo meo propono quedam disserere, quomodo per redundanciam devote anime divinis desideriis inflammate suorum gaudiorum celestium exuberanciam refundere habent in corpus sibi unitum, ut eo levius corporis molestiam aut resolucionem eius ab eo ferant, quo mox post resolucionem civibus sperent se consociari celestibus* ...[95].

Das Ziel der *dispositio ad mortem* ist die mystische „Überfülle". Von ihr handelt das 13. Kapitel, das folglich die Mitte der ganzen *ars bene vivendi* bildet, auf die die übrigen Abschnitte hingeordnet sind. Der Beginn des 13. Kapitels bestätigt dies: *Occurrit et aliud omnium predictorum conclusivum ad bene moriendi dispositivum videlicet fervens desiderium divine fruitionis, quo mens devota ex precedentibus incalescens languet igne divini amoris impaciens dilacionis ad videndum faciem sui creatoris* ...[96]. Mit der die mystische Sprache bestimmenden Verwendung des Hohenliedes wird das mystische *osculum* als vollendete Todesvorbereitung bezeichnet: *O quam felix hec mens, que tantis odoribus ungentorum*[97] *inebriata quasi iugi convivio suavissimo pascitur, aspirans semper ad amplexum sponsi, osculum iam in via petens et aliquando iocundissime accipiens quasi in amplexum venuste Rachelis supra se rapta in carne vivendo carnis passiones ignorat ... Et quis non videat, quod talis ad artem bene moriendi se disponit*[98]?

Wenn der Kartäuser als Voraussetzungen des *fervens desiderium* das *purum cor* und die *affectuosa rememoratio proprie vilitatis* sowie die *dulces meditationes* nennt, so sind darin die drei Stufen der ‚mystischen Theologie' wiederzuerkennen, die er in seinem Traktat De mystica theologia behandelt hat. Jakob verknüpft die Tradition dieser Literatur mit der Ars moriendi, ohne freilich die drei Stufen zum Gliederungsprinzip auch der Ars zu erheben. Den breitesten Raum seiner Darstellung nimmt nicht das Ziel, sondern die Erörterung der asketischen Voraussetzungen ein. Kehren wir also zum Beginn der Schrift zurück.

Bevor mit dem 2. Kapitel die Darlegung der verschiedenen Elemente beginnt, die die ‚Kunst des heilsamen Lebens' ausmachen, deduziert der Kartäuser aus einem Satz des Aristoteles (genau genommen aus der Kommen-

---

[94] Dresden, LB Cod. P. 42 fol. 62 r.
[95] Ebd.
[96] Ebd. fol. 69 r.
[97] Bezogen auf das vorher zitierte Cant. cant. 1, 3.
[98] Dresden, LB Cod. 42 fol. 69 v.

tierung dieses Satzes durch Thomas von Aquin) über die Finalität des Handelns, daß grundsätzlich jedwede menschliche Handlung auf den *finis vite, qui morte apprehenditur*, ausgerichtet sein müsse[99]. Mit dem gleichen Zitat leitet Seuse von der *ars bene moriendi* zur *doctrina bene vivendi* über, jedoch mit dem Unterschied, daß sein Schüler der *Sapientia* den *sapiens huius mundi* nicht nur nicht beim Namen nennt, sondern ihn gar nicht erst ernsthaft in das Gespräch einbezieht: *Meminisse me in diebus vanitatis meae, quibus frustra laboravi sub sole, legisse* ...[100]. Für den Kartäuser ist eine Deduktion *secundum Aristotelem VII° Ethicorum* durchaus tragender Bestandteil einer gültigen Beweisführung[101].

Die Kapitel 2 und 3 werden zu Beginn des 4. rückschauend als *impedimenta removencia ad parandum iter ei qui apprehendere cupit artem bene moriendi*[102] zusammengefaßt; es sind die *peccata*, von denen die *confessio* reinigt (Kap. 2), und die *curarum implicatio*, die durch stete Gelegenheit zur Sünde die Wirkung der *confessio* paralysiert (Kap. 3). Dem letzteren Thema gilt die besondere Aufmerksamkeit des Autors. Das *De abiectione cuiuslibet dignitatis* überschriebene Kapitel[103] hat den sechsfachen Umfang des vorangehenden und ist das längste der ganzen Schrift. Da die Tilgung der Schuld allein nicht genüge, so führt der Verfasser aus, sondern auch die tiefer liegende Ursache, der *habitus acquisitus ... corruptus*[104], geändert werden müsse, komme es unbedingt darauf an, künftighin jede Gelegenheit zur Sünde zu meiden. Und nahezu unvermeidlich sündigt nach dem Kartäuser jeder Inhaber eines Amtes, das ihn über andere erhebt: *Est ergo inter alia non minimum inoffenso pede vix aut nunquam sinens incedere sine macula altus status in quacunque preeminencia aut presidencie pastoralis aut dignitatis consularis aut prefulgencie principalis seu eciam excellencie magistralis et universaliter cuiuscunque celsitudinis supra ceteros. Hec enim iter rectum incedere cupientem sepius obliquare faciunt et nunquam aut raro innocentem vitam secum compaciuntur*[105]. Die Konsequenz ist klar: wer sich auf einen guten Tod vorbereiten will, muß — *meo consilio quantumcunque salva obediencia potest*[106] — von jeder weltlichen und geistlichen Würde zurücktreten oder sich davor bewahren oder zumindest nach Kräften sich wehren und die Bürde sobald wie möglich wieder von sich werfen. Als Vorbild und Beweis für die Richtigkeit dieser Forderung

---

[99] *Sicut se habent principia in speculabilibus, sic se habent fines in agibilibus.* Vgl. Thomas von Aquin, Ethikkommentar zu Nr. 1170 u. Nr. 1102 des Aristoteles; Marietti-Ausgabe Nr. 1431 S. 383. Diese Stelle verwendet Jakob häufiger, z. B. De triplici genere hominum, Wolfenbüttel, Cod. 309 Helmst. fol. 65 r.
[100] Seuse, Horologium S. 199.
[101] Vgl. unten S. 219 u. ö.
[102] Dresden, LB Cod. P. 42 fol. 64 r.
[103] Ebd. fol. 62 v.
[104] Ebd.
[105] Ebd.
[106] Ebd. fol. 63 r.

dient das Widerstreben der Gregor, Augustinus und Ambrosius bei der Übernahme und der Ausübung ihrer Ämter ebenso wie die Resignation des Bischofs Valerius von Hippo zugunsten Augustins und dessen Rücktritt zugunsten seines Nachfolgers Heraclius. Der Kartäuser häuft die Beispiele [107]. Und er geht noch zwei Schritte weiter: *Et non solum dico hec retinacula presidencium fore vitanda cuilibet artem bene moriendi scire cupienti, sed et* quelibet mentis sollicitudo et inquietudo *circa quacunque extraordinaria negocia preterquam spiritualia mentem humanam retrahentia* ... [108]; schon der Umgang mit Hochgestellten sei gefährlich: *Nec dico omnem seculi altitudinem aspernandam ... quo ad esse, id est ut sit unus de eis, sed eciam* quo ad adesse et coesse, *ut eciam corpore et conversacione sit a talium consorcio et familiaritate separatus. Iudico enim vix aut raro fieri posse, ut consorcia sublimium personarum aut quorumcunque negociorum perplexorum admixtio innocentiam vite valeant conservare* [109].

Nur dem, der sich so radikal zurückzieht, ist es möglich: *sibi ipsi vacare.* An dieser Stelle zitiert er Paulus (1 Tim. 3, 1) als fiktiven Einwand: *Qui episcopatum desiderat, bonum opus desiderat;* denn der Eifer für die Seelen *(zelus animarum)* sei die Gott wohlgefälligste Gabe. Die Antwort auf diesen Einwand ist schroff im Gegensazt etwa zu Gersons ausgewogener Behandlung dieses Themas [110]: Es sei Selbstüberhebung, führt Jakob aus, und vertrage sich nicht mit wahrer Demut, wenn jemand statt für seine eigene Seele zu sorgen sich über den Gewinn fremder Seelen Täuschungen hingebe. Zum Beweis: Moses konnte als Führer sich nicht ohne Schuld bewahren, Saul *ante presidatum optimus, occasione presidencie reprobus ...,* der Priester Heli wurde mit seinen Söhnen verdammt *ex occasione sue sacerdotalis dignitatis* [111]. Zur Zeit der Väter sei es noch um die Verteidigung und Aus-

---

[107] Die Formulierungen sind z. T. wörtlich übernommen aus Jakobs früher verfaßtem Werk De temptatione et consolatione religiosorum, so z. B. der Hinweis auf *Petrus Damiani, qui fuit religiosus et Carthusiensis et ordinis sui primicerius;* vgl. De temptatione in Karlsruhe, LB Cod. K. 381 fol. 100 v u. fol. 101 r mit der Ars moriendi in Dresden, LB Cod. P. 42 fol. 63 rv.

[108] Dresden, LB Cod. P. 42 fol. 63 r.

[109] Ebd.

[110] GERSON, De desiderio et fuga episcopatus (Gerson, Oeuvres complètes 3 S. 326—333), z. B. S. 332: *Potest igitur Deo inspirante et agente primatus appeti. Et nedum potest sed aliquando debet tam appeti quam suscipi...* Dieser Satz wäre in Jakobs Ars moriendi nicht denkbar.

[111] Dresden, LB Cod. P. 42 fol. 63 v. — Die Regula S. Benedicti erinnert warnend an Heli (2 Reg. 2—4) im Kap. 2 über die Eigenschaften des Abtes, auch Prov. 23, 14 wird dort ebenso verwendet wie in Jakobs Warnung vor dem Amt. Die von Jakob getroffene Auswahl der Schriftzitate ist möglicherweise beeinflußt von der Regula. Wenn dem so ist, käme Jakobs Tendenz um so deutlicher zum Vorschein: statt wie die Regula zu rechter Amtsführung aufzufordern, würde Jakob mit denselben Zitaten vor der Übernahme eines Amtes überhaupt warnen.

breitung der Lehre gegangen, so daß ein Amt gerechtfertigt war, zu seiner Zeit gehe es aber in der Regel nur um weltlichen Besitz. Das Fazit: *Consulendum igitur videtur omnibus artem bene moriendi diligentibus, ut sue saluti proprie invigilare studeant abicientes quascunque dolosas de salute aliorum suggestiones*[112]. Die *Cautela finalis* rührt das Problem noch einmal an und macht nur für die *viri heroici* eine Ausnahme — sofern es sie *modernis temporibus* überhaupt noch gebe. Im Handexemplar Jakobs des Kartäusers finden sich zu diesen Ausführungen des 3. Kapitels und der *Cautela* eigenhändig nachgetragene Randbemerkungen; sie sind die erste Reaktion auf den heftigen Widerspruch, den gerade diese seine Äußerungen geerntet haben, und müssen darum später, im Zusammenhang der Kontroverse, noch zur Sprache kommen.

Zum Schluß empfiehlt der Kartäuser, die von Jugend an begangenen Sünden nach dem Vorbild der Confessiones Augustins zum Zweck einer detaillierten Generalbeichte schriftlich zu notieren. Damit sind die *impedimenta removencia*, die negativen Voraussetzungen für die Erlernung der *ars bene moriendi*, abgeschlossen. Die folgenden Kapitel sollen nun direkt zum *appetitus bene moriendi*[113] hinleiten. Die Mittel, die zum Ziel führen, welches das 13. Kapitel beschreibt, sind diese: *asperitas et vilitas* (Kap. 4—6), *meditacio terribilium* (Kap. 7), *elemosinarum largitio* (Kap. 8), *indulgentiarum participatio* (Kap. 9), *ingressus religionis* (Kap. 10), *gracia lacrimarum* (Kap. 11), *perpessio iniuriarum* (Kap. 12) und *missarum celebratio* (Kap. 14).

Die *asperitas* und *vilitas* beinhalten das asketische Programm der Todesvorbereitung, das Selbstgericht, das dem Gottesgericht zuvorkomme[114]. Jedermann wisse, was gemeint sei: *Refrenatio sensuum ab illicitis; corporis castigatio a deliciis et voluptatibus nedum superfluis sed et quandocunque necessariis; affliccio ieiuniorum; duricia stratorum; continuacio discreta vigiliarum; a cibis et potibus cupitis refrenacio; a colloquiis non solum superfluis et iocosis, sed ab omnibus quandoque a bonis ... retractacio; lacrimarum fluminibus redundare; compunctioni cordis insistere; lectionibus, orationibus, meditationibus curam attentam intendere ... omnium curiosiarum, preciosarum, mollium, blandiencium et delicatarum in vestibus, rebus, famulis, suppellectibus, vasis locisque omnimoda alienatio ...*

---

[112] Dresden, LB Cod. P. 42 fol. 64 r. — Im Apologeticus religiosorum von 1456 verteidigt Jakob das beschauliche Mönchtum mit dem gleichen Argument, die Ausbreitung des Glaubens sei nicht mehr erforderlich wie sie es zu Zeiten der Apostel gewesen sei: *nunc vero nostris etatibus in quas fines seculorum devenerunt, talis non urget necessitas fide christiana ubique coruscante;* Wolfenbüttel, Cod. 309 Helmst. fol. 305 rv.

[113] Dresden, LB Cod. P. 42 fol. 64 r.

[114] Dieser Gedanke, der traditionellerweise mit 1 Cor. 11, 31 untermauert wird, in den Moralia Gregors, s. SCHWARZ, Vorgeschichte S. 63 ff.

ab aspectu, eciam a memoria ...[115]. Daß später noch die *solitudinis inhabitatio*[116] hinzugefügt wird, ist nur folgerichtig; denn der Autor orientiert sich ausdrücklich an der *vita anachoritarum et solitarium,* den bedeutendsten *perfecti viri* seit der Urkirche[117]. Er ist sich dessen bewußt, daß er ein elitäres Programm entwickelt; aber da der hohe Gewinn des *bene mori* einen hohen Preis erfordere, sieht er sich nicht in der Lage, Abstriche vorzunehmen; auch sieht er dazu gar keinen Anlaß: Es dürfe nicht beunruhigen, daß die *ars bene moriendi* nur wenige Schüler habe — die nachfolgende Begründung entnimmt er wieder der Ethik des Aristoteles —, da viele ihren Leidenschaften folgten und darum unbelehrbar seien. Im Tode würden sie einsehen, daß es nützlicher gewesen wäre, Schüler in der *scola bene moriendi* gewesen zu sein — *quam in scolis iuristarum aut artistarum, que tunc nichil prosunt eis*[118].

Ausführlich werden dann die Einwände unter Verwendung seiner früheren Schrift De temptatione et consolatione religiosorum zurückgewiesen, solch harte Askese verkürze das Leben (Kap. 5) und habe als bloße *corporalis exercitatio* mit der *pietas* nichts zu tun (Kap. 6). Der erste bedeutet dem Kartäuser nur einen kleingläubigen Vorwand, mit Gottvertrauen werde man das *quoddam genus martirii*[119] durchstehen; dem zweiten Einwand hält er die Kasteiungen des Apostels Paulus und seines Schülers Timotheus entgegen[120]; eine nur spirituelle Frömmigkeit lehnt er grundsätzlich ab[121].

An die Forderung nach wahrer Buße und ernsthafter Askese wird in den übrigen Kapiteln des ersten Teils mehrfach erinnert; die sind das Fundament der ganzen *ars bene vivendi.* So ist das Almosengeben (Kap. 8), das ohnehin nicht dem Testamentsvollstrecker überlassen werden, sondern schon zu Lebzeiten geschehen soll, nur dann wohlgefällig, wenn man zuvor sein eigenes Leben bessert; das beste Almosen überhaupt ist die Person des Gebers selbst *nudus cum nudo, pauper cum paupere Christo se conformans ... et hec facit iste, qui seipsum deo et sua offert omnibus renunccians*[122]. Der Druck von 1495 fügt, vielleicht eine Marginalie seiner Vorlage aufnehmend,

---

[115] Dresden, LB Cod. P. 42 fol. 64 v.
[116] Ebd. fol. 66 r.   [117] Ebd. fol. 64 v.
[118] Ebd. fol. 65 r.   [119] Ebd. fol. 65 v.
[120] Die Timotheus betreffende Beweisführung ist ein wenig mühsam und gewunden. Jakob knüpft an 1 Tim. 5, 23 an. Da ihm an dem *sibi ipsi vacare* alles liegt, interessiert nur die eine Seite des Falles, daß nämlich Timotheus durch harte Askese — so deutet Jakob die *infirmitates* des Timotheus — *ab impugnatione carnali* gereinigt worden sei; daß Timotheus die Askese *propter commune bonum fidelium* aufgeben sollte, läßt Jakob hingegen unerwähnt; s. Dresden, LB Cod. P. 42 fol. 66 r.
[121] Ebd. fol. 66 v: *Errat autem, qui aliam semitam investigare velit ad vite perfectionem; non enim prius quod spirituale, sed quod animale, deinde quod spirituale.*
[122] Ebd. fol. 67 r; zum Mönchsstand als ‚Almosen' s. SCHWARZ, Vorgeschichte S. 161.

zur Verdeutlichung hinzu: und dies sind die Mönche — jedoch nur die Observanten[123]. Diese Bemerkung gibt die Intentionen des Autors richtig wieder. Denn das 10. Kapitel empfiehlt den Eintritt in einen reformierten, approbierten Orden: *Ibi enim que predicta sunt de vilitate et asperitate vite, copiosius possunt expediri*[124]. Auch dieses Mittel für einen guten Tod sei nur einer kleinen Zahl zugänglich: *quia durum, diuturnum et laboriosum*[125]. Es sei schwer, aber das sicherste; denn der Eintritt in einen Orden ist — und nun folgen wesentliche Elemente des Selbstverständnisses des spätmittelalterlichen Mönchtums[126] — gleich einer zweiten Taufe wegen der totalen Absage an die Welt; wie die Taufe ist der Ordensstand zugleich eine *configuratio passionis et mortis Christi* wegen der *voluntaria mortificatio veteris vite;* und wie die *configuratio passionis* ist er ein *genus martirii*, denn der Mensch verurteilt sich selbst zum Kerker *amore amoris Christi*. So übertrifft er jede andere Bußleistung und müßte eigentlich in der Lage sein, mit seinen guten Werken zum *thesaurus ecclesie* beizutragen anstatt ihn durch Gewinnung von Ablässen in Anspruch zu nehmen — doch *nostris temporibus*, wie der Kartäuser meist zeitkritische Klagen einleitet, bedürften die Mönche vielleicht mehr als viele Weltleute der Ablässe[127], der leichtesten Art, Genugtuung zu leisten (Kap. 9). Aber auch hierfür sind *penitentia* und *confessio* die Voraussetzung[128]. Nur extreme Askese bis an die Grenze der Kräfte, *quantum fragilitas admittit duriter tractando*, gleich dem langen Marsch durch die Wüste ins gelobte Land, den wieder nur die Wenigen gehen[129], kann mit der Gabe der Tränen belohnt werden (Kap. 11). Das *desiderium piarum lacrimarum* führt am nächsten an das *desiderium divinae fruitionis* heran — auch sprachlich steht dieses Kapitel dem 13. am nächsten —, beides enthält das *pium desiderium bene moriendi* stets schon in sich[130].

Der Gedanke der *configuratio passionis Christi* und seiner asketischen Verwirklichung verbindet den Abschnitt *Perpessio iniuriarum* (Kap. 12)[131] mit dem *De missarum celebrationibus* (Kap. 14) enger als es zunächst scheinen könnte. Denn der Kartäuser legt den besonderen Akzent auf die Wirkung des Sakramentes ex opere operantis: *Hec hostia ... prerequirit magis*

---

[123] Hain *9340 fol. [BBb v] r: *Et tales sunt omnes religiosi suum ordinem stricte servantes et exequentes et nullo violantes.*

[124] Dresden, LB Cod. P. 42 fol. 68 r.   [125] Ebd. fol. 67 v.

[126] Es fußt wesentlich auf Bernhard von Clairvaux; Belege und Lit. s. bei SCHWARZ, Vorgeschichte S. 99; ähnlich wie die Ausführungen Jakobs sind die des Johannes von Paltz OESA, ebd. S. 160 f.

[127] Dresden, LB Cod. P. 42 fol. 67 v — 68 r. Vgl. Jakobs Quaestio de indulgentiis, abgedruckt bei WALCH, Monimenta 2, 2 S. 163 ff.

[128] Dresden, LB Cod. P. 42 fol. 67 r.

[129] Ebd. fol. 68 v.   [130] Ebd.

[131] *et hec* (sc. *perpessio iniuriarum*) *propter configurationem dominice passionis;* ebd.

sanctitatem quam eam inducit[132]. Darum müssen die Priester durch die schon so oft genannte *carnis mortificatio, morum emendatio* etc. sich disponieren: *studentque se passioni Christi configurare*[133]. Als der Autor schließlich Gefahr läuft, seine Ausführungen zu einer eigenen Abhandlung über die *hostie digna susceptio* auszudehnen, ruft er sich selber zurück[134].

Damit ist die *ars bene vivendi* abgeschlossen. Der zweite Teil behandelt das Sterben und das besondere Gericht, also die *ars bene moriendi* im engeren Sinne. Doch dient auch ihre Darstellung gleichzeitig dem *bene vivere*, zu dem die täglich zu übende *vivax, continua et ymaginaria impressio terribilium futurorum*[135] hinzugehört (Kap. 7).

Die Gliederung des zweiten Teils ergibt sich aus dem Thema: *Considero igitur quattuor specialiter occursura morituris, tria ante anime egressum et quartum mox post anime egressum*[136]. Es sind nicht die traditionellen *IV novissima*[137], sondern 1. *gravissima corporis molestia* (Kap. 16)[138], 2. *trepida accusatio proprie conscientie* (Kap. 17)[139], 3. *malignorum spirituum occursus* (Kap. 18)[140] und 4. *terribilissima presentacio ante tribunal* (Kap. 20)[141]; dem letzteren Kapitel ist ein *rectus ordo procedendi et egrediendi ab hac vita*[142] vorgeordnet: *De octo punctis Christi per moriturum imitandis* (Kap. 19). Im Unterschied zum Speculum, das in Auswahl und Gliederung des Stoffes teilweise von der Anweisung Gersons abhängig ist und wie diese auch Fragen und Gebete enthält, die von den Umstehenden zu sprechen sind, fährt der Kartäuser im Stile der Erörterung *(disserere, philosophari, docere in speculatione)*[143] des ersten Teils fort und ordnet seine Darlegungen ausschließlich nach den Widerfahrnissen des *moriturus* bis hin zum Gericht nach dem Tode, denen die entsprechenden *remedia* und Vorschriften jeweils verbunden werden.

Die *remedia* gegen die *gravissima corporis molestia* sind geistiger Art: die *medicina spiritualis* der Sakramente und die tröstliche Gewißheit, daß die Schmerzen als ein *genus martirii* und Fegfeuer die nachfolgenden Strafen mildern[144]. In formal anderem Zusammenhang kommen diese Gedan-

---

[132] Ebd. fol. 69 v.
[133] Ebd. fol. 70 r.
[134] Ebd.
[135] Ebd. fol. 66 v.
[136] Ebd. fol. 70 v.
[137] Dionysius der Kartäuser entwickelt im Rahmen seiner Schrift De quattuor novissimis (sc. *mors, iudicium, damnatio infernalis, beatitudo caelestis*) unter Verwendung des Speculum eine ars moriendi, s. Dionysius Cart., Opera 41 S. 493 ff. — Vgl. unten S. 270.
[138] Dresden, LB Cod. P. 42 fol. 70 v, Kap. *De remediis morientis*.
[139] Ebd. fol. 71 v, Kap. *Timor conscientie accusantis*.
[140] Ebd. fol. 72 r, Kap. *De temptacionibus demonum*.
[141] Ebd. fol. 74 r, Kap. *De presentacione ante tribunal Christi*.
[142] Ebd. fol. 74 v, Kap. 19 fol. 73 v sqq.
[143] Ebd. fol. 62 r: *disserere*; fol. 70 v: *philosophari*; fol. 76 v: *docere in speculatione*.
[144] Ebd. fol. 71 rv.

ken auch bei Gerson und im Speculum vor[145]. Ungewöhnlich ist aber die breit ausgeführte philosophische Beschreibung der natürlichen Ursachen der Todesschmerzen — *secundum philosophum separatio forme a materia est eius corruptio*[146] — und der eingeschränkten Fähigkeit zur *devotio*.

Um der Gewissensangst entgegenzuwirken, empfiehlt der Autor, den *oculus considerationis*[147] zu schließen, d. h. sich nicht weiter zu erforschen — jetzt sei das vorher angefertigte schriftliche Sündenbekenntnis von Nutzen, von dem im 3. Kapitel die Rede war —, der Sterbende soll sich vielmehr *dominice passioni in confidentia magna*[148] überlassen, da die Verdienste des Menschen niemals seine Sünden aufwiegen könnten. H. Appel[149] hat in seiner auf Luther hinzielenden Untersuchung über den Sterbetrost Jakobs Berufung auf Rom. 4, 1 ff. besonders vermerkt; diese lautet: *Et Abraham non ex operibus, sed ex fide iustificatus est*[150]. In der Tat spielt bei der Behandlung des Sterbens das Ungenügen aller Bußanstrengungen eine größere Rolle als bei der Darstellung der *ars bene vivendi*[151], denn das *tempus merendi*[152], die Zeit, geistliche Verdienste zu erwerben, sei mit dem Tode vorbei; der Kartäuser geht jedoch mit der Anspielung auf den Römerbrief keinen Schritt über die Tradition der Sterbebücher hinaus, auch wenn diese den gleichen Gedanken ohne Zitierung des Römerbriefs zum Ausdruck bringen[153]. Vollständiger als im Zusammenhang der Gewissensangst formuliert er seine Anschauung über die Bedeutung des Büßens und der Barmherzigkeit Gottes im 15. Kapitel, der Vorbemerkung zum zweiten Teil der Schrift, in dem die Verbindung des *bene vivere* mit dem *bene mori* hergestellt wird: *Et vix adhuc legatione hac premissa* (sc. die *legatio penitentie*, das Leben in Buße) *nisi misericordia et pietate iudicis interveniente veniam et pacem potest sperare ... Et si misericordiam vix sperare potest in die mortis sue, qui legatione premissa premisit ea que per propheam*

---

[145] Vgl. die *observationes* und *exhortationes* in Gersons Ars moriendi, Opusculum, Alphabetum XXXII G u. H.
[146] Dresden, LB Cod. P. 42 fol. 71 r.
[147] Ebd.   [148] Ebd. fol. 72 r.
[149] Appel, Anfechtung und Trost S. 89 f.
[150] Dresden, LB Cod. P. 42 fol. 72 r.
[151] In der *secunda pars* wird die Barmherzigkeit Gottes stärker betont, so z. B. Kap. 16, fol. 71 v.: ... *omnia fiant ex amore, non ut iustus iudex non puniat, sed ut piissimus pater offensam remittat;* Kap. 17 die von Appel herangezogene Stelle; Kap. 18, fol. 73 v: *quia maior est dei pietas quam omnis nostra iniquitas* (dieser Satz wird auch im Speculum fol. a iiii r unter Berufung auf Bernhard von Clairvaux verwendet); Kap. 19, fol. 74 v: *et hoc sub nomine patris piissimi, non iusti iudicis secundum merita iudicantis;* zu Kap. 20 s. unten S. 197 f.
[152] Dresden, LB Cod. P. 42 fol. 70 v.
[153] Vgl. die sog. große Ermahnung am Schluß der Anselmschen Fragen, Appel, Anfechtung und Trost S. 69 ff.; Gerson, Ars moriendi: *tertia particula (Orationes)*, Opusculum, Alphabetum XXXII H; Speculum fol. b i v.

dicta sunt (sc. Ps. 23, 4 ff.) *et eciam ea que presens stilus premisit* (sc. die *ars bene vivendi*), *quid poterit alter sperare, qui nihil horum premisit, salvis semper omnibus divinis iudiciis et misericordia, quam secundum liberalitatis sue arbitrium potest cui vult impendere, eciam nullis precedentibus meritis, que utique humano iudicio est obnoxia*[154]. Mit anderen Worten: da er dem göttlichen Urteil nicht vorgreifen darf, muß er die *legatio penitentie* ‚vorausschicken'; von der *ars bene vivendi* werden keine Abstriche gemacht.

Der Abschnitt *De temptacionibus demonum* ist nicht nach dem Vorbild des Speculum aufgebaut, obgleich dieses dem Autor bei der Abfassung des zweiten Teils seiner Schrift vorgelegen haben muß[155]. Statt die einzelnen Versuchungen abzuhandeln, beweist der Kartäuser zunächst, analog der philosophischen Erklärung der Todesschmerzen, in theologischer Diskussion die Anwesenheit des Teufels sowie des *bonus angelus* beim Sterben mit Argumenten aus der Schrift, den Kirchenvätern und den Heiligenviten[156]. Gegen die Anfechtungen helfe die *oratio propria et aliorum circumstantium expresse emissa*[157]; wie schon im Speculum[158] wird auf den klösterlichen Brauch verwiesen, nach dem sich alle Mönche am Bett des Sterbenden versammeln, um das Glaubensbekenntnis und die Passion Christi vorzusprechen, deren *imitatio* die letzte Stunde ausfüllen soll. Doch diese *imitatio* gelinge wieder nur den Wenigen, die sich ihr ganzes Leben darauf vorbereitet hätten *per vite innocentiam, per mundi contemptum, per amorem celestis conversationis*[159]. Neben dem schriftlichen Sündenbekenntnis empfiehlt der Kartäuser eine weitere schriftliche Absicherung, ein vor Zeugen oder einem öffentlichen Notar niedergelegtes Glaubensprotokoll *prout in protestacionibus actuum theologicorum in scolis fieri consuetum est;* dieses soll den Zusatz enthalten, jeder Widerruf in der Bedrängnis der Todesstunde sei ungültig[160].

Die eindringliche Schilderung der *terribilissima presentacio ante tribunal, illud omnibus eciam sanctis terribilissimum et tremendum*[161], die das letzte

---

[154] Dresden, LB Cod. P. 42 fol. 70 v.

[155] Vgl. ebd. fol. 72 r über die Versuchung der Mönche zur *superbia spiritualis* (Kap. 17) mit der *quarta temptacio* des Speculum fol. a [v] rv.

[156] Dabei wird z. B. die Meinung Innozenz' III., der freilich ungenannt bleibt, zurückgewiesen, daß jeder vor dem Sterben den am Kreuz hängenden Christus schaue (s. Migne PL 217 Sp. 736), Dresden, LB Cod. P. 42 fol. 72 v.

[157] Ebd. fol. 73 v.

[158] Speculum fol. b iii v.

[159] Dresden, LB Cod. P. 42 fol. 74 v.

[160] Ebd. fol. 73 v. TENENTI, La vie et la mort S. 66 Anm. 46 führt ein Beispiel aus einem Testament aus der 2. Hälfte des 15. Jh.s an, worin ein solches Glaubensprotokoll vorkommt; vgl. auch TENENTI, Il senso della morte S. 111 f.

[161] Dresden, LB Cod. P. 42 fol. 74 v.

Kapitel vor der *Cautela finalis* füllt, verbindet noch einmal das *bene vivere* mit dem *bene mori*. Nun soll die Notwendigkeit ihrer Verknüpfung, die in der Einleitung *secundum philosophum* und in der Vorbemerkung zum zweiten Teil *secundum maiestatem evangelicam* bewiesen wurde, vom vorweggenommenen Ende her, gleichsam a posteriori evident werden. In futurischen Sätzen, eingeleitet mit einem immer wiederkehrenden *tunc — tunc valebit, tunc deridebunt, tunc gaudebunt* etc. — erinnert der Autor an die *ars bene vivendi*, an die schädlichen *dignitates* und die grundlegenden *asperitas et vilitas: Tunc apparebit, quid profuerunt devotis asperitas et vilitas ceteraque de quibus pretactum est, que modo multis dura et horrenda videntur, tunc erunt omni desiderio amplectenda*[162]. Denn da „Härteres" drohe, sei es besser, hier ein „hartes" Leben zu führen. Der Autor setzt sich mit einem Einwand auseinander: ‚*Forte non est salus nisi in tante vite artitudine et asperitate? Nonne servare mandata dei sufficit vitam ingredi volentibus Christo teste que utique sine eciam hac asperitate servari possunt*[163]?' Dieser Einwand komme freilich aus dem Munde der *ambiciosi, avari et voluptuosi, sciencia seculari inflati et in peccatis inveterati*[164], die ihn, den Schreiber, verlachen und schmähen und ihm zürnen. Seine Antwort lautet: Abgesehen davon, daß es nicht Wunder nehmen könne wenn die *simplex doctrina ex Christi fundamento procedens* verlacht werde wie Christus selber verlacht worden sei, genüge es allerdings, die Gebote zu halten — doch, so fragt er einschränkend mit einer biblischen Wendung: *quis est hic? et laudabimus eum* (Ecclus 31,9), um völlig verneinend fortzufahren: *cum nemo sit, qui dicere possit: Innocens sum et immunis a peccato ...;* zudem sei niemand sicher, für seine Sünden angemessene Buße getan zu haben. Somit scheint ihm trotz des Einwandes kein anderer Rat als der oben erteilte möglich, den nur die Wenigen, die ganz Wenigen, befolgen: *Consulendum ergo est, ut per viam ambulet, per quam pauci incedunt et tamen bonam, quia hec securior*[165]. Diesen Weg gegangen zu sein, ist zugleich das *remedium* gegen die Schrecken des Gerichtes: *... taliterque in presenti vita semper persistens ante illud tribunal cum copiosis mercibus, quantum creature licet, impavidus presentabitur fiduciam in domino firmans, qui suos confortans dixit: Nolite timere, pusillus grex ...*[166].

Mehrmals, einmal unter Berufung auf Hieronymus, erwähnt der Kartäuser auch jetzt das im 3. Kapitel ausführlich behandelte Problem der *dignitates*, die ein Hindernis auf dem Weg zum Heil seien; zu den *dignitates*

---

[162] Ebd. fol. 75 r. [163] Ebd. [164] Ebd.
[165] Ebd. fol. 75 r; gemeint ist die *angusta porta et arta via..., que ducit ad vitam et pauci sunt, qui inveniant* (Mt. 7,14). *Et si pauci sunt, qui eam inveniunt, profecto pauciores sunt, qui perambulant eam et paucissimi, qui perseverant in hac via.*
[166] Ebd. fol. 75 v.

zählt mit der *prelatura* jede geistliche Würde und mit dieser der *zelus animarum*. Wiederum wird der Vorrang der Selbstheiligung eingeschärft: *(quilibet) faciat misericordiam primo anime sue deo placere per omnia studens, deinde proximo suo*[167]. Die nachfolgende Erläuterung gilt nur dem ersten Punkt *(primo)*, der zweite entfällt; seine Erwähnung hat allein den Zweck, an dem Vorrang der Sorge für das eigene Heil keinen Zweifel aufkommen zu lassen. Daran ändert auch die Einschränkung zugunsten der *viri heroici*, welche die *Cautela finalis predictorum* (Kap. 21) enthält, kaum etwas, denn sie wird praktisch wieder zurückgenommen: *Per hoc* (sc. durch die Verpflichtung auf die *ars bene moriendi* als eine *scola tutissima*, einen *pedagogus durus et arduus, quidem ... securior) tamen non intendit stilus presens prescribere illis excellentibus viris eroycis, qui, ad instar olim iudicis Israel Ayoth, qui utraque manu utebatur pro dextra, Iudicum 3°*[168], *omnia que predicta sunt etsi non ad litteram, tamen ad sensum plenissime impleverunt. Augustinum, Ambrosium, Gregorium, Martinum, gloriosa mundi luminaria, et sic de ceteris loquor; qui etsi non turbas secularium corpore reliquerunt, tamen mente tota deo adheserunt, ligati in kathedris pontificalibus corpore, sed non corde, tota sollicitudine artem bene moriendi et in illis didicerunt ymmo et docuerunt. Quid enim extreme et principaliter queritur in hiis omnibus nisi innocentia vite, digni fructus penitentie et cum deo sollicite ambulare, unde prioribus non contenti et ipsis supererogaverunt. Et si quis forte modernis temporibus illis se equare vellet eciam per illorum viam se putans artem bene moriendi velle a(d)discere, videat caute ne se seducat; cum, ut verum dicam, paucos seu nullos in vita mea tales vidisse me recolo, quales illos lego fuisse. Michi igitur et michi similibus* (d. h. allen, die keine *viri heroici* sind) *iudico expedire ad salutem tamquam aviculis implumibus in nidulo quiescere et plumescere et in umbra diletescere, quia fateor me alas non habere, sub quibus pullos recolligere possem*[169]; *vix enim meam nuditatem recondere habeo et pallium minutum et breve utrunque cooperire non potest, ne de nidulo implumis evolando bestiis et avibus ad vorandum me tradam. Nam secundum Augustinum XIX de civitate dei:* ,*Ocium sanctum querit caritas veritatis, negocium*

---

[167] Ebd.

[168] Iud. 3, 15. Von dieser Schriftstelle leitet sich Gersons Begriff der *vita ambidextra* her, welche die *praelati deo amabiles* führen; diese Lebensform eignet nach Gerson *viris heroicis, praepollentibus et exercitatis in utraque vita, activa simul et contemplativa... Et quoniam hierarchicus et sublimis praelatorum Deo amabilium status exigit repletionem huiusmodi perfectissimam et optimam, debet enim, dicente Gregorio praelatus esse actione praecipuus et prae ceteris in contemplatione suspensus, ut sit ambidexter sicut Aioth;* Gerson, Sermo ,Spiritus Domini', Oeuvres complètes 5 S. 525; weitere Stellen dazu s. G. EPINEY-BURGARD, Gerard Grote (1340—1384) et les débuts de la Dévotion Moderne. 1970 S. 294.

[169] Vgl. Mt. 23, 37.

iustum suscipit necessitas caritatis, quam sarcinam si nullus imponat percipiende et intuende vacandum est veritati.'[170] *Quantum igitur est et esse debet de principali intencione hominis ex se, semper tendere debet ad dei et sui vacacionem nisi necessitas obediencie aut imponat sarcinam cure pastoralis aut iam impositam continuat*[171]. Der Kartäuser legt das Augustinus-Zitat, das auch in der späteren Diskussion eine wichtige Rolle spielt, einseitig zugunsten seiner Argumentation aus[172]. Denn er schränkt dessen Gültigkeit, ohne sie grundsätzlich anzuzweifeln, trotzdem praktisch ein, indem er, wie der Kontext deutlich macht, die Übernahme des *negocium iustum* ohne Vernachlässigung der *ars moriendi* als eine Möglichkeit allein der *viri heroici* ansieht, die er wiederum als historische Erscheinungen einer vergangenen, überlegenen Epoche[173] betrachtet, in seiner Gegenwart aber nirgends erkennen zu können glaubt. Die *Cautela* schließt mit einer Entschuldigung für den Mangel an Rhetorik und Kürze, sie geht in eine Polemik gegen den scholastischen Lehrbetrieb über, nimmt dann aber doch noch eine versöhnliche Wendung[174].

Um die Frage nach dem *genus vivendi*, das auf einen guten Tod vorbereitet, zu beantworten, was dem Kartäuser mit der Erweiterung der rezipierten Gattung aufgegeben war, hat er Elemente verschiedener literarischer Traditionen in die Ars moriendi eingeführt und sie für die Todesvorbereitung fruchtbar gemacht. Er selber hat die mystische Theologie, die Ablässe, die „Stände" der *activi, prelati* und *contemplativi*, die Mönchstheologie, wovon in seiner Ars die Rede ist, in gesonderten Schriften behandelt[175]. So

---

[170] Augustinus, De civitate Dei XIX, 19 (CorpusChrist 48) S. 687.

[171] Dresden, LB Cod. P. 42 fol. 76 r.

[172] S. unten S. 221. Thomas von Aquin verwendet diese Stelle mehrfach, aber nie im Sinne Jakobs; S. th. 2,2 q. 185 a. 2 resp. u. ad 1 beweist aus dem Kontext des Augustinus-Zitats, daß ein aufgetragenes Bischofsamt nicht abgelehnt werden dürfe; so auch ebd. a. 1 ad 3.; in q. 182 a. 1 ad 3 beweist Thomas mit eben dem Zitat: *quod cum aliquis a contemplativa vita ad activam vocatur, non hoc fit per modum subtractionis, sed per modum additionis.* Vgl. H. U. VON BALTHASAR, Aktion und Kontemplation. Kommentar zu Thomas von Aquin, S. th. 2, 2 q. 179—182 (DtThomasAusg 23) 1954.

[173] Dresden, LB Cod. P. 42 fol. 73v : die Väterzeit sei *in vita et doctrina* überlegen, *neque enim nostra ingenia obscuritatibus resperso equari possunt claritati ingeniorum precedentium doctorum, quorum vita et doctrina sicut claritas solis excellit omnem modernorum temporum intelligentiam.*

[174] Ebd. fol. 76 v: *Si qui tamen reperientur in illis* (sc. scolis) *servire recta intencione ad tempus vel necessitate cogente aut utilitate communi suadente, pedem tamen non fingentes in ipsis, sed retrahentes et aliquando huic arti se applicantes, noverint se a fructu artis huius non esse alienos.*

[175] De actionibus humanis et de mystica theologia (MEIER Nr. 18 u. Nr. 86); De indulgentiis (MEIER Nr. 3, als 13. Quaestio des Liber quaestionum); der Traktat De triplici genere hominum praelatorum, activorum et contemplativorum (MEIER Nr. 43) trägt weniger einen monastischen Akzent, wenn darin gesagt wird, alle drei *genera* seien *utile et necessarium in ecclesia, sine quo minime ecclesia suam consequi posset perfectionem*

enthält seine Ars im Unterschied zu Seuses *doctrina bene vivendi* Anweisungen, die nicht ausschließlich oder in erster Linie den Mönchen gelten wie z. B. die *confessio, elemosinarum largitio;* der *ingressus religionis* füllt nur ein Kapitel unter anderen. Dennoch tendiert die ganze *ars bene vivendi* zum monastisch-kontemplativen Leben, wie der innere Zusammenhang der formal nur additiv, meist mit einem *aliud occurrit* aneinandergereihten Kapitel unübersehbar zu erkennen gibt. Die einzelnen Elemente des *bene vivere* sind Teile der Bewegung, die — nach der *abiectio curarum secularium* — von der Basis der *asperitas et vilitas* zum Ziel des *desiderium devine fruitionis* führt. Nur fern der „Welt" ist nach dem Kartäuser die notwendige Bewahrung vor der Sünde möglich, im Kloster kann die am Leben der Anachoreten abgelesene Forderung der *asperitas et vilitas* ‚copiosius' erfüllt werden, und ihre volle Verwirklichung ist die Voraussetzung für das *osculum iam in via*. Es ist die gleiche Bewegung wie sie die ausdrücklich an den Vitae Patrum und Cassians Collationes Patrum orientierte *doctrina bene vivendi* fordert, mit welcher das Horologium sapientiae jene durch Johannes von Kastl und dem Verfasser des Speculum übernommene grundsätzliche Forderung nach dem *bene vivere* expliziert[176].

Ist die Ars moriendi trotz dieser monastischen Grundtendenz außerhalb der Klöster rezipiert worden? Von Laien kaum, zumal sie nicht ins Deutsche übersetzt worden ist. Nur was aus ihr über die textverarbeitende Rezeption in die Werke Tzewers' und Geilers von Kaysersberg eingegangen ist, ist deutschsprachig verbreitet worden.

Eine Handschrift, welche die Ars moriendi enthält, um die Mitte des 15. Jahrhunderts in Erfurt geschrieben, erwarb der dort 1484 immatrikulierte Johannes Lonigk (Loninges) — vielleicht ein Laie — dessen Bruder Kurt, ein Bürger aus Northeim, sie später, 1517, dem Northeimer reformierten Benediktinerkloster St. Blasien schenkte[177]. Eine andere Handschrift entstand schon 1456 in Schlettstadt, sie wurde von einem Schüler Ludwig Dringenbergs angelegt, der, nach dem Inhalt zu urteilen, entweder selbst Kleriker war oder die Handschrift für einen Kleriker schrieb[178]. Der vom Scholaren Johannes Klar in „Ebbek" (Einbeck?) 1473 geschriebene Codex wurde, wie beigefügte Verse erkennen lassen, in einem Kloster benutzt[179]. Außer Tzewers und Geiler, den beiden Autoren, sind acht Weltkleriker als Besitzer sicher auszumachen, von denen einer freilich in das

---

(Wolfenbüttel, Cod. 309 Helmst. fol. 65 v); über das Verhältnis dieser Schrift zur Ars moriendi s. unten S. 219 f.
[176] SEUSE, Horologium S. 200 f.: *Debes te ipsum abstrahere a societatibus ...*, s. oben Anm. 91.
[177] Wolfenbüttel, Cod. 152 Helmst.; HERBST, Handschriften S. 370 ff.
[178] Schlettstadt, StB Cod. 57; s. oben Anm. 50 u. unten Anm. 295.
[179] Göttingen, UB Cod. theol. 134; Verse fol. 8 r, Schreibereintrag fol. 273 r.

windesheimisch reformierte Stift Rebdorf eintrat[180]. Die übrigen Handschriften, deren Provenienz noch festzustellen war, stammen aus den Bibliotheken von Mönchsklöstern — Kartäuser und reformierte Benediktiner bilden die größte Gruppe —, Chorherrenstiftern oder Fraterhäusern: aus den Kartausen Nürnberg[181], Buxheim[182], Köln[183], Mainz[184], Trier[185], Schnals[186] und Danzig[187], Erfurt[188] selbstverständlich auch; aus den Bursfelder Benediktinerklöstern St. Peter in Erfurt[189], Klus[190], St. Martin in Köln[191], St. Michael in Hildesheim[192], St. Jakob in Mainz[193], St. Matthias[194] und St. Marien[195] in Trier, Oldenstadt[196], Cismar[197], Liesborn[198] — Reinhausen[199] erbte sie 1487 von einem Weltgeistlichen; aus den reformierten Konventen Melk[200], Tegernsee[201], St. Nikolaus/Andechs[202], St. Ulrich/Augsburg[203], St. Ägidien/Nürnberg[204]; aus der Zisterzienserabtei

---

[180] Tilomannus Zigeler (ca. 1395—1455): Berlin, PK Cod. germ. Fol. 643; Hinricus Ghiler, Priester, *specialis fautor* des Klosters Klus, verkauft 1465 u. a. die Ars moriendi an Klus, s. oben S. 100; Johannes de Helb, *presbyter*, für Anthonius von Rotenhan, Bischof von Bamberg: Berlin, PK Cod. theol. lat. Fol. 668, s. oben S. 58 Anm. 296 a; Johannes Volperti, *vicarius ecclesiae S. Martini* in Heiligenstadt, seit 1487 Besitz von Reinhausen OSB: Berlin, PK Cod. theol. lat. Qu. 349; Fridericus Molitor, Vikar an Neumünster in Würzburg, später im Besitz der Kartause Grünau: Würzburg, UB Cod. chart. Qu. 140; Mathias Bürer aus Lindau (1427—1485), Kaplan in Memmingen, Erwerb nach 1470, nach 1485 im Besitz von St. Gallen: St. Gallen StiB Cod. 142; Ulrich Koler (gest. 1482), zunächst Weltpriester, dann Augustiner-Chorherr in Rebdorf: clm 15181; Johannes Regen (imm. in Leipzig Sommer 1522), aus seinem Bücherbesitz zu schließen wohl Weltgeistlicher, kauft 1528 die Ars moriendi: Wolfenbüttel, Cod. 785. 2. Nov., ursprünglich zusammengebunden mit dem Konvolut von Drucken 39. 4. Qu. 4°.

[181] Nürnberg, StB Cod. Cent. IV. 42.
[182] MBK 3 S. 95 Z. 16 ff.
[183] Darmstadt, LB Cod. 396; Köln, StA Cod. W. Fol. 272 (aus der Erbschaft Tzewers').
[184] Mainz, StB Cod. I. 155 a, Cod. I. 168, Cod. I. 469; über ein viertes Exemplar s. oben S. 87.
[185] Trier, StB Cod. 686/248.
[186] Innsbruck, UB Cod. 621, Cod. 633.
[187] Pelplin, SemB Cod. 285.
[188] Außer dem Handexemplar des Autors Dresden, LB Cod. P. 42 (d. i. H 63 der Kartause) Berlin, PK Cod. theol. lat. Fol. 510 (d. i. H 65 der Kartause) mit zahlreichen Benutzerspuren.
[189] London, BM Cod. Add. 15105.
[190] Wolfenbüttel, Cod. 153 Helmst.; ein weiteres Exemplar, aus dem Besitz Ghilers, s. oben Anm. 180.
[191] Köln, StA Cod. GB Qu. 98.
[192] Berlin, PK Cod. lat. Fol. 779.
[193] SCHILLMANN, Wolfgang Trefler S. 127.
[194] Trier, StB Cod. 646/869.
[195] Trier, StB Cod. 1061/1281.
[196] Wolfenbüttel, Cod. 870 Helmst.
[197] Kopenhagen, KB Cod. Kgl. Oct. 3386.
[198] Münster, UB Cod. 84 (Verlust).
[199] Von Johannes Volperti, s. oben Anm. 180.
[200] Melk, StiB Cod. 990.
[201] Clm 18593.
[202] Clm 3051.
[203] Clm 4397.
[204] MBK 3 S. 478 Z. 31 ff.

Altzelle[205], den reformierten Dominikanerklöstern Basel und Worms[206], dem observanten Franziskanerkloster in Kamenz[207]; aus dem zum Einflußbereich Johannes Buschs gehörenden Augustinerinnenkloster St. Trinitatis in Dorstadt[208], aus den Bibliotheken der Regularkanoniker in Glogau[209] und Sagan[210], des Frankfurter Bartholomäus-Stifts[211], der Windesheimer in Niederwerth[212], der Fraterherren in Butzbach[213], Königstein[214] und Hildesheim[214a]. Von Klus wissen wir, daß dort die Ars moriendi Jakobs nicht nur der privaten Lektüre der Mönche diente, sondern 1463 auch für die gemeinsame Lesung aller, als *collatio,* benutzt wurde[215]. Ca. 1492 und 1495 erschien in Leipzig die Ars moriendi des Kartäusers in zwei Druckauflagen[216]. Es ist nicht unwahrscheinlich, daß ihre Verbreitung das Übergewicht der klösterlichen Rezipienten, das nach der handschriftlichen Rezeption etwa mit dem Verhältnis vier zu eins angegeben werden kann, zugunsten des Weltklerus mindert[217]. Doch der erste Widerspruch gegen Jakobs des Kartäusers Entwurf eines *genus vivendi* kam nicht von ‚außen', von den Weltgeistlichen, sondern aus der engsten Umgebung des Autors, der Erfurter Kartause selbst.

3. Entgegnung Johannes Hagens

Jan Fijałek verzeichnete zahlreiche Handschriften und die beiden Drucke der Ars moriendi Jakobs mit dem Incipit *Omnes morimur et quasi aque*

---

[205] Leipzig, UB Cod. 621, Cod. 204.

[206] Basel, UB Cod. A. I. 37, vorher im Besitz des *Johannes Burckhardi de monasterio monasterii grandis vallis capellanus Sancti Anthonii Basileae* (1457). — Mainz, StB Cod. II. 122, von Michael Lewenberg, *confessor sororum* in Maria Himmelskron.

[207] Prag, UB Cod. 2370, von Eberhard Ablauff OMinObs. in Kamenz.

[208] Wolfenbüttel, Cod. 440 Helmst.   [209] Breslau, UB Cod. I. Fol. 279.

[210] Breslau, UB Cod. I. Fol. 291, Cod. I. Fol. 621.

[211] Frankfurt/M., StB Cod. Barth. 101, Cod. Barth. 147.

[212] Bonn, UB Cod. S. 320/181.   [213] Gießen, UB Cod. 686.

[214] Aschaffenburg, Hofbibl. Cod. Pap. 29.

[214a] Wolfenbüttel, Cod. 29. 7. Aug. Qu.

[215] Wolfenbüttel, Cod. 153 Helmst. fol. 215 r; s. HERBST, Das Benediktinerkloster Klus S. 85 Anm. 7, S. 86.

[216] S. oben S. 77.

[217] Da Exemplare aus Privatbibliotheken leichter verloren gehen als die aus großen Klosterbibliotheken, mögen die erhaltenen Exemplare einseitig zugunsten der Klöster sprechen. — Als Beispiel für die Rezeption der Ars moriendi noch im späten 16. Jh. kann die Eichstätter Inkunabel Hain *9340 (HUBAY, Incunabula Eichstätt Nr. 343) dienen: Sie war im 15. Jh. im Besitz des nach der Kastler Reform lebenden Klosters Prüfening, das zur Zeit seines Niederganges im 16. Jh. große Teile der Bibliothek veräußerte; die Ars moriendi gelangte in die Hände von Weltgeistlichen: *Liber iste Georgii Haffner, pastor in Hörcheimb fuit, cuius anima Deo vivat. 1581. Nunc Joanni Schilling servit: stolistae Novae civitatis.*

dilabimur, glaubte aber nur in der Leipziger Handschrift 621, fol. 89 r— 114 r (so die mittelalterliche Zählung, nach heutiger Foliierung sind das fol. 258 r—284 r) den vollständigen Traktat vor sich zu haben[218]. Die Hs. enthält auf fol. 258 r die Überschrift *De arte bene vivendi et bene moriendi collectus*[219] *in Cartusia Erfortiensi* — ohne Angabe eines Verfassers —, worauf ein Vorwort folgt: *In hoc libello continetur ars bene moriendi, ad quam nemo pervenire potest nisi per artem bene vivendi* ... Nach annähernd zwei Spalten beginnt das erste, unbezifferte Kapitel — die nachfolgenden sind von 2 bis 12 durchgezählt — mit den Worten: *Incipit tractatus de arte bene moriendi. Statutum est hominibus semel mori. Ad Hebr. 9* ... Fijałek hat ohne nähere Begründung vermutet, das Vorwort sei vielleicht nicht vom Autor des Traktats[220]. Das ist vom Stil her zwar nicht wahrscheinlich, doch hat der Autor als *principium huius tractatus* das Zitat aus dem Hebräerbrief angesehen, wie aus einem Rückverweis im 8. Kapitel hervorgeht[221], das Vorwort also, wenn es von ihm stammt, nicht als integralen Bestandteil seiner Darlegung betrachtet, sondern als das, was es vom Inhalt her ist, eine nachträglich angefertigte Einleitung, die einen Überblick über den Inhalt des nachfolgenden Traktates geben soll. Nachdem der Autor sein Thema in 12 Kapiteln recht unterschiedlichen Umfangs abgehandelt hat, beendet er den Traktat: *Anime autem separate statim ducuntur ad loca, que meruerunt, sed nobis donet deus, ut ad gaudia celestia perveniamus per Christum dominum nostrum. Amen*[222]. In der Leipziger Hs. folgt nun auf der gleichen Seite, aber in einer neuen Spalte und mit großer Initiale beginnend, anonym die Ars moriendi Jakobs des Kartäusers: *Tractatus de arte moriendi bonus et multum utilis. Omnes morimur ...*, bis sie fol. 284 r schließt: *Quod nobis dignetur concedere ille, qui est via, veritas et vita, Jesus Christus per secula benedictus. Amen.* Beide Traktate sind also schon formal deutlich voneinander unterschieden; inhaltlich behandeln sie die gleichen Themen des *bene vivere* und des *bene mori* von teilweise gegensätzlichen Standpunkten. Dennoch und entgegen der sonstigen Überlieferung der Ars Jakobs betrachtet Fijałek beide Schriften als einen einzigen Traktat und faßt die Kapitelüberschriften beider in einer Übersicht zusammen. L. Meier trennt beide Werke wieder voneinander und verzeichnet den Traktat De arte bene vivendi et bene moriendi collectus in Cartusia Erfortiensi unter den „zweifelhaften und unechten Werken" des Kartäusers Jakob[223]; er kennt wie Fijałek nur die Leipziger Hs. 621 und be-

---

[218] Fijałek 2 S. 324 f.
[219] sc. *libellus.* Fijałek 2 S. 324 löst in *collatum* auf, Hagen bezeichnet seine Tätigkeit aber sonst stets mit dem Wort *colligere,* nicht conferre.
[220] Ebd.
[221] Leipzig, UB Cod. 621 fol. 265 v.
[222] Ebd. fol. 269 v.
[223] Meier Nr. 121.

merkt zur Frage nach dem Verfasser lediglich, das Werk sei unbenannt.

Näheren Aufschluß vermag der Cod. W. Fol. 272 des Kölner Stadtarchivs zu geben. Er kam als Schenkung des Wilhelm Tzewers an die Kölner Kartause, ist aber schon während der Erfurter Jahre Tzewers' angelegt worden und bezeugt besonders durch seine Marginalien den intensiven Kontakt ihres Besitzers zu den Erfurter Kartäusern[224]. Tzewers, der spätere Autor einer Ars moriendi, muß schon damals am Thema sehr interessiert gewesen sein; denn seine Handschrift enthält drei verschiedene Werke dieser Gattung unmittelbar hintereinander: fol. 220 v — 227 v das Speculum, welches die Überschrift Matthäus von Krakau zuweist, während eine Marginalie auch *Erhardus Dominicanus* in Betracht zieht; fol. 243 v — 260 v die Ars moriendi des *eximius doctor Jacobus Carthusiensis* (so das Explicit), dazwischen fol. 228 r — 243 v der bisher nur in der Leipziger Hs. bekannte Traktat, der hier die gleiche Überschrift trägt: *De arte ... collectus in Carthusia Erfordiensi*, dazu aber noch von vermutlich anderer, aber sicher zeitgenössischer Hand, vielleicht der des Besitzers selber den Namen *haghen*. Bezieht man beide Angaben, den Ort der Abfassung und den Namen, aufeinander, so kann nur der Erfurter Kartäuser Johannes Hagen gemeint sein. Er wäre dann der Verfasser der anonymen Ars. Wenn noch weitere äußere Gründe für seine Verfasserschaft sprechen, müssen Zweifel, die auf Grund der Gegensätzlichkeit der Standpunkte beider Autoren aufkommen könnten, zurücktreten.

Johannes Hagen — er schreibt seinen Namen *Johannes Brewer de Haghen*[225] — hat eigenhändig mit autobiographischen Notizen versehene Registra seiner Schriften angelegt, die im Cod. Hist. 1 des Erfurter Domarchivs erhalten sind[226]. Diese Handschrift vereinigt den Nachlaß Hagens, Traktate, Entwürfe, Briefe und Notizen, meist ab 1465 entstanden. Die Blätter unterschiedlichen Formats wurden noch vor der Herstellung des großen Bibliothekskatalogs der Erfurter Kartause gebunden und als Band A 56 der Bibliothek einverleibt, schließlich im Standortverzeichnis von ca. 1485 katalogisiert[227]. J. Klapper hat umfangreiche Auszüge aus diesem Codex veröffentlicht[228]. Demnach steht das Werkverzeichnis Hagens mit eingelegten Briefen u. ä. auf fol. 251 r — 348 r. Der Standortkatalog bezeichnet es als *registrum duplex*[229], denn auf fol. 335 r setzt Hagen ein zweites Mal mit autobiographischen Angaben über seine Herkunft, sein Studium und den Ordenseintritt ein, nennt die wichtigsten Werke, die er in seinen Klosterjahren exzerpiert hat, beschreibt, wie daraus, durch den

---

[224] S. oben S. 53, 122.
[225] KLAPPER, Johannes Hagen 2 S. 128.
[226] Beschreibung ebd. S. 43.
[227] MBK 2 S. 266—268.
[228] KLAPPER, Johannes Hagen 2 S. 44—153.
[229] MBK 2 S. 268 Z. 16 f.

Oberen veranlaßt, die schriftstellerische Tätigkeit erwuchs, deren Ergebnisse bis zum Erfurter Priorat 1457 er dann aufzählt[230].

Hagen, 1440 in die Erfurter Kartause eingetreten, wurde 1454 zum Prior in Eisenach gewählt. Die Eisenacher Kartause war eine Tochtergründung von Erfurt, „einer der ganz wenigen Fälle in der Geschichte der Kartäuser, bei denen von einer Filiation gesprochen werden kann"[231], durch die der 1378 überfüllte Erfurter Konvent entlastet werden sollte. Am 23. 11. 1456 wählten die Erfurter nun ihrerseits Hagen zum Prior, der sein Professkloster dann von 1457 bis 1460 leitete[232]. Die Abfassung des zweiten Registers seiner Schriften, datiert *circa festum s. Elizabeth vidue 1456*[233], um den 19. 11., das Patronatsfest der Eisenacher Kartause, fällt in die Zeit seiner Rückberufung von Eisenach nach Erfurt. Es hat den Zweck, die Besitzrechte beider Konvente an Hagens Schriften zu klären *pro conservanda pace*[234]. Darum vermerkt Hagen stets genau, was in Erfurt und was in Eisenach entstanden ist, auch den komplizierten Fall des Exoduskommentars und einiger anderer Werke, die er in Erfurt angefangen und in Eisenach auf Erfurter Papier vollendet hat. Dieser Fall aus der Zeit des Übergangs von dem einen Konvent zum anderen kommt auf fol. 339 v zur Sprache. Danach ist ein Zettel im Halbformat eingeschaltet, der noch in Erfurt entstandene Schriften verzeichnet: *Tractatus de vita et moribus clericorum ‚Presbiteri qui bene presunt'* ... *Erffordie. De arte bene vivendi et bene moriendi ‚Statutum est hominibus semel mori'. De necessitate bene operandi et de inevitabilitate moriendi. Et incipit ‚In sudore vultus'*[235] usw. Da bislang keine weitere Ars moriendi mit dem Incipit *Statutum est hominibus semel mori* bekannt ist, muß angesichts dieses Belegs der Hinweis auf Hagen in der Handschrift Wilhelm Tzewers' als richtig angesehen werden. Die Angaben des Registrum geben überdies Anhaltspunkte für die Datierung. Der Anordnung des Verzeichnisses zufolge muß Hagen die Ars kurz vor seinem Weggang von Erfurt, 1454, abgefaßt haben. Ferner entschlüsselt das Registrum den ursprünglichen Sinn der Bemerkung *collectus in Carthusia Erfordiensi*, die vom Autor so gemeint ist, daß diese Schrift in Erfurt, aber nicht in Eisenach geschrieben worden sei und ihr Original darum den Erfurtern gehöre[236].

---

[230] KLAPPER, Johannes Hagen 2 S. 143 ff.
[231] RÜTHING, Der Kartäuser Heinrich Egher von Kalkar S. 32.
[232] KLAPPER, Johannes Hagen 1 S. 126 ff.
[233] Ebd. 2 S. 144. [234] Ebd. [235] Ebd. S. 147.
[236] Das erste, weniger ausführliche Register bestätigt die Angaben des zweiten; auf fol. 251 v heißt es dem Auszug KLAPPERS, ebd. S. 130 zufolge: Erfurt: *Duos tractatus de arte moriendi;* der Anfang des zweiten Traktats wird mitgeteilt: *In sudore vultus tui.* Welcher der beiden Traktate Hagens in den Erfurter Bänden H 94 und H 101 enthalten ist, kann aus dem Bibliothekskatalog nicht abgelesen werden; H 94: *De arte preparandi se ad mor-*

Die Beschreibung von Hagens Nachlaßband, welche der Standortkatalog gibt, führt im Anschluß an die Notierung des Registrum duplex und der Retractatio et dictorum declaracio Hagens fort: *Scribit aliqua idem Indaginis, in quibus nititur aliqua scripta domini Jacobi Carthusiensis emendare*[237]. Auf welche Stücke des Nachlaßbandes diese Angabe zu beziehen ist, wird nicht recht klar, doch bezeugt sie eine — bei aller Beeinflussung durch den Älteren — keineswegs kritiklose Haltung des jüngeren Hagen gegenüber Jakob.

Hagens Kritik an Jakobs Ars moriendi setzt dort an, wo die weltflüchtige, monastisch-kontemplative Tendenz schon bei der Definition der negativen Voraussetzungen des *bene vivere* grundgelegt wird, bei Jakobs Antwort auf die Frage, wie nach der *confessio* jeder Gelegenheit, rückfällig zu werden, aus dem Weg zu gehen sei. Jakobs Lösung dieses Problems, die sein 3. Kapitel mit den Forderungen nach der Ablegung aller Ämter, dem Meiden allen Umgangs mit ihren Inhabern, ja aller *mentis sollicitudo et inquietudo* überhaupt enthält, die auch in der *Cautela finalis* praktisch nicht modifiziert wird, ist nach Meinung Hagens falsch. Er widmet ihrer Widerlegung das längste Kapitel seiner Ars, das *capitulum sextum de occasionibus peccatorum cavendis post penitentiam*.

Die Erweiterung der Ars moriendi-Gattung um eine *ars bene vivendi*, die R. Rudolf monierte, weil sie die „Brauchbarkeit" beeinträchtige, ist keineswegs der Streitpunkt. Denn Hagen gliedert seinen Traktat in der gleichen Weise wie Jakob. Den ersten Teil, sieben Kapitel, widmet er dem *bene vivere;* vom achten Kapitel an handelt er *in speciali de ipsa morte*[238]. Zur Diskussion steht vielmehr das *genus vivendi* und damit das alte, das späte Mittelalter besonders bewegende Problem des Gegensatzes der *vita activa* zur *vita contemplativa*. Dieses Problem, vielfach in gesonderten Schriften behandelt, dringt in die Gattung der Ars moriendi ein.

Hagen stellt den ersten Teil seiner Ars unter den doppelten Gesichtspunkt der *declinatio a malo* und der *operacio boni*[239]. In beidem sieht er die Wirkungen der Betrachtung des Todes (Kap. 4), von dessen Furchtbarkeit und Unentrinnbarkeit er in den Abschnitten 1—3 gesprochen hat.

---

tem bonam (MBK 2 S. 415 Z. 26 f.), H 101: *De preparacione et studio mortis* (ebd. S. 418 Z. 35 ff.); auf Grund des Autorenkatalogs (ebd. S. 588 Z. 35) scheint es sich um ein und dasselbe Werk gehandelt zu haben. Beide Hs. sind heute verschollen. Die auf dem Schaltzettel in Hagens eigenem Schriftenverzeichnis an erster und dritter Stelle genannten Schriften waren in der Erfurter Kartause in Abschriften von ca. 1468 vorhanden, dem Band H 15, heute Oxford, Bodleian Libr. Cod. Ham. 57 eingebunden; der erste dieser Traktate, De vita clericorum, trägt auch dort den nun verständlichen Zusatz: *liber collectus in Cartusia Erffordiensi;* s. MADAN, A Summary Catalogue 5 S. 39.

[237] MBK 2 S. 268 Z. 19 f.   [238] Leipzig, UB Cod. 621 fol. 265 r.
[239] Ebd. fol. 260 r.

Declinatio a malo erläutert Hagen mit der *penitentia vera* (Kap. 5)[240], die *bona operacio* durch die *acquisicio virtutum* (Kap. 7); dazwischen steht das für das *genus vivendi* entscheidende 6. Kapitel über die Vermeidung der Gelegenheit zur Sünde. Darin schärft Hagen, wie es auch Jakob tat, ein, daß mit der *confessio* allein das *bene vivere* nicht erreicht werden könne. Aber schon mit der Begründung der auch nach der *confessio* fortdauernden Gefährdung durch die Sünde beginnen die Unterschiede. Jakob hebt mit dem *habitus acquisitus ... corruptus*[241] die innere Disposition hervor, deren Umwandlung letztlich den Rückzug aus der „Welt" erfordert; Hagen betont dagegen mehr die von außen herantretenden *occasiones peccatorum*[242], die in der „Welt" zu meiden er durchaus für möglich hält. Er unterscheidet dabei drei Gruppen von *status:* als erste Gruppe die *officia et status hominum in se mali*[243] wie die *officia usurariorum, praedonum, raptorum, status lenocinantium, meretricum* und ähnlicher, die unweigerlich zur Sünde führten und deshalb in jedem Fall aufgegeben werden müßten. Berufe der zweiten Gruppe, der er die *status mercatorum, advocatorum tam temporalium rerum quam spiritualium, iudicum, militum, publicanorum, teleonariorum* zuzählt, gäben vielfache Gelegenheit zur Sünde, müßten aber nur von denen aufgegeben werden, die zu schwach gegenüber den Versuchungen seien; jedoch die *fortes in bono et in divina caritate redicati*[244] könnten in diesen Berufen sogar geistliche Verdienste erwerben. Hagen hat dabei die konkrete, soziale Welt vor Augen und führt u. a. als Beispiele an: Der Kaufmann, der Heringe, Bier, Wein und andere Waren aus fernen Gegenden en gros *(in grossis)* einführe und ohne überhöhte Gewinne auf dem örtlichen Markt verkaufe, diene dem gemeinen Nutzen und übe ein Werk der Nächstenliebe. Zur dritten Gruppe gehören die *officia et status,* die von ihrem Wesen her *(proprie)* keine Gelegenheit zur Sünde böten, deren Angehörige ausschließlich *ex inclinatione mala* sündigten — *quandoque,* manchmal. Zu diesen *officia bona laudabilia et status recti* zählt Hagen auch die *ecclesiastica officia, dignitates* etc., von denen Jakob schrieb: *sepius obliquare faciunt et nunquam aut raro innocentem vitam secum compaciuntur*[245] und daß sie deshalb aufzugeben seien. Hagen widerspricht dem scharf: *Ex illo* (sc. weil ein *officium bonum* ebensowenig wie die *virtus* selber abzulehnen sei, nur weil beide etwa Stolz hervorrufen und so Anlaß zur Sünde sein könnten) *patet, quod graviter illi errant, qui putant, scribant et affirmant quamvis sine ratione et auctoritate ad debitam penitentiam faciendam fugienda esse ecclesiastica officia, dignitates, prelaturas, curas animarum et*

---

[240] Ebd. fol. 263 v.
[241] S. oben S. 190.
[242] Leipzig, UB Cod. 621 fol. 261 r sqq.
[243] Ebd. fol. 261 r.
[244] Ebd. fol. 261 v.
[245] Dresden, LB Cod. P. 42 fol. 62 v.

*ministeria*²⁴⁶ *proximorum. Hoc enim in nulla scriptura autentica legitur nec aliquis in scriptis commendatur*²⁴⁷.

Jakob forderte, die Bürde des Amtes möglichst bald mit der *optata libertas* zu vertauschen, *mentis inquietudo* zu meiden, die *quietior vita* zu suchen, *sibi ipsi vacare*²⁴⁸, der *propria salus* den Vorrang vor dem *lucrum animarum* zu geben, das *ocium sanctum quod omnibus optabile esse deberet*²⁴⁹ zu erstreben, und belegte die Richtigkeit dieser Forderungen mit den Vorbildern von Heiligen. Hagens Widerlegung sucht das stärkere Argument und erklärt Christus, „den Heiligen der Heiligen", zum Vorbild der *vita activa*: *Qui idoneus fuit et donis preventus et tamen propter propriam quietem prelature et ministerio renunctiavit aut dimiserit, immo si veram penitentiam agere voluit et se ad mortem rectissime preparare, debet domino Jesu in suis membris humiliter et caritative ministrare et sponsam suam interim quod vivit non relinquere. Sic et sancti fecerunt et Christus sanctus sanctorum de sinu patris descendit, in publicum nostrum venit et vitam activam laboriosam in predicando, ministrando et aliis operibus active vite exercuit et suis membris exemplum dedit*²⁵⁰.

Im Gegensatz dazu sah die kartäusische Tradition mit Guigos Consuetudines in Christus allerdings ein Vorbild der *vita solitaria*, indem sie Christi vierzigtägiges Fasten in der Wüste (Mt. 4, 1 ff.), den einsamen Rückzug auf einen Berg nach der Brotvermehrung (Mt. 14, 23) und sein Gebet im Garten Gethsemane (Mt. 26, 36 ff.) hervorhob²⁵¹. Gerson wiederum nahm das Vorbild Christi zur Rechtfertigung der *vita mixta* in Anspruch: *nam Christus nunc in monte orabat, nunc praedicabat, nunc populos cibabat*²⁵². Hagen wendet nun die Argumentation, statt nur den Anteil des *orare* und des *praedicare* am Leben Christi so oder so abzuwägen, ins Grundsätzlich-Dogmatische, wenn er neben den vorbildlichen Exempla aus der Vita Christi die Menschwerdung überhaupt (*de sinu patris descendit, in publicum nostrum venit*) zur Rechtfertigung des tätigen Lebens heranzieht²⁵³.

---

²⁴⁶ Die Hs. hat *ministeriis*.   ²⁴⁷ Leipzig, UB Cod. 621 fol. 261 v.
²⁴⁸ Dresden, LB Cod. P. 42 fol 63 r.
²⁴⁹ Ebd. fol. 63 rv.   ²⁵⁰ Leipzig, UB Cod. 621 fol. 261 v.
²⁵¹ Vgl. das letzte Kapitel der Consuetudines Guigos, De commendatione solitariae vitae, Migne PL 153 Sp. 757/758.
²⁵² GERSON, De comparatione vitae contemplativae ad activam (Oeuvres complètes 3) S. 74.
²⁵³ Augustinus (Sermo 104, Migne PL 38 Sp. 616 ff.), der das *verbum caro factum* auf die *vita activa*, das *verbum apud deum* auf die *vita contemplativa* bezieht, und Thomas von Aquin, den Hagen später in etwas anderem Zusammenhang nennt, scheinen diese Argumentation angeregt zu haben. S. th. 3 q. 40 a. 1 führt Thomas aus, Christus habe für beide Lebensweisen ein Beispiel gegeben, um aber den Zweck der Inkarnation zu erfüllen, habe er jene *vita activa* geführt, die *praedicando et docendo contemplata aliis tradit* und als solche nicht nur diejenige *vita activa* übertrifft, die lediglich mit *corporales actus* be-

Solche Hochschätzung der *vita activa* erlaubt es Hagen nicht, Jakobs Behauptungen unwidersprochen zu lassen, daß Gregor, Ambrosius und Augustinus einst ihre Ämter nur *ingentibus planctibus*[254] innegehabt hätten und — *modernis temporibus* — ein *vere humilis* sich nicht dem *lucrum aliarum animarum* widmen könne, *tamquam de sua propria iam securus*[255]. Hagen hält ihm das Vorbild der Apostel und ihrer Schüler, namentlich das des Paulus entgegen, welcher *libentissime* und *propter humulitatem* der *vita activa* den Vorrang gegeben habe[256]. Die für Jakobs monastisches Selbstverständnis nicht unwichtige Unterscheidung zwischen *olim* und *hodie*, der Zeit der Glaubensausbreitung, die das aktive Leben gerechtfertigt habe, und der eigenen Zeit des ausgebreiteten Glaubens, die den Rückzug in das *ocium sanctum* erlaube, ja erfordere[257], spielt für Hagen keine Rolle; für ihn ist vielmehr das *ministerium aliorum*, die *utilitas aliorum* allemal wichtig.

So wenig wie die widerwillige, stets auf den Rückzug bedachte Amtsausübung hält Hagen die vorzeitige Resignation vom Amte für richtig. Gegen Jakobs Berufung auf Cassian[258] weiß er ein Exempel aus den Vitae patrum[259] anzuführen, demzufolge ein Bischof, der sich büßend von seinem Amte in die *solitudo, quies* und *pax* zurückgezogen hatte, nach fünfzigjähriger „glühendster Buße" den göttlichen Bescheid erhielt, nunmehr sei es ihm verziehen — *quod populum reliquit fugiendo*. Hagens Schlußfolgerung lautet: *Vide igitur, quantum malum sit populum relinquere* ... Augustin, Petrus Damiani und Adalbert von Prag können nun nicht mehr wie für Jakob als Vorbilder der Resignation vom Bischofsamt dienen. Hagen

---

schäftigt ist, sondern auch vollkommener ist als die ausschließlich kontemplative Lebensweise. Auf S. th. 2, 2 q. 184 a. 7 bezogen, würde daraus folgen, daß noch vor den kontemplativen Mönchen die Bischöfe die vollkommenste Lebensweise üben.

[254] Dresden, LB Cod. P. 42 fol. 63 r.
[255] Ebd. fol. 63 v.
[256] *Et ideo apostoli licet libentius in solitudine et quiete domino servissent et alii multi discipuli, qui viderunt, quod contemplativa vita sterilis est et filios non parit, ideo libentissime domino in vita activa in ministrando suis obedierunt, et tamen illa activa vita et ministerium eius processit sepe de plenitudine contemplacionis sicut in predicando, quia predicator procedit de magnitudine contemplacionis, quia doctrina in contemplacione hausta sepe effunditur. Sic Paulus, licet desiderium habuisset dissolvi a corpore et esse cum Christo, tamen propter humulitatem et ministerium aliorum libenter mansit. Sic gloriosus Martinus non recusavit propter utilitatem aliorum* ..., Leipzig, UB Cod. 621 fol. 261 v.
[257] Dresden, LB Cod. P. 42 fol. 63 v, s. oben S. 191. Diese Gedanken werden ausführlicher entwickelt im Traktat De dignitate pastorum, Kap. *Differentia pastorum primitive ecclesie et moderne*, ebd. fol. 105 r — 106 v; ähnlich zu Beginn der Schrift De statu et officio ecclesiasticarum personarum, ebd. fol. 258 rv.
[258] Ebd. fol. 63 r: *Ideo et patres sancti ... suaserunt pontificum et mulierum consorcia penitus esse fugienda ... Et sic pari modo de ceteris ut testatur Cassianus libro XI de Institutis patrum* (s. Cassian, Inst. XI, De spiritu cenodoxiae, d. h. *vanae sive inanis gloriae* (CorpusScriptEcclesLatin 17) S. 193 ff.).
[259] Leipzig, UB Cod. 621 fol. 261 v — 262 r.

kritisiert Jakobs Beispiele als teils historisch unzutreffend, teils falsch interpretiert. Er widerlegt Jakobs Beweisführung im einzelnen:

Jakob: *Hoc recensens felix antistes Augustinus vita eius in senium vergente curam omnem episcopalem cum onere annexo resignavit in conspectu tocius plebis yponensis suo successori ipsum substituens eo adhuc vivente Eraclium presbiterum omnesque curas et negocia episcopalia ad eundem deferri precipiens, cupiens ipse deo et scripturis sanctis intendere, ut patet in epistula sua 169*[260].

Hagen: *Sed dicit contra hec: videtur quod tutum sit, immo quodammodo necessarium, quod quilibet renunctiet eminencie, dignitati, cure animarum etc. ante mortem, ut sic posset se recolligere ad deum exemplo Augustini, qui cum consensu plebis yponensis constituit sibi successorem Eraclium, cui populi curam commisit. Non tamen episcopum constituit, quia hoc fieri non potuit Augustino vivente, quia prohibitum fuerat in concilio Niceno, ne duo episcopi in eadem sede residerent... Mansit itaque Augustinus usque ad mortem episcopus et curam populi gessit per se et per Eraclium presbiterum, et ubi non potuit Eraclius negocia expedire, ad Augustinum venerunt sicut in actibus legitur*[261]. —

Jakob: *... oneribus episcopalibus reiectis quietati a curis seculi deo placere studuerunt ut ... beatissimus martir Adalbertus Pragensis archiepiscopus monachus et post martirio coronatus. Petrus eciam Damiani religiosus et Carthusiensis ordinis sui primicerius duorum episcopatuum unius regendi, alterius visitandi mole pressus abiecta sarcina ad solitudinem repedavit, immo et idem Petrus Damiani notabile verbum ponit de hiis: quotquot, inquit, legimus recta pontificatus intencione dimisisse, certa spes est eos de ecclesia cum Christo eterna societate gaudere*[262].

Hagen: *Eodem modo obicere potes de Petro Damiano, qui a papa Gregorio unum mandatum accepit de duobus episcopatibus, de uno regendo et alio visitando, sed utrunque reliquit nec obedivit et propter hoc maximam penitentiam iniunctam a papa collocavit. Sic Adalbertus episcopus bohemie renunctiavit episcopatum et postea martir factus est, et de multis aliis legitur, quod post renunctiacionem episcopatuum adepti sunt vitam beatam. Et ideo Petrus Damiani dicit, quod omnes qui pia intencione renunctiaverint episcopatibus bonam habent spem salutis. Ad hoc videtur, quod non laudatur aliquis eorum propter hoc quod renunctiavit epicopatui nec hoc est laudabile nisi subsit racionabilis causa ... Sed cessantibus causis legit-*

---

[260] Dresden, LB Cod. P. 42 fol. 63 r.
[261] Leipzig, UB Cod. 621 fol. 263 r.
[262] Dresden, LB Cod. P. 42 fol. 63 rv.

timis debet perseverare usque in finem et gregem Christi non deserere, ut a Christo possit mercedem eternam accipere, qui exemplum dedit omnibus pastoribus, quoniam posuit animam suam pro ovibus suis ... Sic eciam non valet argumentum de Petro Damiano, qui propter hoc non laudatur quod noluit pape obedire, cum fuit vir idoneus et potuit episcopatus bene disponere, sed illis curis videtur preposuisse propriam quietem ... [263].

Der Austausch der Argumente geht weiter und ihre Gegenüberstellung ließe sich fortsetzen. Aber schon nach diesen Auszügen kann kein Zweifel bestehen, daß Hagen sich auf die Schrift Jakobs bezieht. Ein Passus könnte sogar als eine gegen Jakob persönlich gerichtete Invektive aufgefaßt werden [264].

Doch die kritische Behandlung der Details ist nur die eine Seite dieser Auseinandersetzung. Es kommt Hagen darauf an, die Grundtendenz der Schrift Jakobs zu widerlegen. Zu diesem Zweck führt er zunächst, wie die oben zitierten Stellen gezeigt haben, die Termini *vita activa* und *vita contemplativa* in die Diskussion ein — Jakob gebraucht sie nicht [265] — und verbindet sie mit dem von Jakob beiläufig verwendeten Begriff der *perfectio* [266], um mit ihrer Hilfe das zugrunde liegende Problem allgemein zu formulieren. In diesen Rahmen stellt er den speziellen Fall der fast ausschließlich den Klerus betreffenden Antinomien [267], die in Jakobs Sicht zwischen den *dignitates* und dem *ocium sanctum* herrschen, den *cure seculi* und der *quies* oder wie seine Gegensatzpaare auch immer lauten. Sie lassen sich in Hagens

---

[263] Leipzig, UB Cod. 621 fol. 263 r.

[264] Während Jakob jeden Inhaber eines geistlichen Amtes der *propria excellentia* verdächtigt (Dresden, LB Cod. P. 42 fol. 63 v), warnt Hagen jeden, der vom Amt resigniert, vor der *pigricia propria*. Danach fährt Hagen fort: *Sic aliqui gloriantur se deposuisse et renunctiasse dignitatibus propter quas temptaciones et resistencias, quas habuerunt, sed pocius tales deberent erubescere de eorum impaciencia et pertinacia proprie voluntatis.* — Jacobus Volradi, der Biograph Jakobs, berichtet von der (nicht nachweisbaren) Abtswürde Jakobs, die er aufgegeben habe wegen der *molestiae intollerabiles*, die das Kloster besonders seitens des Königs erlitten habe, und wegen der *cetera incommoda* — der Chronist von Sagan spricht vom Widerstand der Mönche gegen die Reform —, um im *silentium* und *ocium sanctum*, der *quies* und *contemplatio* der Kartause als ein *securior* zu leben; s. die einschlägigen Stellen bei Fijałek 2 S. 125, 130. Möglicherweise ist Jakobs Abtswürde eben deshalb nicht nachweisbar, weil er sie nicht oder nur sehr kurze Zeit ausgeübt hat. Die Identifizierung des in Paradies 1424—1435 regierenden Abtes Jakob mit dem späteren Kartäuser, die Th. Warminski, Urkundliche Geschichte des ehemaligen Cistercienser-Klosters zu Paradies. 1886 S. 72 ff. vornimmt, scheitert an Jakobs ohne größere Lücken nachweisbarer Krakauer Universitätslaufbahn.

[265] Jakob verwendet nur einmal beiläufig den Ausdruck *vita negociosa*, Dresden, LB Cod. P. 42 fol. 63 v.

[266] Zur Ablehnung einer spiritualisierten Frömmigkeit, die ohne *asperitas et vilitas* auszukommen glaubt, s. oben Anm. 121.

[267] Jakob spricht zwar anfangs außer von kirchlichen Würden auch von weltlichen, beschränkt sich aber in der Beweisführung auf die ersteren.

Interpretation auf die Begriffe *cura animarum* und *religio* reduzieren. Nach seinem Verständnis ist die Grundtendenz der Schrift Jakobs von einem monastischen Ausschließlichkeitsanspruch gekennzeichnet, dem gegenüber er alle Elemente, die Jakob nicht unmittelbar auf das Mönchsleben ausrichtet, glaubt vernachlässigen zu dürfen. Jene Grundtendenz müßte mit Hagens Begriffen etwa lauten: Da die *cura animarum* — normalerweise, und nur auf den Normalfall kommt es Hagen an, von den *viri heroici* spricht er nicht — ohne Sünde nicht auszuüben sei und somit das *bene vivere* als Todesvorbereitung nicht zulasse, sei sie abzulegen und es sei der einzig sichere Weg zur *perfectio* einzuschlagen: die in der *religio* geübte *vita contemplativa*.

Hagens eigene Konzeption muß dagegen, wenn sie Jakob korrigieren soll, die Möglichkeit einer nicht schon von ihrer Natur her gefährlichen, sondern sogar verdienstvollen Ausübung der *cura animarum* aufzeigen und den Ausschließlichkeitsanspruch der *religio*, zur *perfectio* und zum *bene mori* zu führen, relativieren.

Die *cura animarum*, die tätige Lebensform des Klerus, ist nach Hagens Auffassung zunächst legitimiert durch das Vorbild Christi und der Apostel, wovon schon die Rede war, ferner durch das Beispiel der Augustinus, Ambrosius, Chrysostomus, Basilius und unzähliger anderer[268], die konkrete Vorbilder, nicht ferne, unerreichbare *viri heroici* sind. Die *cura animarum* bedeutet sogar eine Verpflichtung für die *idonei*, d. h. die *preventi virtutibus et graciis;* denn ihre Gaben haben sie empfangen *non pro se, sed pro aliis*[269]. Sind oder werden sie rechtmäßig gewählt, ist ihr Widerstand gegen die Wahl oder ihre Resignation vom Amt eine schwere Sünde, weil die *obediencia* und *caritas proximi* den Vorrang haben vor der *propria voluntas*[270]. Doch wer ist ein *idoneus*? Hagen faßt den Begriff der Eignung, den Jakob nur auf die *viri heroici* anwendet und damit jeder praktischen Bedeutung für seine Gegenwart beraubt, erheblich weiter. Er bestimmt ihn vom Gegenteil her: Ungeeignet sei der *nimium ignarus pro regimine* oder der *passionibus involutus*, d. i. der von Jähzorn, Vorliebe oder Mißgunst Beherrschte. Nur dieser letztere würde den Fehler begehen, den Jakob schlechthin jedem Amtsinhaber unterstellt: *relicta cura sui ipsius aliorum vulnera sanare*[271]. Diese Ungeeigneten haben nach Hagens Meinung eine Wahl auf jeden Fall abzulehnen. Verlassen darf die *cura animarum* nur, wer erkennt: *quod nullomodo posset in ea permanere sine mortali peccato ex passionibus et viciis aut infirmitatibus prius ignoratis*[272]. Die anderen müssen im Amt ausharren bis ans Ende und werden eben dadurch gerettet:

---

[268] Leipzig, UB Cod. 621 fol. 263 r.
[269] Ebd. fol. 261 r.
[270] Ebd. fol. 263 v.
[271] Ebd. fol. 262 r.
[272] Ebd.

Perseverare igitur debent usque in finem, quando utiliter possunt, sicut sancti et probati viri leguntur fecisse et scriptura sancta probat: qui enim in opere bono perseveraverit usque in finem, hic salvus erit[273]. Sie brauchen nicht auf die *gracia contemplacionis* zu verzichten, sondern können auch diese eben durch ihren Dienst an anderen erwerben: *possunt namque multa mereri et eciam genus contemplacionis acquirere, si pure et fideliter Christo in ovibus suis serviunt.* Umgekehrt kann gerade die ‚rücksichtslose' Aufgabe der *cura animarum* vom *osculum* der Kontemplation ausschließen. Das *osculum* ist bei Hagen nicht wie bei Jakob allein die Frucht klösterlicher Askese, sondern auch des *ministerium* im aktiven Leben: *Nam qui noluerunt cum Martha Christo in ministerio servire, nec cum Maria Magdalena suscepti sunt ad osculum* ...[274]. Die *cura animarum* kann als ein Werk der *caritas* durchaus zur *perfectio* führen: *cum secundum omnes vera perfectio in caritate consistat.* Die *perfectio* ist also nicht an einen „Stand" gebunden. Darum möchte Hagen in ihr auch nicht das Kriterium erkennen, welches den *status religiosorum* vom *status plebanorum* unterscheidet. Die Frage, ob der *status religiosorum* der vollkommenere sei, läßt er zunächst offen und erklärt statt dessen das von Jakob als *suggestio* verdächtigte Argument des *lucrum animarum* zum besonderen Vorzug des *status plebanorum: Et videat plebanus, quod populo bene presit in doctrina et exemplari vita, et quamvis status religiosorum secundum S. Thomam secunda secunde et alios sequaces suos sit perfectior quam status plebanorum aut curatorum — hoc concesso quamvis multi magistri, doctores et insignes contradicunt et fulcimentum videntur de Chrisostomo habere, qui dicit, curatores forciores esse monachis, tamen cum illis nunc non disputemus — sed supposito, quod sit perfectior status religiosorum, tamen propter hoc non est assumendus a quolibet. Status enim predicacionis et cure animarum, dummodo fructuose agitur, si sine peccato mortali, sed cum lucro multarum animarum, videtur esse uberior et fructuosior, plures filios generans quam solitudo monachalis. Et non est semper melius eligendum, sed utiliori quandoque insistendum et scilicet cum secundum omnes vera perfectio in caritate consistat, sicut apparet manifeste ex verbis Apostoli Pauli, qui dicit: Super omnia autem habentes caritatem, quod est vinculum perfectionis, quia perfectio est in unione ad finem*[275]. So wie Hagen die *cura animarum uber, fructuosa, utilis, plures filios generans* nennt — damit charakterisierte Augustinus Lea als die Verkörperung der *vita activa* — bezeichnet er die *solitudo monachalis* als *sterilis: filios non parit*[276]. Er unterscheidet die *cura animarum* von

---

[273] Ebd. fol. 263 r. [274] Ebd. [275] Ebd. fol. 262 v.
[276] Ebd. fol. 261 v. — Zu Augustins Behandlung der beiden Lebensformen s. MIETH, Die Einheit S. 84 ff.

der *religio* nicht durch die Kategorie der *perfectio,* wie dies in der Regel geschieht[277], sondern durch die Kategorie der *ubertas.* Diese ist Jakobs Ars allerdings fremd. Sie ist Hagens Antwort auf Jakobs Axiom vom Vorrang der *salus propria.*

Wenn die *religio,* am Maßstab der *ubertas* gemessen, unfruchtbar ist, welche positive Funktion weist Hagen ihr dann zu? Hagen verpflichtet den, der ein *infirmus* oder *consuetudine mala depravatus* sei, ob er nun ein Amt innehabe oder nicht, jene Orte und Gemeinschaften zu suchen, die ihm ein Leben ohne schwere Sünde erlauben, *sive in religione, sive extra religionem: Nam religio est status sive refugium infirmiorum. Nam Jeronimus contra sanctum Vigilancium dixit: Nos qui infirmi sumus et non possumus in populo pugnare contra fortes temptaciones, eligimus tuta loca ..., in quibus salvari possimus. Et ideo religio est pro infirmis, ut sic sine magna pugna possunt salvari*[278]. Allerdings habe ein *infirmus* im Kloster oft schwerere Versuchungen auszuhalten als in der „Welt", doch gebe es im Kloster den Beistand der Mitbrüder. Kein Wort fällt über die „zweite Taufe" oder das *vere genus martirii,* wodurch Jakob die *religio* bestimmte. Die Gelübde machen nach Hagen keinen *status perfectus,* sondern sind *instrumenta,* die dazu verhelfen sollen, schließlich einmal zur *perfectio* zu gelangen[279].

Die mit Marginalien äußerst sparsamen Leser der Handschrift aus dem Zisterzienserkloster Altzelle (heute Leipzig, UB Cod. 621) haben zu diesen Ausführungen Hagens Randbemerkungen angebracht; eine Hand wohl des beginnenden 16. Jahrhunderts, vielleicht aus der Zeit des humanistisch beeinflußten Abtes Martin von Lochau (1493—1522), hat zwei Gedanken Hagens hervorgehoben. Die Stelle über die Möglichkeit der *perfectio* auch in der „Welt" hat der Leser angestrichen und schreibt, Hagens Ausführungen verschärfend, hinzu: *Ingressus religionis non omnino necessarius*[280]. Die Definition der *religio* als *status sive refugium infirmiorum* hebt eine zeigende Hand hervor, die vorangehenden Sätze sind angestrichen, und auf

---

[277] Auch nach diesen Angriffen hält Jakob unverrückbar daran fest, daß der Ordensstand der überlegene *status perfectionis* sei; vgl. De triplici genere hominum, bes. die *propositio quarta,* Wolfenbüttel, Cod. 309 Helmst. fol. 79 rv; s. unten S. 220.

[278] Leipzig, UB Cod. 621 fol. 262 v — 263 r.

[279] Ebd. fol. 262 v: *Et eciam quia illa substantialia regule non faciunt statum perfectum, sed instrumenta sunt perfectionis, igitur non necessaria sunt simpliciter* (d. h. sie können in abgewandelter Form auch von Seelsorgepriestern verwirklicht werden) *..., si viderint se posse statum suum sine mortali peccato tenere, non tenentur ingredi religionem et omnibus renunctiare et Christum nude in paupertate, castitate et obediencia sequi, ut sic tandem ad perfectionem caritatis per hec instrumenta pervenire possunt.*

[280] Ebd.

dem unteren Rand wird die Definition wiederholt[281]. Der Schreiber dieser Marginalien, der Jakobs und Hagens Ars in seinem Codex vergleichend lesen konnte, hat der veränderten Bestimmung des Verhältnisses der *cura animarum* zur *religio*, durch die sich Hagen von Jakob wesentlich unterscheidet, besondere Bedeutung beigemessen.

Hagens *ars bene vivendi*, die von jedermann in den verschiedenen „Ständen" geübt werden soll, kann notwendigerweise nicht solch detaillierte Vorschriften enthalten wie Jakobs Programm für die *pauci*, das letztlich nur einem bestimmtem „Stand" gilt. Der allgemeine Charakter der Grundvorschrift Hagens *(declinare a malo — facere bonum)* kommt daher auch in den weiteren Ausführungen zur Geltung. Er läßt weder die Forderung nach extremer Askese zu noch die Beschreibung höchster mystischer *unio* als das Ziel des *bene vivere*. Darum konzentriert Hagen die nähere Behandlung des *facere bonum* auf die Grundprinzipien richtigen Handelns, als welche er die vier Kardinal- und die drei göttlichen Tugenden nennt, ergänzt durch die *precepta ecclesie* und die *precepta superiorum*[282]. Statt des fast skrupulösen Durchforschens „aller Winkel des Gewissens", das Jakob verlangt[283], betont Hagen wiederholt nur das *vivere sine peccato mortali*[284]; der Rückfall nach der *confessio* steht bei ihm nicht unter dem drohenden Wort Bernhards: *recidere peius est quam cadere*[285], sondern führt zur *compassio* mit allen Sündern[286]; statt extreme Askese *quantum fragilitas permittit duriter tractando*[287] zu fordern, versieht Hagen jede Anweisung mit einem zur *discretio* mahnenden Zusatz *pro sua possibilitate, pro posse* oder *quantum potest*[288]; die *unio* ist nicht das subjektive mystische Erlebnis, das die klösterliche Askese krönt, sondern der *effectus communionis*, also die objektive Wirkung des Sakramentes[289]; das *osculum*

---

[281] Die Marginalie hat als Variante statt des Komparativs den Positiv *infirmorum*.

[282] Leipzig, UB Cod. 621 fol. 264 v.

[283] *Si omnes anguli considerentur, vix talis* (sc. *qui episcopatum desiderat*) *posset esse sine suspicione proprie excellencie ...*, Dresden, LB Cod. P. 42 fol. 63 v; *Sed penset talis angulos consciencie sue, si non sit lapsus in lingua, in oculis, in cogitacionibus eciam minutissimis, si non „Racha" nec „fatue" aliquando dixerit nec iram dominari misit in animo suo, si nunquam mulierem viderit ad concupiscendum eam et alia innumerabilia talia, que silva ewangelica et epistole Pauli clare clamant peccata mortalia ...*, ebd. fol. 75 r.

[284] S. oben Anm. 279, auch Leipzig, UB Cod. 621 fol. 262 r (dreimal), 263 r u. ö.

[285] Dresden, LB Cod. P. 42 fol. 62 v.

[286] *Videbis tunc fortitudinem viciorum, videbis tuam infirmitatem et humiliaberis coram deo, portabis eciam alios faciliter et non spernes peccatores, sed pocius compassionem cum eis habebis sicut tecum expertus es.* Leipzig, UB Cod. 621 fol. 264 v.

[287] S. oben S. 194.

[288] S. z. B. Leipzig, UB Cod. 621 fol. 260 r, 260 v, 261 r jeweils mehrmals.

[289] Ebd. fol. 261 r: *Est autem effectus communionis unio cum Christo.* Hagen dehnt diesen *effectus* auch auf die sog. geistige Kommunion aus, die er als *expurgatio consciencie* und *opera caritatis* interpretiert.

wird auch Martha zuteil und der beständige Kampf gegen die *vitia* findet in jedem „Stand" den Lohn des *fervor caritatis: ut sursum ad deum levare mentem valeas et in eo gaudere et gaudia eterne vite in hac miseria pregustare* ...[290].

Die beiden Erfurter Kartäusermönche haben somit das Problem, welches das Speculum den Erweiterungen der Gattung aufgegeben hat, die Frage nach dem *genus vivendi*, das auf einen guten Tod vorbereitet, sehr unterschiedlich, hinsichtlich der Rolle der *religio* sogar konträr beantwortet. Jakob entwickelt die Dichotomie des Speculum *religiosus — secularis clericus et laicus* weiter zur Antinomie zwischen den *dignitates* und dem *ocium sanctum* und gibt durch seine Entscheidung für das letztere dem Problem eine monastische Lösung. Im Verständnis Hagens ist Jakobs *ars bene vivendi* notwendig mit dem Mönchsstand verknüpft; seine eigene *ars* soll dagegen in jedem „Stand" geübt werden. Deshalb setzt er an die Stelle des Weges von dem Rückzug aus der „Welt" über die *mortificatio sui* zur *dei et sui vacatio*[291], den Jakob zum Inhalt des *bene vivere* bestimmt, die Bewegung von der *declinacio a malo* zur *operacio boni* und stellt alle „Stände" gleichermaßen unter allgemeine Handlungsvorschriften. Die Antinomie Jakobs deutet er als einen lediglich polaren Gegensatz zwischen der *cura animarum* und der *religio*, der geistlichen *vita activa* und *vita contemplativa*, den er unter einem mehr dynamisch, vom Ziel der *caritas*, denn „statisch", vom mönchischen *status perfectionis* her verstandenen Begriff der *perfectio* ausgleicht. Da bei Jakob die Antinomie bis in den Liebesbegriff selber hineinreicht, wenn er die Selbstheiligung durch kontemplative Gottesliebe *(facere misericordiam anime sue deo placere per omnia studens)* dem *lucrum animarum (facere misericordiam proximo)*[292] entgegensetzt und unbedingt vorordnet, führt Hagen zusätzlich die Kategorien der *ubertas* und *utilitas* ein. In ihrem Licht erscheint der Mönchsstand, nach Jakob die höchste Konsequenz, lediglich als eine Konzession an die *infirmi*. Dadurch tritt Hagen in scharfen Gegensatz zu Jakob, der das beschauliche Mönchtum insgesamt angegriffen sieht. 1453 hat er das Problem der *vita activa* und *vita contemplativa*, auf das sich die Diskussion zugespitzt hat, gesondert erörtert, 1456 in seinem Apologeticus religiosorum das beschauliche Mönchtum verteidigt und 1458 diese Themen noch einmal in den Zusammenhang der Todesvorbereitung gestellt.

---

[290] Ebd. fol. 264 v — 265 r.
[291] S. oben S. 189.
[292] S. oben S. 199. — Der Dualismus ist bei Augustinus zwar angelegt, aber nicht ‚vollstreckt', vgl. MIETH, Die Einheit S. 88. Augustinus kennt übergreifende Elemente, Gegengewichte, Differenzierungen, er denkt in Bewegungen, um die der in der Kategorie der *status* denkende Kartäuser die augustinischen Argumentationselemente verkürzt.

4. Reaktion Jakobs des Kartäusers

Die erste Reaktion Jakobs auf die Schrift Hagens sind drei kürzere Zusätze, die Jakob seiner eigenen Ars moriendi beigefügt hat. Der erste und früheste ist schon dem fortlaufenden Text der Reinschrift in Jakobs Handexemplar eingereiht, zwei weitere hat er eigenhändig auf dem Rand des Handexemplars nachgetragen [293]. In Tzewers' Codex erscheinen die zwei ersteren als Marginalien [294] und sind dadurch als Zusätze sofort zu erkennen, bezeugen anderseits jedoch auch den unmittelbaren Kontakt zwischen Tzewers und den Erfurter Kartäusern. Die von der ursprünglich ausgegebenen Fassung der Ars moriendi abgeleitete Überlieferung kennt die Zusätze nicht [295].

Inhaltlich betreffen sie den Kern der Auseinandersetzung zwischen Jakob und Hagen, die Bedeutung der *dignitates* für das *bene vivere*, die vor allem in Jakobs drittem Kapitel *De abiectione cuiuslibet dignitatis* und Hagens sechstem Kapitel *De occasionibus peccatorum cavendis* kontrovers beurteilt wird. Im ersten Zusatz bekräftigt Jakob seine von Hagen bestrittene Darstellung, daß die Väter Gregor, Ambrosius und Augustinus die *vita negotiosa* zutiefst abgelehnt hätten: *Qui viri celeberrimi et imitacione dignissimi de sua vita et scientia preclara non presumentes ad kathedras renitentes compulsi ascenderunt et in eis cum planctu magis quam plausu presidebant easque kathedras semper luctu et lacrimis rigabant, cedere si licuisset magis quam in eis sedere parati ut scripta post eos relicta testantur. Legat super his informari cupiens Omeliam XIam beati Gregorii super Ezechielem de speculacione et repperiet, quale tripudium in summi apostolatus apice habuerit. Et exinde me verum dicere comprobabit. Et si isti tanti viri preclarissimi non nisi luctuosis cordibus cathedris presidebant, penset quilibet nostris etatibus quid sibi sit eligendum.*

Der nächste Zusatz ist Jakobs drittem Kapitel angehängt und nimmt zu dem dort von Hagen herausgehörten monastischen Ausschließlichkeitsanspruch Stellung, modifiziert ihn, aber warnt vor seiner Umkehrung, einer zu negativen Sicht der *religiones: Nec per predicta intendo iter salutis precludere in cura animarum pro aliis sollicite vigilantibus, sed tucius incedendum persuadeo. Sed non ideo religiones abciende ab ecclesia, licet et secularibus patet via salutis. Remotis enim occasionibus peccandi, rarius pecca-*

---

[293] Dresden, LB Cod. P. 42 fol. 63 v — 64 r, 64 r in marg., 76 r in marg.
[294] Köln, StA Cod. W. Fol. 272 fol. 246 rv.
[295] So z.B. Leipzig, UB Cod. 621 u. Hain *9340. Schlettstadt, StB Cod. 57 fol. 165 v, 166 v, 184 v hat hingegen die Zusätze im fortlaufenden Text.

tum admittitur. Abicientes enim delectationem minus peccabimus ex 2° Ethicorum[296].

Die Schlußfolgerung aus dem Augustinus-Zitat (De civ. dei XIX, 19), aus dem Jakob in der *Cautela finalis* ableitete: *quantum igitur est et esse debet de principali intencione hominis ex se, semper intendere debet ad dei et sui vacacionem, nisi necessitas obediencie aut imponat sarcinam cure pastoralis aut iam impositam continuat*[297] — diese Schlußfolgerung bekräftigt er nun im dritten Zusatz: *Hec sencio, hec dico; ad bene moriendum a curis et sollicitudinibus huius seculi feriatam vitam multipliciter fore accomodam.*

Jakob fühlt sich offenbar von Hagen mißverstanden: er, Jakob, habe die Möglichkeit, in der Seelsorge zum Heil zu gelangen, nicht ausschließen wollen. Doch wenn er nun ebenfalls betont, er habe nur einen Rat über den sichereren und angemesseneren Weg erteilt, hat er die Gegensätze noch längst nicht aufgehoben. Denn die Differenz zwischen dem, was theoretisch möglich und was — *modernis temporibus, nostris etatibus* — praktisch zu verwirklichen sei, bleibt bestehen, wird im ersten Zusatz sogar nochmals formuliert. Jakob denkt nach wie vor vom Kloster her und räumt lediglich die andere Möglichkeit, zum Heil zu gelangen, ein, wogegen Hagen das Klosterleben als eine Konzession an die *infirmi* betrachtete. Daher fürchtet Jakob auch sogleich, seinerseits Hagen mißverstehend, es sollten statt der *dignitates* nun die *religiones* „abgeworfen" werden.

Die Schrift De triplici genere hominum prelatorum, activorum et contemplativorum ist in das Jahr 1453 datiert[298]. Sie läßt sich auf Grund des Themas wie der Art seiner Behandlung als eine Antwort auf Hagens Ausführungen zur *vita activa* und *vita contemplativa* verstehen; die Entstehung seiner Ars moriendi wäre dann spätestens 1453 anzusetzen. Die Ausführlichkeit der Schrift — sie ist länger als die gesamte Ars moriendi — mag von dem Bestreben des Autors herrühren, sich vor ähnlichen Mißverständnissen zu schützen, wie sie schon die kurzen Zusätze zur Ars abwehren sollten. Zudem war eine grundsätzliche Erörterung geeignet, Hagens Umwertung der herkömmlichen Einschätzung des Mönchtums und der Seelsorge entgegenzutreten.

Hagen stellte an der oben herangezogenen Stelle die Meinung des Thomas in Frage, die Mönche seien vollkommener als die Weltpriester[299]. Tatsächlich geht die Tendenz des Thomas dahin, die Weltpriester nicht zum status perfectionis zu zählen[300]. Aber Thomas unterscheidet zwischen den

---

[296] Wiederum nicht Aristoteles, sondern die Kommentierung des Aristoteles durch Thomas von Aquin, Eth. 2, 1, 9 Nr. 377 (Marietti): *Et sic abiicientes delectationem, minus peccabimus.*
[297] S. oben S. 199. [298] S. oben S. 41. [299] S. oben S. 214.
[300] LOHSE, Mönchtum und Reformation S. 155.

Bischöfen und den ihnen untergeordneten Priestern. Den Bischöfen erkennt er noch vor den Mönchen den höchsten Rang zu, denn sie hätten nicht nur sich selber zur *perfectio* verpflichtet, sondern seien zugleich *perfectores* anderer[301], hätten zudem wie Christus an der *vita activa* und der *vita contemplativa* zugleich Anteil: *contemplata aliis tradit*[302]. Hagen faßt alle *dignitates, prelature, cure animarum* und *ministeria proximorum* unterschiedslos zusammen und macht betont für den einfachen *plebanus* und *curatus* die Argumente des *lucrum animarum,* der *ubertas* und *utilitas* geltend[303], die Thomas in ähnlicher Formulierung *(bonum multitudinis, utilitas proximorum)* und im gleichen Sinne allein auf die Bischöfe anwendet[304]. Jakob sind die einschlägigen Quaestiones des Thomas selbstverständlich vertraut. Er hat die Ausführungen über den Vorrang der Bischöfe etwa zwanzig Jahre zuvor in seinen eigenen Quaestiones, welche den für die zisterziensischen Mitbrüder des Kloster Mogiła bestimmten Dialogus religiosorum ergänzen sollen, zum Teil wörtlich übernommen[305] und etwa 10 Jahre danach in De religionis perfectione (1444) wiederum die Bischöfe den Mönchen klar vorgeordnet und dafür generell auf die *materia copiosa et solida* des Thomas verwiesen[306]. 1453 zählt er zwar ebenfalls, wenngleich mit wenig Nachdruck, die *prelati* zum *status perfectionis*[307], doch kommen sie nun im *ordo trium generum hominum* eindeutig an die zweite Stelle zu stehen. Die erste Stelle nehmen die *contemplativi* ein[308]. Davon, daß die Bischöfe beide Lebensformen vereinigen — *utraque vita in habitu,* wie Jakob um 1434 in seinen *quaestiones* sagte[309] —, ist jetzt nicht mehr die Rede. Die *contemplativi* sind die *in religionibus ab hominum habitacione separati, ut sunt Benedictini, Cistercienses, Carthusienses et similes*[310] (nicht also die Bettelmönche). Ihre Aufgabe sei es, die Handlungen der anderen zu richten, und darum ständen sie über ihnen[311]. An dieser Ordnung ändern auch alle Nebenaspekte und Ausnahmen nichts, die in verschiedenen *proposiciones* behandelt werden[312]. Im Urteil Jakobs über die Bischöfe deutet sich damit ein Wandel an, der zur Erklärung seiner

---

[301] Ebd. S. 154; Thomas von Aquin, S. th. 2,2 q. 184 a. 7.
[302] S. th. 3 q. 40 a. 1 ad 1.
[303] S. oben S. 214.
[304] S. th. 2,2 q. 185 a. 2 ad 1: *tamen ex alia parte bonum multitudinis praeferendum est bono unius;* S. th. 2,2 q. 185 a. 4 ad 1.
[305] Liber quaestionum de diversis materiis, q. 5, conclusio 13 nach Thomas von Aquin, S. th. 2,2 q. 184 a.7; Leipzig, UB Cod. 621 fol. 75 v.
[306] Wolfenbüttel, Cod. 309 Helmst., fol. 257 v.
[307] De triplici genere hominum, ebd. fol. 78 v.
[308] Ebd. fol. 65 v — 66 v.
[309] *Et in episcopos assumendi sunt iam perfecti, quibus utraque vita in habitu,* Leipzig, UB Cod. 621 fol. 75 v.
[310] De triplici genere hominum, Wolfenbüttel, Cod. 309 Helmst. fol. 77 v.
[311] Ebd. fol. 66 r.   [312] Ebd. fol. 78 v — 81 v.

umstrittenen Forderung nach dem Rückzug aus allen Ämtern beitragen kann.

In den Quaestiones von ca. 1434 hatte Jakob aus der Definition des *status episcoporum* als des *status perfectionis exercende* (im Unterschied zum *status religiosorum* als des *status perfectionis acquirende*) gefolgert: *perfecti episcopi in infinitum excedunt perfectionem monachorum,* und über die konkrete Wirklichkeit, d. h. hinsichtlich der Personen, nicht des *status,* zuversichtlich hinzugefügt: *adhuc enim perfectos episcopos possibile est reperire sicut et perfectos monachos*[313]. Um 1450 unterbleibt die Aufzählung der theoretischen Vorzüge des Bischofsstandes; und über die Wirklichkeit schreibt er jetzt: *paucos seu nullos in vita mea tales vidisse me recolo* . . .[314]. Die Überzeugung, daß gerade ihr Dienst an anderen verdienstvoll sei, wie sie Thomas[315] und auch Hagen[316] vertreten und Jakob selber in seinen früheren Quaestiones angedeutet hat[317], ist in der Ars moriendi der gegenteiligen Vorstellung von der Antinomie der *salus propria* und *salus aliorum,* von der *suggestio de lucro animarum* gewichen. Über die Weltpriester und Seelsorger hat Jakob mehrfach Kritisches geschrieben, aber über die Einordnung ihres Standes später nicht mehr zusammenhängend gehandelt. Er hat sich jedoch in den genannten Quaestiones mit der Frage auseinandergesetzt, ob Mönche ein Seelsorgeamt übernehmen dürfen[318]. Dabei hat er das Argument des *lucrum animarum* nicht wie in der Ars moriendi schlechthin als Vorwand abgetan oder als Versuchung abgelehnt, sondern für die *idonei,* die hier noch nicht auf die *viri heroici* beschränkt sind, durchaus gelten lassen[319]. Wenn der Ordensobere ihnen ein solches *publicum officium* übertrage, dürften sie sich nicht weigern; zur Begründung führt er dieselbe Stelle aus De civitate Dei an (XIX, 19)[320], mit welcher er in der Ars moriendi die Forderung nach dem Rückzug aus „Welt" und den Ämtern begründet[321] und in De triplici genere hominum die Ausführungen über die *contemplativi* einleitet[322].

---

[313] Leipzig, UB Cod. 621 fol. 75 v — 76 r.
[314] S. oben S. 199. [315] S. th. 2,2 q. 184 a. 7 ad 2. [316] S. oben S. 213 ff.
[317] Liber quaestionum, q. 5, conclusiones 11 u. 12, Leipzig, UB Cod. 621 fol. 75 r.
[318] Ebd. fol. 76 v sqq. (q. 6). Kritik an den Weltpriestern übt Jakob besonders in De statu et officio ecclesiasticarum personarum, Quodlibetum statuum humanorum u. De dignitate pastorum; letztere Schrift wird in Tegernsee weithin zutreffend als *Tractatus satiricus pastorum* bezeichnet (clm 18593). Es handelt sich in der Tat um eine *satyra,* d. h. ,Strafrede', da sie zunächst eine hohe Norm aufstellt, um dann an ihr die ,moderne' Wirklichkeit scheitern zu lassen.
[319] Für die Ungeeigneten sei es ein Vorwand, besonders wenn sie ohne Auftrag der *superiores* sich der Seelsorge widmeten; über die *idonei* s. Liber quaestionum, q. 6 conclusio 5; Leipzig, UB Cod. 621 fol. 78 r sqq.
[320] Ebd. fol. 78 v. [321] S. oben S. 199 f.
[322] Wolfenbüttel, Cod. 309 Helmst. fol. 77 r. S. ferner Quodlibetum statuum humanorum, Kap. *De prelatis ecclesiarum* (Hain *9335, nicht foliiert): *omnis virtuosus prelatus*

Die unterschiedliche Verwendung gleicher Argumente und Autoritäten, das Übergehen zur Rezeption bereitstehender Argumente und das Fortlassen von Einschränkungen zeigen die Veränderungen in den Auffassungen Jakobs über das Verhältnis des Klosterlebens zum geistlichen Wirken in der „Welt" an. Hinter diesem Wandel steht die enttäuschte Hoffnung des engagierten Konziliaristen, der mit dem endgültigen Scheitern des Basler Konzils die Möglichkeit reformierenden Einwirkens auf andere in den Institutionen der Kirche überhaupt schwinden sieht. Der Sieg des Papsttums über das Konzil, die „Tragödie" von Basel, wie Jakob in der Schrift De septem statibus ecclesie von 1449, nach der Abdankung Felix' V. sagt[323], berührt unmittelbar sein Geschichts- und Gegenwartsverständnis. Denn diese Ereignisse bestärken ihn in der Überzeugung, daß nun eine allgemeine Reform nicht mehr möglich sei, providentiell vielleicht gar nicht mehr kommen dürfe, weil das Zeitalter des Antichrist vor der Tür stehe: *Et ut verum fatear, non habeo aliquas apparencias in sacris litteris aut in infallibilibus racionibus, quod status nostri temporis generaliter reformari debeat aut possit, dietim in peius moribus hominum crescentibus, sicud et in processu rerum naturalium et elementa et elementata viribus suis decrescunt. Immo verisimiliter opinabile mihi est statum presentem continuandum, immo peiorandum usque ad sextum statum scilicet Antichristi: cum experiencia docente cognoscimus hos contraniti reformationi generali ecclesie, quos magis deceret conatu toto ad reformationem tendere, cupiditate et primatu honoris ad hoc impellente. Etsi quandoque conatus deum timencium reformationi operam dare intendant, in hoc mundo celebres et potentes viros, plus ecclesiasticos quam seculares, videmus se fortiter opponere, adhesionem sibi attrahentes principum et potentum secularium, quorum multitudo aut potentia scintillam inchoatam extinguit*[324]. Die Päpste — Eugen IV.[325] wie Nikolaus V.[326] —, die Kurie, die *natio Italica*[327], die

---

... *debet habere animum ad hoc, ut sarcinam hanc deponat et ad amplexum dilecti sponsi in cubiculo secrecius aspiret dicens illud: Osculetur me osculo suo oris sui* (Cant. cant. 1,1), *quod est quaerere ocium sanctum;* dgl. Kap. *De officio et actu predicationis;* ferner Oculus religiosorum, Wolfenbüttel, Cod. 309 Helmst. fol. 33 v.

[323] Dresden, LB Cod. P. 42 fol. 120 r — 125 v (Autograph), fol. 122 v: *tragedia nostris temporibus in Basiliensi concilio practicata.*

[324] Ebd. fol. 121 rv.

[325] Ebd. fol. 123 r: *Hocque venenum* (sc. *plenitudo potestatis,* die Oberhoheit des Papstes über das Konzil) *effusum est per eum in ecclesia ...*

[326] Ebd. fol. 125 rv: *Gaudet quidem nostris temporibus scilicet nunc de anno domini 1449 ecclesia de unico et indubitato pastore scilicet Nicolao papa quinto, sed luget de conculcatione decretorum in transactis conciliis editorum.*

[327] Ebd. fol. 122 v: *Item palpabiliter cernitur ipsam eius curiam maximam indigere reformatione sicud omnia clamaverunt ultima celebrata generalia concilia ... Unde mihi vix credibile videtur posse ecclesiam generalem reformari, nisi curia Romana fuerit ante reformata. Quod tamen quam difficile sit, cursus presencium temporum manifestat, cum*

Theoretiker der *plenitudo potestatis*[328] und insbesondere die *prelati*, auf denen ursprünglich alle Reformhoffnungen gründeten, die aber bald das ganze Gegenteil der Apostel sein würden[329], verhindern seiner Meinung nach jede Reform. Eine Besserung werde erst durch ein neues Konzil bewirkt werden; darum sei größte Anstrengung vonnöten, wenigstens das Dekret Frequens nicht untergehen zu lassen[330]. Für die Gegenwart sieht Jakob nur in den observanten Klöstern Inseln der Reform inmitten einer immer mehr zum Schlechten sich neigenden Welt: *Estimo igitur mundum dietim deterescere in pravis moribus salva divina disposicione cuius consilium nemo novit, usque ad profundum delictorum, quousque veniat filius perditionis ... neque diffiteor parciales fieri posse locorum reformaciones sicud et iam per graciam dei in multis monasteriis fiunt*[331]. Mit einem Bild aus der Ars moriendi ausgedrückt, bedeutet für Jakob das Kloster ein bergendes „Nest", das ihn vor wilden Tieren und Raubvögeln schütze[332].

Vor dem Hintergrund dieses Gegenwartsverständnisses ist die monastische Grundtendenz der Ars moriendi konsequent. Für den mehr als zwanzig Jahre jüngeren Johannes Hagen (* ca. 1415)[333], der anders als Jakob weder das Konstanzer Konzil als Zeitgenosse miterlebte noch durch Gutachten, die den Beifall der Basler Versammlung fanden, für den Bestand dieses Konzils kämpfte, kann dessen Scheitern nicht die gleiche Bedeutung gehabt haben. So stehen hinter der Kontroverse der beiden Kartäuser, der Auswahl, die sie unter den zur Verfügung stehenden Argumenten treffen, unterschiedliche geschichtliche Erfahrungen.

Der Abwertung des Mönchsstandes zu einer lediglich konzedierten, geduldeten Einrichtung tritt Jakob entgegen in seiner Schrift Apologeticus religiosorum von 1456[334]. Als Anlaß für die Abfassung nennt er allerdings nicht die nunmehr etwa drei Jahre zuvor entstandene Ars moriendi Hagens, sondern ein Gespräch gelehrter Männer, an dem er — *ante aliquot annos* — teilgenommen habe, ohne seinerzeit die dort vorgebrachte Meinung eines, „der sich weise vorkam", widerlegt zu haben: *Puto quod ecclesia nostris temporibus solum patitur religiosos*[335]. Die nachgelieferte schriftliche

---

nulla gens aut nacio fidelium tantam resistenciam faciat reformacioni universalis ecclesie sicud nacio Italica et alii eis applaudentes.

[328] Ebd. fol. 132 r: ... *ita ut eciam modernis temporibus frontose aliqui altarum scienciarum viri dogmatisare audeant in quolibet papa residere plenitudinem potestatis.*

[329] Ebd. fol. 121 v: *Estimo enim ante adventum filii perditionis in prelatis ecclesiarum oppositum repperiri prelatis primitive ecclesie scilicet apostolorum.*

[330] Ebd. fol. 124 v; mit erneuter Invektive gegen die *Italica nacio*.

[331] Ebd. fol. 125 r.

[332] S. oben S. 199, ebenfalls Dresden, LB Cod. P. 42 fol. 63 v (Kap. 3 der Ars moriendi).

[333] KLAPPER, Johannes Hagen 1 S. 16.

[334] S. oben S. 42.

[335] Wolfenbüttel, Cod. 309 Helmst. fol. 304 r.

Verteidigung konzentriert sich nach einem kurzen Blick auf die Geschichte der mönchischen Lebensweise von den Propheten bis zu Franziskus auf die *religiones non mendicantes*, die „Benediktiner, Zisterzienser und Kartäuser und ähnliche"[336]. Drei Argumente, mit welchen die Existenzberechtigung dieser Orden bestritten wurde, weist Jakob zurück: daß die Orden unnütz seien, da sie keine Seelsorge ausüben, nicht nach dem Vorbild der Apostel predigen und nicht arbeiten. Gegen den ersten Vorwurf führt Jakob an, daß die Mönche, je abgeschiedener desto gottgefälliger, durch ihr Gebet der Kirche durchaus nützen wie den Israeliten der betende Moses, dem der Sieg des Volkes über die Amalekiter zuzuschreiben sei. Die observanten Mönche seien die Gerechten, um deretwillen die Welt nicht untergehe, obgleich sie schlechter sei als Sodoma. Zwar will er auch jetzt nicht ausschließen, daß es in der „Welt" einige wenige *perfecti* gebe — *tamen procul dubio rarius quam in monasteriis*[337] —, doch seien es die Mönche, die eine von niemandem zu übertreffende und zu ersetzende heilsgeschichtliche Aufgabe erfüllen.

Das Vorbild der Apostel — *per mundum currebant universum docentes, predicantes a solis ortu usque ad occasum*[338] — auf die Zeit des ausgebreiteten Glaubens anzuwenden, hatte Jakob schon in der Ars moriendi abgelehnt[339]; jetzt führt er mehrere Gründe an, darunter den vielerorts — gemeint sind wohl vornehmlich die Städte — zu beobachtenden Priesterüberschuß, der die Heranziehung der *religiosi non mendicantes* zur Seelsorge nicht notwendig mache: *Sed ex quo per alios multos eciam superfluos in quibusdam locis hec (sc. predicare, sacramenta populo ministrare) possunt exerceri, ideo cessat illorum obiectio et est impertinens ad religiosos nostri temporis*[340].

Es ist also nicht allein die Theologie, sondern auch die Sozialstruktur der spätmittelalterlichen Stadt mit ihrem hohen Prozentsatz an Klerikern, die ihm die Existenz der beschaulichen Orden rechtfertigen hilft. Wie beim einfachen Klerus sieht Jakob ebenfalls bei den höheren Ämtern ein Überangebot an Bewerbern, woraus er schon in der Ars moriendi ein zusätzliches Argument zur Stützung seiner Forderung nach dem Ablegen aller *dignitates* gewinnt, obwohl er zugleich die Ursachen dieses Tatbestandes, den er sich zunutze macht, moralisch verwirft: *Hec (sc. dignitates) autem fugere cuilibet vere volenti non erit difficile modernis temporibus, cum hec a pluribus appetantur et quod a pluribus appetitur, facile invenit possessorem. Nec iam quaeri necesse est tales, qui talibus presidenciis prelocabimur, ut olim in primitiva ecclesia, sed una kathedra vacante plures se offerunt,*

---

[336] Ebd. fol. 304 v.
[337] Ebd. fol. 307 r.
[338] Ebd. fol. 305 r.
[339] S. oben S. 191 f.
[340] Wolfenbüttel, Cod. 309 Helmst. fol. 305 v.

immo se ingerunt et per impressionem occupant. Rarus enim est, qui peste hac caret, quam Bernardus baptizat libidinem dominandi[341]. Daß folglich, an Jakobs Maßstäben gemessen, nur Ungeeignete in die kirchlichen Führungsämter eindringen, wird von ihm gar nicht erwogen. Der unbedingte Vorrang der *salus propria* und die Endzeitstimmung verhindern solche Bedenken. Sie werden dagegen um so nachdrücklicher vom Eichstätter Bischof Johannes von Eych gegenüber einem anderen Kartäuser, Jakob von Tückelhausen, geltend gemacht[342].

Hagen hatte seine Definition der *religio* als einer Zufluchtsstätte für die, welche der Seelsorge nicht gewachsen sind, mit einem Wort aus des Hieronymus Invektiven gegen Vigilantius untermauert[343]; dem setzt Jakob im Apologeticus ein längeres Zitat aus der gleichen Kontroverse des Kirchenvaters entgegen, das nun seine Beweisführung zu stützen geeignet ist[344]. In ähnlicher Weise hat er schon in De triplici genere hominum mit Stellen aus Thomas und vorzugsweise Johannes Chrysostomus (Matthäus-Homilien) die Inanspruchnahmen dieser Autoritäten durch Hagen zu korrigieren versucht. Anders verfährt er mit der Formulierung Hagens: *contemplativa vita sterilis est et filios non parit*[345]. Hagen verschärft hier einen Satz aus Gregors Ezechiel-Auslegungen und wendet ihn gegen ein, wie er meint, übersteigertes Mönchsideal; diesen Satz hatte Jakob selber in seinen Quaestiones zum Dialogus benutzt, um den Vorrang der Bischöfe zu begründen: *secundum Gregorium super Ezechielem contemplativa vita speciosa est animo, scilicet dum quiescere in silencio appetit, filios non generat predicacione*[346]. Jetzt übergeht er ihn völlig, obwohl der Apologeticus gerade beweisen soll, daß Mönche keine „unfruchtbaren Zweige am Weinstock" seien[347], und daher eine Auseinandersetzung über ihre „Fruchtbarkeit" nahegelegen hätte. Er hätte dabei auf das Bücherschreiben, das *manibus praedicare*, welches die Consuetudines den Kartäusern vorschreiben[348], hinweisen können, wie es 1466 und 1467 der Basler Kartäuser Heinrich Vullenho tat[349], oder in der eigenen literarischen Tätigkeit einen Dienst an

---

[341] Dresden, LB Cod. P. 42 fol. 63 r.
[342] S. unten S. 231 ff.
[343] S. oben S. 215.
[344] S. oben Anm. 340. Das gleiche Zitat, Contra Vigil. 6, bei Thomas von Aquin, S. th. 2, 2 q. 189 a. 7 ad 2.
[345] Leipzig, UB Cod. 621 fol. 261 v; dagegen heißt es ebd. fol. 262 v vom *status predicationis: plures filios generans*.
[346] Liber quaestionum, q. 4, conclusio 11; ebd. fol. 75 rv.
[347] ... *ac si superflui essent tamquam ramus aridus in arbore fructifera* ...; *sicut palmes in vite non ferentes fructum;* Wolfenbüttel, Cod. 309 Helmst. fol. 304 rv.
[348] Guigo, Consuetudines, Migne PL 153 Sp. 693—696.
[349] S. oben S. 64.

anderen sehen können, als welchen Hagen seine Schriften [350] und Johannes von Eych das *literarum studium* seines kartäusischen Briefpartners Jakob von Tückelhausen verstanden [351]. Doch Jakob verzichtet in dem Apologeticus darauf, irgendwelche Verbindungen zur „Welt", und seien sie noch so mittelbar, zur Rechtfertigung heranzuziehen. Vielmehr verlangt nach seiner Darstellung das wirksame Gebet der Mönche für die Welt gerade ihre völlige Lostrennung von der „Welt" [352]; es sei eben der Sinn der Gelübde, von aller *sollicitudo* frei zu machen [353], wie er am Schluß ausführt, als er nach der Widerlegung der Vorwürfe über die *nobilitas et excellencia sacrarum religionum et sub istis militancium* [354] handelt.

Die zweite Schrift Jakobs über die Bereitung zum Tod, De desiderio moriendi vel de preparacione ad mortem von 1458 [355], faßt die vorausgegangene Kontroverse zusammen und fügt sie wieder in den thematischen Zusammenhang ein, von dem sie ihren Ausgang genommen hatte. Dies geschieht in der Form eines längeren Exkurses *de usu rerum temporalium*, dessen Apologie und Polemik einen unzweideutigen Bezug zur vorausgegangenen Auseinandersetzung herstellen [356]. Wie die Ars moriendi von ca. 1450 ist auch diese Schrift zweiteilig aufgebaut: sie handelt von der Über-

---

[350] Hagen in dem oben S. 205 genannten Register, bei KLAPPER, Johannes Hagen 2 S. 145: *Post hec anno domini 1451 a variis personis inductus fui precipue a meo superiore ad scribendum aliqua pro aliorum utilitate, ut non solum michi, sed et aliis prodesset mea lectio, et licet primo invitus, tamen acquievi eorum desiderio.*

[351] S. unten S. 240.

[352] Wolfenbüttel, Cod. 309 Helmst. fol. 304 v: ... *quanto tales viciniores deo per oracionem, contemplacionem et flagrantissima amoris studia ac mundanarum rerum contemptu existunt, tanto deo cariores existunt oraciones eorum pro universali ecclesia et quolibet statu in ecclesia, quas deo offerare non desistunt.*

[353] Ebd. fol. 307 r: *Hec eciam tria* (sc. *cupiditas rerum exteriorum, concupiscencia sensibilium et carnalium delectacionum, inordinacio voluntatis humane*) *habent vehementes sollicitudines annexas*... *Cum ergo hec in conversacione seculari minime possunt declinari, igitur religiosi tria vota emittunt, sc. paupertatis propter primum, castitatis propter secundum, obediencie propter tercium.*

[354] Ebd. fol. 306 v—307 v. Die *conclusio finalis*, fol. 307 v, enthält wie Kap. 10 der Ars moriendi die — von Hagen nicht verwendeten — Bestimmungen der *religio* als *secundum genus martirii* und *secundum baptisma*. Jakob beruft sich dafür auf Bernhard von Clairvaux wie auf Thomas von Aquin, obwohl gerade Thomas diese Definitionen nur sehr vorsichtig verwendet; vgl. LOHSE, Mönchtum und Reformation S. 120 ff., 157 ff.

[355] Berlin, PK Cod. theol. lat. Fol. 704, p. 101—118 (aus dem Besitz Wilhelm Tzewers').

[356] Der Exkurs ebd. p. 110—114: *Sed quia de usu rerum temporalium sermo se intulit, lacius parum stilum se extendere expedit, ut quando et quomodo virtuose et viciose horum usus sit, valet dinosci*...; die Polemik: *Meminerint queso illi, quibus religiosi videntur infructuosi in ecclesia* ... *Hec et similia videntur perfectis religiosis clipeum afferre defensionis contra oblatrantes*... (ebd. p. 114); *unde et quidam minus caute considerantes ausi sunt pronuncciare de religiosis tanquam de inutilibus in ecclesia, quod ecclesia ipsos solum patitur sicut steriles infructuosos ramos in arbore eo quod in cura animarum pro edificatione fidelium parum aut nihil agere videntur, saltem aliqui ex eis. Sed hi obscuratum habent intellectum* (ebd. p. 113).

windung der *mortis amaritudo* durch das *desiderium mortis: non modo in experigencia mortis sed eciam in actuali memoria adhuc in absencia mortis*[357]. Nur ist diesmal der zweite Teil *De accessu mortis*[358] sehr viel kürzer geraten als um 1450. Aber die Vorschriften für die Sterbestunde waren nicht umstritten, so daß es hier keiner ausführlichen Erläuterung bedurfte. Dagegen nimmt die Darstellung der strittigen Vorbereitung zu Lebzeiten den achtfachen Raum ein.

Wiederum will Jakob eine *ars bene vivendi* als *ars bene moriendi* entwickeln — die Verbindung zu begründen, zieht er nun auch Petrarca heran[359] — und bestimmte *instrumenta* zur Erlangung des *desiderium mortis* bereitstellen[360]. Es sind, auf der Basis der *memoria mortis* mit ihrer weltverachtenden Wirkung, folgende: 1. *precedentes penitentie fructus et quanto acerbiores tanto puriores*, 2. *meditacio gaudiorum futurorum*, 3. *abstractio et alienacio delectabilium oblectamentorum huius seculi*, 4. *continua meditacio de carissimis ... et aliorum iam defunctorum*, 5. *amena dulciaque spiritualia cantica*[361]. Die mystische Überhöhung des mit diesen Mitteln bewirkten *desiderium moriendi* erfahren schließlich die *veri religiosi*[362]: *Vita ergo irreprehensibilis sectanda est et delectaciones terrene eradicande sunt sive ad homines sive ad quascunque alias res, ut homo ambulet semper in pratis virencium scripturarum, oracionum et meditacionum, sicque non sit longe a Christo sponso suo. Talem utique mellifluam affectionem merito sentire debent veri religiosi, qui terrenis affeccionibus repudiatis in amplexibus purissimis sponsi debent repausare, semper illud Canticorum dicentes: ‚Dilectus meus mihi et ego illi'*[363], *et illud: ‚Fasciculus mirre dilectus meus michi inter ubera mea commorabitur'*[364].

---

[357] Ebd. p. 102.
[358] Ebd. p. 116—118.
[359] Ebd. p. 106 f. — In welchem Sinn Petrarca in der Erfurter Kartause gelesen wurde, zeigt der Bibliothekskatalog an. Die Bände H 50, H 51 und H 52 mit Petrarcas De remediis utriusque fortunae und De laude vitae solitariae folgen auf Texte und Kommentare der Benedikt- und Augustinus-Regeln sowie die unmittelbar vorangehende Regula solitariorum des Priesters Grimlaicus aus dem 9. Jh. Zur Bedeutung der Abteilung H s. oben S. 81 f. Der Kartäuser Adrian Monet (gest. 1411) hat nach Petrarcas De remediis utriusque fortunae eine gleichnamige Schrift verfaßt, die 1471 in Köln gedruckt wurde; s. AUER, Johannes von Dambach S. 325 ff., im Erfurter Katalog MBK 2 S. 396 Z. 1 ff.
[360] Berlin, PK Cod. theol. lat. Fol. 704 p. 105: *utilissima ars est, qua homo potest gaudere de morte, quam omnes homines formidant;* p. 106: *Qui ergo vult gaudere in morte, meritum sibi comparet in vita..., sed quia in omni arte quedam principia sive instrumenta inveniuntur, per que facilius ad finem illius artis fit progressus, quod maxime in proposito est necessarium et utilissimum agnoscere, ut timor mortis qui omnium corda mortalium occupare solet, transeat in desiderium, et quod amarum est, vertatur in dulcedinem.*
[361] Ebd. p. 108 (1), 109 (2, 3), 114 (4), 115 (5).
[362] Ebd. p. 116.
[363] Vgl. Cant. cant. 6, 1: *Ego dilecto meo et dilectus meus mihi.*
[364] Cant. cant. 1, 12.

Die Todesvorbereitung strebt also dem gleichen Ziel zu wie es sein erster Entwurf einer *ars bene vivendi* formulierte. Doch sind die fünf *instrumenta* nicht so streng auf das monastische Leben ausgerichtet wie das detaillierte asketische Programm der Ars von ca. 1450. Durch allgemeiner gehaltene Formulierungen will der Verfasser erreichen, daß seine neue Ars allen „Ständen" gerecht wird. Am Beispiel des dritten *instrumentum*, der *abstractio et alienacio delectabilium oblectamentorum huius seculi*, führt er die Applikation auf weltliche und geistliche „Stände" durch, eben in dem Exkurs *De usu temporalium rerum*. Hier muß sich zeigen, welche Konsequenzen er aus der Kontroverse gezogen hat.

Die Forderung der *alienacio* wird nach Jakob selbstverständlich am vollkommensten erfüllt von den *perfecti viri..., qui omnia relinquentes soli deo placere cupierunt*[365]; als Gegenbeispiel berichtet er von einem reichen Mann, der noch im Tode seine Gulden liebevoll betastete. Das Problem, das der Exkurs nun lösen soll, betrifft aber weder den vollen Verzicht noch die sündhafte Liebe zum Gut, sondern den rechten Gebrauch der *temporalia*, d.h. die Trennung der *nimia delectacio in eis* (sc. *rebus*) vom *usus rerum*, wie er ihn durch das Wort des Apostels Paulus vom ‚Besitzen, als besäße man nicht' definiert sieht[366]: *... licet usus rerum sint concessi, amor tamen et nimia dilectacio in eis est viciosus. Et utique illa duo possunt ab invicem separari secundum quod Paulus dicit de illis: ‚qui utuntur hoc mundo tanquam non uterentur; preterit enim figura huius mundi' et exemplificat illud de multis 1 Cor. VII.*[367]

Bevor Jakob sich den vier „Ständen", den Fürsten, Gemeinen, *prelati* und *religiosi*, im einzelnen zuwendet, leitet er aus dem Paulus-Wort mit Hilfe der aristotelischen Ethik — *virtus in medio consistit, inter superabundanciam et defectum sive superfluum et diminutum*[368] — als allgemeinverbindliche Grundregel für den rechten Gebrauch (*virtuose uti*) die Vorschrift ab, das *medium* einzuhalten. Die praktische Einschränkung folgt jedoch der Regel auf dem Fuß; denn das *medium* findet nur der *sapiens* mittels der *recta racio* — *et quia stultorum infinitus est numerus*[369], *sapientum autem parvus est numerus, ideo pauci sunt, qui virtuose vivunt*. Wie schon mehrfach in der ersten Ars betont der Autor, daß die Einhaltung der moralischen Regel nur eine statistische Ausnahme sei, und bestätigt so noch einmal seine vom Bewußtsein der Endzeit bestimmte Gegenwartsanalyse.

---

[365] Berlin, PK Cod. theol. lat. Fol. 704 p. 110.
[366] Ebd.
[367] 1. Cor. 7, 26—31.
[368] Berlin, PK Cod. theol. lat. Fol. 704 p. 110,
[369] Eccles. 1, 15.

Der Einteilung in vier „Stände" legt der Verfasser das Kriterium der Herkunft ihrer *temporalia* zugrunde: die *reges, principes huius seculi potentes* leben, dieser Einteilung zufolge, ausschließlich von fremdem Gut, von den ihnen zum Zweck der *defensio subditorum* übergebenen *stipendia*[370]; die *vulgares homines* „essen ihr eigenes Brot"[371]; die *prelati* wiederum leben von den ihnen anvertrauten *beneficia ecclesiastica*[372] und die *religiosi* schließlich kennen keinen Privatbesitz; die Herkunft ihres Gemeinbesitzes wird nicht erörtert, seine Berechtigung aber verteidigt[373]. Die beiden *status*, welche fremdes Gut verwalten, leben gefährlich, die *prelati* mehr noch als die *reges*, da sie nicht nur schlechte, sondern auch unrechtmäßige Amtsinhaber sein könnten. Der zweite *status* ist weniger gefährdet, der dritte am sichersten. Den größten Gegensatz bilden nach dieser Einteilung wiederum die *prelati* und die *religiosi*. Während es von den *reges* immerhin heißt, daß einige, wenngleich nur wenige — *pauci, fenicibis* (Phoenicibus) *rarius*[374] — von ihnen gerettet werden könnten, erschöpfen sich die Darlegungen über die *prelati* in beredter Klage und Anklage, die keinerlei Einschränkung erfährt. Der Verfasser vertieft den Gegensatz zu den *religiosi* sogar noch, indem er ihrer konstruktiven Funktion die destruktive der *prelati* gegenüberstellt. Zugunsten der Mönche wiederholt er das Argument aus dem Apologeticus, daß sie die gerechte Strafe von der verderbten Welt abhalten[375]; die *prelati* stellt er dagegen als die Urheber der Verderbnis dar: *Et verisimile est secundum Johannem Crisostomum et Gregorium papam, quod omnes plage in ecclesia sive hereticorum sive gentilium Turcorum Sarracenorum proveniunt ex inordinata vita prelatorum et clericorum sicut in adventu Christi tota subversio Jerusalem et abiectio Judeorum suum ortum habuit ex avaricia et ypocrisi ac superbia scribarum et phariseorum et sacerdotum, qui videbantur regere populum, de quibus plena est scriptura*[376]. Seit der konstantinischen Schenkung seien sie von dem Gift des Besitzes verseucht, schreibt Jakob[377], die Legende von dem Weheruf des

---

[370] Berlin, PK Cod. theol. lat. Fol. 704 p. 110f.; ähnlich im Quodlibetum statuum humanorum, Kap. *De regibus et nobilibus*.
[371] Ebd. p. 111: *Secundus status est vulgarium hominum communium, qui laboribus manuum suarum victum quaerunt ... proprium panem manducant.*
[372] Ebd.: *Tercius status est prelatorum, qui de ecclesiasticis beneficiis vivunt, quibus cura animarum comissa est et nutriuntur de stipendiis ecclesiasticis.*
[373] Ebd. p. 113.
[374] Ebd. p. 111.
[375] Ebd. p. 114: *Credendumque est firmiter, quod indignacio iudicis per oraciones se diligencium frequenter placatur quodque vindictam suspendit longanimiter expectans penitentiam peccatorum sicud olim per oraciones Moysi famuli dei.*
[376] Ebd. p. 112.
[377] Ebd. p. 111: *Nam tempore Constantini Cesaris, qui dotavit ecclesias possessionibus temporalium rerum, audita est vox in aere: Hodie venenum est effusum in ecclesia.*

Engels aufnehmend, mit dem schon die Anhänger der franziskanischen Armutsbewegung gegen den Besitz der Kirche polemisiert hatten[378].

Von dieser Charakterisierung der beiden *status* führt kein Weg zur Verständigung mit dem Standpunkt Hagens über das Verhältnis der *cura animarum* zur *religio*. Jakobs Schlußfolgerungen für das *bene mori* beinhalten nach wie vor die Forderung nach dem Rückzug aus den geistlichen Ämtern: *Persuasum michi videtur periculosum fore in pluralitate beneficiorum et maxime in cura animarum mori, precipue ubi racio necessitatis et communis utilitatis deest, non obstante cuiuscunque eciam papalis dispensacione secundum omnes theologos*[379].

Die erneute Verteidigung der Mönche *contra oblatrantes*, nunmehr durch einen Hinweis auf ihre Leistungen in der *doctrina* ergänzt[380], hebt den Gegensatz zwischen der *abdicacio* und der *sollicitudo*, der *propria salus* und der *procuracio sacramentorum*, der *vita contemplativa* und der *vita activa* noch einmal hervor[381]. Die Formulierung der Gegensätze ist zwar weniger schroff als in der ersten Ars; statt dessen hat Jakob jedoch die Kontrastierung des *status prelatorum* und des *status religiosorum* so scharf herausgearbeitet, daß von einer Änderung seines Standpunktes durch die Kontroverse nicht die Rede sein kann[382].

---

[378] Vgl. J. HALLER, Das Papsttum. Idee und Wirklichkeit 5. 1965 S. 19; G. LAEHR, Die Konstantinische Schenkung in der abendländischen Literatur bis zur Mitte des 14. Jh.s 1926 S. 122, 172, 175 f.; Gerson, De comparatione vitae contemplativae ad activam (Oeuvres complètes 3) S. 75.

[379] Berlin, PK Cod. theol. lat. Fol. 704 p. 112.

[380] Ebd. p. 113.

[381] *In qua religione ubi invenitur maior abdicacio et minor sollicitudo, hec censetur perfectior... Ille inter turbas secularium discurrentes multos curare intendit incertus de propria salute. Videmus sepius medicos volentes pestem sanare aliorum et incidunt in eandem... Legimus in quadam revelacione, quomodo quidam novicius in anno probacionis cuiusdam religionis temptabatur a sathana, ut exiret ad seculum memorans quomodo in seculo plura bona opera facere posset in ministerio verbi dei, in procuracione sacramentorum fidelibus... Vita quoque contemplativa in scripturis prefertur active...*, ebd. p. 113 f. Nach Jakobs Überzeugung ist eine wesentliche Voraussetzung der *maior abdicatio et minor sollicitudo* der Gemeinbesitz der Mönche. Jakob vertritt ein radikales kontemplatives Ideal, das ein radikales Armutsideal ausschließt. Gerade bei den Bettelorden sei die *sollicitudo pro temporalibus* nicht geringer; die tägliche Erfahrung lehre, daß der an sich vollkommenere Verzicht auch auf Gemeinbesitz, wie ihn die Bettelorden ihrer Regel zufolge üben müßten, das Gegenteil bewirke. Es komme daher darauf an, die *res temporales* so zu besitzen, daß sie die geringste *sollicitudo* verursachen. De comparatione religionum, Dresden, LB Cod. P. 42 fol. 253 v — 257 v (Autograph).

[382] Die Einschränkung am Schluß (Berlin, PK Cod. theol. lat. Fol. 704 p. 118) —*Hec forma prescripta per morituros servanda non mediocriter persuaderi michi visa est utilis, aliis non preiudicando, quam michi meisque similibus in etate prematura constitutis desiderio ponere ad praxim* — bezieht sich auf das letzte Kap. *De accessu mortis* und relativiert nicht Jakobs grundsätzliche Positionen in der Streitfrage.

5. Jakob von Tückelhausen und Johannes von Eych

Die Erweiterung der Ars moriendi durch die *ars bene vivendi,* wie sie Jakob der Kartäuser vornimmt, hat weiterreichende Konsequenzen, als die Untersuchung von R. Rudolf ahnen läßt. Denn es wird nicht nur eine Gruppe von „Formstücken"[383] aus der asketischen Literatur der ‚Sterbevorbereitung im engeren Sinn' hinzugefügt, die bei Jakob zur „Betonung der guten Werke, Aszese, Buße und Ablaß" führe, wie Rudolf — mit Appels Worten — feststellt[384]. Vielmehr wird die „Literaturgattung" der Ars moriendi[385], sofern die verschiedenen Schriften überhaupt als eine Gattung begriffen werden können, ganz neuen Funktionen zugeführt. Der „textgeschichtlichen" Untersuchung Rudolfs entgeht, daß die „Formstücke" mit dem Wandel — jedenfalls der lateinischen — Ars moriendi von der pastoralen Anweisung zur theologisch begründenden Darlegung die Funktion von Argumenten im Rahmen einer Beweisführung erhalten. Da diese Beweisführung sich weniger auf das *mori* als vielmehr auf das *genus vivendi* richtet, erhält die erweiterte Ars moriendi als Ganze die Funktion, ein bestimmtes *genus vivendi* als die richtige Todesvorbereitung zu erweisen. Es handelt sich also nicht um die Betonung der Askese schlechthin, sondern um bestimmte asketische Konzeptionen. Dieser Funktionswandel hat einen Strukturwandel des Publikums zur Folge, denn Jakobs Ars sucht gar nicht das Publikum, das Gerson erreichen will. Sie wird, wie die handschriftliche Rezeption in den genannten Klöstern und besonders das Beispiel von Klus zeigen[386], vorwiegend als monastische Reformschrift verstanden.

In der textverarbeitenden Rezeption gewinnt die argumentierende Ars moriendi eine weitere Funktion. Indem Jakobs erste Ars Widerspruch durch eine Gegendarstellung erfährt, wird die Ars moriendi zur Streitschrift, die sich in der Polemik, der Abweisung von „Irrtümern", deutlich als solche zu erkennen gibt. Der umstrittene Gegenstand ist aber nicht das ursprüngliche Thema, die Vorbereitung des Sterbenden in der Todesstunde, sondern die *ars bene vivendi.* Sie drängt das ursprüngliche Thema in den Hintergrund. Bezeichnenderweise nimmt in Jakobs zweiter Ars (von 1458) der Exkurs *De usu rerum temporalium* allein den doppelten Raum des gesamten Abschnittes über die Todesstunde ein. Elemente der asketischen, mystischen und nun auch moraltheologischen Literatur haben das pastorale Sterbebuch völlig verändert und ‚umfunktioniert'.

Der Streit um das richtige *genus vivendi* wird durch die je andere Bestimmung des Verhältnisses der *cura animarum* zur *religio* ausgetragen, hinter

---

[383] RUDOLF, Ars moriendi S. 114.
[384] Ebd. S. 111; APPEL, Anfechtung und Trost S. 90.
[385] RUDOLF, Ars moriendi S. XV.   [386] S. oben S. 203.

der die Frage nach einer das eigene Heil nicht gefährdenden Seelsorge steht. Die Auseinandersetzung berührt demnach unmittelbar nur den Klerus, vor allem den höheren, und die Mönche, nicht aber die Laien. Dementsprechend ist die Verbreitung der genannten Schriften auf diese Personenkreise beschränkt. Hagens Ars moriendi ist, soweit sich bisher absehen läßt, nur im Zisterzienserkloster Altzelle und in der Bibliothek Wilhelm Tzewers' nachweisbar[387], De triplici genere hominum in den Erfurter[388], Mainzer[389] und Trierer[390] Kartausen, in St. Matthias zu Trier[391], im Kollegiatstift Glogau[392], im Augustinerinnenkloster Heinigen[393] und in den Händen des Magisters Jakob Philippi aus Kirchhofen[394] sowie der Theologen Mulner[395] und Tzewers[396]; der Apologeticus religiosorum außer in den Erfurter[397], Mainzer[398] und Trierer[399] Kartausen in Oldenstadt[400]; die zweite Ars Jakobs schließlich neben der Erfurter[401] in der Nürnberger Kartause[402], in Liesborn[403], Oldenstadt[404] und wiederum bei Tzewers[405]. Dennoch ist die Auseinandersetzung von allgemeiner Bedeutung, da sie in hervorragendem Maß die Inhaber kirchlicher Führungsämter betrifft. Hagen hat Jakobs Ars moriendi als eine Verunsicherung dieses Personenkreises verstanden und ein Gegengewicht zu schaffen versucht. Aber nicht seine, sondern die Ars Jakobs hat mit über 50 Handschriften und zwei Druckauflagen weite Verbreitung gefunden. Jakobs Vorstellungen konnten also ungleich wirkungsvoller werden, fast stets ohne Hagens Gegengewicht. Ihre Wirkung darf nicht deshalb unterschätzt werden, weil die Ars während der Phase der handschriftlichen Rezeption, also bis zu Beginn der achtziger oder neunziger Jahre, nur zum geringen Teil bei Weltklerikern, vornehmlich aber in reformierten Klöstern nachzuweisen ist, wo sie wie andere Reformschriften primär als eine Bestätigung der *vita contemplativa* und eine Vertiefung der Observanz wirken mußte[406]. Jakobs Schrift fördert ein monastisches Selbst- und „Welt"-Verständnis, das den kaum eingeschränkten Anspruch des Mönchtums enthält, der einzig sichere Weg zum Heil zu sein. Wenn diese Klöster nun ihrerseits auf den Weltklerus Einfluß nehmen, muß, wie an einem Beispiel zu zeigen sein wird[407], ihr Anspruch geradezu eine aggressive

---

[387] S. oben S. 204 f.
[388] Weimar, LB Cod. Fol. 25.
[389] Mainz, StB Cod. I. 532.
[390] Trier, StB Cod. 1913/2033, Cod. 1924/1471.
[391] Trier, StB Cod. 579/1581.
[392] Breslau, UB Cod. I. Fol. 164.
[393] Wolfenbüttel, Cod. 237 Helmst.
[394] Colmar, StB Cod. 64 (194).
[395] Wien, ÖNB Cod. 4225.
[396] Darmstadt, LB Cod. 1422.
[397] Weimar, LB Cod. Fol. 25.
[398] Mainz, StB Cod. I. 532.
[399] Trier, StB Cod. 1924/1471.
[400] Göttingen, UB Cod. theol. 131.
[401] MBK 2 S. 501 Z. 4 f.
[402] Nürnberg, StB Cod. Cent. IV. 42.
[403] Münster, UB Cod. 82 (Verlust).
[404] Wolfenbüttel, Cod. 870 Helmst.
[405] Berlin, PK Cod. theol. lat. Fol. 704.
[406] S. oben S. 129.
[407] S. unten S. 235 ff.

Wirkung auf den Weltklerus haben, dem die Beweislast aufgenötigt wird, seine Tätigkeit gegenüber dem kontemplativen Ideal zu legitimieren.

Das in Jakobs Ars moriendi sich äußernde monastische Selbstverständnis knüpft an eine lange Tradition an, die B. Lohse von Hieronymus über Cassian zu Bernhard verfolgt[408]. Beim späten Jakob ist es aber dadurch verschärft, daß das Gegengewicht, die Hochschätzung des Bischofsamtes, zurücktritt, seine praktische Bedeutung sogar einbüßt und Kritik und Verurteilung der Prälaten die Überhand gewinnen. Die Prälatenschelte hat zwar ebenfalls ihre Tradition in der „Reformrhetorik" der Reden und Traktate Bernhards[409] — in den Briefen spricht er weniger heftig und verallgemeinernd —, doch Jakob fixiert die unheilvolle Rolle der Prälaten im Ablauf der Heilsgeschichte, und so sehr er darauf beharrt, daß der Mönchsstand nicht nach seinen regelwidrig lebenden Mitgliedern beurteilt werde, so wenig berücksichtigt sein Urteil über den Prälatenstand die positiven Ausnahmen, die es eventuell noch geben könne.

Hagens veränderte Einschätzung der Seelsorge schließt sich nicht an diese Tradition an; wie ein kurzer Hinweis zu erkennen gibt[410], scheint Johannes Chrysostomus, etwa mit der Schrift De sacerdotio — in der Erfurter Kartause im Band H 76[411] —, in dieser Frage seine wichtigste Quelle gewesen zu sein. Daß er des Chrysostomus Werke wie die vieler anderer *autentici doctores* gelesen und *pro maiori parte* exzerpiert habe, vermerkt er in seinen autobiographischen Notizen[412]. Auch Thomas, der die Einseitigkeiten Bernhards hinsichtlich des Mönchtums vermeidet[413], konnte er teilweise in seinem Sinne benutzen, unbeschadet seines Widerspruches gegen die Einstufung der *plebani*. In Fragen der Klosteraskese und der Kontemplation waren Bernhards Schriften für ihn wie für Jakob unverzichtbar[414].

Die Kontroverse der beiden Kartäuser hängt gewiß mit unterschiedlichen Erfahrungen ihrer Zeitgeschichte zusammen[415]. Doch gehört Hagens Widerspruch gegen die Abwertung der geistlichen *vita activa* über den biographischen Zusammenhang hinaus in eine Bewegung hinein, die im 15. Jahrhundert in mehreren Kartausen zu beobachten ist und ihren Höhepunkt im 16. Jahrhundert in der gegenreformatorischen Tätigkeit der Kölner Kartause erreicht, nach der überspitzten Formulierung Jedins die „koperni-

---

[408] LOHSE, Mönchtum und Reformation S. 370 ff. sowie die Kap. über die genannten Autoren.
[409] J. LECLERCQ, Wissenschaft und Gottverlangen. Zur Mönchstheologie des Mittelalters. 1963 S. 153 f.
[410] S. oben S. 214.   [411] MBK 2 S. 409 Z. 19 f.
[412] KLAPPER, Johannes Hagen 2 S. 124.
[413] LOHSE, Mönchtum und Reformation S. 154.
[414] Vgl. KLAPPER, Johannes Hagen 2 S. 158 (Reg. s. v.).
[415] S. oben S. 222 f.

kanische Wende von der Kontemplation zum Apostolat"[416]. Die Kartäuser wenden sich den Bereichen außerhalb ihres eigenen Ordens und außerhalb verwandter Orden zu. Nach H. Rüthing ist im 14. Jahrhundert davon noch kaum etwas zu spüren[417]. Hagens positive Einstellung zur geistlichen *vita activa* könnte ein theoretischer Reflex der Hinwendung des Ordens zur „Welt" sein. Seine übrigen Schriften, die zu diesem Thema beitragen können, wären noch heranzuziehen; die Arbeit J. Klappers ist hierfür nicht ergiebig. Die Adressaten der Traktate Hagens *ad varias personas ecclesiasticas et seculares, episcopos, principes, plebeos ac simplices,* wie er sie selbst zusammenfassend aufzählt[418], bezeugen seine vielfältigen Beziehungen zur „Welt", die ein kurzer Blick in sein eigenhändig angelegtes Schriftenverzeichnis illustriert: *Item scripsi ad Wilhelmum ducem Saxonie tractatum de moneta..., de regimine principis..., de cancellaria ad cancellarium eiusdem principis..., de principe milicie..., de magistro camare ..., de comite...* (an den Grafen von Gleichen), *de magistro agriculture et de agricultura..., de medico..., de mercatore..., de iuris vocabulis proprium teutonicum..., de magistro piscium..., de advocato..., de modo regendi scholares...*[419] usw. Der Cod. Ham. 54 der Bodleian Library — ehemals Band H 61 der Erfurter Kartause — enthält einen kleinen Teil seiner Korrespondenz mit Briefen z. B. von und an Rudolf, Bischof von Lavant (1463—1468), oder von und an Sigismund Hatze, Archidiakon in Breslau[420]. Während Hagen nach elfjähriger Tätigkeit des Sammelns und Exzerpierens (1440—1451)[421] begann, nach außen hin tätig zu werden, zeigt Jakobs Biographie den umgekehrten Weg von der *vita activa* des Katheders in die *vita contemplativa* der Kartause; er vollzieht selber den Rückzug von der *excellentia magistralis,* den er in der Ars moriendi fordert[422]. Seine persönlichen Kontakte von der Kartause zur „Welt" sind sehr viel geringer als die weitgespannte Tätigkeit Hagens. Jakob nimmt statt dessen vorwiegend Einfluß auf die monastischen Reformbewegungen, vorab die Bursfelder, wie in den voraufgegangenen Kapiteln nachgewiesen wurde. Es wäre zu prüfen, ob diese Einflußnahme Jakobs auf verwandte Orden und die Hagens sowohl auf die Orden als auch auf Bereiche außerhalb der Klöster zwei typische Phasen der „noch nicht ganz klar zu erkennende(n) und zu deutende(n) Wende ‚von der Kontemplation zum

---

[416] S. oben S. 13.
[417] Rüthing, Der Kartäuser Heinrich Egher von Kalkar S. 262.
[418] Klapper, Johannes Hagen 2 S. 139.
[419] Ebd. S. 130—134.
[420] Madan, A Summary Catalogue 5 S. 36 f.; MBK 2 S. 238 Z. 2.
[421] Klapper, Johannes Hagen 1 S. 37.
[422] Dresden, LB Cod. P. 42 fol. 62 v; s. oben S. 190.

Apostolat'"[423] andeuten. Daß die Schriften Jakobs, in der Mehrzahl für Mönche bestimmt, nicht nur in den Klöstern rezipiert wurden, kann als ein Anzeichen verstanden werden, daß die „Wende" einem Bedürfnis entgegenkam[424].

Inwieweit diese „Wende" im Selbstverständnis des Ordens schon im 15. Jahrhundert ihren Niederschlag findet, ist ebenfalls noch nicht zu erkennen. Zur Zeit der Erfurter Kontroverse scheinen Jakobs Ansichten dem kartäusischen Selbstverständnis, wie es sich auch andernorts artikuliert, mehr entsprochen zu haben als die Hagens. Die Rezeption der Ars Jakobs in zahlreichen Kartausen und die nur sehr eingeschränkte Verbreitung derjenigen Hagens dürfen als ein Indiz dafür gewertet werden. Doch scheint die Abwertung der Seelsorge und des Bischofsamtes bei anderen Schriftstellern nicht die gleiche Schärfe angenommen zu haben. So stimmen die Ausführungen des Nikolaus Kempf (1397—1497), der 43jährig die Wiener Professur aufgab und in die Kartause Gaming eintrat, im *Tractatus de proponentibus religionis ingressum*, Kapitel 15—18, im wesentlichen, stellenweise auch im Detail, mit Jakobs Warnungen vor der Seelsorge überein, ohne daß aber die Möglichkeit reformierenden Wirkens in den Ämtern praktisch ausgeschlossen wird[425].

In Johannes von Eych, dem Bischof von Eichstätt (1445—1464), fanden die Mönche einen hervorragenden Vertreter des Bischofsstandes als Gesprächspartner, der in jeder Beziehung geeignet war, ihren Anschauungen vom unbedingten Vorrang des kontemplativen Lebens erfolgreich Widerpart zu bieten. Der ehemalige Rektor der Universität Padua und Dekan der juristischen Fakultät in Wien, Freund des Enea Silvio aus den Jahren des Basler Konzils, der energische Reformer der Klöster und des Klerus

---

[423] RÜTHING, Der Kartäuser Heinrich Egher von Kalkar S. 262.

[424] Der Eintritt zahlreicher Doktoren und Magister der Universitäten des 15. Jh. in die Kartausen dürfte trotz des individuellen Rückzugs der Eintretenden die unmittelbaren Beziehungen des Ordens zur Umwelt gefördert haben. G. RITTER, Via antiqua und via moderna auf den deutschen Universitäten des XV. Jahrhunderts. Nachdr. 1963 S. 136 Anm. 2 nennt beide Entscheidungen zu Recht in einem Atemzug: ‚Die Anziehungskraft dieses Ordens auf gelehrte Köpfe ist ebenso groß wie seine Bedeutung für die kirchenreformatische Bewegung seit 1450.'

[425] Dieser Traktat ist auszugsweise und nur in deutscher Übersetzung wiedergegeben von A. HÖRMER, Der Kartäuser Nikolaus Kempf als Seelenführer. Ein Beitrag zur Aszese des Spätmittelalters. Diss. theol. Wien 1959 (Masch.) S. (86)ff. Zur Abweisung des Arguments gegen den Ordenseintritt, es würde, wenn sich alle zurückzögen, niemand die Herde Christi weiden, führt Kempf dieselbe Stelle aus Hieronymus, Contra Vigil. 6 an, die auch Jakob verwendet (s. oben Anm. 344); Thomas von Aquin ist die gemeinsame Quelle. Anders als Jakob ist Kempf aber überzeugt, daß Gott die richtigen Männer, wenn auch selten, in die Ämter berufe; durch sie würden ganze Länder und viele Klöster erneuert, wie er, Kempf, es ganz einfache Menschen habe vollbringen sehen.

seiner Diözese[426], der später, 1464, in päpstlichem Auftrag die drei benediktinischen Reformkongregationen Deutschlands unieren sollte[427], besaß zuviel moralische und intellektuelle Autorität, als daß seine Argumente zugunsten der geistlichen *vita activa* durch eine pauschale Verurteilung des Prälatenstandes mit leichter Hand hätten beiseite geschoben werden können. Mit zwei Mönchen hat er sich in längeren Brieftraktaten über das Thema auseinandergesetzt und schließlich ihre Unterstützung gewonnen. Der eine ist der Kartäuser Jakob von Tückelhausen[428], der andere der Tegernseer Prior Bernhard von Waging[429]. Den Kartäuser bat Johannes von Eych 1458 zuerst um eine *sive exhortatoria sive devocionis alicuius epistola*[430], dann um eine *formula vivendi*[431]; von Bernhard von Waging wollte er 1461 nichts Geringeres als dessen aktive Mitarbeit an der Reform des Bistums. Beides hat er nach einer voraufgehenden „Kontroverse über Weltflucht und Weltarbeit"[432] erreicht. Bernhard von Waging kam nach Eichstätt und Jakob von Tückelhausen schickte ihm neben einem längeren Brieftraktat und einer *formula ad unitivi amoris perfectionem inductiva ac preparativa*[433] ein Verzeichnis von Schriften des Erfurter Kartäusers Jakob und den Text von dessen Speculum sacerdotum[434] über die rechte Vorbereitung auf die Meßfeier, um auf diese Weise die Reformierung des Eichstätter Klerus zu unterstützen: *Mitto vestre sinceritati Speculum sacerdotum de huius pretiosissimi sacramenti diverso modo accedendi secundum diversitatem condicionis accedentium a venerabili fratre iacobo ordinis nostri in erfordia sacre pagine doctore valde eximio compositum, quod si vestre gratie proficuum videbitur, in communi loco sacerdotum celebrantium appendatur. Composuit autem idem doctor plures valde notabiles et directivos tractatus, quorum tituli scripti sunt in parva cedula, quos si delectaret paternitate vestre habere ad rescribendum, copiose ipsa inveniret*

---

[426] J. SAX, Die Bischöfe und Reichsfürsten von Eichstätt 745—1806. 1. 1884 S. 302 ff.; F. X. BUCHNER, Neue Aktenstücke zur Reformtätigkeit des Bischofs Johann III. von Eich. 1—2 (Pastoralblatt des Bistums Eichstätt 56. 1910 — S. 41—143, 57. 1911 — S. 1—139).
[427] VOLK, Urkunden Nr. 29 S. 109 ff.
[428] S. oben S. 57 f. u. unten S. 284 f.
[429] REDLICH, Tegernsee S. 104 ff.
[430] Clm 18610 fol. 211 r; gedruckt bei FALCKENSTEIN, Codex S. 271.
[431] Clm 18610 fol. 28 r; FALCKENSTEIN, Codex S. 277.
[432] REDLICH, Tegernsee S. 104 ff., wo der an den Kartäuser gerichtete Brief irrtümlich auf Berhard von Waging bezogen wird; P. WILPERT, Vita contemplativa und vita activa. Eine Kontroverse des 15. Jahrhunderts. (Passauer Studien. Festschr. für Dr. Dr. Simon Konrad Landersdorfer OSB. 1953. — S. 209—226).
[433] Clm 18610 fol. 222 v.
[434] MEIER Nr. 62; s. oben S. 44. — Zu diesem Thema sollte sich auch Bernhard von Waging in leicht faßlicher Weise äußern; er entsprach der Bitte des Bischofs mit der Abfassung seines ausführlichen Ordinarium missae, s. A. FRANZ, Die Messe im deutschen Mittelalter. 1902 S. 567—578.

aput gratiosum patrem episcopum bambergensem ad predicti egregii viri dicta et scripta valde affectionatum[435].

Daß Johannes von Eych den Bamberger Bischof Antonius (1432—1459) für einen zwar persönlich aufrichtigen, aber unter dem Einfluß seiner Brüder verhängnisvoll mißwirtschaftenden Kollegen hielt[436], tut im Augenblick nichts zur Sache; wichtig ist, daß der Erfurter Kartäuser Jakob hinter der Auseinandersetzung mit dem Tückelhausener gleichen Namens steht. Der Erfurter war um 1461 auch in Tegernsee kein Unbekannter, denn die Tegernseer Handschrift clm 18600 von ca. 1456 enthält neben Autographen von Bernhard von Waging den Tractatus de veritate dicenda vel tacenda und eine kurze *Declaracio doctoris Erfordensis de abdicacione proprietatis religiosorum*[437], doch die intensive Rezeption der Schriften des Erfurter Jakob, vor allem der im vorliegenden Zusammenhang einschlägigen, setzt erst 1464 ein[438]. Johannes von Eych verbindet beide Auseinandersetzungen nicht allein durch seine Person, sondern auch durch die Wiederholung der gleichen Argumente, wobei er sich gegenüber Bernhard auf den Briefwechsel mit Jakob von Tückelhausen beruft: *Scripsi elapsis annis ad quendam sanctum probatissimumque ordinis Carthusiensis virum*...[439]. Wenig später hat Oswald Nott, der eifrige Tegernseer Schreiber der Traktate des Jakob von Erfurt, auch den Briefwechsel zwischen Jakob von Tückelhausen und Johannes von Eych seinem Kloster zugänglich gemacht[440].

Vor dem 1. 11. 1458 hatte Eych an den Kartäuser geschrieben und um die *exhortatoria epistola* gebeten; dies geht aus der Antwort vom 1. 11. 1458 hervor[441]. Einen Monat später, am 1. 12. 1458, schickte der Bischof seinen Brieftraktat nach Tückelhausen[442]; am 18. 1. 1459 antwortete der Kartäuser mit der Übersendung seiner Formula, der das Schriftenverzeichnis des Erfurters enthaltenden *parva cedula* und dessen Speculum sacerdotum[443].

Der erste der erhaltenen Briefe, die Antwort des Kartäusers vom November, läßt deutlich den Einfluß des Erfurter Kartäusers erkennen. Obwohl der Schreiber den untadeligen Ruf seines Adressaten kennt und nennt,

---

[435] Clm 18610 fol. 222 rv; vgl. oben S. 57.
[436] S. unten Anm. 449.
[437] Clm 18600, fol. 348 r — 357 v (De veritate), fol. 418 r — 419 v (Declaracio).
[438] Clm 18593, hergestellt von Oswald Nott.
[439] FALCKENSTEIN, Codex S. 281.
[440] Clm 18610; vgl. REDLICH, Tegernsee S. 193.
[441] Der Brief ist clm 3819 fol. 206 v — 209 v mit vollständiger Datierung überliefert, ebenso clm 15222 fol. 59 r — 73 v (aus Rebdorf); clm 18610 fol. 211 r — 215 v hat nur die Jahresangabe; FALCKENSTEIN, Codex S. 271—275 (wohl nach clm 15222).
[442] Clm 18610 fol. 27 r — 29 r mit vollständigem Datum; clm 3819 fol. 221 r — 222 v, Anfang und Schluß fehlen; FALCKENSTEIN, Codex S. 275—278.
[443] Clm 3819 fol. 210 r — 212 v; clm 18610 fol. 220 r — 223 v; nicht bei FALCKENSTEIN.

fühlt er sich dennoch verpflichtet, ihm im Tone des Erfurters mehr oder minder vor Augen zu führen, daß es *modernis temporibus* keinen untadeligen Prälaten geben könne: *Ille ergo perfectus est, qui tanquam heroicus nullius virtutis expers est ... Quis inter prelatos tam perfectus modernis reperitur temporibus, quem in hiis et aliis scrupulosis, immo periculosis casibus multis timor aut favor humanus ad illicitarum precum exauditionem non inflectat aut eciam a via iudicii recte rationis non exorbitare faciat? quo facto a perfectionis mox rectitudine in hac parte dolenter labitur ... Ecce periculum, ecce pedum lubricitas, ecce lascivorum ad casum velocitas, ecce ventorum circunquaque in alto stantem contingens impetuositas*[444].

Wegen der erwiesenen Gefährlichkeit des Prälatenstandes kann nach dem Verständnis des Mönches die Bitte des Bischofs um eine *exhortatoria epistola* nur die Bitte um eine Antwort auf folgende Frage sein: *Quid ergo ... mihi agendum est, ne de monte hoc ecclesiastice prelationis calcitrans precipitium paciar eterne damnationis*[445]? Die Antwort fordert zwar nicht dazu auf, aus dem Amt zu scheiden und in ein Kloster einzutreten, aber doch *pro loco et tempore*, gleichsam zusätzlich, ein volles monastisches Programm zu absolvieren von der *purificatio* aufsteigend bis zum *raptus*, um auf diesem Weg zur *perfectio* des sich selbst aufopfernden Hirten zu gelangen[446].

Der Bischof nahm es aber nicht unwidersprochen hin, daß die *vita activa* den Prälaten demnach fast notwendig in Sünden verstricken solle und nur die *pro loco et tempore* geübte *vita contemplativa* ihn Gott wieder näher bringen könne. Er wendet zunächst die Anklage der Prälaten gegen die Mönche: Sie hätten, obwohl zur Seelsorge geeignet, diese verschmäht und es vorgezogen, sich selbst zu heilen und das Licht des Evangeliums unter den Scheffel zu stellen: *Unde puto, quia viri boni in hac ultima etate regimen ecclesiarum fugiunt, occasio data sit, quod tales, quales modo sunt, prelati subintraverunt. Nunquam enim ecclesia dei ad tam gravem lapsum pervenisset, si vel prelatos religiosos sive devotos habuisset aut prelati ipsi religiose vixissent. Sed quia viri zelum dei habentes eam modo deserunt, ad id, quod gemens dico, statum eius perducunt, ut nemo animam suam salvam fieri cupiens populi regimen accipiat, quinimo divitias et honores ceteraque terrena sitiens quisque ad beneficia ecclesiastica obtinenda anhelet*[447]. Früher sei es umgekehrt gewesen; er nennt *ex nostre Germanie Apostolis* drei, die von Mönchen zu Bischöfen geworden seien, Bonifacius, Willibald († 787)

---

[444] Clm 18610 fol. 211 v — 212 r; FALCKENSTEIN, Codex S. 271 (mit Abweichungen).
[445] Clm 18610 fol. 212 r; FALCKENSTEIN, Codex S. 272.
[446] Clm 18610 fol. 212 r — 214 r; FALCKENSTEIN, Codex S. 272—274.
[447] Clm 18610 fol. 28 r; FALCKENSTEIN, Codex S. 276.

und Burchard (abgesetzt 1153)[448], seine Vorgänger. Der Bischof kommt zum entgegengesetzten Schluß wie die Mönche: nicht weil die „Welt" so schlecht sei, müsse man sich zurückziehen, sondern: die „Welt" sei so schlecht, weil die für Führungsaufgaben Geeigneten sich zurückzögen. Im Brieftraktat an Bernhard von Waging belegt er diese Schlußfolgerung mit dem Bamberger Bischofswechsel von 1432[449] und zeigt darüber hinaus die politischen Konsequenzen auf, die unter den besonderen deutschen Verhältnissen die Flucht der Geeigneten vor und aus dem Bischofsamt habe: *Non produco in medium, quid agant prelati aliorum regnorum. Hoc scio, quod sub nostro Francorum et Germanorum imperio episcopi aliique prelati administrationem episcopalem habuere, ac ipsos pro gubernanda Republica, in consiliis regum et imperatorum tamquam patres principum precipuos fuisse. Nam quanta episcoporum, abbatum et clericorum caterva invictissimus ille imperator Carolus Magnus fuerit circumspectus, si scire volueris, eius gesta relegendo invenies, quodque tunc bene regebatur imperium, quando potestati principis accessit pontificalis auctoritas regesque ipsi sacerdotum ducebantur consilio. Nunc autem, quia vel nostra desidia sive principum tyrannide ista submota sunt, subintravere alii multo humiliores, quorum patres, ut inquit Job, dedignaremur ponere cum nostri gregis canibus. Hinc dissipatio imperii secuta, cum unusquisque quaerit que sua sunt ad totalemque summe nostre monarchie ruinam devenimus ac ecclesiarum dei desolationem ante oculos cernimus*[450].

Der Kontroverse über das Verhältnis der geistlichen *vita activa* zur *vita contemplativa*, die um diese Zeit in den Erfurter Sterbebüchern ausgetragen wird, mißt ein herausragender Zeitgenosse erhebliche soziale und politische Bedeutung bei. Johannes von Eych sieht hinter dem Austausch der je verschieden ausgewählten oder interpretierten Bibel-, Väter-, Philosophen- und Scholastikerzitate ein Problem der kirchlichen und damit auch eines Teils der politischen Führungsschicht des Reiches. Der übersteigerte Anspruch des monastisch-kontemplativen Ideals schmälert demnach die Rekrutierungsbasis der Elite und dünnt diese Schicht durch religiöse Verunsicherung und Ausübung moralischen Drucks nachträglich aus. Wie groß diese Wirkung im einzelnen tatsächlich gewesen ist, wird schwerlich zu ermessen sein. Sie spielt aber im Bewußtsein der Reformer aus dem Weltklerus eine Rolle

---

[448] Vgl. Otto von Freising, Gesta Friderici II,9 (MGH SSrerGerm) 3. Aufl. 1912 S. 111.

[449] Bischof Friedrich habe sich, als er Schwierigkeiten im Bistum bekam, zurückgezogen mit päpstlicher Erlaubnis, die er erhalten habe *et ob hominis pusillanimitatem sive vitae melioris specimen*. Sein Nachfolger Antonius habe die Kirche von Bamberg zum totalen Ruin geführt, worunter der derzeitige Bischof noch immer zu leiden habe; FALCKENSTEIN, Codex S. 283 f.

[450] Ebd. S. 285.

und muß, wenn manche von ihnen der Sehnsucht nach der *eremus* Ausdruck geben, mitbedacht werden. Bei Geiler von Kaysersberg — um bei den Rezipienten der Ars moriendi Jakobs zu bleiben — taucht dieses Problem wiederum auf. Ihn bestärkte Gabriel Biel, in der „Welt" zu bleiben[451].

Der Hinweis auf die negativen Folgewirkungen ist die eine Seite der Gegenargumentation Johanns von Eych; die andere ist die positive Begründung des „Weltdienstes". Johann will wie schon Hagen den Gegensatz überbrücken, von dem Jakob von Tückelhausen wie auch Jakob von Erfurt ausgehen, daß die *salus aliorum* nur auf Kosten der *salus propria* zu fördern, letztere nur in der Kontemplation zu finden sei. Er benutzt dazu, um die Gegner auf ihrem eigenen Feld zu schlagen, unter anderem die Regula Benedicti[452] und Hieronymus. Zu den theologischen Autoritäten, die hier nicht aufgeführt zu werden brauchen, tritt Cicero.

Auch der Erfurter Jakob hat in seiner zweiten Ars moriendi (1458) Cicero verwendet, jedoch in anderer Funktion als Johannes von Eych. Um zu beweisen, daß der *timor mortis* durch die *meditatio gaudiorum futurorum* überwunden werde, führt Jakob zunächst ein logisches, dann ein biblisch-tropologisches Argument an; deren zusätzlicher Bestätigung dient ein Zitat aus Cicero, De senectute 23, 83—84[453]. Es ist weder als Ausgangspunkt der Deduktion noch als selbständiges, unverzichtbares Beweismittel verwendet, sondern — wie Tzewers' Marginalie vermerkt — als *exemplum*. Johannes von Eych benutzt Cicero nicht zur Bestätigung, sondern zur Veränderung monastischer Begriffe und entscheidet mit Hilfe seiner Autorität. Es ist mehr als nur die Höflichkeit des Briefschreibers, der seinen Adressaten von der Kritik an der Weltflucht der Mönche ausnehmen möchte, wenn Johannes das *otium* des Kartäusers Jakob von Tückelhausen nicht als das *otium sanctum* im Sinne des auf Augustin sich berufenden beschaulichen Mönches[454], sondern als das auf die Tätigkeit ausgerichtete *otium* Scipios bzw. Ciceros deutet; nur dies letztere *otium* möchte er gelten lassen: *At ad tua revertentes, vir devotissime, gratias ago omnipotenti deo, quoniam invenio hominem antra deserti colentem, qui radio charitatis illustratus, ut sue aliorumque saluti consulat, divinarum literarum studio operas*

---

[451] S. unten S. 266.
[452] Er zitiert den Schlußsatz von Kap. 2: *Cum de admonitionibus suis aliis emendationem administrat, ipse efficitur a viciis emendatus.* Dagegen hatte der Erfurter Jakob sich vermutlich gerade von diesem Kap. zu seinen Warnungen vor dem Ämtern anregen lassen, vgl. oben S. 191 Anm. 111.
[453] Berlin, PK Cod. theol. lat. Fol. 704 p. 109: *Ideo dicit in fine libri de senectute: Efferor equidem studio patres nostros, quos colui et dilexi videndi ... O preclarum diem, cum ad illud animorum consilium cetumque proficiscar, non solum ad eos, verum etiam ad Kathonem meum.* Jakobs Zitat zieht den Text Ciceros stark zusammen.
[454] Vgl. oben S. 199 f.

impendit, magni illius et precelsi heremi cultoris Jeronimi imitatus vestigia, cuius tam ex monasterii quam heremi manante doctrina tota dei illuminatur ecclesia idque sanctum et rectum secretum mentis dixerim otium, ob quod liceat turbas hominum fugere ceterorumque declinare consorcium, ut nunquam minus quis solus sit, quam cum solus existit, veluti Scipionem Africanum, Romanorum prudentissimum principem, ut est apud Tulium in Officiis, aiunt dixisse solitum, quod solus existens secum ipse cogitaret, quid aliorum utilitati conveniret. Eadem michi de te licebit dicere, vir amantissime . . .[455].

Die Funktion des zweiten Zitates von Cicero wird vor dem Hintergrund der in dem Zusammenhang einschlägigen Quaestio des Thomas von Aquin[456] deutlich, in welcher die Frage behandelt wird, ob die dem Bischof nachgeordneten Seelsorger vollkommener seien als die Mönche; *secundum bonitatem* seien es die Mönche, *secundum difficultatem* die Seelsorger; was höher zu bewerten sei, läßt Thomas offen, ohne eine Entscheidung zu treffen. Johannes von Eych entscheidet nun mit der Hilfe Ciceros: *Id autem praeclarius, quod difficilius, inquit Cicero*[457].

Der Tückelhausener Kartäuser erkennt in seinem Antwortschreiben vom 18. 1. 1459 diese Entscheidung an und stützt sie sogar noch mit Zitaten aus des Johannes Chrysostomus Dialogus (de sacerdotio), doch er differenziert gleichzeitig: sie sei richtig *quantum ad maioritatem virtutum, non quantum ad statum profectionis*[458] (nicht *perfectionis!*). Deshalb bezweifle er nicht, daß die *viri gigantei clipeo perfectionis muniti* wie Bonifacius und Willibald zu Recht die Ruhe des Klosters verlassen hätten, aber er und seinesgleichen, *respectu illorum velut locuste computati* (vgl. Num. 13, 34), die noch nicht die nötige Demut besäßen — dem Bischof, der freimütig über seine Fehler und Unzulänglichkeiten geschrieben hatte[459], gesteht er sie uneingeschränkt zu —, sie würden durch die *opera exteriora* jeglichen „Stand" verlieren *(ab omni statu boni operis eradicatur);* deshalb habe er den Gedanken an öffentliches Predigen stets als Versuchung zurückgewiesen;

---

[455] Clm 18610 fol. 27 v; FALCKENSTEIN, Codex S. 276. Vgl. Cicero, De off. 3,1,1.
[456] S. th. q. 2, 2184 a. 8 resp.
[457] Der Kontext bei Johannes von Eych: Die Mönchsbischöfe hätten ihr ‚Talent' nicht vergraben, sondern verdoppelt ... *Huic autem mee pro Dei ecclesia zelanti opinioni si quis opponat periculosam gravemque molem pastoralis sarcine insipientisque esse alios lucrari ac seipsum perdere et ob id Eugenium papam a beato Bernhardo reprehensum ut ipse allegas, hoc a me capiat responsum: periculosum quidem, sed plus caritatis meritique amplioris resplendentem, suavem atque levem iuxta vocem domini dicentis: iugum meum suave est et onus meum leve; et siquidem difficilis non tamen impossibilis. Id autem preclarius, quod difficilius, inquit Cicero.* Clm 18610 fol. 28 v; FALCKENSTEIN, Codex S. 277.
[458] Clm 18610 fol. 223 r.
[459] Ebd. fol. 27 r.

aber immerhin predige er an Feiertagen seinen Mitbrüdern[460], fügt er, wie wenn nun er sich verteidigen müßte, an.

Der Bischof hat seine Tätigkeit in einer den Kartäuser überzeugenden Weise legitimiert, ohne freilich dessen Zustimmung dazu zu erhalten, daß die Mönche schlechthin in der Seelsorge eine größere Wirkung als durch Fürbitten erzielen könnten. Aber Jakob von Tückelhausen rückt in der persönlichen Konfrontation von der pauschalen Verurteilung des Prälatenstandes ab und nähert sich dem Standpunkt Hagens, mit dem ihn die Berufung auf des Chrysostomus De sacerdotio verbindet, indem er sich und seinesgleichen als zu schwach für die Seelsorge bezeichnet. Der *zelus animarum* des Bischofs wird nicht mehr verdächtigt, sondern ausdrücklich gelobt[461]; von einem Gegensatz zwischen dem *lucrum animarum* und der *salus propria* ist nicht mehr die Rede. Die spirituellen Anweisungen — ein bis zwei Nachtstunden der Kontemplation zu widmen und regelmäßig die Messe zu feiern[462] — tragen nicht mehr den Charakter einer Notlösung, sondern werden durch das Vorbild der *pontifices* Augustinus, Gregor und Ambrosius legitimiert[463]; auch hierin steht der Tückelhausener jetzt Hagen näher als Jakob von Erfurt.

Der Briefpartner Johanns von Eych, der zunächst unter dem Einfluß und im Sinne des Erfurter Jakob schreibt, ändert also im Verlauf der Kontroverse seinen Standpunkt. Der Wandel, der in diesem Briefwechsel zum Ausdruck kommt, bezeugt die Wirkung der Schriften Jakobs und bezeichnet zugleich die Grenze dieser Wirkung.

Die folgende Phase der textverarbeitenden Rezeption von Jakobs Ars moriendi ist nicht von beschaulichen Mönchen, sondern von in der „Welt" lebenden Klerikern bestimmt. Um die Jahrhundertwende benutzt der Professor und *canonicus* Wilhelm Tzewers Jakobs Sterbebücher von ca. 1450 und von 1458 für sein Migrale und der Münsterprediger Geiler von Kaysersberg die Ars von ca. 1450 für seine Predigtreihe über den Tod. Auf Grund der Auslegung, die Jakobs Sterbebücher in der vorangehenden Rezeption erfahren haben, muß ihre Verwendung durch Weltkleriker im Dienste der Seelsorge Probleme aufwerfen.

---

[460] Ebd. fol. 223 v.

[461] Er wird zugleich aber auch indirekt als Sonderfall bezeichnet: *Condelector autem, reverendissime pater, valde et toto spiritu congaudeo huic sanctissimo animarum zelo atque sancto mentis vestre dolori pro dei ecclesie desolacione suspiranti; et utinam omnibus inesset ipse prelatis, utique animarum cura, pro quibus Christus Jesus pretiosum sanguinem suum fudit, non commendaretur tam indignis.* Clm 18610 fol. 223 r.

[462] Ebd. fol. 222 r.

[463] Ebd. fol. 221 v.

6. Wilhelm Tzewers

Der lateinische Text des Sterbebuches von Wilhelm Tzewers († 1512) erschien 1502 im Druck bei Hermann Bongart in Köln unter dem Titel Preparamentum saluberrimum christiani hominis ad mortem se disponentis etc.[464]. Aber schon im Jahr zuvor, 1501, hat der Basler Kartäuser Ludwig Moser († 1510) unter dem Titel Migrale eine Übersetzung ins Oberdeutsche angefertigt[465], die 1503 und um 1510 beim Drucker der lateinischen Version in niederdeutscher Mundart erschien[466]. Das genaue Entstehungsdatum des Preparamentum ist nicht bekannt. Tzewers dürfte es erst nach seiner Basler Zeit niedergeschrieben haben, nachdem er sich zu Beginn der achtziger Jahre nach Aachen zurückgezogen hatte[467]. Eine geographische Anspielung in seinem Buch ist eher für den Aachener als für den Basler Leser einleuchtend[468]. Es ist vermutlich nicht lange vor 1501 beendet worden, da mit diesem Jahr die Rezeption plötzlich massiert einsetzt.

Geiler († 1510) hat die Predigtreihe De dispositione ad mortem in der Fastenzeit 1496 im Straßburger Münster[469] und in Klöstern der Stadt gehalten[470]. Ihr lateinisches Manuskript fiel dem Herausgeber der Sermones prestantissimi Geilers, Jakob Biethen, 1515 in die Hände, Johannes Grüninger druckte die neugefundenen Predigten separat, aber in der gleichen Form wie im Jahr zuvor die genannten Sermones: *ut predictis sine difficultate inseri ac applicari poterint*[471], und fügte sie den noch im gleichen Jahr 1515 und noch einmal 1519 erscheinenden Neuauflagen der Sermones prestantissimi mit entsprechender Foliierung ein[472]. In deutscher Sprache brachte Grüninger die gesamte Sammlung, nunmehr nach dem ersten ihrer Zyklen Das buoch Arbore humana benannt, im Jahr 1521 heraus[473]. Eine

---

[464] G. W. Panzer, Annales typographici 6. Nürnberg 1798 S. 351 Nr. 36; Falk, Die deutschen Sterbebüchlein S. 36.

[465] Nur in Mosers Autograph erhalten, Basel, UB Cod. A. X. 117 fol. 2 r – 149 v; zu Moser s. Ruh, Bonaventura deutsch S. 186 ff.

[466] Falk, Die deutschen Sterbebüchlein S. 36.

[467] Landmann, Zur Geschichte S. 136; zu Tzewers s. auch Elze, Zur Überlieferung S. 362 ff.

[468] Tzewers, Preparamentum fol. E i v: *Diceret quis: Ergo omnes ibimus ad paradisum? Respondeo: ut communiter omnes verbo, sed heu pauci facto, sicut qui diceret se velle ire Coloniam et caperet viam de Juliaco versus Aquisgrani* (d. h. die entgegengesetzte Richtung einschlüge); *sic unum dicimus, aliud facto ostendimus.*

[469] Hoch, Geilers von Kayserberg „Ars moriendi" S. 25.

[470] Vgl. Douglass, Justification S. 210.

[471] Geiler, De dispositione fol. I r. Zitiert wird nach der Foliierung des Separatdruckes, beschrieben bei Dacheux, Les plus anciens écrits Nr. 62 S. CXXV f.

[472] Beschreibung bei Dacheux, Les plus anciens écrits Nr. 63 u. 64 S. CXXVI–CXXIX.

[473] Ebd. Nr. 81 S. CLVI f.

teils sehr viel kürzere Fassung der Predigten De dispositione ad mortem, *angeschriben von einer ersamen iunckfrawen*, erschien ebenfalls bei Grüninger 1520 in dem Band *An dem Ostertag hat der hochgelert Doctor keisersperg gepredigt von den dry marien* ...[474].

Das Preparamentum Tzewers' und die Predigtreihe Geilers sind demnach etwa zur gleichen Zeit unabhängig voneinander entstanden. Aber Tzewers' Kenntnis der Schriften Jakobs des Kartäusers ist älter als die Geilers, da Tzewers schon während seiner Erfurter Studienzeit (1446 bis ca. 1460) unmittelbaren Kontakt mit dem Autor hatte. Vielleicht hat Tzewers sogar Geiler in Basel angeregt. Es ist gut vorstellbar, daß der Theologieprofessor und Münsterprediger Tzewers, der seine reiche Sammlung von Werken Jakobs nach Basel mitbrachte, den Theologiestudenten und Münsterseelsorger Geiler auf diesen Autor aufmerksam machte.

Tzewers' Preparamentum zählt zu den umfangreichsten der spätmittelalterlichen Sterbebücher. Der Oktavband mit seinen 65 Blatt, die durch ein mehr als 200 Stichworte umfassendes Register aufgeschlossen werden, ist eine Art Handbuch der Todesvorbereitung, von dem Fl. Landmann meint, es sei „in ihm wohl alles zusammengestellt, was sich über den Gegenstand sagen läßt"[475]. In der Tat verrät das Werk eine außerordentliche Literaturkenntnis, doch ist Tzewers bei der Benutzung seiner Quellen durchaus kritisch. Am Beispiel seiner Rezeption der Sterbebücher Jakobs läßt sich zeigen, daß er gerade das, was bisher im Mittelpunkt der textverarbeitenden Rezeption gestanden hat, nicht übernimmt.

F. Falk, der den wenig übersichtlichen Druck der niederdeutschen Version von 1510 benutzt hat, bringt zu Aufbau und Inhalt des Werkes, neben einem kurzen Zitat, nur folgende Bemerkung: „Textor's Migrale weicht von der gewohnten Form der uns seither begegneten Sterbebüchlein ab, wie schon der bedeutende Umfang vermuthen läßt, und baut sich selbständig auf. Die Analyse fällt etwas schwer, weil sowohl Übersicht als auch Rubriken fehlen, nur im letzten Drittel des Buches findet sich ein dem Auge einen Ruhepunkt gewährendes Alinea und darauf die (mit rother Farbe unterstrichene) Ankündigung: Hiernach folgen etliche Ermahnungen, die auch dem Kranken oder sterbenden Menschen nützlich sind, in dem ersten, wie die Prälaten und obersten Regierer (Seelsorger, Siechmeister) an ihrem letzten Ende zu vermahnen und zu warnen sind."[476] Der lateinische Text ist deutlicher gegliedert; er weist sogar eine zunächst verwirrende Vielzahl der *gradus, modi, avisamenta* usw. auf, die einer systematischen Einteilung des Stoffes dienen und die Übersicht gerade erleichtern sollen. Tzewers

---

[474] Ebd. Nr. 79 S. CXLIV f.
[475] LANDMANN, Zur Geschichte S. 141 Anm. 2.
[476] FALK, Die deutschen Sterbebüchlein S. 36.

teilt sein Buch in drei große Abschnitte: nach einer Einleitung behandelt der erste in Anlehnung an das Speculum artis moriendi fünf Versuchungen des Sterbenden; ihre ausführliche Erörterung soll der zu Lebzeiten geübten Vorbereitung auf das Sterben dienen. Der zweite Abschnitt enthält, was Priester und Sterbehelfer zu tun haben; er ist in der Hauptsache ein Ausbildungsbuch für die *infirmarii*. Der dritte Abschnitt, in Falks Exemplar hervorgehoben, gibt *avisamenta*, die an den Kranken selber, zuletzt aber doch wieder an den *infirmarius* gerichtet sind. Diese drei Abschnitte sind auf mehreren Ebenen unterteilt und von Exkursen unterbrochen. Die Übernahmen aus den Sterbebüchern des Kartäusers Jakob verteilen sich über das ganze Werk und kommen in einen stark veränderten Kontext zu stehen. Um diesen markieren zu können, ist zunächst eine Übersicht über Aufbau und Inhalt des Preparamentum erforderlich, zumal die zitierten Äußerungen von Landmann und Falk bislang die einzigen Hinweise auf den Aufbau dieses Buches geblieben sind. Die nachfolgende schematische Übersicht, so übertrieben sie erscheinen mag, folgt doch nur der Einteilung Tzewers', die mehrfach sogar noch weitergeht. Sie gibt daher gleichzeitig ein wesentliches Charakteristikum dieses ‚Handbuches' wieder.

1.   1. Teil (fol. Ai^v—Hi^v).

1.0. Einleitung (fol. Ai^v—Aiii^v). Der Verfasser führt aus, daß es heilsam sei, die *hora agonie* zu bedenken *quasi statim presens sit*. Die Schmerzen der Todesstunde werden mit Innozenz' III. De miseria conditionis humane II, 41[477] erläutert (fol. Aii^v—Aiii^r), die dreifache Wirkung des *iudicium particulare* mit Zitaten Bernhards (fol. Aiii$^{r/v}$). Dazu treten die Versuchungen des Sterbenden: *Sic et preter dolores pretactos devoti certi* — d.h. das Speculum und seine Bearbeiter — *comportant circa morituros adversarii nostri demonis iacula et temptamenta cum eorum remediis et consolatoriis multa, quorum principalia de post hic in instanti subnectemus*.

1.1. Versuchung *de fidei articulis et sacramentorum ecclesie secretis revelatis effectibus et dignitatibus* (fol. Aiii^v—Dii^v), mit ausführlichem Aufweis der *magnitudo fidei*.

1.1.1. *Remedium: recursus ad sacram scripturam* (fol. B^v); dieses wird auch bei jeder der folgenden Versuchungen besonders hervorgehoben. Die hl. Schrift schütze insonderheit gegen die vier *demonis invasiones*, die nach Ps. 90,5—6 als 1. *timor noctur-*

---

[477] Migne PL 217 Sp. 734 f.

	nus ... (fol. Bii^r), 2. *sagitta volans in die* (fol. Biii^r), 3. *negotium perambulans in tenebris* (fol. [Biiii]^r) und 4. *demonium meridianum* (fol. [Biiii]^v) bezeichnet werden.
1.1.2.	Exkurs über die *temptatio* schlechthin (fol. C^r—Dii^v) ausgehend von der auf 1.1.1. zurückgreifenden *Conclusio: Temptatus recurrere habet ad scripturas.*
1.2.	Versuchung *contra spem et dei confidentiam* (fol. Dii^v—Eiii^v), deren Gegenmittel die Betrachtung der vier *fundamenta spei christianorum* darstellt:
1.2.1.	*Iudex Christus advocatus noster* (fol. Diii^r).
1.2.2.	*Mater iudicis virgo demonibus est terribilis* (fol. Diii^v).
1.2.3.	*Diversorum doctorum avisamentum de confidentia firma in pietatem dei et multa pietatis dei exemplaria circa sanctos, qui fuerunt alti peccatores* (fol. Diiii^r).
1.2.3.1.	Exkurs über die *pietas in proximum* (fol. [Dv]^r), durch die der Mensch die *dei misericordia* erlange; unterteilt in vier *rationes (cause).*
1.2.4.	*Sepe masticare desperationis malum* (fol. [Dvi]^v) mit Ausführungen über die Prädestination; fünf Wirkungen der *maledicta desperatio.*
1.3.	Versuchung: *contra dei caritatem et dilectionem proximi per impatientiam* (fol. Eiii^v—[Fiiii]^v), dreifach unterteilt mit drei *remedia:*
1.3.1.	*advertere bonitatem summi medici* (fol. [Eiiii]^v),
1.3.2.	*advertere multiplicem infirmitatis utilitatem* (fol. F^v).
1.3.2.1.	*coram se* (fol. F^v),
1.3.2.2.	*coram proximo* (fol. Fii^r),
1.3.2.3.	*coram deo* (fol. Fii^r),
1.3.2.4.	*ratione hostium hominis* (fol. Fii^v).
1.3.3.	*advertere bonum patientie, malum impatientie* (fol. Fiii^v).
1.4.	Versuchung: *per sui ipsius complacentiam* (fol. [Fiiii]^v—Giii^r), d. i. *presumptio,* gegen welche 4 *remedia* aufgeboten werden:
1.4.1.	(fol. G^r),
1.4.2.	(fol. G^v),
1.4.3.	(fol. Gii^r),
1.4.4.	(fol. Gii^v).
1.5.	Versuchung: *per nimiam circa res exteriores et temporalia bona sollicitudinem* (fol. Giii^r bis [Gv]^v); gegen sie helfen drei *remedia:*

1.5.1. *negotiorum mundanorum superfluorum in tempore exoneratio* (fol. Giii^v), d.i. die Abkehr von der Sorge um Besitz, Hauswesen und Freunde in der Todesstunde.

1.5.2. *quod homo tunc apud se revolvat, quomodo sola eius anima viam ventura est ignotam* (fol. Giiii^r).

1.5.3. *advertere malicias divitiarum* (fol. Giiii^v). Ein Hinweis auf weitere Versuchungen außer den behandelten *modi quinque principales*, mit denen der *mille artifex* den Sterbenden angehe, und auf 6 Gegenmittel schließt die Abschnitte 1.1. bis 1.5. ab. Angehängt ist ein auf Gerson beruhender Exkurs über die Abfassung von Testamenten:

1.6. *Gerson de testamentis condendis* (fol. [Gvi]^r—Hi^v).

2. 2. Teil (fol. Hi^v—Miii^r).

2.0. Einleitung: *Expeditis certis que infirmis possunt in extremis obviari, certa nunc ponentur temptantium infirmorum avisamenta et astantium. Unde quamvis ex mente doctorum multum est salutiferum, ut omni tempore et omni hora frater christianus alium christianum inducat et informet* (dieser Pflicht hat Tzewers mit dem ersten Teil Genüge getan), *hoc tamen est maxime necessarium, cum homo est in lecto mortis et tempus finis vite instat, cum tunc omnia homini adversantia et impedimenta salutis occurrant et comportantur.* Diese Pflicht übernehmen die Sterbehelfer, deren Unterrichtung dieser zweite Teil dient. — (fol. Hi^v—Hii^r).

2.1. Die Aufgabe des Sterbehelfers allgemein, nach Gersons Ars moriendi (fol. Hii$^{r/v}$).

2.2. 12 Gruppen von Ermahnungen und Fragen, die — möglichst von einem Priester — *in materna lingua* an den Kranken zu zu richten seien, *quorum octo ponit Anshelmus sub certis questionibus et doctores addunt quattuor cum certis ammonitionibus* (fol. Hii^v—Iii^v):

2.2.1.
bis (fol. Hiii^r—I^r).
2.2.10.

2.2.11. *monitio ad sacramenti receptione* und Spendung; Erteilung der letzten Ölung (fol. I^v—Iii^r).

2.2.12. Frage, ob der Sterbende die *commendatio anime* erbitte (fol. Iii^v).

247

2.2.13. Die Gebete der *commendatio anime* (fol. Iii^v—Iiii^v).

2.3. Ermahnungen und Stoßgebete *(devote orationes iaculatorie)*, welche die nach dem Weggang des Priesters Zurückbleibenden dem Sterbenden vorzusprechen haben (fol. Iiii^v—[Iiii]^v).

2.4. Die Aufgaben des *infirmarius* (fol. [Iiiii]^v—Miii^r).

2.4.1. Aufforderung an die *prelati*, obige Ermahnungen und Fragen anzuwenden und für geeignete Siechmeister zu sorgen (fol. [Iiiii]^v—K^r).

2.4.2. *Secunda exhortatio communis omnium infirmos visitantium indifferenter*, aufgeteilt in fünf *gradus* (fol. K^r—Kii^r), fünf verschiedene Weisen, wie der *infirmarius* den Kranken ansprechen soll.

2.4.3. *Tertia exhortatio* an die *infirmarii*, ihr Amt gewissenhaft auszuüben (fol. Kii^r).

2.4.4. *Octo motiva, cur libenter debet amplexari hoc officium* (fol. Kii^v—Kiii^r).

2.4.5. *Congruus modus* über das Verhalten des *infirmarius* am Sterbebett (fol. Kiii^v—Miii^r):

2.4.5.1. *compassio* (fol. [Kiiii]^r),

2.4.5.2. *voluntarium obsequium* (ebd.),

2.4.5.3. *exhortationes* in fünf *gradus*, deren zweiter wiederum unterteilt ist in vier *modi* (fol. [Kiiii]^v—Lii^r),

2.4.5.4. *informatio sive exhortatio* (fol. Lii^r—Mii^r):

2.4.5.4.1. *de fide* (fol. Lii^r),

2.4.5.4.2. *de spe* (fol. Liii^r),

2.4.5.4.3. *de caritate* (fol. M^r),

2.4.5.4.4. *reducere ad memoriam virtutum opera* (fol. M^v),

2.4.5.4.5. *Unde amor dei et gratitudo incenditur* (fol. Mii^r), gegliedert nach fünf Punkten.

2.4.5.5. *Oratio* (fol. Mii^v—Miii^r).

3. 3. Teil (fol. Miii^r—Pii^r): neun *avisamenta*, an den Kranken, schließlich wieder an den Sterbehelfer gerichtet. *Ex premissis licet infirmus ipse potest habere diversa sua in egritudine consilia et avisamenta, poterit tamen quis ultra prius scripta sibi hec, que sequuntur, etiam specialiter incorporare.*

3.1. *suam dispositionem in mente revolvat* (fol. Miii^r).

3.2. *exercitia spiritualia* (fol. Miii^v).

3.3. *expertorum medicorum consilia* (ebd.).

3.4. *infirmus non gravet astantem* (fol. [Miiii]^r).

3.5. *infirmus debet seipsum cogere ad audiendum consiliis illorum amicorum* (fol. [Miiii]^v).

3.6. *infirmus animet se sepius per remedia* (ebd.).

3.7. *infirmus in mente revolvat illa, que mitigant dolorem mortis* (fol. N^r—Oii^v), gegliedert in sechs Anweisungen:

3.7.1. *ex dei voluntate* (fol. N^r),

3.7.2. *ex inevitabilitate mortis* (fol. N^v),

3.7.3. *divinus amor* (fol. Nii^r—[Niiii]^v),

3.7.4. *gaudium futurum* (fol. [Niiii]^v),

3.7.5. *de amicis iam defunctis meditatio* (fol. O^r),

3.7.6. *ex confidentia suffragiorum ecclesie* (fol. O^v),

3.7.7. *additio quotidiana: meditatio de gaudiis paradisi* (fol. Oii^v).

3.8. jetzt an den *infirmarius* gerichtetes *avisamentum: se informet de his, que mitigant inordinatum ululatum et planctum mortui vel morituri* (fol. Oii^v).

3.9. ebenfalls an den *infirmarius: se avisare debet de his, que mitigant dolorem vel planctum de intempestiva et inopinata morte* (fol. Oiii^v).

3.10. Anhang:

3.10.1. Warnung (an den Kranken) vor Skrupeln (fol. P^r),

3.10.2. Warnung vor falscher Hoffnung auf Genesung (ebd.).

3.10.3. Anweisung speziell an Mönche (fol. P^v).

Diese schematische Übersicht läßt den gravierendsten Unterschied des Preparamentum zu den Erfurter Sterbebüchern Jakobs und auch Hagens sofort hervortreten: Tzewers entfaltet keine *ars bene vivendi*. Er geht damit dem ganzen Streit über sie, den er nach Ausweis seines Handschriftenbesitzes sehr gut kannte, aus dem Weg. Er leitet darum aus der Unentrinnbarkeit des Todes, von der er auch spricht[478], keine asketischen Forderungen ab, die vollgültig nur von Mönchen erfüllt werden könnten. Der *infirmus*, dessen Bereitung Tzewers' Preparamentum unmittelbar oder mittelbar, über die Anweisungen an den *infirmarius*, dient, ist in erster Linie der Laie, jedenfalls der in der „Welt" Lebende; von Mönchen ist nur beiläufig oder ergänzend die Rede[479]. So sind die Forderungen, die an den *homo sanus*

---

[478] Abschnitt 1.0.

gestellt werden, nicht an einen „Stand" gebunden; es sind dies vor allem die Erwägung des Sterbens, die der erste Teil beschreibt, und die durch einen Exkurs besonders hervorgehobene *pietas ad proximum*[480]. Eine Spannung zwischen *religiosi* und *seculares,* wie sie unter den Sterbebüchern zuerst das *Speculum* im Kontext des Zitates aus Seuses Horologium deutlich macht, fehlt hier[481]. Denn obgleich Tzewers sich gerade im ersten Teil seiner Schrift an das Speculum anlehnt, übergeht er dessen *prima particula* und vermeidet dadurch den Streit um das *genus vivendi* schon im Ansatz. So besitzt das Preparamentum keinesfalls den Charakter einer Streitschrift; ein Passus könnte allenfalls als implizite Stellungnahme gedeutet werden[482]. Auch philosophische Deduktion, mönchische Asketik und Mystik und moraltheologische Abhandlung, die in die Erfurter Sterbebücher Eingang gefunden haben, treten nun zurück oder verschwinden ganz zugunsten der pastoraltheologischen Reflexion und Unterweisung. Das Preparamentum ist ein umfassendes pastoraltheologisches Handbuch, das die Bereitung des Sterbenden von drei Seiten her durchdringen will: seitens des *homo sanus,* der *certo tempore* den *ordo, quo ad mortem venturus est*[483], im voraus bedenkt; seitens des *infirmarius,* der dem Sterbenden beisteht, und schließlich seitens des *infirmus* selber, dessen Situation jedoch in allen Abschnitten des Buches reflektiert wird. Das Thema, von dem die Ars moriendi ihren Ausgang genommen hat und das über den Streit um das *genus vivendi* in den Hintergrund gerückt wurde, tritt bei Tzewers wieder in den Mittelpunkt. Aus diesen grundsätzlichen Unterschieden zwischen Tzewers' und Jakobs Traktaten folgt, daß Jakobs Sterbebücher auf die Struktur des Preparamentum keinen Einfluß genommen haben können. Wenn dennoch zahlreiche Übernahmen zu verzeichnen sind, können sie nicht im Sinne der monastisch-asketischen Grundtendenz des Kartäusers verwendet worden sein.

---

[479] Abschnitt 1.1.1.4., fol. B[iiii]v, über das *demonium meridianum,* d.h. *bonis male uti aut malum sub specie boni attemptare.* Die Versuchung wird mit Beispielen von Fehlhaltungen der *religiosi* und der *seculares* erläutert. — Abschnitt 2.2.2., fol. H iii r, eine *monitio de statu et regula* nach der Mönchsreihe der sog. Anshelmschen Fragen. — Abschnitt 3.9., fol. O[iiii]r: Den plötzlichen Tod als Strafe für Mißbrauch anvertrauten Gutes trifft auch die vom *patrimonium crucifixi* lebenden geistlichen Personen. — Abschnitt 3.10.3., fol. P v, über die *fiducia in morte* des Mönches. — Zum Abschnitt 1.4.4. s. unten S. 252.

[480] Die Nächstenliebe spielt in Jakobs Ars moriendi nahezu gar keine Rolle, Hagen betont sie dagegen. Tzewers gibt ihr noch stärkeres Gewicht, nicht nur im Exkurs, Abschnitt 1.2.3.1.

[481] Tzewers zitiert an einer anderen Stelle — Abschnitt 2.4.5.4.2., fol. L[iiii]rv — zur *spes venie* mehr als eineinhalb Druckseiten lang aus dem Horologium sapientiae (SEUSE, Horologium S. 39f.), das er also wohl direkt benutzt hat; er benutzt aber nicht das Kapitel über das scire mori, das der Autor des Speculum verwendet hat.

[482] S. unten S. 252. [483] Tzewers, Preparamentum fol. A ii r.

Tzewers hat folgenden Abschnitten Textstellen aus der Ars Jakobs des Kartäusers von ca. 1450 eingearbeitet: 1.3. (fol. [Eiiii]ʳ); 1.3.1. (fol. [Eiiii]ᵛ); 1.4. (fol. [Fiiii]ᵛ); 1.4.4. (fol. Giiᵛ); 1.5.2. (fol. Giiiiʳ/ᵛ); 2.4.5.4.5. (fol. Miiʳ); 3.7.3. (fol. [Niiii]ʳ); aus der Ars von 1458: 1.0. (fol Aiᵛ); 1.5.1. (fol. Giiiᵛ/Giiiiʳ); 3.6. (fol. Nʳ); 3.7.2. (fol. Nᵛ); 3.7.3. (fol. Niiᵛ/Niiiʳ/ᵛ); 3.7.4. (fol. [Niiii]ᵛ); 3.7.5. (fol. Oʳ/ᵛ); 3.7.7. (fol. Oiiᵛ); 3.8. (fol. Oiiᵛ/Oiiiʳ). Keines dieser Zitate trägt einen Vermerk über seine Herkunft; Jakob wird nicht erwähnt. Tzewers verfährt darin mit Jakobs Schriften nicht anders als z. B. mit dem Speculum. Diese Werke besitzen nicht die gleiche Autorität wie die Gersons, der jüngsten Autorität, die er beim Namen nennt.

Von den sieben Textstellen aus der älteren Ars sind zwei dem Kapitel 16 *De remediis morientis* und eine dem Kapitel 17 *Timor conscientie accusantis* entnommen, also dem zweiten Teil über die unmittelbare Todesvorbereitung. Da dies auch das Thema des Preparamentum ist, war eine sinngemäße Übernahme dieser Stellen ohne Veränderung ihrer Funktion möglich. Anders verhält es sich mit je zwei Stellen aus den Kapiteln 13 *Desiderium divine fruitionis* und 20 *De presentacione ante tribunal Christi*. Denn im 13. Kapitel beschreibt der Kartäuser die mystische *unio* als krönendes Ziel des asketischen Bußlebens, dessen Notwendigkeit das 20. Kapitel evident machen soll[484]. In Tzewers' Buch werden das *fervens desiderium divine fruitionis* (3.7.3.) und das *frui concupiscere* (2.4.5.4.5.) zu einzelnen *remedia* unter zahlreichen anderen, die in der Todesstunde anzuwenden seien, nicht aber als Inhalt des Bußlebens dargestellt werden. Das *frui concupiscere* wird dabei auf die *oratio devota* des Kranken reduziert[485], und an die Stelle des *osculum iam in via*[486] — Tzewers bricht sein Zitat vorher ab — tritt die Hoffnung auf das *frui* nach dem Tode[487].

Einem entsprechenden Funktionswandel unterwirft er die Schilderung der *presentacio ante tribunal*. Diese dient ihm (1.5.2.) als zweites *remedium* gegen die Versuchung des Sterbenden, sich noch im Tod übertriebener Sorge um zeitliche Güter hinzugeben, und führt ebensowenig wie das erste *remedium*, die für Jakob zentrale *abiectio omnis inquietudinis et cure de*

---

[484] S. oben S. 189, 197 f.
[485] Im Abschnitt 2.4.5.4.5. ist *frui concupiscere* eines der fünf *remedia*, die mit Ps.-Augustin, De visitatione infirmorum folgendermaßen zusammengefaßt werden: *Sic concludit beatus Augustinus in de visitatione infirmorum, quod infirmi ultimum refugium ut prius patuit erit devota oratio ad quam etiam astans eum sepe reducere debet.*
[486] S. oben S. 189.
[487] Tzewers schließt im Abschnitt 3.7.3., fol. N[iiii]r, das Zitat aus der Ars moriendi unmittelbar an ein Zitat aus De desiderio moriendi von 1458 an, aus dem er in charakteristischer Weise die Forderung nach dem *meritum sibi ipsi comparare in vita* entfernt, so daß *spes melioris vite* und *verus amor in nobis* nunmehr auf die Todesstunde allein bezogen werden können.

rebus terrenis[488], zu der Konsequenz des Kartäusers, die *via securior* des Mönchslebens zu gehen, sondern wird ebenfalls zu einer Vorschrift nur für die Todesstunde. Denn Tzewers fährt im Anschluß an Jakobs Worte fort: *Eo tempore, quo deficit anima nostra et a corporis compage divellitur, non debemus nos tunc ad aliud cogitationem convertere nisi ad deum, qui in corpore et extra corpus est deus*[489].

Die Verse Mt. 7,13—14 von der engen Pforte und dem schmalen Weg, den nur die Wenigen gehen, benutzen beide Autoren, um gegen falsche Sicherheit anzukämpfen: Jakobs kommentierende Paraphrase dieser Verse (Kap. 20) soll den gegen seine asketischen Forderungen erhobenen Einspruch widerlegen, daß es genüge, die Gebote zu halten[490]; Tzewers übernimmt Jakobs Paraphrase (1.4.4.), um der *nimia complacentia* ein *remedium* entgegenzustellen. Die Unterschiede in den Folgerungen, die sie ziehen, lassen noch die gegensätzlichen Positionen der Erfurter Kontroverse durchscheinen. Jakob leitet aus den Versen den Rat ab, die *via securior* des Rückzuges aus der „Welt" einzuschlagen. Tzewers ermahnt hingegen gerade den *devotarius et contemplativus*, nicht überheblich zu sein; Gott verfüge, auf welchem Weg ein jeder zum Heil gelange: *Et cum devotarium aut contemplativum novit* (sc. *deus*) *ad onera gravia inutilem et minus idoneum, sic noluit eum ex magna sua clementia ad grandia et difficilia in operibus, honoribus, exercitiis, ne laberetur, ordinare*[491]. Aber zu einer grundsätzlichen Stellungnahme oder gar polemischen Erörterung kommt es nicht. Tzewers beläßt es bei dieser Erläuterung des *remedium* gegen die *nimia complacentia* und vermeidet eine Wiederbelebung der Kontroverse. Daher richtet er seine Mahnung am Schluß dieses Abschnittes ausdrücklich an beide Seiten: *Non presumat ergo nec activus nec contemplativus* ...[492].

Die jüngere Ars Jakobs hat Tzewers vornehmlich für sein 6. und 7. *avisamentum* an den Kranken benutzt, wobei die Textverarbeitung den gleichen Grundsätzen folgt wie bei der älteren Ars. Wiederum übergeht Tzewers alles, was unmittelbar auf die Erfurter Kontroverse bezogen ist, so z. B. den Exkurs *De usu rerum temporalium;* wiederum macht er aus Jakobs Anweisungen zum *bene vivere avisamenta* für die Todesstunde. Von den fünf *instrumenta* des Kartäusers[493] übernimmt er vier: die *precedentes fructus penitentie* behandelt er im 6., die *meditatio gaudiorum futurorum*, die *meditatio defunctorum* und die *spiritualia cantica* im 7. *avisamentum*. Jakobs Ausführungen über die *alienatio temporalium*, die nach wenigen Sätzen in den genannten Exkurs übergehen, bieten keine

---

[488] Tzewers, Preparamentum fol. G iii v.
[489] Ebd. fol. G[iiii]v.
[490] S. oben S. 198.
[491] Tzewers, Preparamentum fol. G ii v.
[492] Ebd. fol. Giii r.
[493] S. oben S. 226 f.

Formulierungen, die Tzewers in Vorschriften für den Sterbenden hätte umwandeln können; er läßt dieses *instrumentum* darum ganz fort. Schon der Abschnitt über die *precedentes fructus penitentie* bereitete Schwierigkeiten, denn er fügt sich dem neuen Zusammenhang nicht lückenlos ein, obwohl Tzewers die monastische Tendenz dadurch zu mildern versucht, daß er ein *exemplum horribile*[494] Jakobs von einem anfangs Unbußfertigen ausläßt, der, nachdem ihn der Teufel gequält hatte, aus dem Kloster nicht mehr wegzubringen war[495].

Das Preparamentum verdankt den Sterbebüchern des Kartäusers zweierlei: einerseits die betont rationale Beschreibung der natürlichen Begleiterscheinungen der *separatio anime a corpore*[496], andererseits den Ton affektiver Frömmigkeit. Zur rezeptionsgeschichtlichen Auslegung der Schriften Jakobs trägt Tzewers' Verarbeitung durch die Profilierung der literarischen Eigenart der Bücher Jakobs und ihrer Bezogenheit auf bestimmte Leserschichten bei. Tzewers' streng auswählende, von der Struktur der Bücher Jakobs unbeeinflußte Rezeption erweist, daß die Unterschiede in der Zielsetzung, Sterben und Sterbehilfe oder das Leben als Vorbereitung auf das Sterben zu behandeln, zu einer solch gravierenden Differenzierung der Sterbebücher geführt hat, daß der Austausch der sog. „Formstücke und tragenden Gedanken" zwischen den beiden Arten nur begrenzt oder nur unter wesentlichen Veränderungen möglich ist.

Der Rückgriff auf die ältere, von Gerson und dem Speculum repräsentierte Tradition weist zudem auf einen literatursoziologischen Unterschied hin. Tzewers betrachtet sein Buch als *simplicium infirmorum avisamenta*[497]. Daß sein Manuskript, noch ehe es bei Bongart in Köln in lateinischer Sprache gedruckt wurde, schon sich in den Händen des Übersetzers in Basel befand, zeigt, daß der Autor speziell die des Lateinischen unkundigen Laien erreichen wollte[498]. Dieser Intention widerspricht die enorme Ausweitung des Stoffes nicht; denn Tzewers vermeidet die Benutzung scholastisch-wissenschaftlicher Literatur und füllt sein Werk vielmehr mit Bibel- und Väterzitaten, wie sie auch in der Predigt verwendet werden. Er über-

---

[494] So bezeichnet Tzewers in einer Marginalie seines Exemplars von Jakobs De desiderio moriendi das dritte *instrumentum;* Berlin, PK Cod. theol. lat. Fol. 704 p. 108.

[495] In den Abschnitten 1.0. und 1.5.1. benutzt Tzewers ferner einzelne Formulierungen aus Jakobs De desiderio moriendi, Berlin, PK Cod. theol. lat. Fol. 704 p. 101, 114, 116, um die natürlichen Vorgänge des Sterbens zu beschreiben und die *memoria mortis* zu empfehlen; im Abschnitt 3.8. verwendet er teilweise Jakobs Petrarca-Zitate, vgl. oben S. 227.

[496] In den Abschnitten 1.0. und 1.3.

[497] Tzewers, Praparamentum fol. P ii r.

[498] Freilich konnte er nicht die *simplices* Gersons meinen; der Bezug Tzewers' auf die Siechmeister und Diener in der Firmerie (s. FALK, Die deutschen Sterbebüchlein S. 36) läßt eher an das zu solchen Ämtern fähige Bürgertum denken.

geht sogar die in seiner Vorlage, dem Speculum, enthaltenen Stellen aus den Sentenzenkommentaren des Thomas und Scotus, ebenso die „vornehmlich" für Mönche und lediglich „auch" für Laien bestimmte *prima particula*[499]. Angesichts dieser Intention, den *simplices* zu entsprechen, verdeutlicht die Art und Weise, in der Tzewers einzelne Stellen aus den Sterbebüchern Jakobs auswählt und umwandelt, daß die Schriften des Kartäusers eng an die Schicht der Kleriker und Mönche gebunden ist. Zwar hat der gelehrte Theologe Tzewers die Auseinandersetzung über die Seelsorge bis ins Einzelne verfolgt und so vollständig wie kein zweiter in seine private Büchersammlung aufgenommen, der Autor der *simplicium infirmorum avisamenta* läßt dagegen nur Weniges und dies erst nach kritischer Auswahl und Behandlung passieren. Geiler hat es freilich trotz des schichtenspezifischen Charakters der Ars moriendi Jakobs von ca. 1450 unternommen, sie als Ganze in die Volkspredigt umzusetzen.

7. Geiler von Kaysersberg

Geilers Bemühungen um die Ars moriendi setzen gleich zu Beginn seiner Straßburger Tätigkeit ein. 1480 predigte er über die Bereitung zum Sterben auf der Grundlage der Ars moriendi Gersons, die er gleichzeitig übersetzte und 1482 im Druck erscheinen ließ[500]; die Broschüre fand Zuspruch und wurde zwei weitere Male aufgelegt[501]. Noch 1496 forderte Geiler seine Zuhörer zum Kauf der Übersetzung auf. Als Geiler 1495—1497, mit Unterbrechungen an den großen Festtagen, wiederum über den Tod predigte, beschränkte er sich nicht mehr auf das Thema der Sterbehilfe, sondern behandelte, teils in engerer, meist in loser Verknüpfung mit der Allegorie des Dorfmeiers, das Todesthema möglichst umfassend, indem er zunächst drei Wochen lang täglich die *condiciones arbori humanae necessariae* erläuterte, in weiteren zwei Wochen den ‚Baum des Kreuzes Christi' und fünf Monate lang sonntags über die ‚Früchte des Baumes' sprach; von Oktober bis Weihnachten 1495 und Sexagesima bis Reminiscere 1496 behandelte er — in der Fastenzeit wiederum auch werktags — die *XXII condiciones mortis*, das sind die Eigenschaften und Amtspflichten des ‚Dorfmeiers'. Vom Donnerstag nach Reminiscere bis zum Karsamstag (28. 2.—2. 4. 1496) hielt

---

[499] S. oben S. 183.

[500] Vgl. zum folgenden HOCH, Geilers von Kaysersberg „Ars moriendi" S. 3 ff., ergänzt und korrigiert durch DACHEUX, Les plus anciens écrits S. II ff., LXXXI.

[501] Der Druck von 1482 und der undatierte nachfolgende bei DACHEUX, Les plus anciens écrits Nr. 1 u. 2 S. LXXXI; M. SPIRGATIS, Zur Bibliographie Geilers von Kaysersberg (ZBiblWesen 5. 1888 — S. 73—77). Einen dritten von 1497 beschreibt HOCH, Geilers von Kaysersberg „Ars moriendi" S. 72 f.

er 36 Predigten De dispositione ad mortem[502]. Die Predigten der Osterzeit 1496, nur in der deutschen Nachschrift der *ersamen iunckfrawen*[503] erhalten, handeln über die Christus in seinem Tod zu leistenden Dienste nach dem Vorbild der *dry marien*. An diese Predigten wie an die vom Karsamstag knüpft schließlich, über die zwischenzeitlich gehaltenen Ansprachen *De morte virtuali sive gratie* zurückgreifend[504], der vom 16. Sonntag nach Trinitatis bis zum Beginn der Fastenzeit 1497 vorgetragene Zyklus *De XXIII obsequiis mortuis impendendis* an.

Die Texte dieser über zwei Jahre hinweg gehaltenen Predigten sind erst nach Geilers Tod 1514/1515 in den schon genannten Ausgaben[505] gedruckt worden. Aber schon 1497 hat Geiler die Predigten De dispositione ad mortem *„uff das aller kürtzest begriffen"* und unter dem Titel *Ein ABC, wie man sich schicken sol zů einem kostlichen seligen tod* drucken lassen[506], zusammen mit dem Beichtgedicht von Hans Foltz, über das er 1497 predigte, und seiner Übersetzung der Ars moriendi Gersons. Er hat mit dieser Veröffentlichung gerade denjenigen unter den sieben Zyklen über den Tod besonders herausgehoben, dem er die Ars moriendi Jakobs des Kartäusers von ca. 1450 zugrunde gelegt hat.

H. Appel ist kurz auf das *ABC* von 1497 eingegangen und hat zwei in sich nicht ganz widerspruchsfreie Feststellungen dazu getroffen: Geiler verzichte auf alle Systematik zugunsten einer einfachen Aufzählung an Hand des ABC, und: von den 27 „Regeln" Geilers ensträchen die ersten vierzehn meist den ersten Kapiteln der Ars moriendi Jakobs und die folgenden neun Abschnitte der sog. Bilder-Ars[507]. — Die abecedarischen Anfänge bedeuten nun aber keineswegs den Verzicht auf eine sachliche Gliederung, sie sind nur ein sekundäres Ordnungsprinzip. Es wäre wohl auch einem weniger sprachgewandten Prediger als Geiler gelungen, ein jeweils passendes Anfangswort zu finden; Geilers gedrucktes Manuskript der Sermones enthält zudem sowohl lateinische als auch deutsche abecedarische Anfänge, und Geiler kann in dem kleinen *ABC* ohne Schwierigkeiten einmal ein ursprüng-

---

[502] An der Datierung in das Jahr 1496 kann allein schon deshalb kein Zweifel bestehen, weil Geiler in der Predigt vom Mittwoch nach Laetare (16. 3. 1496) den Beginn seines 52. Lebensjahres erwähnt: *Ciriacus cum sociis suis, cuius hodie dies colitur, in qua et finitur hora post prandium annus quingentesimus primus et incipit quingentesimus secundus. Dominus Deus, miserere mei ...*; Geiler, De dispositione fol. XVII v. Geiler ist am 16. 3. 1445 geboren.
[503] S. oben S. 244.
[504] Ihre Einordnung ist unsicher, s. HOCH, Geilers von Kaysersberg „Ars moriendi" S. 59 f.
[505] S. oben S. 243.
[506] Hg. von HOCH, Geilers von Kaysersberg „Ars moriendi" S. 76—83.
[507] APPEL, Anfechtung und Trost S. 94; RUDOLF, Ars moriendi S. 103 ist APPEL wörtlich gefolgt.

lich vorgesehenes Anfangswort durch ein anderes ersetzen, ohne deshalb die Gliederung zu ändern[508]. Der Einfluß der Ars Jakobs läßt sich ferner nur sehr unzureichend an der knappen deutschen Zusammenfassung ablesen; um sein Ausmaß zu erkennen, ist es nötig, auf den lateinischen Text der Predigten zurückzugreifen.

Das Manuskript des lateinischen Textes ist von Jakob Biethen, der zu den sorgsamsten Editoren Geilerscher Texte zählt[509], allem Anschein nach ohne bedeutende Eingriffe herausgegeben worden. Der ersten Ausgabe, dem Separatdruck von 1515, hat er ein Vorwort an den Leser, das von der unvermuteten Auffindung der Sermones berichtet, und ein kurzes, 70 Stichworte umfassendes Register vorangestellt; eine auf fol. XXVr eingeschobene Notiz *Reliqua non potuit venerabilis doctor Keisersberg hac hora absolvere, sed in alterum distulit diem* geht sicher auf eine Randbemerkung Geilers zurück, die wie ein weiterer Vermerk gleichen Inhalts ursprünglich in der ersten Person formuliert war[510]. Alles übrige dürfte unmittelbar von Geiler selbst herrühren und entweder die vor der Predigt angefertigte lateinische Ausarbeitung oder die nachträgliche Niederschrift oder, was dem vorliegenden Textzustand am ehesten gerecht wird, die nur nachträglich noch einmal durchgesehene und ergänzte Ausarbeitung darstellen[511]. Keinesfalls war der Zyklus insgesamt vor Beginn der ersten Predigt am 28. 2. 1496 fertiggestellt, wie Diskrepanzen zwischen Ankündigung und Ausführung beweisen, noch enthält der lateinische Text stets die genaue, wörtliche Entsprechung dessen, was Geiler deutsch von der Kanzel gepredigt haben kann, noch hat Geiler das Manuskript in der publizierten Form für die Veröffentlichung bestimmt.

Zu den zwei letzten Feststellungen berechtigen die exakten, oft auf die Exemplare seiner Handbibliothek[512] bezogenen Verweise auf theologisch-wissenschaftliche Literatur[513] oder homiletische Hilfsmittel[514] — der Text

---

[508] Geiler, De dispositione fol. IX v: *Dura asperitas et vilitas [dich annemen eines strengen und schlechten Lebens]*; Geiler, ABC S. 77: *Dürr streng und schlecht leben an sich nemmen.*

[509] Douglass, Justification S. 23.

[510] Geiler, De dispositione fol. XXXV v: *hic finivi sermonem propter temporis angustiam.*

[511] S. z. B. ebd. fol. XIII v: *Enumeravi propter populum precepta* (sc. Dekalog) *secundum ordinem cursorie;* ebd. fol. XIV v: *dic ex Gersone ubi supra* (Verweis auf den fol. XIV r zitierten Traktat Gersons De indulgentiis); ebd. ist zum Kaiser Mauricius nachgetragen: *dixi hystoriam ex speculo historiale, quam insere;* ähnlich fol. XXXV v.

[512] Vgl. z. B. ebd. fol. IX r: *in fasciculo temporum folio XIX ..., Item dicitur in libro Alfonsi folio XXXV ...;* ebd. fol. XVIII r: *ut patet in sexto confessionum eiusdem columna quinta ante finem libri, ubi vide;* ebd. fol. XXXV v: *Dic ex Gersone et scribe 88. v. usque ibi argue tibi sic exclusive ... Dic ex Gersone 88 a usque b.*

[513] Vgl. z. B. ebd. fol. III r: *vide Gabrielem distinctione xiii, articulo iii, dubio ii ...;* ebd. fol. III v: *sic et Hugo de sacramentis libro ii, parte xiiii, capitulo ii in expositione verborum thematis ...;* ebd. fol. IIII r aus dem nur hs. überlieferten Werk des Domini-

ist von solchen Angaben geradezu übersäht, aus ihnen ließe sich ein Teil seiner Privatbibliothek rekonstruieren — und die Anweisungen für den endgültigen Vortrag, welche der Prediger sich selber erteilt, z. B. im Manuskript nur angedeutete Stellen bei Bedarf — *si placet*[515] — oder, wenn die Zeit noch reiche — *que propter angustiam temporis pertransire libet*[516] —, auf der Kanzel näher auszuführen oder fortzulassen.

Der lateinische Text enthält auch schon Notizen zum volkssprachlichen Predigtvortrag: die abecedarischen Einleitungen sind generell zweisprachig wiedergegeben und einzelne prägnante deutsche Formulierungen[517] oder Wortspiele festgehalten, die der Bearbeiter der deutschen Ausgabe übrigens nicht in vollem Umfang berücksichtigt hat[518]. Einerseits durch-

---

kaners Petrus de Palma (gest. 1345): *secundum petrum de palma distinctione xv quarti, questione i, articulo ii . . .*

[514] Ebd. fol. XV r u. ö. Verweise auf das Speculum historiale und das Speculum exemplorum mit Angabe der *distinctiones* und *capitula*.

[515] Vgl. z. B. ebd. fol. V r: *Et si placet solve ex Gersone argumenta illa frivola de versiculo ,Diripuisti'*; ebd. fol. XV r: *Et dic miraculum de securi, qua utebatur, si placet, propter allusionem thematis.*

[516] Ebd. fol. XV r.

[517] Vgl. z. B. ebd. fol. II r: *Respondeo quod pena omnium peccatorum mortalium equalis erit duratione, non tamen intensione [würt gleich sein in der lenge / aber nit in der strenge]*; ebd. fol. XIII r: *hic in spe, alibi in re [hie in won, dort in wor].*

[518] Vgl. ebd. fol. VII rv (im folgenden die linke Spalte) mit Geiler, Das bůch Arbore humana fol. CLVII r (hier die rechte Spalte):

De quo recte intelligitur quod dixit Salomon Proverbio XII ,De fructu oris sui unusquisque replebitur bonis', unusquisque inquit; senex et iuvenis replebitur bonis illis prius enumeratis ex Johanne Cancellario Parisiensi. Sed et per ea bona maiori ville, qui mors est, dominoque suo deo scilicet ut non excidatur et in ignem mittatur immo in regnum assumatur, magna bona sunt hec villana, non urbana illa bona: bona inquam villana et theutonica [die grossen tütschen dorff bonen] non urbana illa et latina [nit die latynischen stat bonen] que dives ille accepit in vita sua, sed non sine magno malo, quippe quod in inferno caules comedere cogebatur, plane qui in hac vita accipit et comedit [bonen in latyn] id est bona, alibi comedit [krut] Crucior in hac flamma, clamat is, qui comederat bona et adhuc in hanc diem usque [sottert das krut bei dem feuer] et in perpetuum crepitabit.	Von der frucht sagt Salomon Proverbio 12. *De fructu oris* (sc. Prov. 12, 14) Von der frucht des munds / würt ein ieglicher erfult gůtz / er sei jung oder alt / so würt er erfült der güter so von der beicht kumen etc. Ist es nit ein großer nutz der penitentz / das sie dich behüt / das du nit in das feuer geworffen würst / wan der dorffmeyer kumpt der tod / und du nit darffest dort in der hellen essen mit dem reichen man / der hie bona hat gessen / darum so ißt er ietz krut. *Quia crucior in hac.* (Vgl. Lk. 16, 24).

Dagegen sind mehrere deutsche Sätze von De dispositione fol. XVI v ohne bedeutendere Veränderungen in die deutsche Bearbeitung Das bůch Arbore humana fol. CLXVIII v, übernommen worden.

dringt Geiler also das Thema seiner Vorlage, der Ars moriendi Jakobs, mit den Mitteln seiner Wissenschaft und appliziert sie seinem theologischen Horizont, anderseits vollzieht er die Applikation auf den Horizont seiner Hörer. Die vorliegende Fassung der Sermones de dispositione ad mortem gibt nicht die gesprochene Predigt authentisch wieder, sondern gewährt Einblick in die „Werkstatt", in den Prozeß der Erarbeitung, die noch nicht abgeschlossene Umsetzung theologisch-gelehrter, in lateinischer Sprache formulierter Literatur in die deutschsprachige Volkspredigt; der Text ist in diesem Sinne durchaus authentisch. Daher vermittelt diese Fassung auch den Prozeß und die Intentionen der Rezeption Jakobs durch Geiler genauer, als es eine Nachschrift der gesprochenen Predigt leisten könnte. Wie die Hörer Geilers die in der Predigt vermittelten Gedanken Jakobs aufgenommen haben, ist dieser Textgestalt der Sermones dann allerdings nicht zu entnehmen.

Geiler stellt die Ars moriendi, als welche er seinen Predigtzyklus angesehen wissen will, unter die Verse Mt. 3,8 bzw. Lk. 8,3: ‚*Facite dignos fructus penitentie!*‘ *Sic poteritis expectare mortem cum leticia. Ecce fratres, hec est materia, quam vobis ab initio predicare pollicitus sum, de arte videlicet moriendi sive ad mortem preparatione, que plane in hoc consistit, ut homo faciat dignos fructus penitentie*[519]. Diese „Früchte" sind die von der achten bis zur 35. Predigt erteilten Anweisungen zum ‚guten Sterben'. In der starken Betonung des Bußgedankens stimmen Jakob und Geiler grundsätzlich überein und sind darin sowohl von Hagen als auch von Tzewers unterschieden. Jakobs Einfluß ist schon bei der Konzipierung des Zyklus zu erkennen. Geiler hat in der siebten Ansprache, der letzten seiner Einleitung[520], den Zuhörern einen Überblick über den beabsichtigten Aufbau der nachfolgenden Predigten gegeben, den er im wesentlichen auch eingehalten, aber in einzelnen Punkten ergänzt hat. Er zählt 21, wie er sagt, tatsächlich aber 22 *fructus penitentie* in Stichworten auf, die noch nicht die abecedarischen Anfänge haben und deutlicher als die späteren Formulierungen der Predigtthemen ihre Herkunft von der Ars moriendi Jakobs des Kartäusers verraten. Geiler gibt nämlich zunächst einfach die Kapitelüberschriften von Jakobs *ars bene vivendi* wieder und gliedert dann den zweiten Teil, die engere Todesvorbereitung, Jakobs einzelnen *remedia* folgend, weiter auf. Nur zwei seiner *fructus* lassen sich nicht auf die Erfurter Schrift zurückführen. Die Synopse zeigt augenfällig, daß Geilers Entwurf im wesentlichen ein Exzerpt aus Jakobs Ars moriendi ist:

---

[519] De dispositione fol. II r.
[520] Ebd. fol. VI rv; vgl. ebd. fol. VI r: *Neminen autem pigeat aut molestat, quia hactenus tam prelocuti sumus* ...

Aggrediamur itaque et enumerimus fructus penitentie, quos facere oportet arborem rationalem, si effugere velit ignem illum gehenne inextinguibilem. Deinde eosdem fructus in dies singillatim prosequamus. Sunt autem XXI fructus, qui occurrunt ad presens. Hi sunt

(Geiler)	(Jakob)[521]
(1) *generalis confessio*	Kap. 2: *De confessione*
(2) *alti status abiectio*	Kap. 3: *De abiectione cuiuslibet dignitatis*
(3) *asperitatis et vilitatis assumptio.*	Kap. 4: *De asperitate et vilitate amplectenda*
(4) *futurorum meditatio*	Kap. 7: *Meditatio terribilium*
(5) *elemosinarum elargitio*	Kap. 8: *De elemosinarum largitione*
(6) *indulgentiarum acquisitio*	Kap. 9: *De indulgentiarum participatione*
(7) *religionis ingressio*	Kap. 10: *Ingressus religionis*
(8) *lachrimarum effusio*	Kap. 11: *De gracia lacrimarum*
(9) *iniuriarum perpessio*	Kap. 12: *Perpessio iniuriarum*
(10) *fruitionis desideratio*	Kap. 13: *Desiderium divine fruitionis*
(11) *testamenti dispositio*	
(12) *suffragiorum procuratio*	
(13) *boni viri assistentis electio*	(aus Kap. 16:) ‚*ad latus eius sit vir spiritualis*‘
(14) *sacramentorum perceptio*	(ebd.) ‚*Primum (remedium) est ... ecclesiastica sacramenta*
(15) *mortis voluntaria acceptatio*	(ebd.) ‚*Secundum remedium ... quod hec penalitas, si absque murmuratione suffertur, est purgatorium eius*
(16) *a conscientie examinatione cessatio*	Kap. 17: *Timor conscientie accusantis. Primum remedium ... a talium examinatione quiescat*

---

[521] Welches Exemplar der Ars moriendi Jakobs GEILER benutzt hat, ist unsicher. Der Druck Hain *9340 scheidet jedenfalls aus, da Geilers Zitate dem Text, wie er in Jakobs Handexemplar vorliegt, näher stehen, weshalb im folgenden Jakobs Ars moriendi auch weiterhin nach Dresden, LB Cod. P 42 zitiert wird. Dieser Hs. sehr nahe steht Schlettstadt, StB Cod. 57 (vgl. oben Anm. 295), sie kommt als Vermittler des von Geiler benutzten Textes in Frage.

(17) *de se desperatio et in passionem Christi sui commendatio*

(ebd.) *Secundum remedium: ... totum se ad dominicam passionem ... conferat ... nihil de suis tanquam condignis considerans propriis meritis*

(18) *propria et aliorum expressa vocalis oratio*

(aus Kap. 18:) *primo autem oratio propria et aliorum circumstantium expresse emissa*

(19) *signorum passionis Christi ostensio et aque benedicte aspersio*

(ebd.) *etiam signa passionis Christi ... una cum aque benedicte aspersione*

(20) *disputationis evitatio*

(ebd.) *non est egroto tunc hora disputandi*

(21) *coram testibus et notario protestatio*

(ebd.) *testibus vocatis aut publico notario fidem suam publice profitetur ... protestans ...*

(22) *Christi mortis imitatio*[522]

Kap. 19: *De octo punctis Christi per moriturum imitandis*

Die Erweiterungen, die Geiler bei der Durchführung dieses Programms dann vornimmt, sind zum Teil wiederum des Ars Jakobs verpflichtet. Zur zweiten ‚Frucht' tritt als nunmehr dritte hinzu: *Cauta prelatorum et cuiuslibet secularis cure declinatio [Kein gemeinschafft haben mit den gewaltigen]*[523], dem dritten Kapitel der Ars Jakobs entnommen; auf die im Plan als zehnte vorgesehene ‚Frucht' folgt am Freitag nach Laetare als nunmehr zwölfte eine Predigt mit dem Thema *Missarum et communionis digna frequentatio [Meß und das heilig sacrament dick wirdiglich entpfahen und lesen]*[524], die dem 14. Kapitel des Kartäusers *(De missarum celebrationibus)* entspricht. Zwei weitere Predigten, in der endgültigen Zählung die 17. und 21., über die *Reiectio curarum mundanarum*[525] in der Todesstunde und die *X(Ch)ristianarum virtutum presertim fidei actuatio*[526] sind nicht von Jakobs, sondern wahrscheinlich von Niders Sterbebuch[527] angeregt. Durch ihren Einschub erreicht Geiler, daß die Predigt über das Thema

---

[522] GEILER, De dispositione fol. VI rv.
[523] Ebd. fol. IX r. [524] Ebd. fol. XIX r.
[525] Ebd. fol. XXV v. [526] Ebd. fol. XXX v.
[527] Vgl. die Inhaltsangabe von Niders Dispositorium moriendi bei RUDOLF, Ars moriendi S. 83 f.

Christi mortis imitatio auf den Karfreitag fällt, so daß der Zyklus nicht des Festes wegen unterbrochen zu werden braucht, sondern vor dem Hintergrund der Liturgie sogar seinen Höhepunkt erreicht[528]. Am Karsamstag spricht Geiler, nun wieder unabhängig von Jakob, über die Sterbehilfe und leitet damit zugleich die Predigten über die drei Marien ein. Wegen der Erweiterung auf insgesamt 27 *fructus* reichten die Buchstaben des Alphabets für die Anfangsworte der einzelnen Predigten nicht aus. Geiler hilft sich damit, daß er die letzten vier Predigten jeweils mit einer solchen Silbe beginnt, für die es gängige, manchen seiner Hörer wohl genauso wie das ABC vertraute Kürzeln gibt: *et*[529], *est*[530], *con*[531] und *tur*[532].

Geiler schließt sich, im Unterschied zu Tzewers, eng an die Ars Jakobs an; sie bestimmt den Aufbau des gesamten Predigtzyklus. Dementsprechend entfaltet Geiler zunächst eine *ars bene vivendi*, bevor er seinen Hörern das rechte Verhalten in der Todesstunde erläutert; doch nicht die in dieser Stunde einem anderen zu leistende Hilfe, zu der Gersons Ars anleitet, ist Inhalt des zweiten Teils der Predigten, sondern das Bedenken des eigenen Sterbens. Geiler macht zwischen beiden Arten der Ars moriendi einen deutlichen Unterschied, wenn er zwar über das Angewiesensein auf die Sterbehilfe spricht, aber die Erörterung ihrer Ausübung als ein selbständiges Thema ausklammert[533]. Die dem Aufbau des Sterbebuches des Kartäusers konforme Anlage seines Predigtzyklus gestattet es Geiler, auch in der Durchführung seines Entwurfs der Vorlage zu folgen. Er übernimmt die Textstellen in der Abfolge der Kapitel seiner Vorlage, mit Ausnahme der Einleitung (Kap. 1) und der *Presentacio ante tribunal* samt *Cautela finalis* (Kap. 20 und 21). Im Durchschnitt macht er sich mehr als die Hälfte aller Formulierungen des Kartäusers zu eigen, einige Kapitel zitiert er nahezu voll-

---

[528] Geiler predigte an diesem Tage zweimal: *mane hora sexta* und *post prandium infra horam primam et secundam;* s. GEILER, De dispositione fol. XXXVI v, XXXVIII r.

[529] Ebd. fol. XXXIV v: *Ethnicalis disputationis ... devitatio [etwas gescheidikeit];* Das bůch Arbore humana fol. CLXXXII v: *Di xxiii frucht ist Et.*

[530] De dispositione fol. XXXVI r: *Estuans de non recedendo fide protestatio [Este* (d. i. Superlativ zu ê(r)-früh, ‚eher') *unnd so essest du magst ...];* Das bůch Arbore humana fol. CLXXXIIII r: *Die XXV frucht ist Est.*

[531] De dispositione fol. XXXVI v: *Confirmatio dominice mortis [confirmieren und sich gleichen ...];* Das bůch Arbore humana fol. CLXXXIIII v: *Die xxvi frucht ist Con.*

[532] De dispositione fol. XXXIX r: *Turbe morientium et mortuorum fidelis famulatio [durnechtiger und fleisiger dienst der sterbenden ...];* die letzte Predigt fehlt in Das bůch Arbore humana.

[533] De dispositione fol. XXIII v: *Quomodo autem hec exhortationes, interrogationes, orationes et observationes exerceri et exhiberi debeant, traditum est clare per dominum Johannem de Gerson, cuius sententiam ego theutonicis verbis expressi, predicavi, conscripsi, impressioni tradidi, quare facillime et pro nummo uno poterit comparari. Neque opus est talia ad presens recensere, forsitan postea recensebuntur. Ideo quisquis es facere poteris hoc libello habito, ut aptus sis huic officio.*

ständig. Er kennzeichnet die Übernahmen in nur zehn[534], verwendet die Schrift Jakobs aber in nicht weniger als 25 Predigten[535]. Innerhalb des jeweiligen thematischen Zusammenhanges nimmt Geiler allerdings Umstellungen vor, die durch die gleichmäßig durchgeführte Gliederung jeder Predigt in drei Teile bedingt ist, in denen nachgewiesen werden soll, daß der jeweils behandelte *fructus* 1. nötig *(necessarius)*, 2. möglich *(possibilis)* und 3. nützlich *(utilis)* sei.

Geiler verarbeitet den Text des Kartäusers umfassender und intensiver als alle anderen Autoren der Ars moriendi. Er macht damit eine auf Mönche und Kleriker ausgerichtete und von diesen bislang fast ausschließlich rezipierte Schrift zur Grundlage für seine Volkspredigten. Dies ist in der Rezeptionsgeschichte der Ars Jakobs ein ganz neuer Vorgang, durch den die Schrift eine neue Funktion erhält und eine erneute Auslegung erfährt. Denn wenn die monastische Tendenz der Ars schon bei einigen Klerikern innerhalb und außerhalb der Klöster auf Widerspruch stieß, steht zu vermuten, daß sie erst recht den spirituellen Erfordernissen der Volkspredigt zuwiderläuft, so daß die Schrift ohne verändernde Interpretation für den neuen Zweck nicht rezipiert werden kann. Bei der Verarbeitung derjenigen Kapitel, die konstitutiv für die monastische Tendenz der Erfurter Ars sind, müssen Art und Ausmaß der Umdeutung am klarsten hervortreten. Deshalb kann die Behandlung der Predigten Geilers auf seine Benutzung der Kapitel über den Rückzug aus den Ämtern, die mönchische Askese, den Eintritt in ein Kloster und das *desiderium fruitionis* beschränkt werden.

Das dritte Kapitel des Kartäusers *(De abiectione cuiuslibet dignitatis)* legt Geiler den Predigten über die zweite und dritte „Frucht" zugrunde, deren Themen in der endgültigen Formulierung lauten: *Beati secundum mundum et alti status declinatio [behüten sich vor hohen städten]*[536] und: *Cauta prelatorum et cuiuslibet secularis cure declinatio [kein gemeinschafft haben mit den gewaltigen]*[537]. Der Gedankengang beider Predigten folgt dem Kartäuser bis ins einzelne Argument; es fehlen weder die resignierenden Bischöfe Valerius von Hippo, Augustinus und Petrus Damiani[538] noch die — *hac tempestate* — nachdrängende Schar der (ipso facto ungeeigneten) Postenjäger[539]. Geilers Zusätze, teils ausgeführt, teils nur in Form von Literaturhinweisen angedeutet, unterstreichen und verdeutlichen, zeigen z. B. die Gefahr der *gemeinschafft mit den gewaltigen* an bestimmten Berufen wie den *officiales dominorum* und dem *notarius communitatis* auf[540],

---

[534] Ebd. fol. VII rv, VIII r, IX r, XIII v, XIV r, XVIII v, XXVII r, XXIX rv, XXXVI r.
[535] 7. bis 19., 22., 23., 26. bis 35. Predigt.
[536] De dispositione fol. VIII r.
[537] Ebd. fol. IX r.
[538] Ebd. fol. VIII r.
[539] Ebd. fol. VIII v.
[540] Ebd. fol. IX v.

verändern aber nicht. Durch Auslassungen kommt jedoch eine erste Akzentverschiebung zustande. Geiler übergeht die Formulierungen, welche die *propria salus* der *salus aliorum* in ausschließender Weise entgegensetzen[541]; er läßt statt dessen den Fähigen, der zum Amt gezwungen wird, ohne die Einschränkungen gelten, die Jakob in der *Cautela finalis* anbrachte.

Die vierte „Frucht" *(Dura asperitas et vilitas [dich annemen eines strengen und schlechten lebens])*[542] ist bis auf wenige Zeilen zusammengesetzt aus den Kapiteln 4—6 der Ars Jakobs, die den gleichen Gegenstand und seine Verteidigung gegen *obiectiones* behandeln. Die inhaltliche Bestimmung des Begriffspaares, das oben S. 192 auszugsweise wiedergegebene Programm einer asketischen Lebensführung, hat Geiler voll und ganz übernommen. Wiederum verändert er den Tenor seiner Vorlage mehr durch Auslassungen als durch die wenigen Zusätze und kleinen Retuschen. Jakob begegnete dem Einwand, daß die harte Askese das Leben verkürze, unter anderem mit der Bemerkung: *Et quid perdet iustus per accelerationem mortis, quando transiturum se non dubitat ad requiem de labore?*, ohne damit — er sagt es in einem Konzessivsatz — einen *excessivus modus ultra nature humane condicionem* anraten zu wollen[543]. Geiler läßt hiervon allein die Mahnung zur *discretio*[544] stehen und verleiht ihr damit größeres Gewicht. Deutlicher werden die asketischen Forderungen dadurch eingeschränkt, daß Geiler es unterläßt, sie nach Jakobs Vorgang mit dem Martyrium zu vergleichen. *Et quid est aliud hic modus vivendi secundum artem hanc nisi quoddam genus martirii?*[545] fragte der Kartäuser und deutete mit diesem Vergleich an, daß er die Askese eines reformierten Ordens meint, den er wenige Kapitel später eben als *genus martirii* bezeichnet[546]. Indem Geiler diesen Art und Ausmaß der Askese fixierenden Passus nicht in seine Predigt aufnimmt, öffnet er seinen Laienhörern den Weg zu einem ihnen angemessenen Verständnis der Begriffe des Kartäusers. Daß der Straßburger Bürger mit den gleichen asketischen Begriffen andere Inhalte verbinden mußte als z. B. der Kluser Mönch, dem die Ars Jakobs als *collatio* vorgetragen wurde, ergibt sich aus der unterschiedlichen Situation der Hörer und ihrer entsprechend unterschiedlichen Verstehenshorizonte. Daß Geiler mit der Verwendung des gleichen Textes aber auch bewußt andere, den Laien angemessenere Vorstellungen evozieren wollte, zeigen solche Auslassungen.

Das recht kurze Kapitel 10 des Kartäusers *(Ingressus religionis)* benutzt Geiler nur für den dritten Teil seiner Predigt über die achte „Frucht", um den Nutzen der *vita religiosa regulariter* aufzuzeigen[547]. Schon in der ersten

---

[541] *Consulendum igitur* . . ., s. oben S. 192.
[542] De dispositione fol. IX v.
[544] De dispositione fol. X v.
[546] S. oben S. 193.
[543] Dresden, LB Cod. P. 42 fol. 65 v.
[545] Dresden, LB Cod. P. 42 fol. 65 v.
[547] De dispositione fol. XV r.

Erläuterung des Themas modifiziert er Jakobs Anweisung erheblich. Jakob forderte den *ingressus ad aliquam sanctam et reformatam approbatamque religionem*[548]; Geiler entwirft dagegen ein breites Spektrum der Möglichkeiten, sich aus der „Welt" zurückzuziehen: *Habitum religionis reformate assumere [Hab oder nym an dich ein geistlichen reformierten orden] aut alias cum eis habitare vel societatem aliquorum similis propositi boni inire vel se omnino ab hominibus sequestrare secundum possibilitatem ... Ecce igitur quam necessarius est hic fructus hac tempestate, ut se recipiat inquam in monasterium. Quodsi id putat sibi non congruere, querat cum talibus alias habitare prebendam cum eis emendo aut iungant se socii eiusdem propositi deoque simul vivant in abstracto aut solitudinem apud se eligat, si talis sit, cui proficiat*[549]. Geiler denkt also nicht allein an die approbierten Orden, sondern bezieht Lebensformen ein, wie sie z. B. der ihm befreundete Hans von Schönau bei den Freiburger Reuerinnen verwirklichte[550], wie er selber sie wenige Jahre später zusammen mit Jakob Wimpfeling und Christoph von Utenheim zu üben beabsichtigte[551], oder auch solche, wie sie in den zahlreichen Beginenhäusern Straßburgs gelebt wurden. Der Rückzug aus der „Welt" bleibt für Geiler freilich „nötig", „möglich" und „nützlich"; aber die alten Orden bedeuten ihm nicht die einzige Alternative zur „Welt". Individuelle, den eigenen Möglichkeiten entsprechende Absonderung, spontane religiöse Zusammenschlüsse und ordensähnliche Gemeinschaften erfüllen neben den herkömmlichen Institutionen, vielleicht sogar besser und den je verschiedenen Bedürfnissen angemessener, den Zweck, vor der „Welt" zu schützen, in der der Kleriker wie auch der Laie am „guten Handeln" gehindert werden[552].

Die Predigt über das Thema *Languens et fervens divini fruitionis desiderium [Lust der ewigen freuden inbrünstige begird]*[553] enthält fast den gesamten Text des 13. Kapitels der Erfurter Ars, den Geiler durch erläuternde Vergleiche und ein längeres Zitat aus Bernhards *De consideratione* erweitert. Er erklärt seinen Hörern mit den Worten Jakobs, wie es „möglich" sei, das *desiderium fervens* zu „entflammen": *per affectuosam rememorationem proprie vilitatis* und: *in dulcibus meditationibus*[554]. Er führt

---

[548] Dresden, LB Cod. P. 42 fol. 67 v.   [549] De dispositione fol. XIV v.
[550] HERDING, Jakob Wimpfeling-Beatus Rhenanus S. 19 f.
[551] Ebd. S. 37, 62 f.
[552] De dispositione fol. XIV v: *Necessarius inquam primo hac tempestate, in qua pauci reperiuntur, qui hominem ne dicam non promoveant aut adiuvent, sed irrideant, seducant, retrahant impediantque a bono, etiam ita ut si velit bene agere nequeat. Discurre per singulos status et videbis me verum dixisse ... In monasterio ..., in ecclesiis kathedralibus et collegiatis ... in consulatu ..., in domibus ... ubique laquei, ubique lapsus, ita ut nisi quis secedat sine macula non fiat. Sed quasi a torrentis fluvio rapiatur in mala et absorbeatur.*
[553] Ebd. fol. XVII r.   [554] Ebd. fol. XVIII v; s. auch oben S. 189.

seine Hörer aber nicht ganz bis zum Ende des dreistufigen Weges, sondern bricht die Übernahme mit Jakobs Zitat aus Gen. 46, 30 ab: *Iam letus moriar, quia vidi faciem tuam.* Er läßt die nachfolgenden, an das Hohelied angelehnten Sätze über die *amplexus sponsi* und das *osculum iam in via* fort, in denen die Ausführungen des Kartäusers gipfelten: *O quam felix mens ...* (s. oben S. 189). Der solchermaßen auf die intensive Meditation verkürzte mystische Weg ist nach Geilers Worten nun nicht mehr nur für den Mönch, sondern auch für den *secularis homo* gültig. An Gen. 46, 30 anknüpfend, kommt er eigens auf das seiner Rezeption Jakobs zugrundeliegende Problem des Verhältnisses monastischer und „weltlicher" Spiritualität zu sprechen: *Et quomodo videbo hic faciem suam? inquis. Estne alius modus incendendi desiderium hoc facilior? Alta sunt hec precepta et a solitariis monachis exercenda; quid ad nos hec, inquis, qui non sumus monachi? Hec mihi dicis; dic Paulo, cum dicit: ‚Vigilantes in omni pacientia et oratione', cum dicit: ‚Carnis curam ne feceritis in concupiscentiis'. Non enim hec monachis tantum scribebat, sed omnibus, qui erant in civitatibus. Non enim secularis homo, dicit Joannes Crisostomus, aliquid amplius habere debet monacho, quam cum uxore concubere tantum; hic enim habet veniam, in aliis autem nequaquam, sed omnia equaliter sicut monachi agere debent. Hec Crisostomus in omelia octava super epistolam ad Hebreos*[555]. Trotz der allgemeinen Verbindlichkeit des aufgezeigten Weges erwähnt Geiler noch einen *alius modus accendendi desiderium*, eine kurze, rudimentäre Anleitung zur Einübung in die Kontemplation[556].

Die Absicht Geilers, monastische und „weltliche" Spiritualität einander anzunähern, ist unverkennbar. Dabei erhält die Autorität des Johannes Chrysostomus, ihrer Verwendung durch Hagen und Jakob von Tückelhausen vergleichbar[557], wiederum die Funktion, zur Überwindung der Trennung zwischen Kloster und „Welt" beizutragen. Geiler stellt diese Angleichung unter die allgemeine Forderung der Buße, die zu erfüllen der Laie wesentliche Elemente monastischer Bußspiritualität übernehmen soll, wenngleich in abgemilderter und abgewandelter Form. Durch die Rezeption des Kartäusers gibt Geiler seinem Entwurf der Laienfrömmigkeit einen starken kontemplativen Zug und orientiert die *dispositio ad mortem* an der *vita contemplativa* des *status penitentie*, ohne aber die Übung der Buße und Kontemplation nur mit diesem „Stand" zu verknüpfen. Es macht die Leistung dieser Rezeption aus, daß Geiler die rigorose Einseitigkeit des

---

[555] De dispositione fol. XVIII v — XIX r.
[556] Ebd.: *si est desiderium tepidum in te ad divinam fruitionem habendam in terra promissionis, regno celorum: Mitte illuc exploratores fidei et spei nunciosque elemosinarum et orationum ...*
[557] S. oben S. 214 u. S. 241.

Kartäusers durch das Aufzeigen von Alternativen zu überwinden sucht. Er tut dies ohne die geringste Polemik gegen das Ideal der *vita contemplativa*, dem er selber zu sehr verpflichtet ist. Wohl gilt für ihn, was er im *Berg des Schauwens* formuliert, daß man *Martha und Maria beyainanderhaben* müsse[558], und Wimpfeling, sicher der zuverlässigste Zeuge der Spiritualität Geilers, berichtet von der Anstrengung des vielbeschäftigten Predigers, der Meditation und dem Gebet — *nocte intempesta, quando per otium licuit, vesperi*[559] — den genügenden Raum zu verschaffen. Es ist das mühevolle Beieinanderhalten des *appetitus heremiticae vitae* und der Pflichten des *officium praedicationis*, wie Wimpfeling die gegensätzlichen Elemente nennt[560]. Aber Geiler hätte ihre Spannung am liebsten zugunsten der *eremus* aufgelöst. Die Warnungen Jakobs vor den Gefahren der Seelsorge und der drohende Unterton, mit dem der Kartäuser die Forderung nach dem Rückzug aus der „Welt" erhebt, konnten Geiler nicht unberührt lassen. Zwar hat er die entsprechenden Stellen aus der Ars nicht auf die Kanzel getragen, weil sie ein Problem des Seelsorgers selber, nicht seiner Zuhörer bezeichnen, aber er hat es mit seinen Freunden diskutiert. Nach Wimpfelings Worten hätte Geiler sich gern zurückgezogen, *si modo pauci paris propositi comites sibi forent*[561], was genau der *societas aliquorum similis propositi boni* entspricht, die Geiler in seiner Predigt als eine Alternative zu den Orden nennt; doch seine Freunde, voran Biel in Tübingen, hätten ihn davon abgehalten. Der Rat Biels, in der Antwort auf eine Anfrage Peter Schotts enthalten und von Wimpfeling in Schotts Lucubratiunculae herausgegeben, ist das präzise Gegenteil des Rates, den Jakob in seiner Ars moriendi erteilt:

Jakob: *Consulendum igitur videtur omnibus artem bene moriendi diligentibus, ut sue saluti proprie invigilare studeant abicientes quascunque de salute aliorum suggestiones*[562].

Biel: *omnibus circumstanciis pensatis omnimodis iudicio expedire consulendumque fore, ut in vocacione in qua vocatus est maneat nec cedat subtilibus Sathanae instigacionibus, qua sub specie boni fructum verbi dei satagit impedire*[563].

Es sind dieselben Begriffe wie in der Erfurter und der Eichstätter Kontroverse, mit welchen der Wert der geistlichen vita activa behauptet wird. Hinter Biels Rat steht seine Auffassung von der größeren Fruchtbarkeit der

---

[558] HERDING, Jakob Wimpfeling-Beatus Rhenanus S. 41.
[559] Ebd. S. 62 (Kap. *De vigiliis nocturnis, re divina et sanctis eius exerciciis*).
[560] Ebd.   [561] Ebd. Z. 308 f.
[562] Dresden, LB Cod. P. 42 fol. 64 r.
[563] Diese und weitere einschlägige Stellen bei HERDING, Jakob Wimpfeling-Beatus Rhenanus S. 62 f.

Seelsorge, die auch Hagen vertrat; Biel in einer Predigt: *contemplativa* (sc. *vita*) *est deo familior et purior, tametsi alia sit sepenumero intensior et fructuosior*[564]. Wimpfeling spielt in der Vita Geileri darauf an, ebenso auf die von Jakob z. B. behauptete Antinomie zwischen der *salus propria* und der *salus aliorum*, als er die Gegenargumente sehr knapp und treffend zusammenfaßt: *Arbitrabantur sane amici solitudinis dissuasores ipsius salutares ad plebem exhortationes (vitae praesertim exemplari coniunctas) domino deo longe quam abditum vitae genus (in qua sibiipsi tantum viveret) esse gratiores*[565].

Geiler hat sich daraufhin bekanntlich nicht zurückgezogen, zumal als weiterer Grund hinzukam, daß Christoph von Utenheim, einer der *paris propositi comites*, Bischof von Basel wurde. Seine Reaktion auf die Wahl Utenheims — *admiratus, curnam ... pontificatum desumpserit, cum hac aetate refrenandi cleri nihil locum relictum sit*[566] — beruht auf der Überzeugung von der kaum zu bessernden Schlechtigkeit seiner Gegenwart, der er in der Predigt über die Ablehnung *hoher stäte* mit den Worten des Kartäusers Ausdruck verleiht[567]. Sein Gegenwartsverständnis ist dem des Kartäusers verwandt, für den das Kloster die einzige Zufluchtsstätte in einer sich immer mehr zum Schlechten neigenden Welt bedeutet[568]. Für Geiler hätte die *societas aliquorum similis propositi boni* die gleiche Funktion gehabt, vor der „Welt" zu schützen. Da er aber im Predigeramte blieb, pflegte er statt dessen die asketisch-kontemplative Frömmigkeit im Kreis der Straßburger *familiares*, die er dazu anhielt: *ut in sacris lecta paginis in affectum traherent, quo ad dei timorem, mundi contemptum, odium vitiorum, iustitiae et ceterarum virtutum amorem, fugam et horrorem inferni ac ad coelestium desiderium commoverentur*[569]. O. Herding hat den Zusammenhang hervorgehoben, der zwischen der „relativ starken Rolle des Einzelnen und Privaten, der familiares und amici im Leben eines Kanzelredners, der sich doch usque ad sanguinem für öffentliche Belange einsetzt", und der „pessimistischen Grundauffassung vom Gang der Dinge im all-

---

[564] OBERMAN, Spätscholastik S. 319 Anm. 60.
[565] HERDING, Jakob Wimpfeling-Beatus Rhenanus S. 63 Z. 317—320.
[566] Ebd. S. 65 Anm.
[567] De dispositione fol. VIII v, zur Diskussion des Einwurfs: *Qui episcopatum desiderat, bonum opus desiderat* (1 Tim. 3, 1): *utquid* implumis *adhuc non potius eligis in nidulo tuo sedens, o plumester, quam immature evolare et te a*vibus *exponere ra*pacibus *et bestiis in hac precipue seculorum fece, his* modernis novissimis *temporibus, in quo* corrupti hominum invaluerunt mores *et iniquitas dominatur habetque suos defensores maiori plane numero quam veritas et virtus*. Die steil gesetzten Worte sind aus dem entsprechenden Passus der Ars moriendi Jakobs, Dresden, LB Cod. P. 42 fol. 63 v zitiert; vgl. oben S. 199, 223.
[568] S. oben S. 222.
[569] HERDING, Jakob Wimpfeling-Beatus Rhenanus S. 65 f.

gemeinen" besteht, und die ‚Freunde' Geilers deutlich von den humanistischen sodalitates abgehoben: ‚Freunde' bedeuten „für Geiler etwas anderes als für die Humanisten, die in ihren sodalitates nicht fest gebliebene Einzelelemente in einem zerfallenden Ganzen, sondern Fermente einer neu sich formenden Öffentlichkeit sahen"[570]. Der Freundeskreis Geilers steht auf der Mitte zwischen den Orden als den traditionellen Institutionen des Rückzuges aus der „Welt" und den humanistischen sodalitates; den ersteren steht er durch sein geistliches Selbstverständnis und die spirituelle Zielsetzung nahe, mit den letzteren hat er das soziologische Erscheinungsbild der nicht institutionalisierten Gruppe gemeinsam.

Der Prozeß der Umsetzung des Rezeptionsgutes in die soziale und geistige Welt seiner Hörer ist in Geilers lateinischem Manuskript der Sermones noch nicht zum Abschluß gekommen, sondern erst in dem gesprochenen Wort auf der Kanzel. In welcher Weise die Hörer ihrerseits den Prediger verstanden haben, ist trotz der Nachschrift der *ersamen iunckfrawen* kaum auszumachen. Die Nachschrift — sie gibt vermutlich Münster-, nicht Klosterpredigten wieder[571] — ist sehr ungleichmäßig; zu einigen Predigten sind nur wenige Zeilen aufgeschrieben, zu anderen Stoffe, die nicht in Geilers Manuskript enthalten sind; die Ausführungen zur ersten und zweiten „Frucht" sind trotz richtiger Themenangabe verwechselt. Die Beispiele und Vergleiche Geilers scheinen ihren Eindruck nicht verfehlt zu haben; denn sie lauten selbst in der Nachschrift noch plastischer und ausführlicher als im lateinischen Text[572]. Aber sie drängen sich in der Erinnerung der *ersamen iunckfrawen* so sehr in den Vordergrund, daß anderes zurücktritt, was Geiler nicht allein nach dem lateinischen Text, sondern auch nach der deutschen Zusammenfassung der Predigten zum *ABC* von 1497 zu urteilen wichtig war. So nennt die Nachschrift zwar richtig, wenngleich verkürzt, das Thema der achten „Frucht": *an sich nemen oder haben ein bewerten orden, wem das nicht geschickt sei der sol sich sust von der welt ziehen*[573], berichtet dann jedoch ausschließlich, wie man *in der Welt* (*ietzt in der küchin / ietzt an meiner arbeit / nun dan anderswo in meinem ampt*[574]) *got vor augen* haben könne. Darüber wird Geiler unter anderem auch gesprochen haben, obgleich der lateinische Text keinen Anhaltspunkt bietet. Aber

---

[570] Ebd. S. 34.
[571] GEILER, An dem Ostertag (DACHEUX, Les plus anciens écrits Nr. 79 S. CLXIV); das Interesse dieser Nachschrift an der *ordenlichen schickung der zeitlichen gieter* (fol. XXXIV v — XXXV v) ist ungleich größer als z. B. an der *innerlichen vergießung der trehenden* (fol. XXXIII r).
[572] Vgl. z. B. De dispositione fol. XVII v — XVIII r mit An dem Ostertag fol. XXXII rv.
[573] GEILER, An dem Ostertag fol. XXXII r.
[574] Ebd. fol. XXXII v.

im *ABC* richtet er das Augenmerk gerade und ausschließlich auf die verschiedenen Formen des Rückzuges aus der „Welt": *Haben oder an sich nemen einen sycheren geistlichen stat. In der gestalt das ein mönsch nit also weltlich leb der gemeind noch. Sunder eynen stat erwel do er die gebot gottes aller bast gehaltē mŏg. Es syg durch ingang in ein reformiert kloster eins bewertē ordens / oder in andre wiß wonē by frommer ernsthafftiger gesellschaft oder abgescheidēlich allein / dē ehter das gefůglich ist. Wen by der welt wonen vnd des todes frölichen mögen wartē stond nit oder kum by ein ander.*[575]

8. Grenzen der Rezeption

Als Geiler über die Vorbereitung zum Tod predigte, waren in Leipzig schon die zwei Drucke der Ars moriendi des Kartäusers erschienen — die jüngere Ars Jakobs von 1458 blieb weitgehend unbekannt —, der zweite Druck wohl in höherer Auflage als der erste, da er noch in den Inkunabelverzeichnissen der heutigen Bibliotheken entschieden häufiger vorkommt. Ein Beispiel für Verkauf, Vererbung und Besitzsicherung eines Druckexemplars noch im späteren 16. Jahrhundert wurde schon erwähnt[576]. Die Kenntnis von der Existenz dieser Ars moriendi vermittelten die mehrfach aufgelegten Catalogi des Trithemius der gelehrten Welt; auf diese Catalogi gehen sowohl Gesners als auch Simlers und Eisengreins bibliographische Notierungen der Schrift im 16. und Motschmanns im 18. Jahrhundert zurück[577]. Petreius übernahm den Titel aus dem Bibliothekskatalog des Surius, der seinerseits auf eine Handschrift seines Klosters, heute Darmstadt, LB Cod. 396 zurückgegriffen hatte[578]. Aber das Weiterreichen des Titels scheint mehr und mehr nur der bibliographischen Vollständigkeit zu dienen. Als Martinus Lipenius 1685 in seiner Bibliotheca Realis Theologica unter dem Stichwort *mors* etwa 350 im 16. und 17. Jahrhundert neu aufgelegte oder neu verfaßte Sterbebücher und Abhandlungen über den Tod aufführte, war Jakobs Ars moriendi nicht mehr dabei[579], Bellarmin, selbst Autor einer Ars moriendi (1620)[580], verzeichnet Jakob nicht einmal in seinem Liber unus de scriptoribus ecclesiasticis (1613); er zählt für ihn nicht mehr zu jenen Autoren, *quorum libri extant*[581], und auch nicht für Casimir

---

[575] GEILER, ABC S. 78.   [576] S. oben S. 203 Anm. 217.
[577] S. oben S. 151 f.   [578] S. oben S. 89.
[579] M. LIPENIUS, Bibliotheca Realis Theologica 2. Frankfurt/M. 1685 S. 319—328.
[580] R. BELLARMIN, De arte bene moriendi. Rom 1620; im gleichen Jahr auch in Paris und Köln, 1623 in Antwerpen aufgelegt.
[581] Köln 1613 fol. *4v (Einleitung).

Oudin, den Bearbeiter des Supplementbandes (1686) über die von Bellarmin ausgelassenen Schriftsteller[582].

Die Produktion und Rezeption der Sterbebücher hat im 15. Jahrhundert noch keineswegs ihren Höhepunkt erreicht und ist daher, so viel sie für das literarische Leben dieser Zeit bedeutet, keine nur das sog. Spätmittelalter charakterisierende Erscheinung. Das Interesse der modernen Bibliographen und Interpreten hat sich vornehmlich auf die Sterbebücher des 15. Jahrhunderts beschränkt, so daß eine verzerrte Perspektive leicht entstehen konnte[583]. Die Rezeption der Ars Jakobs klingt allerdings im 16. Jahrhundert aus, es ist jedenfalls nach 1495 keine neue Auflage erschienen, auch das handschriftliche Kopieren unterblieb. Anders verhält es sich z. B. mit des Dionysius Cartusianus Schrift De IV novissimis, die bis zum Beginn des 17. Jahrhunderts lateinische und deutsche Auflagen erlebt hat[584]. Jakobs strenge Ausrichtung auf die Institutionen monastischer Frömmigkeit scheint einer breiteren und länger andauernden Wirkung im Wege gestanden zu sein. Denn das genannte Werk des Dionysius, das in seinen ersten fünfzehn *articuli* über das *primum novissimum*, den Tod, eine Ars moriendi enthält[585], unterscheidet sich gerade in der Frage des Rückzuges aus der „Welt" deutlich von Jakob und sogar noch von dessen Rezipienten Geiler. Die Ausführungen des 10. *articulus*, in welchem der *quartus effectus ex intenta mortis praemeditatione emanans*[586] behandelt wird, verdeutlichen im Kontrast noch einmal die Positionen Jakobs und des von ihm beeinflußten Geiler und können zugleich auf den mutmaßlichen Grund für die unterschiedlich lange Wirkung der Schriften beider Kartäuser hinweisen:

Der *quartus effectus* ist nach Dionysius: *depositio terrenarum curarum, abiectio turbationum pravarum atque inquietudinum saeculi huius repulsio.* Obwohl der Autor, wie er wenige Zeilen später modifizierend sagt, die *cura terrena immoderata* meint und nirgends ausdrücklich zum Ablegen der Ämter oder zum Eintritt in einen Orden oder eine ordensähnliche Ge-

---

[582] C. Oudin, Supplementum de scriptoribus vel scriptis ecclesiasticis a Bellarmino omissis. Paris 1686.

[583] Vgl. z. B. LThK 1. 1957 — Sp. 907 f.; wenn Rudolf, Ars moriendi S. XVI die zeitliche Eingrenzung seiner Untersuchung auf das Ende des 15. Jh.s mit der Fülle des Stoffes begründet, ist das zu akzeptieren; wenn er aber darüber hinaus anführt, es habe sich herausgestellt, daß die jüngeren Sterbebücher kaum neue Ansichten brächten, zeigt sich, daß Rudolfs Fragestellung geeignet ist, die Geschichte der Ars moriendi von ihrem historischen Kontext eher zu isolieren als sie mit ihm zu verbinden. Letzteres gelingt vielmehr dem mentalitätsgeschichtlichen Ansatz von Tenenti, Il senso della morte; eine analoge Arbeit für den deutschsprachigen Raum gibt es nicht.

[584] Köln 1568, 1591, 1595, 1608; Wegweiser wol und sicher zu sterben Prag 1586, Köln 1605.

[585] Dionysius Carth., Opera omnia 41 S. 493 ff.

[586] Ebd. S. 507.

meinschaft auffordert, glaubt er doch, eigens die Amtsinhaber über ihren Verbleib im Amte beruhigen und ihnen praktische Anweisungen für ihr Verhalten in der „Welt" geben zu sollen: *Verum ad haec (depositio etc.) dicere poterunt saeculares personae bonae, cupientes Deo placere, praesertim nobiles et potentes, praelati et principes: Si meditatio mortis sollicitudoque spiritualis faciunt terrena omnia despici, curas mundi et inquietudines evitari, quid agendum est nobis? et quis nostrum valebit salvari?* Die Antwort erteilt der Autor mit Gregor: *Quibus ex verbis Gregorii sancti est respondendum, qui ait: Qui rebus temporalibus occupantur, tunc bene exteriora disponunt, dum sollicite ad interiora refugiunt, quum nequaquam foras perturbationum strepitus diligunt, sed certis horis, quantum eis possibile est, ad spiritualem exercitationem et quotidianam conscientiae suae examinationem se conferunt*[587].

Der Unterschied zu Jakobs und Geilers Forderungen springt sofort ins Auge und braucht nicht eigens hervorgehoben zu werden. Ein Sterbebuch mit solchen Ratschlägen zur Frömmigkeit *in* der Welt konnte auch dann noch rezipiert werden, als der Anspruch des monastischen Ideals der *vita contemplativa* nicht nur modifiziert, sondern unmittelbar bestritten wurde.

Eine Untersuchung der im 16. Jahrhundert neu verfaßten Sterbebücher könnte die Veränderungen in den Problemstellungen und Lösungsversuchen, die einen Teil der älteren Schriften als überholt und nicht mehr hinreichend aktualisierbar erscheinen lassen, im einzelnen entfalten. Die Antwort, die Jakobs Ars auf die Frage nach dem *genus vivendi* und damit nach dem Verhältnis der vita activa zur vita contemplativa gibt, spielt ohne Zweifel eine entscheidende Rolle für das Abnehmen ihrer Wirkung. Darüber hinaus konnte sie neuen theologischen und spirituellen Konzeptionen und literarischen Bedürfnissen nicht mehr entsprechen. Um diese Grenze ihrer Wirkung zu markieren, mag abschließend ein Blick auf den Liber quomodo se quisque debeat praeparare ad mortem des Erasmus dienen[588].

Der Widmungsbrief des Erasmus vom 1. 12. 1533 ist an Thomas Boleyn gerichtet und bezeichnet des Adressaten Bitte um die Schrift als Anlaß, die Frucht langer Erwägungen der Öffentlichkeit zugänglich zu machen[589]. Der Liber gilt also nicht speziell dem Viscount, sondern den *multi*. Erasmus knüpft dementsprechend an eines der immer noch am meisten verbreiteten Sterbebücher, das Speculum, an. Wie dieses kontrastiert er einleitend das Aristoteles-Wort mit Phil. 1, 23[590], um daraus aber sogleich das Hauptthema seiner Schrift abzuleiten: *fides*. Erasmus läßt die Kenntnis des Speculum während der Abhandlung öfters durchscheinen, verleugnet auch die

[587] Ebd. S. 508.
[589] Ebd. Sp. 1293 f.
[588] Opera omnia 5 Sp. 1293—1318.
[590] Ebd. Sp. 1293, 1296.

Benutzung eines anderen spätmittelalterlichen Autors — es ist entweder Geiler von Kaysersberg oder Antoninus von Florenz, was wahrscheinlicher ist[591] — keineswegs, wenngleich er eine leichte Entschuldigung beifügt[592]. Doch diese Anknüpfungen dienen nur dazu, eben dieses überkommene Sterbebuch von innen heraus umzuformen, und drücken die Absicht aus, es zu ersetzen. Zwar ließe sich auch das Werk des Erasmus gliedern in einen Teil über die rechte Lebensführung (bis 1310 D) und einen anderen über das rechte Verhalten in der Todesstunde, es ließen sich einzelne *lenimenta* im ersten[593] und Versuchungen im zweiten Teil unterscheiden, aber sie würden, anders als bei Tzewers' Preparamentum, das Wichtigste gerade nicht wiedergeben, die Entwicklung aller Ausführungen aus dem einen Thema *fides*. Weder die Reihung der *temptaciones* im Speculum noch Jakobs additive Aufzählung der *remedia* noch Geilers Versuch, diese durch das stets wiederkehrende Motto aus Lk. 8,3 zu überwölben, können die Geschlossenheit erreichen, welche bei Erasmus die Durchdringung des Stoffes von *einem* Gedanken her bewirkt[594].

Die *fides* bedeutet im Sterbebuch des Erasmus nicht in erster Linie die *dogmata fidei* (1303 B), sondern *fiducia* (1298 E), die mit dem *fiduciae magister Abraham . . . contra spem in spem* glaubt (1300 F), schließlich die *fides caritate speque comitata* ist (1296 B). Die Versuchungen entspringen schwacher oder falsch ausgerichteter *fides:* das *frui mundo* statt des *uti mundo tanquam non uti* (1295 A) entsteht *ex fidei imbecillitate* (1294 E), Todesfurcht aus der *fidei infirmitas* (1296 C), die *panoplia superbiae* ist die *fiducia mundanae sapientiae* (1298 DE); ihre Überwindung geschieht durch das *baculum fidei* (1298 E), die *omnis fiducia coniecta in Dominum* (1298 A). Der Kranke soll die Sakramente empfangen, aber nicht verzweifeln, wenn kein Priester zur Stelle ist, denn *fides* und *caritas* sind wichtiger und christlicher (1311 AB); von den Absicherungen durch schriftliches Sünden- und Glaubensbekenntnis ist nicht mehr die Rede; die *crucifixi contemplatio* dient nicht der *imitatio in octo punctis*, sondern stärkt die Gewißheit der *victoria fidei*, die Christus schon längst errungen hat (1300; 1313 f.). Alles andere, *poenitentia, lacrymae, eleemosynae, preces aliaque pia opera placentes iram Dei* (1303 DE), ist der Grundhaltung der so verstandenen *fides* nachgeordnet. Beichte, Buße, Almosen etc. haben nicht mehr die Funktion

---

[591] Vgl. Ebd. Sp. 1314 f. mit Geiler, De dispositione fol. XXXIV v — XXXV r. Es handelt sich um das vom Sterbenden zu verweigernde Streitgespräch mit dem Satan über den Glauben; Geiler beruft sich dafür auf Anthoninus.
[592] Erasmus, Opera omnia 5 Sp. 1314 E: *Narrant quiddam non quidem e sacris voluminibus, sed tamen ad id quod nunc agimus, satis accomodum . . .*
[593] Ebd. Sp. 1299 D, 1300 A; 1314 B, 1315 E.
[594] Vgl. TENENTI, Il senso della morte S. 123: una perorazione tutta d'un fiato senza divisione espositive né enumerazioni d'alcun genere.

einzelner *instrumenta,* die nach Jakobs Worten eine *ars* ausmachen[595], und bestimmen als solche auch nicht Aufbau und Struktur dieses Sterbebuches. Die *ars* in dem von Jakob formulierten Sinn ist im Liber des Erasmus vom theologisch-spirituellen Ansatz und seiner literarischen Durchführung her überholt.

Die Verarbeitung der spätmittelalterlichen Ars moriendi durch Erasmus hat mit der eingangs erwähnten Benutzung des Quodlibetum durch Wimpfeling den formalen Denkansatz gemeinsam, der ihre Art des Rezipierens von der Geilers z. B. unterscheidet und der vielleicht als ein humanistisches Element bezeichnet werden darf: statt durch Addition und Distinktion der Aspekte und Gedanken der Behandlung eines Problems systematische Vollständigkeit verleihen zu wollen, reduzieren sie die Vielzahl auf ein ‚dynamisches' Prinzip und suchen von ihm aus eine organische, prozeßhafte Einheit. So reduziert Wimpfeling die bei jedem „Stand" neu ansetzenden Reformversuche des Kartäusers auf die Kindererziehung und Erasmus die Vielzahl der *remedia* und *fructus* auf die *fides-fiducia.* Das Genus des Ständespiegels hielt diesem veränderten Denkansatz im Gegensatz zum Sterbebuch nicht stand, weshalb Wimpfeling den Anschluß an andere literarische Traditionen suchen mußte, Erasmus sich aber mit der Umwandlung des tradierten Genus begnügen konnte.

Um 1500 dürfte die Auslegung der Ars moriendi des Kartäusers Jakob durch die textverarbeitende Rezeption beendet sein. Diese Auslegung vollzog sich in der Auseinandersetzung mit der Antwort, die Jakob auf eine Frage zu geben versuchte, welche frühere Autoren der Sterbebuchliteratur hinterlassen hatten. In der Entfaltung der geschichtlichen Bedeutung des Werkes durch die Rezipienten rückte ein Problem in den Mittelpunkt, das den theologiegeschichtlichen Forschungen Appels zum Sterbetrost und der literargeschichtlichen Untersuchung Rudolfs auf Grund ihres methodischen Ansatzpunktes entging, da sie den kommunikativen Charakter der Texte, ihre gesellschaftsbezogene Funktion außer Acht ließen. Indem die ganz auf die Todesstunde abgestellte Ars moriendi einer sich im späteren Mittelalter ausbreitenden Einstellung Rechnung trug, die Entscheidung über Heil oder Verdammnis von der Bewältigung der Todesstunde allein abhängend zu sehen, bestand die Gefahr, daß die Ars zum Zeichen des Kompromisses zwischen weltlichem Leben und christlichem Sterben wurde. Diesen écart de la conduite[596] zu schließen, war die intendierte Funktion der Erweiterung der Gattung zur Ars bene vivendi et bene moriendi. Doch wie er zu schließen sei, war das in den Erweiterungen nunmehr diskutierte Problem.

---

[595] S. oben Anm. 360.
[596] TENENTI, La vie et la mort S. 56; vgl. ROMANO-TENENTI S. 100 f.

Die Reaktion der Rezipienten auf die Ars Jakobs zeigten die fortschreitende Differenzierung der Sterbebücher einerseits in der unterschiedlichen Zielsetzung, deren Deutung als Verfall einer Gattung nicht aufrecht zu erhalten ist[597], anderseits in der Funktion, der Bezogenheit auf ein je verschiedenes Publikum, das je verschiedene Werke rezipiert. Indem vor dem Hintergrund der Rezeption eine Gruppe von Werken in ein historisch verifizierbares Folgeverhältnis zu stehen kam, konnte in dem zustimmenden, polemisch oder stillschweigend ablehnenden, umsetzenden oder insgesamt überholenden Bezug auf das Werk ein Stück Spiritualitätsgeschichte sichtbar werden, in der sich die Auseinandersetzung zwischen der Spiritualität der Mönche, der Weltkleriker und der Laien vollzieht, eine Auseinandersetzung, die nicht nur die private Frömmigkeit, sondern mittelbar auch gesellschaftliche Verhaltensweisen betrifft. Während Gersons Ars moriendi schon zu Beginn des 15. Jahrhunderts der vom Laien zu vollziehenden Sterbehilfe eine lange Zeit gültige Darstellung gab, wurde jene auch die Lebensführung der Laien sub specie mortis regelnde Ars erst später im Kontrast zur monastischen Darstellung, sie transformierend oder abweisend, erreicht, um sich noch auf lange Zeit als wandlungs- und lebensfähiges Genus zu erweisen[598].

Der Überblick über die Rezeptionsgeschichte der Werke des Kartäusers Jakob von Paradies umschreibt den räumlichen, zeitlichen und sozialen Bereich, in dem sie zur Wirkung gelangten, und verweist zugleich auf die qualitativen Veränderungen ihres Verständnisses. Als die Geschichte der zwischen Autor und Publikum sich vollziehenden Prozesse der Aneignung der Werke, ist die Rezeptionsgeschichte sowohl auf die Werke als auch auf das Publikum gerichtet; beide sind in historischer Betrachtung nicht voneinander zu trennen, denn ihre geschichtliche Bedeutung erlangen die Werke in den Funktionen, die sie für die rezipierenden Leser erfüllen.

Der Wandel dieser Funktionen wird am deutlichsten zu Beginn des 16. Jahrhunderts, als der Kartäuser von protestantischer Seite die Aufgabe eines *testis veritatis* erhält. Durch sie wird das Interesse an dem Autor durch Jahrhunderte hin, nachdem die ‚spontane' Rezeption erloschen ist, wachgehalten, bis die ‚wissenschaftliche Rezeption' einsetzt, die sich auf das geschichtliche Verständnis der Werke des Kartäusers richtet, dabei freilich an ihrer eigenen Voraussetzung, der Geschichte des Verständnisses der Werke, vorbeisieht.

Der Funktionswandel wird aber nicht allein in der diachronen Betrachtung am Wandel des Publikums wie der Auswahl der von ihm rezipierten

---

[597] S. oben S. 185.
[598] TENENTI, La vie et la mort S. 62; vgl. z. B. auch R. HARTMANN, Das Autobiographische in der Basler Leichenrede (BaslerBeitrrGWiss 90) 1963 S. 25 ff.

Werke sichtbar, ebenso zeigt die Betrachtung der synchronen Rezeption Unterschiede in den Funktionen der Werke des Kartäusers auf. Sie zu erklären und damit zugleich die Gründe für die räumliche, zeitliche und soziale, auf bestimmte Leserkreise begrenzte Wirkung zu erklären, reicht freilich die Rezeptionsgeschichte der Werke dieses einen Autors nicht aus. Denn die Werke des Kartäusers sind nur ein Teil im literarischen System seines jeweiligen Publikums, das sie im Kontext der Werke anderer, den verschiedensten Epochen entstammender Autoren rezipiert. Ihre Stellung im jeweiligen literarischen System der verschiedenen „Öffentlichkeiten", d.h. die Bedeutung des Kartäusers im Verhältnis zu anderen Autoren, ist nicht im Rahmen der Geschichte der gleichzeitigen literarischen Produktion zu bestimmen, sondern wiederum der Rezeption, die gleichzeitige und frühere Werke umfaßt, wie z.B. im 15. und 16. Jahrhundert die Bibliothekskataloge sie vereinigen. Die Rezeptionsgeschichte der Werke des Kartäusers Jakob hat ihren Ort in einer Literaturgeschichte des Lesers, die die aufgezeigten Grenzen der Rezeption des Kartäusers von außen her beschreiben und erklären könnte, indem sie Auskunft darüber geben könnte, welche Werke anderer Autoren für die Leser, welche die Schriften des Jakob nicht rezipiert haben, analoge Funktionen erfüllten und mithin die Rezeption seiner Werke gleichsam ersetzten, oder ganz anderen Bedürfnissen entsprachen, die die Werke des Kartäusers gar nicht erfüllen konnten.

Anhang

Ergänzungen zu MEIERS Verzeichnis der handschriftlichen Überlieferung

Die Ergänzungen folgen der Anordnung und Zählung der Schriften des Kartäusers Jakob, wie sie MEIER, Die Werke S. 12 ff. vorgenommen hat.

Ad faciendam fidem indubitatam
2. De approbatione et confirmatione statutorum Ordinis Carthusiensis
Basel, UB Cod. A. VI. 14 fol. 130 v — 133 v.
Basel, UB Cod. A. VII. 20 fol. 229 r — 231 v.
Basel, UB Cod. A. IX. 27 fol. 3 r — 9 v.
Budapest, Ungar. Nationalmuseum Cod. 277 fol. 276 v — 283 r.
Weimar, LB Cod. Fol. 29 fol. 283 sqq[1].

Ad mandatum et beneplacitum
3. Liber quaestionum de diversis materiis
Alba Iulia, Bibl. Batthyányana Cod. 395.
Ein Auszug von vier quaestiones:
Danzig, StB Cod. 1975.

Ad rectificandum intenciones
De simonia
Berlin, PK Cod. theol. lat. Qu. 343 fol. 141 v — 153 r[2].

Affectu filiali quo constringor
7. De tribus substantialibus religiosorum
Graz, UB Cod. 898 fol. 128 r — 148 v.

Aspiciens a longe
8. De dignitate pastorum et cura pastorali
Berlin, PK Cod. lat. Qu. 919 fol. 102 r — 111 v.
Köln, StA Cod. W. Fol. 272 fol. 212 r — 220 r.
Quedlinburg, StiB Cod. 101 (Fragment)[3].
Schlettstadt, StB Cod. 57 fol. 139 r — 147 r.

Attollens mentis oculos
9. Speculum restitutionis male acquisitorum

---

[1] THEELE, Die Handschriften S. 183.
[2] Vgl. MBK 2 S. 387 Z. 13: *Tractatus de vicio simonie doctoris Jacobi Carthusiensis.* — Katalog-Manuskript Berlin.
[3] T. ECKARDUS, Codices Manuscripti Quedlinburgenses. Quedlinburg 1723 S. 51.

Breslau, UB Cod. I. Qu. 54 fol. 255 r — 300 r.
Breslau, UB Cod. I. Qu. 95 fol. 157 r — 193 r.

Quoniam secundum physicarum legum
10. Quodlibetum fallaciarum humanarum
Auszug *De chorea nota modicum:*
Kopenhagen, KB Cod. Ny kgl. S. 1786 fol. 216 v — 217 r.
St. Gallen, StiB Cod. 142 fol. 39 rv.

Circa materiam de obedientia
11. De obedientia monachorum
ist ein Zusatz zu Nr. 56 De malis huius saeculi

Conatus sum et utinam non frustra
12. De confessione audienda
Frankfurt, StB Cod. Praed. 25 fol. 232 r — 287 v.
Marburg, UB Cod. 75 (D. 38) fol. 175 r — 229 v.
München, SB Cod. 5901 fol. 1 r—38 v.
Prag, UB Cod. 899 fol. 124 r — 205 v.
Zuweisung unsicher [4].

Cum cognitio et desiderium finis
15. De perfectione religiosorum
Brünn, UB Cod. R. 426 (D/K. I. b. 15) fol. 254 r—259 v.
London, Congregational Libr. Cod. II. a. 20 fol. 45 r — 54 v.
Wien, ÖNB Cod. Ser. nov. 13423 fol. 251 v — 267 v.
(Wolfenbüttel Cod. 703 Helmst. fol. 117 r — 138 r enthält Nr. 25).

Cum effrenatam et numerosam
16. De bono morali et remediis contra peccata
Breslau, UB Cod. I. Fol. 733 fol. 282 r — 289 v.
Gießen, UB Cod. 1266 fol. 256 r — 290 r.
Köln, StA Cod. W. Fol. 272 fol. 203 r — 212 r.

Cum in huius saeculi perituri
18. De actionibus humanis
Freiburg i. Br., Cod. 252 fol. 172 v — 191 v.
Wien, ÖNB Cod. Ser. nov. 13423 fol. 87 r — 112 r.

Cum omnium fructuum nobilitatis
19. De bona voluntate
Köln, StA Cod. W. Fol. 272 fol. 181 v — 202 r.
London, Congregational Libr. Cod. II. a. 20 fol. 18 r — 44 v.
München, SB Cod. 9105 fol. 95 r — 134 v.
Paris, Bibl. de l'Institut (Musée Condé) Cod. 144 fol. 114 r — 146 r.
Wien, ÖNB Cod. Ser. nov. 13423 fol. 214 v — 251 v.

Cum quodam tempore
20. De cogitationibus et earum qualitate
Breslau, UB Cod. I. Fol. 164 fol. 117 r — 126 v.
München, SB Cod. 4397 fol. 145 v—159 v.
Nürnberg, StB Cod. Cent. IV. 42 fol. 182 r — 192 r.
Wien, ÖNB Cod. Ser. nov. 13423 fol. 193 v — 208 v.

---
[4] S. oben S. 42.

David regius propheta
21. De peccatis mentalibus mortalibus
Brünn, UB Cod. R. 426 (D/K. I. b. 15) fol. 243 r—246 v (Fragment).
Grenoble, StB Cod. 457 fol. 1 r — 16 r.
(Vgl. Nr. 59)

Dicit venerabilis Bonaventura
23. De comparatione religionum
Augsburg, SB Cod. Oct. 108 (nicht foliiert).

Dilectissimi vos scire debetis
24. Super Pater noster
ist kein Werk des Jakob von Paradies[5].
Si quid petieritis patrem
Explicatio orationis dominicae
hat Nikolaus von Dinkelsbühl zum Verfasser[6].

Dilectissimo mihi in Christo Simoni nepotem
25. Monita salutaria ad Simonem nepotem
hat Johannes von Schoonhoven zum Verfasser[7].

Doctrinis variis perigrinis
26. De potestate daemonum
Göttingen, UB Cod. Luneb. 40 fol. 178 r — 197 v.
Paris, Bibl. de l'Institut (Musée Condé) Cod. 144 fol. 81 r — 133 r.

Domine nonne bonum semen
27. Consolatorium contra mala huius saeculi
Mainz, StB Cod. II. 222 fol. 1 r — 20 v.
Würzburg, UB Cod. chart. Fol. 241 fol. 232 r — 247 r.

Dormitavit anima mea
28. Igniculus devotionis
Augsburg, SB Cod. Oct. 108 (nicht foliiert).
Köln, StA Cod. W. Fol. 272, fol. 153 sqq.
London, BM Cod. Add. 41618 fol. 165 v — 186 r.

Eximius prophetarum David
29. De regula directiva religionis Ordinis Carthusiensis
Mainz, StB Cod. I. 532 (nicht foliiert).
Nürnberg, StB Cod. Cent. IV. 42 fol. 373 r—379 v.
Weimar, LB Cod. Fol. 29 fol. 140 sqq.

Ezechiel sanctus dei propheta
31. Quodlibetum statuum humanorum
Brüssel, KB Cod. 2058 fol. 106 v — 163 r.
Freiburg i. Br., UB Cod. 252 fol. 1 r — 60 v.
Weimar, LB Cod. Fol. 29 fol. 290 sqq.
Auszüge:
Breslau, UB Cod. IV. Fol. 195 m fol. 52 v—58 r (De abbatibus..., De statu religiosorum subditorum)

---

[5] BAUER, Paternoster-Auslegung.
[6] BAUER, Nikolaus von Dinkelsbühl S. 159 ff.
[7] S. oben S. 137.

Brünn, UB Cod. R. 426 (D/K. I. b. 15) fol. 272 v — 276 r (De remediis incontinentiae)
St. Gallen, StiB Cod. 953 p. 18—21 (De remediis incontinentiae)

Fama fide dignorum
32. De partitione reddituum inter religiosos
Nürnberg, StB Cod. Cent. IV. 42 fol. 162 r — 165 r.
Wien, ÖNB Cod. Ser. nov. 13423 fol. 150 v — 154 v.

Fama referente non sinimur
33. De contractu venditionis et revenditionis
Gießen, UB Cod. 1266 fol. 213 r — 263 v.

Filia cuiusdam laici
34. De missis votivis pro defunctis
Freiburg i. Br., UB Cod. 252 fol. 167 r — 169 v.
München, SB Cod. 19650 fol. 108 r — 116 r.
Die Quaestio *Utrum una missa efficacior sit* allein:
Augsburg, SB Cod. Oct. 108 (nicht foliiert).
Magdeburg, GB Cod. 204 fol. 342 v — 343 r.
Wolfenbüttel, Cod. 67. 1. Aug. Fol. fol. 233 rv.

In actu praesenti ex istius actus congruentia
Principium in librum sententiarum
Berlin, PK Cod. lat. Qu. 629 fol. 144 r — 147 r (Fragment)[8].

In materia hostiarum transformatarum
37. De concertatione super cruore de Wilsnack
London, BM Cod. Add. 41618 fol. 206 v — 210 r.

In salicibus in medio eius suspendimus
Tractatus de cessatione divinorum
Berlin, PK Cod. theol. lat. Qu. 343 fol. 1 r — 16 r[9].

Instantibus tuis precibus
38. De tentatione et consolatione religiosorum
Subiaco, Bibl. dell' Abbazia Cod. 160 fol. 1 r — 69 r.
Weimar, LB Cod. Fol. 29 fol. 1 sqq.
Teilstück *Post haec dicemus modos resistenciarum:*
Köln, StA Cod. W. Fol. 272 fol. 320 v — 323 v.
Mainz, StB Cod. I. 532 (nicht foliiert).

Iosias rex sanctus
39. De officiis et statu ecclesiasticorum
Berlin, PK Cod. theol. lat. Qu. 343 fol. 67 v — 141 v.
Breslau, UB Cod. I. Fol. 280 fol. 339 r — 412 r.
Freiburg i. Br., UB Cod. 252 fol. 61 r — 111 r.
Das 3. Kap. De horis canonicis gesondert:
Berlin, PK Cod. theol. lat. Qu. 349 fol. 5 rv.
Aus dem 6. Kap. De sanctificatione sabbati gesondert:
Scribere libros aut aliquid grande
Berlin, PK Cod. theol. lat. Qu. 349 fol. 501 v.
Aus dem 25. Kap. gesondert: Nota de uno decreto Concilii Basiliensis
(Bei Meier als Nr. 71).

[8] S. oben S. 28. [9] Katalog-Manuskript Berlin.

Isaac sanctus patriarcha
40. De arte curandi vitiis
Breslau, UB Cod. I. Fol. 180 fol. 74 r — 87 r.
Wien, ÖNB Cod. Ser. nov. 13423 fol. 268 r — 279 v, 293 r — 300 r.

Istis nostris infaustis diebus
41. De statu securiore incedendi in hac vita
Brüssel, KB Cod. 2058 fol. 102 r — 106 r.
Köln, StA Cod. W. Fol. 272 fol. 178 v — 181 v.
Nürnberg, StB Cod. Cent. IV. 42 fol. 152 r — 155 r.
Wien, ÖNB Cod. Ser. nov. 13423 fol. 144 v — 150 r.

Libet praeter ea quae dicta sunt
42. De septem statibus ecclesiae in Apocalypsi descriptis
Gießen, UB Cod. 1266 fol. 300 r — 307 r.
Göttingen, UB Cod. theol. 134 fol. 18 r — 25 v.
London, BM Cod. Add. 41618 fol. 204 r — 206 v.
Wien, ÖNB Cod. Ser. nov. 13423 fol. 76 v — 86 v.

Maiestate evangelica edocti
43. De triplici genere hominum
Breslau, UB Cod. I. Fol. 164 fol. 96 v — 117 r.
Colmar, StB Cod. 64 (194) fol. 253 sqq.

Montes Gelboe nec ros
44. De montibus Gelboe
Wien, ÖNB Cod. Ser. nov. 13423 fol. 280 sqq.

Multorum deo militare cupientium
45. Oculus religiosorum
Brüssel, KB Cod. 2089 (2310—23) fol. 2 r — 113 v.
München, SB Cod. 28615 a fol. 1 r — 37 r.
Oxford, Bodleian Libr. Cod. lat. th. e. 3 (S. C. 29807) fol. 45 r — 109 r.
Auszug:
Nürnberg, StB Cod. theol. 240 Qu. fol. 221 r — 225 v.

Non improvide placuit quibusdam
48. Speculum aureum institutionis ad beneficia ecclesiastica
Berlin, PK Cod. lat. Qu. 804 [10].

Non incassum discipulus ille
49. De contemptu mundi
Wien, ÖNB Cod. Ser. nov. 13423 fol. 1 r — 21 r.
Die von Meier hier angeführten Hss. Kopenhagen, KB Cod. kgl. Qu. 1376 fol. 157 v — 175 r; Kopenhagen, KB Cod. kgl. Oct. 3386 fol. 45 v — 80 v enthalten nicht diese Schrift, sondern das 23. Kap. von Nr. 56: *Non incassum invigilare expedit*, De missarum celebrationibus.

Novit ille quem cordis secreta
50. De causis deviationis religiosorum
Breslau, UB Cod. IV. Fol. 195 m fol. 58 r — 59 v (Auszug).
Weimar, LB Cod. Fol. 29 fol. 107 sqq.

---

[10] THEELE, Die Handschriften S. 90.

Das 6. Kap. De qualitate suscipiendorum ist gesondert überliefert und bei Meier unter den zweifelhaften Werken unter Nr. 107 verzeichnet.

Omne quod plurimorum se offert oculis
52. De receptione monialium
Kopenhagen, KB Cod. kgl. Fol. 78 fol. 20 r — 23 v.
Nürnberg, StB Cod. Cent. IV. 42 fol. 173 r — 177 r.
Weimar, LB Cod. Fol. 29 fol. 265 sqq.
Wien, ÖNB Cod. Ser. nov. 13423 fol. 156 r — 163 r, 192 r — 193 v.

Omnes morimur et quasi aqua dilabimur
53. De arte bene moriendi
Basel, UB Cod. A. I. 37 fol. 24 r — 59 v.
Berlin, PK Cod. germ. Fol. 643 fol. 49 r — 71 r.
Breslau, UB Cod. I. Fol. 291 fol. 25 r — 35 r.
Budapest, Ungar. Nationalmuseum Cod. lat. 276 fol. 218 v — 219 r (Auszug).
Leipzig, UB Cod. 764 [11].
London, BM Cod. Add. 15105 fol. 67 r — 89 r.
München, SB Cod. 4397 fol. 121 r — 145 v.
St. Gallen, StiB Cod. 142 fol. 3 sqq.

O mors quam amara est memoria tua
54. De desiderio moriendi
Nürnberg, StB Cod. Cent. IV. 42 fol. 58 r — 65 r.
Wien, ÖNB Cod. Ser. nov. 13423 fol. 35 r — 44 v.
(Leipzig, UB Cod. 621 enthält entgegen Meiers Angaben diese Schrift nicht.)

Opinari possumus circa aut post
55. De tempore Antichristi et Eliae
ist keine selbständige Schrift, sondern ein (nicht numeriertes) Kap. aus Nr. 69 De septem statibus mundi.

Organo apostolicae vocis
56. De malis huius mundi
Berlin, PK Cod. lat. Qu. 919 fol. 112 v sqq.
Freiburg i. Br., UB Cod. 252 fol. 111 r — 167 r.
Köln, StA Cod. W. Fol. 258 fol. 97 r — 139 r.
Trier, StB Cod. 646/869 fol. 230 rv (Fragment).
Weimar, LB Cod. Fol. 29 fol. 162 sqq.
Gesonderte Überlieferung einzelner Kap. s. unter Nr. 11 u. Nr. 49.

Paulus egregius divini verbi zelator
57. Apologeticus religiosorum
Mainz, StB Cod. I. 532 (nicht foliiert).

Placuit cuidam in dignitate
58. Informatio praelaturae resignatae
Kopenhagen, KB Cod. kgl. Fol. 78 fol. 225 rv.

Post multiplicia insignium doctorum
59. De contractibus ad reemptionem et ad vitam
Breslau, UB Cod. I. Fol. 279 fol. 63 v — 68 v.
Frankfurt a. M., StB Cod. Praed. 88 fol. 8 v — 12 v (Fragment).

---

[11] Brieger, Zu Jakob von Jüterbock S. 140.

Kopenhagen, KB Cod. kgl. Qu. 1621 fol. 33 v — 49 v (Exzerpt).
Nürnberg, StB Cod. Cent. IV. 42. fol. 157 r — 162 v.
Wien, ÖNB Cod. Ser. nov. 13423 fol. 183 r — 192 r.
Hierher gehört auch das bei Meier unter Nr. 21 angeführte Exzerpt Heidelberg, UB Cod. 958 fol. 249 r.

Quia de sacrae eucharistiae perceptione
62. Speculum sacerdotale
München, SB Cod. 15134 fol. 358 r — 359 v [12].

Quia teste ore veritatis
63. Formula reformandi religiones
Göttingen, UB Cod. Luneb. 40 fol. 122 r — 126 v.

Quidam religiosi regulariter viventes
64. Casus quidam cum eius decisione
Breslau, UB Cod. I. Fol. 321 fol. 361 r — 363 r.
Kopenhagen, KB Cod. kgl. Fol. 78 fol. 23 v — 24 r.
Mainz, StB Cod. I. 171 (nicht foliiert).

Quis dabit capiti meo aquam
65. De negligentia praelatorum
Wolfenbüttel, Cod. 30. 1. Aug. Fol. fol. 100 v — 109 v.
Die Angabe Meiers (Cod. 31. 1. Aug. Fol.) ist verdruckt; ferner gehört das Teilstück *Vos autem nunc convenio* zu Nr. 31, Kap. De abbatibus.

Quodam die cum venissent filii dei
66. De scrupulosis in regula S. Benedicti
Marburg, UB Cod. 69 (D. 32) fol. 107 r — 113 v.
Wien, ÖNB Cod. Ser. nov. 355 fol. 171 r — 172 v.

Quoniam circa observantiam
67. De sanctificatione sabbati
Breslau, UB Cod. I. Fol. 280 fol. 412 v — 417 r.
London, BM Cod. Add. 18007 fol. 152 v — 155 r.
Magdeburg, GB Cod. 113 fol. 337 r — 380 r.

Recumbens olim super dulcissimum pectus
69. De septem statibus mundi
London, BM Cod. Add. 41618 fol. 186 r — 203 v (unvollständig).
Nürnberg, StB Cod. Cent. IV. 42 fol. 107 r — 116 r.
Wien, ÖNB Cod. Ser. nov. 13423 fol. 63 v — 76 v.
Das Kap. De tempore Antichristi et Eliae (s. oben Nr. 55) gesondert:
München, SB Cod. 18378 fol. 272 r — 274 r.

Rogamus ne terreamini
70. De apparitionibus animarum (sive: De animabus exutis)
Basel, UB Cod. A. I. 37 [13].
Breslau, UB Cod. I. Fol. 282 fol. 334 v — 351 r.
Breslau, UB Cod. I. Fol. 321 fol. 57 r — 72 v.
Breslau, UB Cod. XV. Fol. 787 [14].

---

[12] WOLNY-MARKOWSKI-KUKSEWICZ S. 107.
[13] SCHMIDT, Die Bibliothek des ehemaligen Dominikanerklosters in Basel S. 185 f.
[14] ŚWIERK, Średniowieczna biblioteka S. 63 Anm. 182.

Brünn, UB Cod. Mk. 67 (II. 92) fol. 85 r — 102 v.
Brünn, UB Cod. Mk. 70 (II. 87) fol. 61 r — 74 v.
Frankfurt a. M., StB Cod. Praed. 130 fol. 163 r — 188 v.
Graz, UB Cod. 1588 fol. 118 r — 120 v (Exzerpt).
Köln, StA Cod. W. Fol. 258 fol. 139 r — 147 v.
Krakau, UB Cod. 2401 p. 344—396.
München, SB Cod. germ. 1145 fol. 1 r — 52 v (deutsch).
München, SB Cod. germ. 6940 fol. 229 r — 260 v (deutsch).
Paris, Bibl. de l'Institut (Musée Condé) Cod. 144 fol. 65 r — 80 r.
St. Gallen, StiB Cod. 142 fol. 44 sqq.
Stuttgart, LB Cod. HB VII. 36 fol. 207 r — 220 r.
(Karlsruhe, LB Cod. St. Blasien 84 enthält den deutschen Druck K. Fyners, Esslingen, ca. 1477).

Sacrum Basiliense concilium
71. Nota de uno decreto concilii Basiliensis
ist Teil des 25. Kap. von Nr. 39.

Saepenumero pulsatus a meipso
72. De veritate dicenda vel tacenda
Kopenhagen, KB Cod. kgl. Fol. 78 fol. 9 v — 16 r.
London, BM Cod. Add. 18007 fol. 155 r — 166 r.
München, UB Cod. Qu. 824 fol. 10 r — 22 r [15].
Wien, ÖNB Cod. Ser. nov. 13423 fol. 169 v — 182 v.

Samaritanus ... caritate coactus
73. Confessionale
Nürnberg, StB Cod. theol. 240 Qu. fol. 210 r — 220 v.
Wien, ÖNB Cod. Ser. nov. 13423 fol. 22 r — 35 r.

Scimus olim a spiritu sancto dictum
75. Avisamentum ad papam pro reformatione ecclesiae
Weimar, LB Cod. Fol. 29 fol. 262 sqq.

Scribis contra me amaritudines
76. Plantus peccatorum
Breslau, UB Cod. I. Fol. 180 fol. 91 v — 95 v.
Weimar, LB Cod. Fol. 29 fol. 153 sqq.

Spiritualis vir omnia diiudicans
77. De profectu spiritualis vitae
Breslau, UB Cod. I. Fol. 180 fol. 87 v — 91 v.
St. Paul i. Lavanttal, StiA Cod. 29. 4. 14 (3, 5).
Weimar, LB Cod. Fol. 29 fol. 153 sqq.

Spiritus sanctus per organum divinum
78. De erroribus et moribus christianorum
Breslau, UB Cod. I. Fol. 545 fol. 246 v — 266 v.
Colmar, StB Cod. 64 (194) fol. 215 v — 253 r.
London, BM Cod. Add. 18007 fol. 122 r — 146 r.

Spiritus sanctus per organum suum scilicet Amos prophetam
79. De cognitione eventuum futurorum

---
[15] WOLNY-MARKOWSKI-KUKSEWICZ S. 174.

Wien, ÖNB Cod. Ser. nov. 13423 (am Ende der Hs., mit Bindefehlern).
Würzburg, UB Cod. chart. Fol. 241 fol. 276 r — 291 r.

Vanitas vanitatum
80. Speculum aureum paccatricis animae
hat Jakob von Gruitrode zum Verfasser.

Vas electionis Paulus dum adhuc
81. De cautelis diversorum statuum in ecclesia
Würzburg, UB Cod. chart. Fol. 241 fol. 248 r — 276 r.
Das Teilstück De quotidie aut frequenter celebrantibus:
Köln, StA Cod. W. Fol. 272 fol. 317 r — 320 v.
St. Gallen, StiB Cod. 142 fol. 31 v — 39 r.

Verbum secretum mihi est ad te
82. Colloquium hominis ad animam suam
Berlin, PK Cod. lat. Fol. 779 fol. 214 v — 222 v.
London, BM Cod. Add. 41618 fol. 149 r — 165 v.
Wien, ÖNB Cod. Ser. nov. 13423 fol. 51 v — 63 r.

Veritatis organo novimus sententiam
83. De arcta et lata via
Berlin, PK Cod. theol. lat. Fol. 668 fol. 237 v — 255 v.

Videndum est de praeparatione
84. De praeparatione ad sacramentum Eucharistiae
Harburg, Fürstl. Oetting.-Wallersteinsche Bibl., Cod. III. 1. Oct. 13 fol. 87 r — 110 v (deutsch).
Die Zuweisung dieser Schrift an Jakob von Paradies erscheint fraglich.

Visis iam dictis de actionibus humanis
86. De mystica theologia
Freiburg i. Br., UB Cod. 252 fol. 191 v — 208 v.
Weimar, LB Cod. Fol. 29 fol. 112 sqq.
Wien, ÖNB Cod. Ser. nov. 13423 fol. 112 r — 144 r.

Visum est quibusdam ... nunc de anno iubilaeo
87. De anno iubilaeo
Breslau, UB Cod. I. Fol. 265 fol. 135 v — 139 v.
Breslau, UB Cod II. Fol. 115 fol. 381 r — 384 r.
Breslau, StB Cod. 345, fol. 496 r — 500 r (Verlust).
Darmstadt, LB Cod. 833 fol. 220 v — 223 v.
Frankfurt a. M., StB Cod. Praed. 25 fol. 288 r — 291 v.
London, BM Cod. Add. 10954.
Nürnberg, StB Cod. Cent. IV. 42 fol. 194 r — 199 r.
Weimar, LB Cod. Fol. 29 fol. 257 sqq.
Wien, ÖNB Cod. Ser. nov. 13423 fol. 208 v — 214 v.

88. Collationes
Considerante me statum et eminentiam
Leipzig, UB Cod. 621 fol. 120 r — 124 v.

90. Epistolae
Filialem oboedientiam

Teste scriptura
stammen von Jakob von Tückelhausen [16].

94. Sermones
Recogitans et mente revolvens
Frankfurt a. M., StB Cod. Praed. 54 fol. 164 r — 330 v. —
Iacobus dei et domini ... ambulans Iesus
Breslau, UB Cod. I. Fol. 496 fol. 190 r — 337 v.
Breslau, UB Cod. Milich. II. 56 fol. 300 r — 456 v. —
Hoc inquit vobis signum ... egregius pater Bernhardus
Sermo de nativitate domini
Berlin, PK Cod. lat. Qu. 816 fol. 216 r — 219 r.
Wolfenbüttel, Cod. 309 Helmst. fol. 269 v — 271 v. —
Salubriter beatissimi Petri
Sermo ad religiosos reformatos OSB Erfordiae
Breslau, UB Cod. Milich. II. 25 fol. 199 r — 228 v. —
Sermones varii
Gießen, UB Cod. 772 fol. 275 sqq. [17].

Iam stilus ad aliquem passum
107. De qualitate suscipiendorum
ist Kap. von Nr. 50.

Scrutamini scripturas quia vos putatis
120. Scrutinium scripturarum
Berlin, PK Cod. theol. Fol. 704 p. 210—244, 257—266.
Verfasser ist Jakob von Paradies, nicht Paul von Burgos [18].

Statutum est hominibus semel mori
121. Tractatus de arte bene moriendi
Verfasser ist der Erfurter Kartäuser Johannes Hagen [19].

Videns inter ceteras ... audita dudum
126. De reformatione monialium
Auszug aus Kap. 5:
Kopenhagen, KB Cod. kgl. F. 176 fol. 135 v.
Die Zuweisung ist zweifelhaft [20].

---

[16] S. oben S. 236 ff.
[17] ELZE, Handschriften S. 81 f.; weitere Predigtüberlieferung verzeichnet SCHNEYER, Wegweiser S. 25, 134, 135, 260, 325, 333, 406.
[18] S. oben S. 43.
[19] S. oben S. 203 ff.
[20] Identifizierung des Teilstücks und Zuweisung der ganzen Schrift an Jakob von Paradies bei FRANK, Das Erfurter Peterskloster S. 343, Abdruck des Stückes S. 343—345. Die Zuweisung muß gleichwohl noch offen bleiben, da die Handschriften etwa zu gleichen Teilen den Traktat dem Kartäuser Jakob, Heinrich Toke oder keinem Autor zusprechen. Die Hauptstütze der Argumentation FRANKS — die Liste der Werke Jakobs, die MEIER abdruckt, vgl. oben S. 66 ff. — trägt indes nicht, da diese Liste auf das Reinhausener Verzeichnis zurückgeht, diese wiederum auf die Hs. Volpertis, welche den Traktat zwar Jakob zuweist, aber als Entstehungsdatum 1441 angibt, womit — wenn das Datum zutrifft — Jakob kaum, aber sehr wohl Toke in Frage kommen könnte.

Abkürzungen

Die für Archive und Bibliotheken verwendeten Abkürzungen sind im Handschriftenregister aufgelöst.

Cop.   W. A. COPINGER, Supplement to Hain's Repertorium bibliographicum. 1—3. 1895—1902 (Nachdr. Milano 1950).

FIJAŁEK   J. FIJAŁEK, Mistrz Jakób z Paradyża (s. Literatur).

Goff   F. R. GOFF, Incunabula in American Libraries. New York 1964.

GW   Gesamtkatalog der Wiegendrucke. 1925 ff.

Hain   L. HAIN, Repertorium bibliographicum. 1—4. 1826—1838 (Nachdr. Milano 1950).

LThK   Lexikon für Theologie und Kirche. 1—10. ²1957—1965.

MBK   Mittelalterliche Bibliothekskataloge Deutschlands und der Schweiz (s. Quellen).

MEIER   L. MEIER, Die Werke des Erfurter Kartäusers Jakob von Jüterbog (s. Literatur).

Reichl.   D. REICHLING, Appendices ad Hainii-Copingeri Repertorium bibliographicum 5. 1908 (Nachdr. 1953).

Quellen und Literatur

Da u. a. die Provenienzen der überlieferten Texte des Kartäusers Jakob als Quelle dienten, werden die Handschriften und Inkunabeln im folgenden aufgeführt, gleich ob sie unmittelbar oder durch die Zusendung von Mikrofilmen benutzt wurden oder ob die Angaben über sie den gedruckten Katalogen, der Literatur oder brieflichen Mitteilungen der verschiedenen Bibliotheken entstammen; mithin wurden auch im Zweiten Weltkrieg vernichtete Bestände berücksichtigt, sie sind mit + gekennzeichnet. Die Benutzung der gedruckten Kataloge ist in den Anmerkungen bzw. im Literaturverzeichnis nur dann eigens vermerkt, wenn sie für die Untersuchung wichtige Zitate aus den Hss. (Kolophone, Marginalien usw.) mitteilen. Da die Inkunabeln im Text und in den Anmerkungen abgekürzt nach HAIN-Nummern zitiert werden, ist das Inkunabel-Register entsprechend angelegt. Das Literaturverzeichnis enthält die in den Anmerkungen abgekürzt zitierten Werke. Die Siglen für Zeitschriften, Reihen usw. entsprechen denen der 10. Auflage des Dahlmann-Waitz.

1. Handschriften- und Inkunabelregister

Die Seitenzahlen beziehen sich auf den Text bzw. die Anmerkungen der angegebenen Seiten.

Alba Julia (Karlsburg; Gyula Fehervár), Bibliotheca Batthyanyana
  Cod. 309 : 48
  Cod. 395 : 276

Aschaffenburg, Hofbibliothek
  Cod. Pap. 29 der Stiftsbibliothek: 114, 203

Augsburg, Staats- und Stadtbibliothek (SB)
  Cod. Fol. 286 : 120
  Cod. Oct. 108 : 278, 279

Bamberg, Staatsbibliothek (SB)
  Cod. theol. 54 (B. V. 42) : 105
  Cod. theol. 55 (Qu. III. 23) : 63, 119
  Cod. theol. 116 (Qu. III. 9) : 63, 119, 136
  Cod. theol. 121 (Qu. IV. 57) : 120
  Cod. theol. 125 (Qu. IV. 34) : 105
  Cod. theol. 192 (Qu. V. 42) : 63, 105
  Cod. theol. 227 (Qu. V. 3) : 63, 119

Basel, Öffentliche Bibliothek der Universität (UB)
  Cod. A. I. 37 : 59, 120, 203, 281, 282
  Cod. A. VI. 14 : 64, 276

Cod. A. VI. 34 : 73
Cod. A. VII. 20 : 64, 276
Cod. A. IX. 27 : 85, 276
Cod. A. R. I. 2 : 65, 85
Cod. A. R. I. 3 : 85
Cod. A. R. I. 4 : 65
Cod. A. R. I. 4 a : 85, 86

Berlin, Staatsbibliothek Preußischer Kulturbesitz, früher Preußische Staatsbibliothek (PK)
Cod. lat. Fol. 687 : 43
Cod. lat. Fol. 779 : 63, 102, 202, 284
Cod. lat. Fol. 844 : 53
Cod. lat. Qu. 357 : 28
Cod. lat. Qu. 629 : 28, 279
Cod. lat. Qu. 647 : 61
Cod. lat. Qu. 663 : 101
Cod. lat. Qu. 736 : 120
Cod. lat. Qu. 804 : 101, 280
Cod. lat. Qu. 816 : 41, 62, 97, 101, 285
Cod. lat. Qu. 919 : 83, 276, 281
Cod. lat. Oct. 213 : 61
Cod. lat. Oct. 215 : 61
Cod. theol. lat. Fol. 174 : 38, 41, 54, 122
Cod. theol. lat. Fol. 194 : 73
Cod. theol. lat. Fol. 326 : 71
Cod. theol. lat. Fol. 328 : 71
Cod. theol. lat. Fol. 510 : 28, 60, 149, 202
Cod. theol. lat. Fol. 668 : 40, 41, 58, 202, 284
Cod. theol. lat. Fol. 704 : 42, 43, 53, 89, 122, 226—230, 232, 240, 253, 285
Cod. theol. lat. Fol. 710 : 39, 49, 53, 54, 85, 89
Cod. theol. lat. Fol. 711 : 44, 63, 88, 89
Cod. theol. lat. Qu. 64 : 99, 105
Cod. theol. lat. Qu. 207 : 73
Cod. theol. lat. Qu. 343 : 38, 66—69, 276, 279
Cod. theol. lat. Qu. 344 : 41, 66
Cod. theol. lat. Qu. 345 : 66
Cod. theol. lat. Qu. 349 : 66, 202, 279
Cod. theol. lat. Oct. 37 : 59, 120
Cod. germ. Fol. 643 : 122, 202, 281

Bonn, Universitätsbibliothek (UB)
Cod. S. 313/160 a : 113
Cod. S. 320/181 : 38, 113, 203
Cod. S. 724/119 c : 54

Braunschweig, Stadtbibliothek (StB)
Cod. 107 : 120 A.

Breslau s. Wrocław

Brno (Brünn), Universitní Knihovna (UB)
Cod. R. 426 (D/K. I. b. 15) : 170, 277, 278, 279
Cod. Mk. 67(II. 92) : 283
Cod. Mk. 70 (II. 87) : 283

Bruxelles (Brüssel), Bibliothèque Royale (KB)
　Cod. 2058 (1138—59) : 278, 280
　Cod. 2089 (2310—23) : 107, 280

Budapest, Országos Széchnyi Könyvtár (Ungarisches Nationalmuseum)
　Cod. 276 : 73, 281
　Cod. 277 : 276

Colmar, Bibliothèque de la Ville (StB)
　Cod. 64 (194) : 72, 232, 280, 283

Danzig s. Gdańsk

Darmstadt, Hessische Landes- und Hochschulbibliothek (LB)
　Cod. 396 : 89, 202, 269
　Cod. 679 : 56
　Cod. 775 : 48
　Cod. 833 : 285
　Cod. 1422 : 53, 90, 149, 232

Dessau, Landesbibliothek (LB)
　Cod. H. 42/8 : 37, 49, 52, 133

Donaueschingen, Fürstlich Fürstenbergische Bibliothek
　Cod. 555 : 93

Dresden, Sächsische Landesbibliothek (LB)
　Cod. P. 42 : 35, 37, 38, 39, 44, 46, 76, 94, 127, 128, 130, 135, 149, 172, 173, 184, 188—
　200, 202, 208—212, 216, 218, 222, 223, 225, 230, 234, 259, 263, 264, 267

Düsseldorf, Landes- und Stadtbibliothek (LB)
　Cod. B. 186 : 73, 120

Eichstätt, Seminarbibliothek (SemB)
　Cod. 229 : 110

Erfurt, Domarchiv (DA)
　Cod.Hist. 1 : 27, 205

Erfurt, Stadtbücherei, Bibliotheca Amploniana (StB)
　Cod. Fol. 174 : 62, 136

Frankfurt a. M., Stadt- und Universitätsbibliothek (StB)
　Cod. Barth. 101 : 203
　Cod. Barth. 147 : 203
　Cod. Praed. 25 : 59, 277, 284
　Cod. Praed. 54 : 73, 285
　Cod. Praed. 88 : 281
　Cod. Praed. 130 : 283

Freiburg i. Br., Universitätsbibliothek (UB)
　Cod. 252 : 164, 277, 278, 279, 281, 284

Fritzlar, Dombibliothek (DB)
　Cod. 31 : 56

Gdańsk (Danzig), Biblioteka Gdańska Polskiej Akademii Nauk (StB)
Cod. 1975 : 276
Cod. Mar. Fol. 171 : 45
Cod. Mar. Fol. 299 : 49
Cod. XX. B. Qu. 378 : 120

Gießen, Universitätsbibliothek (UB)
Cod. 644 : 40, 41, 49, 53
Cod. 686 : 40, 52, 53, 140, 203

Cod. 772 : 285
Cod. 839 : 63
Cod. 1266 : 38, 39, 40, 46, 52, 53, 149, 277, 279, 280

Göttingen, Niedersächsische Staats- und Universitätsbibliothek (UB)
Cod. theol. 119 : 41, 54, 112
Cod. theol. 129 : 71, 135, 142, 144, 161
Cod. theol. 130 : 49, 71, 142, 161
Cod. theol. 131 : 40, 71, 135, 142, 161, 232
Cod. theol. 132 : 71, 142
Cod. theol. 133 : 151, 161
Cod. theol. 134 : 41, 63, 161, 201, 280
Cod. Luneb. 36 : 49, 110, 119
Cod. Luneb. 40 : 110, 119, 278, 282

Graz, Universitätsbibliothek (UB)
Cod. 898 : 48, 276
Cod. 1588 : 74, 84, 283

Grenoble, Archives départementales de l'Isère et de l'ancienne Province de Dauphiné, Atelier de microfilmage: Archives du monastère de la Grande Chartreuse
1 MI 13 (R 1) : 1 Cart. 16 T. 1 : 56, 92
1 MI 13 (R 2) : 1 Cart. 16 T. 2 : 57, 92, 94
1 MI 17 : T. 2, 1 Cart. 14 : 92

Grenoble, Bibliothèque de (StB)
Cod. 457 : 56, 91, 278

Halle, Universitäts- u. Landesbibliothek
ehem. Quedlinburg, Stiftsbibliothek Cod. 101 : 73, 112, 276

Hamburg, Staats- u. Universitätsbibliothek (SB)
Cod. theol. 1238 : 49
Cod. theol. 1548 : 101
Cod. theol. 1551 : 102

Harburg, Fürstlich Oettingen-Wallerstein'sche Bibliothek
Cod. III. 1. Oct. 13 : 284

Heidelberg, Universitätsbibliothek (UB)
Cod. 958 : 110, 282
Cod. Salem. 8. 37 : 29, 45, 120

Jena, Universitätsbibliothek (UB)
Cod. El. Qu. 7 : 46

Innsbruck, Universitätsbibliothek (UB)
　Cod. 24 : 49, 83
　Cod. 124 : 83
　Cod. 147 : 83
　Cod. 621 : 83, 202
　Cod. 633 : 83, 202

Karlsruhe, Badische Landesbibliothek (LB)
　Cod. Aug. 90 : 179
　Cod. K. 347 : 149, 161
　Cod. K. 381 : 31, 49, 62, 161, 191
　Cod. R. Pap. 162 : 110
　Cod. St. Blasien 84 : 110, 283

Kassel, Murhardsche- und Landesbibliothek (LB)
　Cod. Fol. 105 : 121

Kiel, Universitätsbibliothek (UB)
　Cod. Bord. 25 : 73
　Cod. Bord. 26 : 73

København (Kopenhagen), Kongelige Bibliotek (KB)
　Cod. kgl. Fol. 75 : 102
　Cod. kgl. Fol. 78 : 44, 102, 122, 281, 282, 283
　Cod. kgl. Fol. 176 : 101, 102, 285
　Cod. kgl. Qu. 1376 : 63, 102, 280
　Cod. kgl. Qu. 1590 : 63, 102
　Cod. kgl. Qu. 1621 : 282
　Cod. kgl. Qu. 1622 : 55, 97, 102
　Cod. kgl. Oct. 3386 : 63, 202, 280
　Cod. kgl. Oct. 3395 : 44, 63, 102
　Cod. Thott. Qu. 102 : 102, 113
　Cod. Ny kgl. S. 1786 : 43, 101, 165, 277

Koblenz, Staatsarchiv (SA)
　Abt. 108/1078 : 87
　Abt. 701/163 : 73, 120

Köln, Historisches Archiv der Stadt (StA)
　Cod. Geistliche Abt. 135 a : 88
　Cod. Geistliche Abt. 136 a : 88
　Cod. GB Fol. 15 : 89, 90
　Cod. GB Fol. 46 : 40, 104
　Cod. GB Fol. 102 : 49, 102, 104
　Cod. GB Qu. 98 : 104, 202
　Cod. W. Fol. 258 : 49, 63, 88, 90, 281, 283
　Cod. W. Fol. 272 : 53, 89, 165, 202, 205, 218, 276, 277, 278, 279, 280, 284
　Cod. W. Qu. 33 : 50, 90, 148
　Cod. W 16 * : 41, 63, 97, 102
　Cod. W 77 * : 104
　Cod. W. 125 : 108

Kopenhagen s. København

Kraków (Krakau), Biblioteka Jagiellońska (UB)
　Cod. 126 : 47

Cod. 173 : 32
Cod. 1217 : 47
Cod. 1254 : 28
Cod. 2401 : 74, 136, 283
Cod. 2502 : 47

Kremsmünster, Stiftsbibliothek (StiB)
Cod. 18 : 110, 121
Cod. 175 : 110, 121

Lambach, Stiftsbibliothek (StiB)
Cod. 217 : 110
Cod. 430 : 110

Leipzig, Universitätsbibliothek (UB)
Cod. 204 : 119, 136, 203
Cod. 606 : 52
Cod. 621 : 29, 30, 31, 38, 39, 40, 42, 49, 52, 55, 119, 125, 136, 137, 169, 170, 203—225, 281, 284
Cod. 764 : 281

Leningrad, Publichnaja biblioteca (SB)
Cod. Lac. I. Fol. 235 : 48
Cod. Lac. I. Fol. 314 : 48

Limburg a. d. L., Bibliothek des Priesterseminars (SemB)
Cod. beigebunden Incunabel 215 : 50

London, British Museum, Department of Manuscripts (BM)
Cod. Cotton. Caligula A 1 : 33
Cod. Add. 10934/10935 : 35
Cod. Add. 10954 : 284
Cod. Add. 15105 : 101, 202, 281
Cod. Add. 18007 : 73, 113, 282, 283
Cod. Add. 21146 : 57
Cod. Add. 29731 : 73, 114
Cod. Add. 29732 : 49
Cod. Add. 41618 : 72, 83, 149, 278, 279, 280, 282, 284

London, Congregational Library
Cod. II. a. 20 : 63, 115, 277

Lübeck, Bibliothek der Hansestadt (StB)
Cod. theol. lat. 64 : 55, 121
⁺Cod. theol. lat. 65 : 55, 76, 121
⁺Cod. theol. lat. 188 : 114
⁺Cod. iur. Fol. 25 : 75, 169

Lüneburg, Ratsbücherei (StB)
Cod. theol. Fol. 65 : 119

ehem. Magdeburg, Gymnasialbibliothek (GB)
Cod. 15 : 52, 59, 110, 136
Cod. 21 : 42, 59
Cod. 32 : 59

Cod. 113 : 44, 59, 282
Cod. 142 : 38, 111
Cod. 204 : 279

Mainz, Stadtbibliothek (StB)
Cod. I. 88 : 86
Cod. I. 135 : 86
Cod. I. 155 a : 86, 87, 202
Cod. I. 168 : 86, 87, 202
Cod. I. 171 : 55, 86, 282
Cod. I. 215 a : 86
Cod. I. 301 : 86
Cod. I. 306 : 86
Cod. I. 308 : 86
Cod. I. 450 : 86
Cod. I. 469 : 86, 87, 202
Cod. I. 532 : 86, 232, 278, 279, 281
Cod. I. 576 : 86, 87
Cod. I. 577 : 86
Cod. II. 82 : 86
Cod. II. 94 : 86
Cod. II. 122 : 38, 73, 203
Cod. II. 222 : 55, 86, 121, 278

Manchester, John Rylands Library
Cod. 356 (R. 56255) : 28

Marburg, Universitätsbibliothek (UB)
Cod. 52 (D. 15) : 45, 100
Cod. 58 (D. 21) : 52, 100, 136
Cod. 69 (D. 32) : 100, 136, 283
Cod. 75 (D. 38) : 100, 136, 277

Melk, Stiftsbibliothek (StiB)
Cod. 990 : 49, 57, 100, 109, 202

München, Bayrische Staatsbibliothek (SB)
Clm 3051 : 49, 62, 109, 202
Clm 3334 : 73
Clm 3819 : 237
Clm 4364 : 49, 109
Clm 4369 : 78
Clm 4397 : 109, 202, 277, 281
Clm 5605 : 74
Clm 5901 : 277
Clm 6174 : 182
Clm 8857 : 120
Clm 9105 : 74, 120, 277
Clm 9802 : 110
Clm 15134 : 58, 63, 282
Clm 15181 : 58, 63, 74, 202
Clm 15222 : 237
Clm 16167 : 48
Clm 18170 : 62, 109
Clm 18239 : 62, 109

Clm 18378 : 62, 109, 282
Clm 18380 : 74, 109
Clm 18593 : 49, 62, 109, 202, 221, 237
Clm 18600 : 57, 109, 237
Clm 18610 : 109, 236—238, 241, 242
Clm 19648 : 48, 109
Clm 19650 : 74, 109, 279
Clm 21708 : 110
Clm 21751 : 38, 120, 136
Clm 28202 : 58
Clm 28505 : 28, 108
Clm 28615 a : 280
Cgm 6940 : 74, 141, 283
Cgm 1145 : 141, 283

München, Universitätsbibliothek (UB)
Cod. Qu. 824 : 283

Münster, Universitätsbibliothek (UB)
⁺Cod. 82 : 71, 149, 232
⁺Cod. 83 : 71
⁺Cod. 84 : 49, 71, 202
⁺Cod. 146 : 71
⁺Cod. 149 : 71
⁺Cod. 165 : 118, 149
⁺Cod. 167 : 41, 120
⁺Cod. 178 : 71
⁺Cod. 179 : 120
⁺Cod. 188 : 113
⁺Cod. 471 : 120

Nürnberg, Stadtbibliothek (StB)
Cod Cent. IV. 25 : 120
Cod Cent. IV. 42 : 43, 56, 202, 232, 277—282, 284
Cod. theol. 240 Qu. : 280, 283

Oxford, Bodleian Library
Cod. Ham. 35 (S. C. 24465) : 35, 36, 37
Cod. Ham. 42 (S. C. 24472) : 61
Cod. Ham. 43 (S. C. 24473) : 35, 39
Cod. Ham. 54 (S. C. 24484) : 234
Cod. Ham. 57 (S. C. 24487) : 206
Cod. Lat. th. e. 2 (S. C. 29806) : 102
Cod. Lat. th. e. 3 (S. C. 29807) : 83, 280

Paderborn, Bibliothek des Geschichtsvereins (BG)
Cod. 118 : 113

Paris, Bibliothèque de l'Institut
Cod. 144 : 277, 278, 283

Pelplin, Biblioteka Seminarium Duchownego (SemB)
Cod. 276 : 83
Cod. 285 : 83, 95, 202
Cod. 286 : 49, 52, 83

Cod. 287 : 83
Cod. 289 : 83
Cod. 301 : 120

Praha (Prag), Universitní knihovna (UB)
Cod. 899 : 277
Cod. 1306 : 113
Cod. 2370 : 74, 203
Cod. 2539 : 113
Cod. 2814 : 73, 113

Quedlinburg, Stiftsbibliothek (StiB) s. Halle

St. Gallen, Stiftsbibliothek (StiB)
Cod. 142 : 74, 110, 142, 202, 277, 281, 283, 284
Cod. 953 : 74, 110, 170, 279

St. Paul im Lavanttal, Stiftsbibliothek (StiB)
Cod. 29. 4. 14 (3, 5) : 283

Sélestat (Schlettstadt), Bibliothèque municipale (StB)
Cod. 43 : 59, 142
Cod. 57 : 58, 149, 201, 218, 259, 276

Stuttgart, Württembergische Landesbibliothek (LB)
Cod. HB III. 46 : 45, 141
Cod. HB VII. 36 : 283
Cod. theol. et phil. Fol. 30 : 61
Cod. theol. et phil. Qu. 203 : 74, 120

Subiaco, Biblioteca dell'Abbazia
Cod. 160 : 49, 109, 279

Trier, Dombibliothek (Bistumsarchiv Abt. 95) (DB)
Cod. 25 : 120
Cod. 34 : 107
Cod. 39 : 100
Cod. 49 : 107
Cod. 65 : 38, 100
Cod. 67 : 107

Trier, Seminar-Bibliothek (SemB)
Cod. 60 : 63, 104
Cod. 148 : 104

Trier, Stadtbibliothek (StB)
Cod. 69/1053 : 88, 95
Cod. 155/1237 : 88
Cod. 212/1199 : 63
Cod. 228/1467 : 88, 93
Cod. 295/1968 : 63, 88
Cod. 310/1982 : 63, 87
Cod. 326/1998 : 104
Cod. 351/2052 : 88
Cod. 579/1581 : 232
Cod. 601/1537 : 63, 103, 104

Cod. 611/1548 : 53, 121
Cod. 646/869 : 38, 63, 103, 104, 202, 281
Cod. 662/835 : 104
Cod. 682/244 : 63, 88
Cod. 686/248 : 88, 202
Cod. 774/1347 : 104
Cod. 964/1158 : 42, 63, 87
Cod. 1049/1297 : 42
Cod. 1061/1281 : 56, 103, 202
Cod. 1091/24 : 103
Cod. 1213/510 : 74, 116
Cod. 1913/2033 : 37, 40, 41, 42, 47, 48, 87, 149, 232
Cod. 1914/1487 : 88
Cod. 1924/1471 : 42, 88, 232
Cod. 1975/642 : 61, 116

Tübingen, Universitätsbibliothek (UB)
Cod. 333 : 73

Utrecht, Bibliotheek der Universiteit (UB)
Cod. 226 : 113
Cod. 334 : 113

Warszawa (Warschau), Biblioteka Narodowa
Krasinskische Bibliothek Cod. 46 : 48

Weimar, Thüringische Landesbibliothek (LB)
Cod. Fol. 25 : 35, 44, 232
Cod. Fol. 29 : 101, 276, 278—281, 283, 284

Wien, Österreichische Nationalbibliothek (ÖNB)
Cod. 4225 : 40, 42, 58, 232
Cod. 4947 : 49, 104
Cod. 12787 : 83
Cod. Ser. nov. 355 : 41, 51, 101, 282
Cod. Ser. nov. 13423 : 83, 149, 277, 279—284

Wiesbaden, Hessische Landesbibliothek (LB)
Cod. 17 : 49, 105
Cod. 21 : 59

Wolfenbüttel, Herzog August Bibliothek
Cod. 128 Helmst. : 41, 142
Cod. 152 Helmst. : 38, 105, 201
Cod. 153 Helmst. : 63, 202, 203
Cod. 168 Helmst. : 61
Cod. 237 Helmst. : 40, 97, 112, 232
Cod. 270 Helmst. : 71
Cod. 309 Helmst. : 40, 41, 42, 46, 50, 52, 70, 71, 95, 96, 134, 142, 190, 192, 200, 215, 219—226, 285
Cod. 353 Helmst. : 112
Cod. 440 Helmst. : 113, 203
Cod. 561 Helmst. : 51, 52
Cod. 666 Helmst. : 54, 99, 100

Cod. 691 Helmst. : 41, 70, 71, 97—99, 142
Cod. 703 Helmst. : 41, 49, 71, 142, 277
Cod. 870 Helmst. : 202, 232
Cod. 1070 Helmst. : 63, 100
Cod. 30. 1. Aug. Fol. : 113, 141, 282
Cod. 33. 5. Aug. Fol. : 37, 113
Cod. 35. 1. Aug. Fol. : 46, 120
Cod. 42. 2. Aug. Fol. : 38
Cod. 42. 3. Aug. Fol. : 120
Cod. 44. 24. Aug. Fol. : 45
Cod. 67. 1. Aug. Fol. : 45, 279
Cod. 71. 21. Aug. Fol. : 39
Cod. 71. 22. Aug. Fol. : 41, 136
Cod. 76. 27. Aug.Fol. : 49
Cod. 83. 8. Aug. Fol. : 48
Cod. 83. 26. Aug. Fol. : 40, 128
Cod. 14. 5. Aug. Qu. : 113
Cod. 18. 6. Aug. Qu. : 49
Cod. 21. 1. Aug. Qu. : 41
Cod. 29. 7. Aug. Qu. : 56, 114, 136, 203
Cod. 338 Gud. lat. Qu. : 74, 113, 120
Cod. Nov. 785. 2. : 202
Cod. 16 Extr. Fol. : 120

Wrocław (Breslau), Biblioteka Uniwersytecka (UB)
Cod. I. Fol. 78 : 120
Cod. I. Fol. 164 : 116, 133, 232, 277, 280
Cod. I. Fol. 180 : 280, 283
Cod. I. Fol. 200 : 36, 116
Cod. I. Fol. 244 : 116
Cod. I. Fol. 265 : 62, 116, 284
Cod. I. Fol. 271 : 62, 116
Cod. I. Fol. 274 : 55, 116
Cod. I. Fol. 279 : 116, 203, 281
Cod. I. Fol. 280 : 55, 116, 117, 125, 149, 279, 282
Cod. I. Fol. 282 : 62, 116, 282
Cod. I. Fol. 283 : 73, 120
Cod. I. Fol. 285 : 157
Cod. I. Fol. 286 : 157
Cod. I. Fol. 287 : 157
Cod. I. Fol. 291 : 116, 203, 281
Cod. I. Fol. 321 : 59, 116, 149, 282
Cod. I. Fol. 378 : 120, 142
Cod. I. Fol. 496 : 120, 142, 285
Cod. I. Fol. 528 : 62, 116
Cod. I. Fol. 545 : 283
Cod. I. Fol. 621 : 38, 49, 55, 116, 203
Cod. I. Fol. 713 : 142
Cod. I. Fol. 733 : 277
Cod. II. Fol. 115 : 284
Cod. IV. Fol. 58 : 120
Cod. IV. Fol. 195 m : 170, 278, 280
Cod. XV. Fol. 787 : 74, 282
Cod. I. Qu. 54 : 62, 116, 277
Cod. I. Qu. 90 : 47, 116

Cod. I. Qu. 95 : 62, 116, 277
Cod. I. Qu. 103 : 116
Cod. I. Qu. 152 : 116
Cod. I. Oct. 7 : 48, 120
Cod. IV. Qu. 82 : 62, 116
Cod. Milich. II. 25 : 285
Cod. Milich. II. 56 : 285

Würzburg, Universitätsbibliothek (UB)
Cod. chart. Fol. 200 : 104
Cod. chart. Fol. 204 : 104
Cod. chart. Fol. 226 : 104
Cod. chart. Fol. 241 : 56, 104, 278, 284
Cod. chart. Qu. 34 : 138
Cod. chart. Qu. 77 : 62, 104
Cod. chart. Qu. 102 : 104
Cod. chart. Qu. 140 : 73, 202

Zwettl, Stiftsbibliothek (StiB)
Cod. 332 : 74

HAIN. Nr.
*7805, COP. — Jacobus Carthusiensis, De valore et utilitate missarum pro defunctis celebratarum : 76, 87
 8380 – – Quaestiones de celebratione missarum pro defunctis : 77
 8381 – – Quaestiones de celebratione missarum pro defunctis : 77
 9329, COP., GOFF J 38 – – Sermones notabiles et formales : 41, 75, 78, 110
 9330, COP., GOFF J 39 – – Sermones notabiles et formales : 41, 75, 110, 149
*9331, GOFF J 36 – – Sermones dominicales : 41, 75, 78, 120, 148, 149
*9332 – – Sermones dominicales : 76, 78, 102
*9333, COP., GOFF J 35 – – Sermones dominicales : 75
*9334, GOFF J 37 – – Sermones dominicales : 75, 78, 115
*9335, COP., GOFF J 34 – – Quodlibetum statuum humanorum : 42, 75, 78, 102, 169
*9336, GOFF J 41 – – De veritate dicenda aut tacenda: 76, 120, 136, 153
*9337, GOFF J 30 – – De arte curandi vitia : 77, 78, 153
 9338 – – De arte curandi vitia : 77
*9339, COP., GOFF J 28 – – De arte bene moriendi : 77
*9340, COP., GOFF J 29 – – De arte bene moriendi : 77, 110, 149, 172, 173, 188, 194, 203, 218, 259
*9341, COP., GOFF J 40 – – De valore et utilitate missarum pro defunctis celebratarum : 77, 78, 107, 110, 115, 120, 149
 9342, COP., GOFF J 31 – – De contractibus : 76
*9343, COP., GOFF J 32 – – De contractibus : 45, 76, 78, 149
*9345, COP., GOFF J 27 – – De animabus exutis a corporibus : 77, 149
*9346, COP., GOFF J 22 – – De animabus exutis a corporibus : 40, 75, 78, 115, 120
*9347, GOFF J 21 – – De animabus exutis a corporibus : 75, 78
*9348, GOFF J 19 – – De animabus exutis a corporibus : 75
*9349, GOFF J 20 – – De apparitionibus animarum : 76, 90, 153, 165
*9350, COP., GOFF J 23 – – De animabus exutis a corporibus : 76, 78
 9351 – – De animabus exutis a corporibus : 77
*9352, COP., GOFF J 24 a – – De animabus exutis a corporibus : 77
 9353, COP., REICHL., GOFF J 26 – – De animabus exutis corporibus : 77, 78, 149
 13414, GOFF J 31 (identisch mit 9342)
 15543, COP., GOFF J 24 – – De apparitionibus ... animarum : 77, 78, 115

COP., Nr.
3330 – – De animabus exutis a corporibus : 77
3331 – – De animabus exutis a corporibus : 75
3332, GOFF J 25 – – De animabus exutis a corporibus : 77, 78, 120
3335, GOFF J 33 – – De erroribus et moribus christianorum : 76, 90, 91, 101

Nachträge zu Hain's Repertorium Bibliographicum und seinen Fortsetzern als Probe des Gesamtkatalogs der Wiegendrucke. Hg. v. der Kommission für den Gesamtkatalog der Wiegendrucke. 1910, Nr.
182 – Ps.–Jacobus Carthusiensis, Tractatus monitorius (Epistola ad Simonem nepotem) : 137

GW, Nr.
2610 – (Anonymus) Speculum artis bene moriendi de temptacionibus, penis infernalibus, interrogationibus agonisantium et variis orationibus pro illorum salute faciendis (Köln, H. Quentell, um 1495) : 175—186, 197

2. Post-Inkunabeln und Quelleneditionen

Annalen und Akten der Brüder des gemeinsamen Lebens: s. Doebner.
Arnold Bostius: Opusculum Arnoldi Bostii, Carmelitae Gandensis, de praecipuis Cartusianae familiae patribus. Hg. von Th. Petreius. Köln 1609.
Ars moriendi. Editio princeps. Faksimile des Unicum im Besitze von T. O. Weigel in Leipzig 1869.
Basler Chroniken. 1. Hg. von der Historischen Gesellschaft zu Basel 1872.
Bostius: s. Arnold Bostius.
Catalogus abbatum Saganensium: s. Stenzel.
Concilium Basiliense. Die Protokolle des Concils 1440—1443. Aus dem Manuale des Notars Jakob Hüglin. Hg. von H. Herre. (Concilium Basiliense 7) 1910.
Desiderius Erasmus Roterodamus, Opera omnia 3. 5. Hg. von J. Clericus. Lugduni Batavorum 1704 (Nachdr. 1962).
Deutsche Reichstagsakten. Ältere Reihe. 16—17. 1928—1963.
Dionysius Cartusianus, Opera omnia 41. Hg. von Monachi sacri ordinis Cartusiensis. Tornaci 1912.
R. Doebner, Annalen und Akten der Brüder des gemeinsamen Lebens im Lüchtenhofe zu Hildesheim (QDarstGNdSachs 9) 1903.
Erasmus: s. Desiderius Erasmus.
G. Erler, Die Matrikel der Universität Leipzig 1409—1559. 1—3. (Codex diplomaticus Saxoniae regiae 2, 16—18) 1895—1902.
G. Eysengrein, Catalogus testium veritatis locupletissimus. Dillingen 1565.
J. H. Falckenstein, Codex diplomaticus antiquitatum Nordgaviensium 4. Frankfurt usw. 1723.
M. Flacius Illyricus, Catalogus testium veritatis. Basel 1556.
H. Finke, Acta concilii Constantiensis 1. 1896.
C. Gesner, Bibliotheca universalis sive Catalogus omnium scriptorum locupletissimus. Zürich 1545.
Ders., Pandectarum sive Partitionum universalium ... libri XXI. Zürich 1548.
Ders., Partitiones theologicae. Pandectarum universalium ... liber ultimus. Zürich 1549.
P. Glorieux, Jean Gerson, œuvres complètes. 1—8. Paris 1960—1971.
Guilelmus Textoris: s. Wilhelmus Tzewers.
Heinrich Seuse: Beati Henrici Susonis ordinis Praedicatorum Horologium Sapientiae. Hg. von C. Richstätter SJ. Turin 1929.
O. Herding, Jakob Wimpfelings Adolescentia. Unter Mitarbeit von F.-J. Worstbrock

eingeleitet, kommentiert und hg. von O. HERDING. (Jacobi Wimpfelingi opera selecta 1) 1965.
DERS., Jakob Wimpfeling — Beatus Rhenanus. Das Leben des Johannes Geiler von Kaysersberg. Unter Mitarbeit von D. MERTENS eingeleitet, kommentiert und hg. von O. HERDING (Jacobi Wimpfelingi opera selecta 2, 1) 1970.
H. HOLSTEIN, Urkundenbuch des Klosters Berge bei Magdeburg. (GQProvSachs 9) 1879.
Informatorium bibliothecarii: s. SIEBER.
Jacobus Carthusiensis, Confessionale compendiosum et utilissimum reverendi patris Jacobi de Paradiso ordinis Carthusiensium Domus Erfordensis. Nürnberg, H. Höltzel, 1520.
DERS., Jacobi de Paradiso theologi doctissimi ordinis Carthusiensis de animabus a corporibus exutis tractatus compendiose ac studiose collectus (Basel, Th. Wolf, um 1520).
Johannes Busch, Chronicon Windeshemense und Liber de reformatione monasteriorum quorundam Saxoniae. Hg. von K. GRUBE. (GQProvSachs 19) 1886.
Johannes Geiler von Kaysersberg, Ein ABC, wie man sich schicken soll s. HOCH (Literatur).
DERS., An dem Ostertag hat der hochgelert Doctor keisersperg gepredigt von den dry marien... Straßburg, J. Grüninger, 1520.
DERS., Das buoch Arbore humana. Von dem menschlichen baum. Geprediget von dem hochgelerten Doctor Johannes Keysersperg... Straßburg, J. Grüninger, 1521.
DERS., De dispositione ad mortem per modum Alphabeti predicatus (Sermones prestantissimi sacrarum litterarum doctoris Joannis Geileri Kayserspergii concionatoris Argentinensis... Straßburg, J. Grüninger, 1514).
DERS., Sermones et varii tractatus. Straßburg, J. Grüninger, 1518.
Johannes Gerson: s. GLORIEUX.
Johannes Nider, Formicarius. Straßburg, J. Schott, 1517.
Johannes de Segovia, Historia generalis synodi Basiliensis (Monumenta conciliorum generalium saeculi quindecimi 3. Hg. von Caesarea Academia Scientiarum Viennae 1896).
Johannes Trithemius, Opera historica. 1—2. Hg. von M. FREHER. Frankfurt 1601.
H. KEUSSEN, Die Matrikel der Universität Köln. 1—3. (PubllGesRheinGkde 8) 1928—1931.
E. KLÜPFEL, Vetus Bibliotheca ecclesiastica 1. Freiburg i. Br. 1780.
C. LE COUTEULX, Annales ordinis Carthusiensis ab anno 1084 usque ad annum 1429. 1—8. Monstrolii 1887—1891.
L. LE VASSEUR, Ephemerides ordinis Carthusiensis. 1—5. Monstrolii 1890—1893.
J. M. F. LYDIUS, Aura purior. Hoc est: M. Wesseli Gansfortij... opera omnia. Accesserunt huic editioni Jacobi de Paradyso Carthusiani M. Wesseli coaetanei tractatus aliquot. Amsterdam 1617.
Mittelalterliche Bibliothekskataloge Deutschlands und der Schweiz. 1—2. Hg. von P. LEHMANN. 3. Hg. von P. RUF. 1918—1962.
Mittelalterliche Bibliothekskataloge Österreichs 1. Hg. von T. GOTTLIEB. Wien 1915.
J. CHR. MOTSCHMANN, Erfordia literata oder Gelehrtes Erfurth. 6. Slg. Erfurt 1732.
Nikolaus von Siegen, Chronicon ecclesiasticum. Hg. von F. X. WEGELE. (ThürGQ 2) 1855.
Paulus Langius, Chronicon Citizense... 968—1515. Hg. von J. PISTORIUS und B. G. STRUVE (ScriptRerGerm 1. 1726 — S. 1116—1291).
TH. PETREIUS, Bibliotheca cartusiana sive illustrium sacri Cartusiensis Ordinis scriptorum catalogus. Köln 1609 (Nachdr. Farnborough 1968).
B. PEZ, Bibliotheca ascetica antiquo-nova. 1—8. Regensburg 1723—1725.
L. SANTIFALLER, Die Matrikel der Universität Wien 2 (1451—1518/I) (PubllInstÖsterrGForsch 6, 1) 1959—1967.
Seuse: s. Heinrich SEUSE.
L. SIEBER, Informatorium bibliothecarii Carthusiensis. Basel 1888.
J. SIMLER, Appendix Bibliothecae Conradi Gesneri. Zürich 1555.
DERS., Bibliotheca instituta et collecta primum a Conrado Gesnero, deinde in Epitomam redacta et novorum librorum accessione locupletata, iam vero postremo recognita et in duplum post priores editiones aucta per Josiam Simlerum Tigurinum. Zürich 1754.

Speculum artis bene moriendi: s. Inkunabelregister GW 2610.
G. A. STENZEL, Scriptores rerum Silesiacarum 1. 1835.
P. SUTOR, De vita Cartusiana libri duo. Hg. von TH. PETREIUS. Köln 1609.
Textoris: s. Wilhelmus TZEWERS.
Thomas von Aquin: Sancti Thomae Aquinatis in decem libros Ethicorum Aristotelis ad Nicomachum expositio. Hg. von R. M. SPAZZI. Turin, Marietti, ³1964.
Trithemius: s. Johannes Trithemius.
Tzewers: s. Wilhelmus TZEWERS.
Urkundenbuch des Klosters Berge: s. HOLSTEIN.
P. VOLK, Die Generalkapitels-Rezesse der Bursfelder Kongregation 1. 1955.
DERS., Urkunden zur Geschichte der Bursfelder Kongregation. (KanStudTexte 20) 1951.
H. G. WACKERNAGEL, Die Matrikel der Universität Basel 1 (1460—1529). Basel 1951.
CHR. F. G. WALCH, Monimenta medii aevi. 1—2. Göttingen 1757—1763.
J. C. H. WEISSENBORN, Acten der Erfurter Universitaet. 1—3. (GQProvSachs 8, 1—3) 1881—1899.
Wilhelmus TZEWERS, Preparamentum saluberrimum christiani hominis ad mortem se disponentis etc. Köln, H. Bongart, 1502.

3. Literatur

J. G. R. ACQUOY, Het klooster te Windesheim en zijn invloed. 1—3. Utrecht 1875—1880.
H. APPEL, Anfechtung und Trost im Spätmittelalter und bei Luther. (SchrrVRefG 56) 1938.
K. ARNOLD, Johannes Trithemius, 1462—1516. (QForschGBistWürzburg 23) 1971.
P. ASSION, Zur deutschen Überlieferung von Jakob von Jüterbogks „De animabus exutis" (Leuvense Bijdragen 55. 1966 — S. 176—180).
A. AUER, Johannes von Dambach und die Trostbücher vom 11. bis zum 16. Jahrhundert. (BeitrrGPhilTheolMA 27, 1—2) 1928.
E. BAUER, Nikolaus von Dinkelsbühl. Handschriftenfund und Neuzuweisung (ZDtAltDtLit 100. 1971 — S. 159—161).
DIES., Paternoster-Auslegung, zugeschrieben Jakob von Jüterbog, verdeutscht von Heinrich Haller. (LunderGermForsch 39) Kopenhagen 1966.
R. BÄUMER, Eugen IV. und der Plan eines „Dritten Konzils" zur Beilegung des Basler Schismas (Reformata reformanda. Festgabe für Hubert Jedin 1. 1965 — S. 87—128).
P. BECKER, Das monastische Reformprogramm des Johannes Rode, Abtes von St. Matthias in Trier. Ein darstellender Kommentar zu seinen Consuetudines. (BeitrrGAltMönchtBenedO 30) 1970.
J. BENZINGER, Zum Wesen und zu den Formen von Kommunikation im Mittelalter (Publizistik 15. 1970 — S. 295—318).
U. BERLIÈRE, Les chapitres généraux de l'ordre de S. Benoît (RevBénéd 18. 1901 — S. 364—398).
H. BLUMENBERG, Epochenschwelle und Rezeption (Philosophische Rundschau 6. 1958 — S. 94—120).
K. BOSL, Die horizontale Mobilität der europäischen Gesellschaft im Mittelalter und ihre Kommunikationsmittel (ZBayerLdG 35. 1972 — S. 40—53).
TH. BRIEGER, Zu Jakob von Jüterbock (ZKG 24. 1903 — S. 136—150).
O. BRUNNER, Österreichische Adelsbibliotheken des 15. bis 18. Jahrhunderts als zeitgeschichtliche Quelle (Neue Wege der Verfassungs- und Sozialgeschichte. ²1968 — S. 281—293).
Catalog der Bibliothek des ehemaligen Carthäuser-Klosters Buxheim aus dem Besitze... des Herrn Hugo Grafen Waldbott Bassenheim. (30. Carl Förstersche Kunstauction 2. Bibliotheca Buxiana) 1883.
L. DACHEUX, Les plus anciens écrits de Geiler de Kaysersberg. Colmar 1882.

E. J. D. Douglass, Justification in Late Medieval Preaching. A Study of John Geiler von Keisersberg. (StudMedRefThought 1) Leiden 1966.
I. Collijn, Katalog der Inkunabeln der Kgl. Universitätsbibliothek zu Uppsala. (Kataloge der Inkunabeln der schwedischen öffentlichen Bibliotheken 2) 1907.
K. Elm, Die münsterländischen Klöster Groß-Burlo und Klein-Burlo (WestfForsch 18. 1965 — S. 23—42).
M. Elze, Handschriften von Werken Gabriel Biels aus seinem Nachlaß in der Gießener Universitätsbibliothek (ZKG 81. 1970 — S. 70—90).
Ders., Zur Überlieferung des Sermo historialis passionis dominicae von Gabriel Biel (ZKG 81. 1970 — S. 362—374).
F. Falk, Die deutschen Sterbebüchlein von der ältesten Zeit des Buchdrucks bis zum Jahr 1520. (GörrGesVereinsSchr 2.) 1890.
J. Fijałek. Mistrz Jakób z Paradyża i uniwersytet krakowski w okresie soburu Bazylejskiego. 1—2. Kraków 1900.
B. Frank, Das Erfurter Peterskloster im 15. Jahrhundert. Studien zur Geschichte der Klosterreform und der Bursfelder Union. (VeröffMaxPlanckInstG 34. StudGermSacra 11) 1973.
Dies., Subiaco. Ein Reformkonvent des späten Mittelalters (QForschItalArchBibl 52. 1972 — S. 526—656).
V. Gerz-von Büren, La Tradition de l'œuvre de Jean Gerson chez les Chartreux. La chartreuse de Bâle. Paris 1973.
H. Götting, Die Bistümer der Kirchenprovinz Mainz. Das Bistum Hildesheim 2. (GS NF 8) 1974.
J. Greven, Die Kölner Kartause und die Anfänge der katholischen Reform in Deutschland. Hg. von W. Neuss, 1935.
F. Hammer, Das Verhältnis Eberhards zur Presse des Konrad Fyner (Graf Eberhard im Bart von Württemberg im geistigen und kulturellen Geschehen seiner Zeit. 1938 — S. 67—82).
H. Herbst, Das Benediktinerkloster Klus bei Gandersheim und die Bursfelder Reform. (BeitrrKulturgMARenaiss 50) 1932.
Ders., Handschriften aus dem Benediktinerkloster Northeim (StudMittBened 50. 1932 — S. 355—377, 611—629).
L. F. Hesse, Kartäusermönche zu Erfurt als Schriftsteller und Bücherschreiber (Serapeum 19. 1858 — S. 1—7).
N. C. Heutger, Bursfelde und seine Reformklöster in Niedersachsen. 1969.
R. Hirsch, Printing, Selling and Reading 1450—1550. 1967.
A. Hoch, Geilers von Kaysersberg „Ars moriendi" aus dem Jahr 1497. (StraßbTheolStud 4, 2) 1901.
I. Hubay, Incunabula Eichstätter Bibliotheken. 1968.
Ders., Incunabula der Universitätsbibliothek Würzburg. 1966.
E. Jacob, Johannes von Capistrano. 1—2. 1905.
F. Jansen, Der Paderborner Domdechant Graf Christoph von Kesselstadt und seine Handschriftensammlung (Sankt Liborius. Sein Dom und sein Bistum. Hg. von P. Simon. 1936 — S. 335—368).
H. R. Jauss, Literaturgeschichte als Provokation der Literaturwissenschaft (H. R. Jauss, Literaturgeschichte als Provokation. 1970 — S. 144—207).
H. Jedin, Geschichte des Konzils von Trient. 1. 1949.
E. Joergensen, Catalogus codicum latinorum medii aevi Bibliothecae Regiae Hafnensis. Kopenhagen 1923.
H. Kellner, Jakobus von Jüterbogk, ein deutscher Theologe des 15. Jahrhunderts (TheolQuartschr 48. 1966 — S. 315—348).
J. Klapper, Der Erfurter Kartäuser Johannes Hagen. Ein Reformtheologe des 15. Jahrhunderts. 1—2. (ErfurtTheolStud 9—10) 1960—1961.
E. Kleineidam, Die theologische Richtung der Erfurter Kartäuser am Ende des 15. Jahrhunderts (Miscellanea Erffordiana 2. ErfurtTheolStud 12. 1964 — S. 247—271).

Ders., Universitas Studii Erffordensis. Überblick über die Geschichte der Universität Erfurt im Mittelalter 1391—1521. 1—2. (ErfurtTheolStud 14. 22). 1964—1969.
H. Kraume, Die Gerson-Übersetzungen Geilers von Kaysersberg. Studien zur deutschsprachigen Gerson-Rezeption. Diss. phil. (Masch) Freiburg i. Br. 1975.
J. Kraus, Aus der Geschichte der Wormser Klosterbibliotheken. Altwormser Klosterbestände in der Handschriftenabteilung der Mainzer Stadtbibliothek (Der Wormsgau 2. 1934 — S. 1—5).
P. O. Kristeller, Der Gelehrte und sein Publikum im späten Mittelalter und in der Renaissance (Medium aevum vivum. Festschrift für W. Bulst. Hg. von H. R. Jauss und D. Schaller. 1960 — S. 212—230).
F. Landmann, Zur Geschichte der oberelsässischen Predigt in der Jugendzeit Geilers von Kaysersberg: Der Basler Universitätsprofessor und Münsterprediger Wilhelm Textoris und sein Predigtbuch in der Stadtbibliothek zu Colmar (ArchEglAls 1. 1964 — S. 133—161).
Ders., Predigten und Predigtwerke in den Händen der Weltgeistlichkeit des 15. Jahrhunderts nach alten Bücherlisten des Bistums Konstanz. 7 (Kirche und Kanzel 7. 1924 — S. 53—59).
J. Leclercq, F. Vandenbroucke, L. Bouyer, La spiritualité du moyen âge. (HistSpiritChrét 2) 1961.
P. Lehmann, Bücherliebe und Bücherpflege bei den Kartäusern (P. Lehmann, Erforschung des Mittelalters 3. 1960 — S. 121—142).
Ders., Corveyer Studien (P. Lehmann, Erforschung des Mittelalters 5. 1962 — S. 94—178).
Ders., Handschriften des Erfurter Benediktinerklosters St. Petri. 1—2 (StudMittBened NF 12. 1925 — S. 14—31; 13. 1926 — S. 89—91).
J. Linneborn, Die Bursfelder Kongregation während der ersten hundert Jahre ihres Bestehens (DtGBll 14. 1912 — S. 9—30, 33—58).
Ders., Ein 50jähriger Kampf (1417 bis ca. 1467) um die Reform und ihr Sieg im Kloster ad sanctum Michaelem in Bamberg. 1—2 (StudMittBenedCist 25. 1904 — S. 252—255, 579—589, 718—729; 26. 1905 — S. 55—68, 247—254, 534—546).
Ders., Die Reformation der westfälischen Benediktinerklöster im 15. Jahrhundert durch die Bursfelder Congregation. 1—3 (StudMittBenedCist 20. 1899 — S. 266—341, 531—570; 21. 1900 — S. 53—68, 315—332, 554—578; 22. 1901 — S. 48—71, 396—418).
K. Löffler, Kölnische Bibliotheksgeschichte im Umriß. 1923.
B. Lohse, Mönchtum und Reformation. Luthers Auseinandersetzung mit dem Mönchsideal des Mittelalters. (ForschKDogmG 12) 1963.
F. Madan, H. H. E. Craster, N. Denhol-Young, A Summary Catalogue of Western Manuscripts in the Bodleian Library 5. Oxford 1905.
A. Madre, Nikolaus von Dinkelsbühl. Leben und Schriften. Ein Beitrag zur theologischen Literaturgeschichte. (BeitrrGPhilosTheolMA 40, 4) 1965.
M. Markowski, Spis osób dopuszczonych do wykładu i do katedry na wydziale teologii Uniwersytety Krakowskiego w XV wieku (Materiały i studia zakładu historii filozofii starożytnej i średniowiecznej 4. 1965 — S. 127—275).
L. Meier, Die Barfüßerschule zu Erfurt. (BeitrrGPhilosTheolMA 38, 2) 1958.
Ders., Lebensgang und Lebenswerk des Erfurter Franziskanertheologen Kilianus Stetzing. (FranziskStud 23. 1936 — S. 176—200, 265—295).
Ders., Die Werke des Erfurter Kartäusers Jakob von Jüterbog in ihrer handschriftlichen Überlieferung. (BeitrrGPhilosTheolMA 37, 5) 1955.
J. B. Menke, Geschichtsschreibung und Politik in deutschen Städten des Spätmittelalters. Die Entstehung deutscher Geschichtsprosa in Köln, Braunschweig, Lübeck, Mainz und Magdeburg. 1—2. (JbKölnGV 33. 1958 — S. 1—84; 34. 1959 — S. 85—194).
D. Mieth, Die Einheit von vita activa und vita contemplativa in den deutschen Predigten und Traktaten Meister Eckharts und bei Johannes Tauler. (StudGKathMoralTheol 15) 1969.

B. MOELLER, Spätmittelalter. (Die Kirche in ihrer Geschichte. Ein Handbuch. Hg. von K. D. SCHMIDT und E. WOLF, Lfg. H 1) 1966.
J. MONTEBAUR, Studien zur Geschichte der Bibliothek der Abtei St. Eucharius-Matthias zu Trier (RömQuartschrChristlAltKde Suppl H 26) 1931.
C. MORAWSKI, Histoire de l'université de Cracovie. Moyen âge et renaissance 1—3. Übersetzt von P. Rongier. Cracovie usw. 1900—1905.
H. A. OBERMAN, Der Herbst der mittelalterlichen Theologie. (Spätmittelalter und Reformation 1) Zürich 1965.
M. C. O'CONNOR, The Art of Dying Well. The Development of the Ars moriendi. (Columbia University Studies in English and Comparative Literature 156) New York 1942.
W. OESER, Die Brüder des gemeinsamen Lebens in Münster als Bücherschreiber. (ArchGBuchwesen 5. 1964 — Sp. 197—398).
DERS., Die Handschriftenbestände und die Schreibtätigkeit im Augustiner-Chorherrenstift in Böddeken. (ArchGBuchwesen 7. 1967 — Sp. 317—447).
K. OHLY, Eggestein, Fyner, Knoblochtzer. Zum Problem des deutschsprachigen Belial mit Illustrationen. (GutenbergJb 1962 — S. 122—135).
K. PIERADSKA, Uniwersytet Krakowski w służbie państwa i wobec soborów w Konstancij i Bazlei (C. LEPSY, Dzieje Uniwersytetu Jagiellońskiego w latach 1364—1764. Uniwersytet Jagielloński, Wydawnictwa Jubileuszowe 21. 1964 — S. 91—137).
G. RATHGEN, Handschriften der Abtei Camp (ZblBiblWesen 53. 1936 — S. 114—134).
V. REDLICH, Tegernsee und die deutsche Geistesgeschichte im 15. Jahrhundert. (SchrrReiheBayerLdG 9) 1931.
G. RITTER, Romantische und revolutionäre Elemente in der deutschen Theologie am Vorabend der Reformation (DtVjschr 5. 1927 — S. 342—380).
R. ROMANO, A. TENENTI, Die Grundlegung der modernen Welt. 1967.
R. RUDOLF, Ars moriendi. Von der Kunst des heilsamen Lebens und Sterbens. (ForschVolkskde 39) 1957.
DERS., Der Verfasser des Speculum artis bene moriendi (SbbAkadWien 88. 1951/1952).
K. RUH, Altdeutsche und Altniederländische Mystik. (Wege der Forschung 23) 1964.
DERS., Bonaventura deutsch. Ein Beitrag zur deutschen Franziskaner-Mystik und -Scholastik. (Bibliotheca Germanica 7) Bern 1956.
H. RUPPRICH, Das Wiener Schrifttum des ausgehenden Mittelalters (SbbAkadWien 228, 5. 1954).
H. RÜTHING, Der Kartäuser Heinrich Egher von Kalkar 1328—1408 (VeröffMaxPlanckInstG 18 StudGermSacra 8) 1967.
F. SCHILLMANN, Neue Beiträge zu Jakob von Jüterbogk (ZKG 35. 1914 — S. 64—76, 363—371).
DERS., Wolfgang Trefler und die Bibliothek des Jakobsklosters zu Mainz. Ein Beitrag zur Literatur- und Bibliotheksgeschichte des ausgehenden Mittelalters (BeihhZblBiblWesen 43) 1913.
L. SCHMIDT, Beiträge zur Geschichte der wissenschaftlichen Studien in sächsischen Klöstern. 1—2 (NArchSächsG 18. 1897 — S. 201—272; 20. 1899 — S. 1—32).
PH. SCHMIDT, Die Bibliothek des ehemaligen Dominikanerklosters in Basel (BaslerZG 18. 1919 — S. 183—244).
W. SCHMIDT, Die vierundzwanzig Alten Ottos von Passau. (Palaestra 212) 1938.
C. SCHNEIDER, Die Kölner Kartause von ihrer Gründung bis zum Ausgang des Mittelalters. (VeröffHistMusKöln 2) 1932.
J. B. SCHNEYER, Wegweiser zu lateinischen Predigtreihen des Mittelalters. (VeröffKommBayerAkad für die Herausgabe ungedruckter Texte aus der mittelalterlichen Geisteswelt 1) 1965.
H. SCHREIBER, Die Bibliothek der ehemaligen Mainzer Kartause. (BeihhZblBiblWesen 60) 1927.
DERS., Quellen und Beobachtungen zur Katalogisierungspraxis in den deutschen Kartausen (ZblBiblWesen 44. 1927 — S. 1—19, 90—118).

K. SCHREINER, Sozial- und standesgeschichtliche Untersuchungen zu den Benediktinerkonventen im östlichen Schwarzwald. (VeröffKommGeschichtlLdKdeBadWürtt 31) 1964.
A. SCHROER, Die Legation des Kardinals Nikolaus von Kues in Deutschland und ihre Bedeutung für Westfalen (Dona Westfalica. Georg Schreiber zum 80. Geburtstage. 1963 — S. 304—338).
E. SCHULZ, Aufgaben und Ziele der Inkunabelforschung. 1924.
R. SCHWARZ, Vorgeschichte der reformatorischen Bußtheologie. (ArbbKG 41) 1968.
J. SIMMERT, Zur Geschichte der Generalkapitel der Kartäuser und ihrer Akten (Cartae) (Festschr. für Hermann Heimpel zum 70. Geburtstag am 19. September 1971. 3 1973. VeröffMaxPlanckInstG 36, 3 — S. 677—692).
A. SOTTILI, Studenti tedeschi a Padova e le opere del Petrarca in Germania durante il quattrocento (Quaderni per la storia dell' Università di Padova 1. 1968 — S. 49—71).
J. SUDBRACK, Die geistliche Theologie des Johannes von Kastl. Studien zur Frömmigkeitsgeschichte des Spätmittelalters. 1—2. (BeitrrGAltMönchtBenedO 27, 1—2) 1966—1967.
A. ŚWIERK, Schreibstube und Schreiber des Augustiner-Chorherren-Stiftes zu Sagan im Mittelalter (ArchSchlesKG 26. 1968 — S. 124—140).
DERS., Średniowieczna biblioteka klasztoru kanoników regularnych św. Augustyna w Żaganiu. (Wrocławskie Towarzystwo Naukowe. Śląskie prace bibliograficzne i bibliotekoznawszcze 8) Wrocław 1965.
A. TENENTI, Il senso della morte e l'amore della vita nel rinascimento (Francia e Italia). 1957.
DERS., La vie et la mort à travers l'art du XVe siècle. Paris 1952.
J. THEELE, Die Handschriften des Benediktinerklosters S. Petri zu Erfurt. (BeihhZblBibl-Wesen 48) 1920.
C. ULLMANN, Reformatoren vor der Reformation. 1—2. ²1866.
E. VANSTEENBERGHE, Autour de la Docte ignorance. Une controverse sur la théologie mystique au XVe siècle. (BeitrrGPhilosTheolMA 14, 2—4) 1915.
L. VERSCHUEREN, De bibliotheek der kartuizers van Roermond. (HistTTilburg Ser. Studies 6) 1941.
P. VOLK, Abt Johannes Rode von St. Matthias-Trier und die Anfänge der Bursfelder Kongregation (P. VOLK, Fünfhundert Jahre Bursfelder Kongregation. 1950 — S. 19—22).
DERS., Die Generalkapitel der Bursfelder Kongregation. (BeitrrGAltMönchtBenedO 14) 1928.
J. WALTER, Incunables et imprimés du XVIme siècle de la Bibliothèque de Sélestat. (Ville de Sélestat. Catalogue général de la Bibliothèque municipale Sér. 1,3) Colmar 1929.
J. N. WEISLINGER, Catalogus librorum impressorum in Bibliotheca eminentissimi ordinis sancti Johannis Hierosolymitani asservatorum Argentorati. Straßburg 1749.
G. WENTZ, SCHWINEKÖPER, B., Die Bistümer der Kirchenprovinz Magdeburg. Das Erzbistum Magdeburg 1, 1—2. (GS) 1972.
W. WINTRUFF, Landesherrliche Kirchenpolitik in Thüringen am Ausgange des Mittelalters. (ForschThürSächsG 5) 1914.
W. WISŁOCKI, Catalogus codicum manuscriptorum Bibliothecae Universitatis Jagellonicae Cracoviensis. 1—2. Kraków 1877—1881.
J. J. WITTER, Catalogus codicum manuscriptorum in bibliotheca sacri Ordinis Hierosolymitani Agentorati asservatorum. Straßburg 1746.
J. WOLNY, M. MARKOWSKI, Z. KUKSEWICZ, Polonica w średniowiecznych rękopisach bibliotek Monachijskich. Wrocław usw. 1969.
T. ZEGARSKI, Polen und das Basler Konzil. Diss. phil. Freiburg i. Br. 1910.
W. ZIEGLER, Die Bursfelder Kongregation in der Reformationszeit. (BeitrrGAltMönchtBenedO 29) 1968.

Register

(Personen- und Ortsnamen)

Personen, die bis ca. 1500 gelebt haben, erscheinen unter ihrem Vornamen; bei Personen des ausgehenden 15. Jahrhunderts wird unter dem Familien- bzw. Herkunftsnamen auf den Vornamen verwiesen.

Abkürzungen

A.	= Anmerkung
Aug.	= Augustiner-Chorherr(en-Stift, -Kloster)
Aug.Er.	= Augustinereremit(en)
B.	= Bischof
Ben.	= Benediktiner
Bist.	= Bistum
Dom.	= Dominikaner
Eb.	= Erzbischof
Fraterh.	= Fraterhaus
Franz.	= Franziskaner
Jes.	= Jesuiten
Joh.	= Johanniter
Kapuz.	= Kapuziner
Karm.	= Karmelit(en)
Kart.	= Kartäuser
Kl.	= Kloster
Pr.	= Weltpriester
Präm.	= Prämonstratenser
Univ.	= Universität
Wilh.	= Wilhelmiter
Zist.	= Zisterzienser

Aachen 54, 243
Abdinghof, Ben.kl. 107
Ablauff, Eberhard, Franz., Kamenz 203 A.
Achasius Czetzmar, Breslau 74
Adalbert v. Prag 210, 211
Adrian Monet, Kart. 227 A.
Aeneas Sylvius s. Pius II.
Aggsbach, Kartause 57, 84
Ahrensbök, Kartause 83
Aindorffer s. Kaspar
Alanus ab Insulis 60
Alba Iulia (Karlsburg) 48
Albert Jastrzambecz, Eb v. Gnesen 29 A.
Albertanus v. Brescia 84 A.
Albertus Magnus 88, 180

Albi (als Druckort) 76
Alpirsbach, Ben.kl. 107
Althaldensleben, Zist.innenkl. 97A.
Altzelle, Zist.kl. 29, 49, 55, 119, 136 A., 137, 203, 215, 232
Ambrosius v. Mailand 191, 199, 210, 213, 218, 242
Amerbach, Johannes 65, 93
Ammensleben, Ben.kl. 106, 107
Andechs, Ben.kl. 49, 62, 78, 108, 202
Andreas Brudegam, Dom., Univ. Erfurt 52
Andreas Kokorzyński, Univ. Krakau 29 A.
Andreas Lang, Abt v. Michelsberg 63 A.
Andreas Soteflesch, Ben. 54, 100, 101 A., 111, 121

Anshelm von Canterbury 177, 179, 196 A., 247, 250 A.
Anton v. Rotenhan, B. v. Bamberg 57, 58 A., 202 A., 237, 239 A.
Antoninus v. Florenz 131 A., 272
Aristoteles 28, 135, 173, 175, 176 A., 181 A., 183, 188, 189, 193, 219 A., 228, 271
Arnold Ther Hoernen, Drucker 76, 77
Arnoldi, Johannes, Kart. 157, 161, 165 A.
Arnolf a. Mirzyniec, Univ. Krakau 74, 136 A.
Arnsberg, Präm.kl. 120 A.
Arrouaise, Aug.-Kongregation 116
Augsburg (als Druckort) 75
–, St. Anna, Karm.kl. 120 A.
–, St. Ulrich u. Afra, Ben.kl. 49, 78, 108, 202
Augustinus 82, 98, 176 A., 191, 192, 199, 200, 209 A., 210, 211, 213, 214, 217 A., 218, 219, 220, 242, 251, 262

Baechz s. Simon
Balduini s. Michael
Bamberg, Bist. s. Anton v. Rotenhan
–, Ben.kl. Michelsberg 63, 105, 106
–, Dom.kl. 63, 119, 136 A.
–, Franz.kl. 74, 120 A.
Bartholomäus v. Maastricht, Kart. 104
Basel, Bischöfe s. Johannes v. Venningen, Christoph v. Utenheim
–, (als Druckort) 76, 77, 93, 143
–, Dom.kl. 120 A., 202
–, Kartause 63–65, 72, 84–86, 93, 95, 243 s. Heinrich Vullenho, Georg Carpentarius, Ludwig Moser, Urban Moser, Hieronymus Zscheckenbürlin
–, Univ. 54, 72, 171, 172, 244
Basler Konzil 18, 27 A., 32, 33, 45, 47, 90, 117, 126, 127, 170, 222, 223, 235, 279, 283
Beatus Rhenanus s. Rhenanus
Bechtermüntze, Nikolaus, Drucker 75
Beda Venerabilis 37 A.
Bellarmin, Robert 269, 270
Benedikt v. Nursia 82, 96, 98, 100, 191 A., 240
Benedikt Stendal, Univ. Erfurt 55, 62 A.
Benedikt Stolzenhagen, Univ. Erfurt 165 A.
Bensheim, Kapuz.kl. 148
Berge, Ben.kl. 40, 96, 101, 103
Bernhard v. Clairvaux 30, 31 A., 33, 56, 98, 99 A., 133, 134, 135, 194 A., 196 A., 216, 225, 226 A., 233, 241 A., 245, 264
Bernhard Knaus s. Knaus

Bernhard v. Waging 130, 160, 236, 237, 239
Bernhardin v. Siena 131 A.
Berthold, Abt v. St. Stephan, Würzburg 104
Beyharting, Aug. 149 A.
Biel, Gabriel 12, 13, 53, 63, 114, 139, 140, 149, 240, 256 A., 266, 267
Bielefeld, Franz.kl. 59 A.
Biethen, Jakob 243, 256
Blaubeuren (als Druckort) 75
Böddeken, Aug. 73, 113, 115
Bonaventura 28
Bongart, Hermann, Drucker 77, 243, 253
Bonifacius 238, 241
Bonigk s. Johannes
Bonner s. Jakob
Boppard, Karm.kl. 73 A., 120 A.
Bordesholm, Aug. 73
Bosau, Ben.kl. 106
Bostius, Arnold 138, 144 f., 149, 153, 155, 156, 157
Bottenbroich, Zist.kl. 73, 120 A.
Boettiger, Gregor, Drucker 77
Brachstedt (b. Halle) 51
Brandt s. Kontstantin
Brant, Sebastian 77, 85, 86, 93, 144
Braunsberg, Franz.kl. 120 A.
Braunschweig, Ben.kl. 49
–, Franz.kl. 120 A.
–, Dom 120 A.
Brauweiler, Ben.kl. 107
Bremen, Ben.kl. 103
Bremer s. Johannes
Breslau, Dom.kl. 72, 120 A., 142
–, Franz.kl. 120 A.
Bronopia (Kampen), Aug.innenkl. 112
Brown, Edward 159
Brudegam s. Andreas
Brünn, Jes. 149 A.
Bruno v. Köln 144
Bunzlau, Dom.kl. 120 A.
Burchard, B. v. Eichstätt 239
Burchardi s. Johannes
Burgdorf, Kanton Bern (als Druckort) 76
Burlo, Groß-, Klein-, Wilh./Zist.kl. 118, 149
Bursfelde, Ben.kl. u. Kongregation v. –, 39 A., 45, 55, 57, 62, 78 A., 84, 96–110, 111, 113, 114, 118, 125, 127, 130, 136 A., 139, 142 f., 202, 234
Busch s. Johannes
Butzbach, Fraterh. 49, 53, 63, 78, 114, 140, 149, 203
Buxheim, Kartause 42 A., 56, 72 A., 78, 83, 84, 149, 202

Kaisheim, Zist.kl. 58
Calixtus III., Papst 41 A., 42 A.
Kamenz, Franz.kl. 74, 142, 203
Camp, Zist.kl. 48, 73, 118
Kannemann s. Johannes
Carpentarius, Georg, Kart. 64, 65, 84
Cassander, Georg 149 f.
Kasimir IV., Kg. v. Polen 38 A.
Kaspar Aindorffer, Abt v. Tegernsee 182 A.
Kassel, Fraterh. 73, 95 A., 114
Cassian s. Johannes
Kastl, Ben.kl. 109, 203
Cave, W. 162
Chartreuse, La Grande 56, 91, 92, 94
Christian Kleingarn, Abt v. St. Peter/ Erfurt 96, 101, 111
Christian Valli, Ben. 107
Christoph v. Utenheim s. Utenheim
Chrysostomus s. Johannes
Cicero 240, 241
Kellner, H. 164 f.
Kempf s. Nikolaus
Kirschgarten, Aug. 74, 115, 116
Cismar, Ben.kl. 44, 54, 55, 58, 63, 78, 99, 102, 113, 141, 202
Claratumba s. Mogiła
Klockereyme s. Johannes
Klosterneuburg, Aug. 141
Klüpfel, E. 29, 33, 46, 164
Klus, Ben.kl. 54, 63, 96, 99, 100, 103, 202, 203, 231; s. Andreas Soteflesch, Tilman Bothe
Knaus, Bernhard, Zist. 138
Knoblochtzer, Heinrich, Drucker 76, 77
Koblenz, Kartause 87
Koburgk s. Heinrich
Kokorzyński s. Andreas
Koler s. Ulrich
Köln (als Druckort) 76, 77, 243, 253
–, Ben.kl. Makkabäer 108
– – St. Marien 104
– – St. Martin 97 A., 103, 202
– – St. Pantaleon 49, 95 A., 103, 104, 108
–, Kartause 49, 50, 54, 63, 72, 85, 86, 88–90, 95 A., 142, 147 f., 149, 154–156, 160, 202, 205, 233
Königstein/T., Fraterh. 114 A., 203
Konrad Hensel, Univ. Erfurt 53, 121
Konrad Hesse 110 A.
Konrad Mulner, Univ. Wien 58, 110, 232
Konrad v. Rodenberg, Abt v. Johannisberg 108
Konrad Thus, Univ. Erfurt 61 A.
Konrad Ubelin, Kart. 61
Konstantin Brandt, Kart. 88

Konstanzer Konzil 45, 125, 161, 170, 173, 174, 182, 223
Koprzywnica, Zist.kl. 47
Krakau, Univ. 10, 16, 17, 27–32, 46, 47, 74, 109 A., 126, 165, 166
Creisewitz s. Franz
Kremer s. Johannes
Kremsmünster, Ben.kl. 110 A., 121
Krepflin s. Ulrich
Kurt Loning, Northeim 74, 201
Czetzmar s. Achasius

Danzig, Franz.kl. 120 A.
–, Kartause 33, 49, 52, 83, 95, 157, 202
–, St. Marien 49
Dederoth s. Johannes
Denkendorf, Hl. Grab Kl. 120 A.
Deventer, Florenshuis 115
Dionysius Areopagita 133
Dionysius Rijckel, Kart. 13, 95 A., 147, 148, 195 A., 270 f.
Dominikus, Abt v. Mogiła 32
Dorgut s. Johannes
Dorstadt, Aug.innenkl. 113, 203
Dorsten, Franz.kl. 59 A.
Drach, Peter, Drucker 75, 139
Dresser, Matthäus 153, 154
Dringenberg s. Ludwig
Dülmen, Kartause 83
Duns Scotus 176 A., 254
Du Puy, François, Generalprior d. Kart. 93

Eberbach, Zist.kl. 50, 59
Eberhard V. (I.) im Bart, Gf. (Hg.) v. Württemberg 139, 141
Eberhard Venlo, Abt v. St. Jakob, Mainz u. Michelsberg 105, 109
Eberhard, Woltmann, Präm.-Propst, Magdeburg 112
Ebrach, Zist.kl. 48, 138
Echenbrunn, Ben.kl. 110 A.
Ecker v. Kaepfing, Johann Franz, B. v. Freising 149
Eemstein, Aug. 113 A., 137
Eichstätt, Bischöfe s. Burchard, Johannes v. Eych, Willibald
–, Dom.kl. 120 A.
Eisenach, Kartause 56, 57 A., 82, 206
Eisengrein, Wilhelm 134 A., 151 f., 164, 269
Enea Silvio s. Pius II.
Eppenberg, Kartause 95 A., 114
Erasmus, Desiderius, v. Rotterdam 147, 155, 271–273
Erfurt, Aug.Er. 120 A.
–, Ben.kl. St. Peter 43 A., 51, 55, 62, 96,

99, 101 f., 105, 109, 111, 202; s. Christian Kleingarn, Hartung Herling, Nikolaus v. Siegen
–, Kartause passim
–, Univ. 37 A., 38 A., 51–55, 58, 60, 61, 62, 75, 100, 101, 105 A., 114–116, 120–123, 132, 133, 136, 140, 153, 165 A., 171, 244; s. Andreas Brudegam, Andreas Soteflesch, Benedikt Stendal, Benedikt Stolzenhagen, Gabriel Biel, Konrad Hensel, Konrad Thus, Konrad Ubelin, Friedrich Schoen, Gottschalk Gresemunt, Heinrich Ghiler, Heinrich Koburg, Heinrich Ludowici, Heinrich Winter, Heinrich Zolter, Johannes Bremer, Johannes Gudermann, Johannes Hagen (Kart.), Johannes Kannemann, Johannes Klockereyme, Johannes Kremer, Johannes Langediderik, Johannes Leyendecker, Johannes Meisterlin, Johannes Pueri, Martin Rotgeb, Petlin, Johannes Pueri, Martin Rotgeb, Petrus Herlingk, Peregrinus Goch, Simonmann Ziegler, Wilhelm Tzewers
Esslingen (als Druckort) 76, 139, 140
Eugen IV. Papst 92, 222
v. Eych s. Johannes

Felix V., Papst 27, 32, 92, 222
Finck s. Thomas
Fischbach (b. Tangermünde) 37 A.
Flach, Martin, Drucker 76
Flacius Illyricus, Matthias 150–153, 158–162, 164
Florentius de Snekis, Ben. 104
Foltz, Hans 255
Frankfurt a. M., Bartholomaeus-Stift 203
–, Dom.kl. 59
–, Reichstage 33, 34, 47 A.
Frankfurt a. d. Oder, Kartause 57 A.
Franz v. Assisi 224
Franz Creisewitz, Univ. Krakau 29 A.
Franz v. Sales 174 A.
Freiburg (Br.), Reuerinnen 264
Friedrich, Kart.-Prior in Schnals 83
Friedrich v. Beichlingen, Eb. v. Magdeburg 37 A., 51, 96 A., 111, 112
Friedrich II., Kf. v. Sachsen 34, 35 A.
Friedrich Molitor, Vikar 73, 202 A.
Friedrich Schoen, Univ. Erfurt 52, 110
Froben, Hieronymus, Drucker 65
Fyner, Konrad, Drucker 76, 77 A., 105 A., 139–141, 283

Gaming, Kartause 157, 160, 235
Geert Groote 130

Geiler v. Kaysersberg, Johannes 10, 74, 117, 125, 131, 169, 171 f., 174, 176 A., 201, 240, 242–244, 254–273
Georg Lange a. Wernerdorf, Aug. 55 A.
Gerson s. Johannes
Gerwin v. Hameln 49, 61, 62 A., 78
Gesner, Konrad 152, 153, 269
Ghiler s. Heinrich
Glogau, Aug. 58, 59, 75 A., 116, 149, 203, 232
Gloger s. Vinzenz
Gnesen, Bist. 29 A., 32
Goch s. Peregrinus
Goldast, Melchior 157
Gottschalk Gresemunt, Univ. Erfurt 52
Goslar, Georgenberg, Aug. 61
Gratius, Ortwin 159
Gregor d. Gr. 98, 140, 173 A., 191, 192 A., 199, 210, 211, 218, 225, 229, 242, 271
Gregor, Abt v. Ammensleben 106
Gresemunt s. Gottschalk
Groote s. Geert
Grünau, Kartause 57 A., 73, 83, 202 A.
Grüninger, Johannes, Drucker 243
Gudermann s. Johannes
Guigo, Kart. 64 A., 92, 129, 155, 209, 225

Hagen s. Johannes
Halle a. d. Saale 112, 113
Hamersleben, Aug. 113
Hamburg 44, 49
Hamm, Franz.kl. 59, 120 A.
Hardt, H. v. d. 149 A., 161, 162
Hartung Herling, Abt v. St. Peter, Erfurt 101
Hatze s. Sigmund
Haug s. Ulrich
Heidelberg (als Druckort) 76, 77
Heilbronn, Karm.kl. 74, 120 A.
Heiligenstadt 66, 202 A.
Heiningen, Aug.innenkl. 112, 232
Heinrich Born 49 A.
Heinrich v. Coesfeld, Kart. 88
Heinrich Egher v. Kalkar, Kart. 13, 64, 86
Heinrich Ghiler, Pr. 101, 202 A.
Heinrich v. Hessen d. Ä. 86, 117, 161 A.
Heinrich Koburgk, Franz., Erfurt 62
Heinrich Ludowici, Aug.Er., Erfurt 40 A., 52
Heinrich v. Minden 63 A.
Heinrich Pederßheim, Pr., Queckborn (b. Gießen) 73
Heinrich v. Peine, Abt v. Northeim u. Abdinghof 105
Heinrich Seuse 139, 179–180, 182–184, 187, 188 A., 190, 201, 250

Heinrich Toke, Domherr, Magdeburg 97 A., 111, 112, 285 A.
Heinrich Vullenho, Kart. 63–65, 85, 86, 128, 225
Heinrich Winter 54 A.
Heinrich Zolter, Aug.Er., Univ. Erfurt 111
Helmstedt, Marienberg, Aug.innenkl. 112, 113
Hensel s. Konrad
Heraclius, B. v. Hippo 191, 211
Herford, Fraterh. 114 A.
Hermann, Abt v. Berge 96 A.
Hertzhorn s. Thomas
Hieronymus 86, 105, 173, 198, 215, 225, 233, 235, 240, 241
Hildesheim, Bartholomäus-Stift (Sülte), Aug. 112
–, Ben.kl. St. Michael 63, 97 A., 99, 102, 202
–, Dom 120 A.
–, Fraterh. 55, 78, 113, 114, 136 A., 149 A., 203
–, Kartause 57 A., 148 A.
Hiltbrand Brandenburg a. Biberach, Kart. 72, 83, 149
Hirschberg, Petrus, Zist.Abt v. Paradies 156
Hist, Konrad, Drucker 77
Höltzel, Hieronymus, Drucker 77
Holzkircher s. Leonhard
Homburg, Ben.kl. 103
Hug, Johannes de Göppingen, Drucker 75, 141
Hüglin s. Jakob
Hugo v. Balma, Kart 133
Huysburg, Ben.kl. 96, 102

Innozenz III., Papst 176 A., 197 A., 245
Irsee, Ben.kl. 110 A.
Italica natio 150, 222, 223 A.

Jakob Bonner de Kerlych, Karm.Prior, Speyer 73
Jakob v. Gruitrode, Kart. 145, 150 A., 153, 162 A., 284
Jakob Hüglin 32 A., 33
Jakob v. Jüterbog s. Jakob v. Paradies, s. Jakob Pulmann
Jakob v. Paradies passim
–, Autographa 27, 28, 29 A., 33, 37 A., 38 A., 39 A., 41 A., 42 A., 43, 45, 46, 51, 54, 60 A., 71, 81, 172 A., 192, 218, 222 A.
–, ‚de Clusa' 76, 90, 153 A., 156, 165 A.
–, ‚de Juterbuck' (v. Jüterbog) 89, 102, 152, 153, 156, 165 A.

–, ‚Kuniken' 43 A., 165 A.
–, Werke:
– – Ad Carthusienses de eorum statu 37, 54, 63, 84, 85, 93 f., 105, 122, 128, 130
– – Apologeticus religiosorum 42, 192 A., 217, 223–226, 232, 281
– – Ars moriendi s. De arte bene moriendi
– – Avisamentum ad papam 18, 38, 53, 60, 75, 84, 127, 164, 283
– – Casus quidam: Quidam religiosi 39, 85, 282
– – Collaciones 29, 45, 284
– – Colloquium hominis ad animam suam 37, 69, 102, 114 A., 118, 121, 284
– – Confessionale 24, 42, 77, 283
– – Consolatorium contra mala huius saeculi 42, 85, 278
– – De actionibus humanis 40, 200 A., 277
– – De animabus exutis s. De apparitionibus animarum
– – De anno iubilaeo 38, 53, 68, 103, 113 A., 120, 121, 129, 284
– – De apparitionibus animarum (De animabus exutis) 40 A., 41, 51, 56, 59, 61, 68, 74, 75, 76, 77, 78 A., 84, 85, 87, 88, 90, 100, 104, 113 A., 114 A., 117, 120, 122, 129, 138, 143, 144, 145, 283, 284
– – De approbatione et confirmatione statutorum O. Carth. 40, 64, 85, 87, 276
– – De arcta et lata via 40, 116, 284
– – De arte bene moriendi 21 A., 38, 55, 56, 58, 59, 60, 61, 67, 73 A., 77, 87, 88, 100, 101, 102, 103, 104, 109 A., 114, 115, 119, 121, 129, 136, 137, 145, 167, 168, 169, 171, 172 f., 184–275, 281
– – De arte curandi vitia 37, 68, 77, 87, 102, 118, 137, 145, 151, 158, 280
– – De bona voluntate 36, 104, 115, 277
– – De bono morali 40, 277
– – De cantu in divinis 39
– – De cautelis diversorum statuum 42, 284
– – De causis deviationis religiosorum 37, 84, 85, 122, 280
– – De causis multarum passionum 40, 69, 151, 160
– – De cessatione divinorum 66 A., 279
– – De choreis 42, 43 A.
– – De cogitationibus 38, 67, 109 A., 129, 277
– – De cognitione causarum (sive: eventuum futurorum) 44, 102, 283
– – De comparatione religionum 37, 68, 106, 230 A., 278
– – De concertatione super cruore in Wilsnack 37, 279; s. Wilsnack

-- De confessione audienda 42, 277
-- De contemptu mundi 42, 81, 89 A., 280
-- De contractibus 40, 45, 67, 76, 120 A., 121, 138, 151 A., 281
-- De contractu venditionis 119, 279
-- De desiderio moriendi 42 A., 43, 171, 226–230, 232, 240, 251, 252 f., 269, 281
-- De dignitate pastorum 38, 69, 111, 122, 210 A., 221 A., 276
-- De duabus civitatibus 42, 85, 104, 113
-- De erroribus et moribus 40, 76, 90, 91, 101, 129, 133, 134, 150, 151 A., 161 A., 283
-- De habitibus acquisitis 38
-- De horis canonicis s. De officiis et statu
-- De inchoatione festorum 39, 44, 52, 67
-- De interdicto 44, 65, 67, 85
-- De iudiciis divinis et humanis 43
-- De malo (malis) huius saeculi 37, 38 A., 56, 69, 107, 113, 116, 129, 131, 151, 277, 280, 281
-- De missis votivis pro defunctis 69, 76, 77, 87, 90, 105 A., 109, 129, 138, 279
-- De montibus Gelboe 42, 47 A., 48 A., 88, 280
-- De mystica theologia 14, 40, 68, 98, 100, 122, 128, 189, 200 A., 284
-- De negligentia praelatorum 40, 81, 160, 161, 162, 282
-- De negligentiis circa sacramentum altaris 45, 85
-- De obedientia 37, 277
-- De officiis et statu ecclesiasticorum 38, 45, 52, 68, 101, 110 A., 116, 129, 135 A., 151, 158, 210 A., 279
-- De partitione reddituum 39, 67, 279
-- De perfectione religiosorum 36, 84, 115, 118, 220, 277
-- De peccatis mentalibus mortalibus 41, 91, 102, 113, 135 A., 141 A., 156, 278
-- De potestate daemonum 40, 52, 56, 66, 82, 119, 278
-- De praeparatione ad sacramentum eucharistiae 45 A., 141 A., 284
-- De profectu spiritualis vitae 37, 68, 84, 107, 133, 283
-- De receptione monialium 38, 84, 112, 141 A., 281
-- De regula directiva religionis O. Carth. 42, 91 A., 278
-- De reformatione ecclesiae 32
-- De reformatione monialium 285
-- De religionis perfectione s. De perfectione
-- De sanctificatione sabbati 37, 39 A., 44 A., 52, 60 A., 67, 110 A., 133, 279, 282
-- De scrupulosis in regula S. Benedicti 41, 51, 81, 122, 282
-- De septem statibus ecclesiae 38, 118, 126, 149, 150, 152, 158, 159, 161, 164, 165, 222, 280
-- De septem statibus mundi 37, 135, 281, 282
-- De simonia 66 A., 276
-- De stabilitate 41, 81, 103, 104
-- De statu et officio s. De officiis et statu
-- De statu securiore 39, 59 A., 67, 87, 91, 121, 129, 280
-- De tempore Antichristi 281, 282
-- De tentatione et consolatione religiosorum s. Dialogus de temptatione
-- Determinatio de ecclesia 32, 47, 81, 126
-- De tribus substantialibus religiosorum 31, 48, 276
-- De triplici genere hominum 40 A., 41, 190 A., 200 A., 215 A., 219, 220, 225, 232, 280
-- De valore et utilitate missarum s. De missis votivis
-- De veritate dicenda 37, 62, 69, 76, 84, 102, 129, 136 A., 237, 283
-- Dialogus de temptatione et consolatione religiosorum 31, 35, 48, 49, 50, 68, 90, 104, 105, 109, 127, 129, 148 A., 191 A., 193, 279
-- Dialogus religiosorum 31, 36 A., 125, 220
-- Disputatio pro utraque parte concilii Basiliensis 33, 34, 153 A.
-- Doctrina pro dieta 34, 36
-- Epistolae 39, 67, 284 f.
-- Formula reformandi religiones 36, 39 A., 50, 85, 95, 96, 100, 122, 133, 134, 282
-- Igniculus devotionis 38, 65, 69, 73, 85, 105, 121, 129, 278
-- Informatio praelaturae resignatae 44, 281
-- Liber quaestionum 21 A., 31, 35, 36 A., 48, 49 A., 50, 52, 53, 59 A., 67, 84, 105 A., 119, 125, 161, 200 A., 219 A., 221 A., 276
-- Oculus religiosorum 36, 50, 55, 56, 59 A., 67, 83, 84, 88, 94 f., 102, 104, 105, 108, 113, 114, 116, 118, 120, 129, 131, 134, 221 A., 280
-- Passio 42
-- Petitiones religiosorum 46, 164
-- Planctus peccatorum 36, 50, 68, 158, 159 A., 283

– – Predigten s. Sermones
– – Quaestiones 27, 31, 36, 37, 45, 61, 84, 105, 115, 161, 194 A.; s. Liber quaestionum
– – Quodlibetum fallaciarum humanarum 43, 277
– – Quodlibetum statuum humanorum 38 A., 40, 61, 68, 75, 102, 105, 107, 117, 120, 122, 129, 141, 145, 151 A., 169–172, 221 A., 229 A., 273, 278 f.
– – Quomodo religiosi debeant servare festa 44, 67
– – Scrutinium scripturarum 43, 89, 122, 285
– – Sentenzenkommentar 10, 28, 45 A., 124, 279
– – Sentimentum 45, 51 A., 99
– – Sermones 10, 29, 30, 31, 37 A., 40, 41, 59, 61, 62, 63, 66, 67, 68, 75, 77, 85, 86, 87, 88, 91, 100, 102, 105, 107, 110 A., 115, 117, 119, 120 A., 134, 141 f., 145, 148, 149, 285
– – Sermo ad religiosos reformatos 41, 81, 97–99, 102, 105, 119, 285
– – Sermo in capitulo provinciali 40, 96
– – Solutio quorundam dubiorum 39
– – Speculum aureum institutionis 42, 51, 68, 71, 280
– – Speculum restitutionis 38, 67, 105, 120, 122, 276
– – Speculum sacerdotum (sacerdotale) 44, 58, 81, 236, 237, 282
– – in deutscher Übersetzung 45, 74 A., 75, 115, 139–141, 283, 284
Jakob Philippi a. Kirchhofen 72, 232
Jakob Pulman a. Jüterbog, Kart., Erfurt 103 A., 165 A.
Jakob Stadis, Ben. 104
Jakob v. Tückelhausen, Kart. 57, 58, 83, 115, 225, 226, 236–242, 265, 285
Jakob Volradi, Kart. 14, 60, 69, 81, 125 A., 153, 156, 157, 165 A., 212 A.
Jacobus a Voragine 88
Jakob Zaborowski, Univ. Krakau 29
Jagiełło s. Władisław
Jastrzambecz s. Albert
Johannes Andreae 64
Johannes Arnoldi s. Arnoldi
Johannes Bonigk a. Einbeck, Vikar, Magdeburg 73, 111
Johannes Bremer, Franz. 61, 62 A.,
Johannes Burchardi, Kaplan, Basel 59, 203 A.
Johannes Busch, Aug.-Propst 51, 93, 110–115, 118, 125, 203

Johannes Calderini 44
Johannes Cassian 82, 95, 111, 134 A., 181 A., 201, 210, 232
Johannes Chrysostomus 105, 213, 214, 225, 229, 233, 241, 242, 265
Johannes von Dambach 31 A.
Johannes Dederoth, Abt v. Bursfelde 105
Johannes Dorgut 113
Johannes v. Eych, B. v. Eichstätt 57, 83, 109, 115, 225, 226, 235—242
Johannes Gerson 12, 58, 64, 70 A., 86, 117, 136, 170, 173—179, 181—186, 191, 195, 196, 199, 209, 230 A., 231, 247, 251, 253, 254, 255, 256 A., 257 A., 261, 274
Johannes Grell, Salzwedel 73
Johannes Gudermann, Univ. Erfurt 52, 101 A., 133
Johannes Hagen, Abt v. Bursfelde 111, 113
Johannes Hagen, Kart. 27, 45, 47, 57 A., 61, 81, 83, 86, 88 A., 101, 108, 112, 119, 121, 127, 203—235, 240, 242, 249, 265, 285
Johannes de Helb, Pr., Bamberg 58 A., 202 A.
Johannes v. Hildesheim, Karm. 60
Johannes Hug s. Hug
Johannes Kapistran 113, 133, 150
Johannes Kannemann, Franz., Univ. Erfurt 52, 87, 133
Johannes v. Kastl 11, 14, 177—183, 201
Johannes Klar 63 A., 201
Johannes Klockereyme, Univ. Erfurt 105 A.
Johannes Kremer a. Elspe, Univ. Erfurt 54, 121
Johannes Kyll a. Hersfeld, Erfurt 54
Johannes Langedederik a. Wismar, Univ. Erfurt 44, 54, 102, 122
Johannes Leyendecker, Univ. Trier 61, 88 A., 115 f.
Johannes Loning, Northeim 201
Johannes Meisterlin 61
Johannes Nider, Dom. 16 A., 63 A., 170, 173 A., 260
Johannes v. Paltz 194 A.
Johannes Pueri (Kint), Univ. Erfurt 55
Johannes Rode, Abt v. St. Matthias, Trier 95 A., 108 A.
Johannes v. Salisbury 64
Johannes v. Schoonhooven, Aug. 137, 278
Johannes de Segovia 32, 33
Johannes Seratoris, Pr., Bist. Augsburg 142
Johannes Soreth, Karm. 145
Johannes Stechir, Zist.-Abt v. Mogiła 29 A.
Johannes Togheling, Vikar, Hamburg 49 A., 73

Johannes von Venningen, B. v. Basel 73
Johannes Volperti (Volprecht), Vikar, Heiligenstadt 66, 202 A., 285 A.
Johannes Wessel Gansfort 158
Johannes (Schlitpacher) v. Weilheim, Ben. 57 A., 108
Johannes v. Wesel 101 A., 162
Johannes Weyt, Vikar, Ansbach 73
Johannes Zaig, Kart. 84 A.
Jordanus v. Quedlinburg 88
v. Jüterbog s. Jakob v. Paradies, Jakob Pulmann

K s. C

Ladislaus Postumus 38 A.
Lambach, Ben.kl. 110 A.
Landsberg, Martin, Drucker 77
Lang s. Andreas; Paul
Langediderik s. Johannes
Lattner, Michael, Pr., München 136 A.
Łęczyca 32
Leiderdorp, Aug. 113 A., 120 A.
Leipzig (als Druckort) 76, 77, 137, 203, 269
–, Franz.kl. 51
–, Univ. 59, 113, 120 A.; s. Petrus Rode
Le Masson, Innocent, Kart. 128
Lemberg, Bist. 32
Leonhard Holzkircher, Notar 74
Leonhard Radawer, Arzt 73
Leonhard Schemberger, Pr. 74
Leubus, Zist.kl. 48, 120 A.
Le Vasseur, L., Kart. 156 f.
Liegnitz, Kartause 57 A.
Liesborn, Ben.kl. 49, 71, 105, 142, 149, 202, 232
Lippstadt, Aug. 73
–, Dom.kl. 73
Locher, Jakob 77, 144
Loher, Dietrich, Kart. 86, 147, 148
Loning, s. Kurt, s. Johannes
Lotter, Melchior, Drucker 77
Lübeck (als Druckort) 76
–, Schwesternhaus 107 A., 114 A.
Ludolf v. Sachsen 35
Ludolf v. Sagan 116
Ludowici s. Heinrich
Ludwig II., Landgf. v. Hessen 114
Ludwig Allemand, Kard. 27
Ludwig Dringenberg 58, 142, 149, 201
Lüneburg, Ben.kl. 48, 110 A., 119
–, Franz.kl. 119
Luther, Martin 125, 148 A., 151 A., 155, 196
Lüttich, Bist. 174 A.

Lydius, J. M. F. 158
Łysa-Góra, Ben.kl. 48

Magdeburg, Bist. 96; s. Friedrich v. Beichlingen
–, Fraterh. 114
–, Präm.kl. 97 A., s. Eberhard Woltmann
Mainz 53, 78 A., 139, 140
–, Ben.kl. St. Jakob 39 A., 96, 102, 105, 109, 202
–, Bist. 109
–, Kartause 55, 86, 202, 232
Marco Bonfili, Legat 32, 47, 126
Marcus Fabri, Kart. 88 A.,
Maria Himmelskron (Worms), Dom.innenkl. 73, 203 A.
Maria Mödingen, Dom.innenkl. 120 A.
Marienberg (b. Helmstedt), Aug.innenkl. 113, 141 A.
Marienfeld, Zist.kl. 120 A.
Marienthal (b. Helmstedt), Zist.kl. 48
Marienthal, Rheingau (als Druckort) 140
Martin v. Tours 199, 210 A.
Martin v. Lochau, Zist.-Abt v. Altzelle 215
Martin Rotgeb a. Straßburg, Univ. Erfurt 52, 53
Martin, Abt v. Sagan 117
Martin (v.) Senging, Ben. 57, 84, 100, 108, 109, 160
Martinus de Aranyas 48
Matthäus v. Krakau 136 A., 162, 182 A., 205
Matthias Bürer a. Lindau, Pr. 73, 110 A., 170 A., 202 A.
Matz s. Nikolaus
Mauerbach, Kartause 56 A., 83, 84, 149
Mayer, Benedikt, Drucker 76
Meißen, Bist. 96
Melk, Ben.kl. 11, 49, 57, 78, 100, 108, 109, 130, 159, 202
Merseburg, Bist. 51, 96
–, Ben.kl. St. Peter 102
Michael Balduini, Legat 27
Michael Lewenberg, Dom. 73, 203 A.
Minden, Ben.kl. 99, 105
Mogiła (Claratumba), Zist.kl. 27, 29, A., 30, 31, 32, 36, 46—50, 59 A., 124, 125, 126, 127, 135, 220
Molin, Nicolaus, Kart. 156, 157
Molinaeus, Johannes, Univ. Löwen 150
Molitor s. Friedrich
Monet s. Adrian
Monnikhuizen, Kartause 130
Moser, Ludwig, Kart. 85, 243
Moser, Urban, Kart. 84, 85, 86

Motschmann, J. C. 161, 269
Mulner s. Konrad
München, Franz.kl. 120 A.
Münsterschwarzach. Ben.kl. 107

Naumburg, Bist. 96
Neuberg (Obersteiermark), Zist.kl. 48
Neumeister, Johannes, Drucker 76
Neustadt a. M., Ben.kl. 110 A.
Nider s. Johannes
Niederwerth, Aug. 113, 203
Nikolaus V., Papst 42 A., 85, 92, 222
Nikolaus v. Dinkelsbühl 173, 181, 278
Nikolaus Kempf, Kart. 235
Nikolaus v. Krakau, Zist. 126
Nikolaus v. Kues 13, 33, 39 A., 40 A., 47 A., 95 A., 96, 111, 121, 130, 131, 132, 182 A.
Nikolaus Lasocki, Domherr, Krakau 32 A.
Nikolaus Matz, Pr. 141 A.
Nikolaus Seyringer, Abt v. Melk 109
Nikolaus v. Siegen, Ben. 12, 70, 97, 101, 102
Nicolaus de Tudeschis 33, 47 A.
Nikolaus Weigel, Univ. Leipzig 48
Northeim, Ben.kl. 74, 105, 201
Nördlingen, Kartause 57 A.
Nott s. Oswald
Nürnberg (als Druckort) 77
–, Ben.kl. St. Ägidien 109, 202
–, Dom.kl. 120 A.
–, Kartause 34, 56, 57 A., 77, 82, 83, 88, 202, 232
–, Reichstage 33, 34, 36

Oberaltaich, Ben.kl. 110 A.
Oberzell a. M., Präm.kl. 149
Oldenstadt, Ben.kl. 49, 70, 71 f., 98, 106, 135, 142, 144, 202, 232
Oswald Nott, Ben. 109, 237
Oudin, C. 270
Ovid 142, 143

Paradies, Zist.kl. 16, 18 A., 30, 31 A., 156, 212 A.
Passau (als Druckort) 76
–, St. Nikolaus 48
Paul v. Burgos 43, 285
Paul Lang, Ben. 106
Paulus Paichbirner, Zist.-Abt v. Mogiła 29 A.
Pawel Wlodkowicz, Univ. Krakau 135 A.
Pelplin, Zist.kl. 120 A.
Peregrinus Goch, Univ. Erfurt 53, 54, 75 A., 123
Peter, Abt v. Bosau 106

Peter, Aug., Sagan 55 A.
Peter Hirsch, Pr. 74
Peter Mayr, Pr. 73
Petrarca 227, 253 A.
Petrejus, Theodor, Kart. 89, 90, 145, 154—156, 157, 162, 269
Petrus d'Ailli 64
Petrus Damiani 191 A., 210, 211, 212, 262
Petrus Herlingk a. Oppenheim, Kart. 55, 86, 121
Petrus Lombardus 10, 28, 30
Petrus Rode, Univ. Leipzig 59, 122, 136 A.
Petrus de Zambrzecz, Univ. Krakau 47
Pez, Bernhard 159 f., 162
Philippi s. Jakob
Pius II. (Enea Silvio Piccolomini), Papst 95 A., 109, 235
Plankstetten, Ben.kl. 110 A.
Prag, Kartause 56 A.
Prüfening, Ben.kl. 110 A., 149 A., 203 A.
Pueri s. Johannes
Pulmann s. Jakob

Quedlinburg, Präm.kl. 73, 112
Quentell, Heinrich, Drucker 186

Radawer s. Leonhard
Rajhrad, Ben.kl. 170 A.
Rebdorf, Aug. 63, 74, 78, 115 132, 149 A., 202
Regen, Johannes 202 A.
Reichenau, St. Markus, Ben.kl. 110 A.
Reinhardsbrunn, Ben.kl. 75 A., 101
Reinhausen. Ben.kl. 41 A., 66—69, 70, 71, 96, 97, 99 A., 102, 129, 135, 136, 142, 202, 285 A.
Reisch, Gregor, Kart. 93
Reuchlin, Johannes 77, 144
Rhenanus, Beatus 144
Riddagshausen, Zist.kl. 120 A.
Rode s. Johannes, s. Petrus
Rodenberg s. Konrad
Roermond, Kartause 90, 91, 104
Rolevinck, Werner, Kart. 144
Rotenhan s. Anton
Rudolf, B. v. Lavant 234

Sagan, Aug. 36 A., 47, 49, 55, 62, 116, 129, 135, 149, 203, 212 A.
Salem, Zist.kl. 120 A.
Sass, Petrus, Kart. 148 A.
St. Blasien, Ben.kl. 110 A.
St. Gallen, Ben.kl. 74, 110 A., 170 A.
Schedel, Hartmann 144 A.
Schemberger s. Leonhard
Scheyern, Ben.kl. 110 A.

Schilling (Solidi), Johannes, Drucker 76
Schilling, Sebastian 65
Schlettstadt 58, 142, 149, 201
Schlitpacher s. Johannes
Schmeltzer, Michael, Zist. 119
Schnals, Kartause 49, 57 A., 63, 83, 202
Schoen s. Friedrich
Schönau, Ben.kl. 49, 104
Schönau, Hans v. 264
Schongau, Johannes, Kart. 147 A., 148
Schoonhooven s. Johannes; Simon
Schott, Peter 266
Schweidnitz, Dom.kl. 120 A., 142
Schwengel, Georg, Kart. 157
Scipio Africanus 143, 240, 241
Segeberg, Aug. 73 A., 113
Seitz, Kartause 74, 84
Seneca 175
Seuse s. Heinrich
Seyringer s. Nikolaus
Sibculo, Zist.kl. 118
Sigmund Hatze, Pr. 234
Silvester, Prior v. Rebdorf 132
Simler, Josias 153 f., 155, 156, 162, 269
Simon, Abt v. Sagan 55 A., 116, 117
Simon Baechz, Univ. Erfurt 55, 76, 121
Simon v. Schoonhooven 137, 278
Sion (b. Delft), Kartause 95 A.
Söflingen, Klar.kl. 74, 140
Soest, Dom.kl. 120 A.
Soreth s. Johannes
Soteflesch s. Andreas
Speyer (als Druckort) 75, 77
–, Karm.kl. 73
Stadis s. Jakob
Starovolski, S. 156 A.
Stechir s. Johannes
Stendal, Aug.innenkl. 113
Stendal s. Benedikt
Stephan de Navaria 32 A.
Stettin, Kartause 57 A.
Stoeckel, Wolfgang, Drucker 77
Stolzenhagen s. Benedikt
Straßburg 35, 49, 52, 76, 87 A., 117, 172, 243, 254, 264
–, Joh.kl. 117
–, Kartause 35, 56 A., 86, 117, 147 A., 148
–, Wilh.kl. 117
Stuchs, Gregor, Drucker 77
Stumpf, J. G., Kart. 29, 33, 46
Subiaco, Ben.kl. 49, 109
Summenhart, Konrad 138
Surius, Laurentius, Kart. 89, 90, 155, 156, 269
Sutor, Petrus, Kart. 144, 155, 156, 157

Tegernsee, Ben.kl. 11, 13, 48 A., 49, 57, 62, 74, 78, 108, 109, 115, 149 A., 160, 182 A., 202, 221 A., 237
Textoris s. Tzewers
Theoderich, Abt v. Abdinghof 107
Theoderich, Abt v. Huysburg 96
Theodoricus, Ben. 135, 144
Thomas v. Aquin 176 A., 190, 200 A., 209 A., 214, 219 A., 220, 221, 225 A., 226 A., 232, 235 A., 241, 254
Thomas v. Kempen 131 A.
Thomas Finck, Ben. 141
Thomas Hertzhorn, Arzt 54, 111, 112, 113
Thomas Strzempiński, Univ. Krakau 32
Thomas Werner, Univ. Leipzig 120 A.
Thomas Wunschilburg, Aug. 36 A., 55 A.
Thuo Nicolai, Univ. Erfurt 100
Thus s. Konrad
Tilmann v. Magdeburg, Kart. 94
Tilmann Bothe, Ben. 100
Tilmann Ziegler, Univ. Erfurt 121, 202 A.
Togheling s. Johannes
Toke s. Heinrich
Trefler, Wolfgang, Ben. 102
Trier, Ben.kl. St. Marien 56, 97 A., 102, 202
– –, St. Matthias 63, 95 A., 103, 104, 202, 232
–, Kartause 63, 78, 87 f., 93 A., 95, 116, 149, 202, 232
–, St. Simeon 115, 116
–, Univ. 115
Trithemius, Johannes 70, 71, 78 A., 88 A., 101, 102, 106, 108, 125, 139, 142, 149, 152, 153, 155, 156, 162, 164, 165 A., 269
Tübingen 53
Tückelhausen, Kartause 57, 78, 83; s. Jakob v. Tückelhausen
Tzewers (Textoris), Wilhelm 42 A., 43, 49, 53, 54, 72, 85, 88, 89, 90, 122, 146, 149, 150, 165 A., 171, 172, 201, 202 A., 205, 206, 218, 226 A., 232, 240, 242—254, 272

Ubelin s. Konrad
Ullmann, C. 161, 163—165
Ulm, St. Michael, Aug. 132
Ulrich Haug, Abt von Michelsberg 63 A., 105 A.
Ulrich Koler, Pr. 58, 74, 115, 202 A.
Ulrich Krepflin, Pr. 73, 142
Urach, Fraterh. 115, 139
Utenheim, Christoph v., B. v. Basel 65, 264, 267
Utrecht, Apostelkl., Aug. 113
–, Kartause 147, 148 A.

315

Valerius, B. v. Hippo 191, 262
Valli s. Christian
Venningen s. Johannes
Vergil 142, 143, 145
Vinzenz v. Aggsbach, Kart. 182 A.
Vinzenz Gloger, Aug. 55
Visch, C. de 156, 162
Volradi s. Jakob
Vullenho s. Heinrich

Wąchock, Zist.kl. 47
Waging s. Bernhard
Walch, Chr. W. F. 151, 160, 161—163, 164, 165
Weihenstephan, Ben.kl. 110 A.
Weilheim, Franz.kl. 120 A.
Weingarten, Ben.kl. 110 A.
Wesel, Dom.kl. 95 A.
–, Kartause 56, 91
Wessel Gansfort s. Johannes
Weyt s. Johannes
Wien, Schottenkl. 110 A.
–, Univ. 58, 110, 181, 235
Wilhelm III., Hg. v. Sachsen, Landgr. v. Thüringen 38 A., 234
Wilhelm Vos, Aug. 74
Willibiald, B. v. Eichstätt (740—787) 238, 241

Wilsnack 37, 51, 112, 121, 123, 132
Wimpfeling, Jakob 12, 21, 70, 117, 134 A., 145, 169—171, 264, 266, 267, 273
Wimpfen, Kapuz.kl. 148
Windesheim, Aug. u. Kongregation 110—115, 130 f., 137, 202
Winter s. Heinrich
Wissenburg, Wolfgang 150, 159, 164
Witter, J. J. 117, 154
Władisław I. Jagiełło 29 A., 31 A., 38 A.
Wolf, Theodor, Drucker 77, 78 A., 143
Worms, Dom.kl. 203
Würzburg, Ben.kl. St. Stephan 56, 62, 104
–, Kartause 78, 83
–, St. Burckhard 54 A.
–, Stift Haug 54 A.
Wydemann, Leopold, Kart. 157, 160

Zaborowski s. Jakob
Zaig s. Johannes
Zbigniew Oleśnicki, B. v. Krakau 29 A., 31 A., 33
Zolter s. Heinrich
Zscheckenbürlin, Hieronymus, Kart. 65
Zumárraga, Juan de, Eb. v. Mexiko 174 A.
Zwettl, Zist.kl. 74

VERÖFFENTLICHUNGEN
DES MAX-PLANCK-INSTITUTS FÜR GESCHICHTE

Schrift 1 Geschichtswissenschaft und Vereinswesen im 19. Jahrhundert. Beiträge zur Geschichte historischer Forschung in Deutschland. Von H. Boockmann, A. Esch, H. Heimpel, Th. Nipperdey, H. Schmidt. 1972. 191 Seiten, 12 Tafeln und 1 Karte.

Schrift 5 RUDOLF MEIER / Die Domkapitel zu Goslar und Halberstadt in ihrer persönlichen Zusammensetzung im Mittelalter mit Beiträgen über die Standesverhältnisse der bis zum Jahre 1200 nachweisbaren Hildesheimer Domherren (Studien zur Germania Sacra 1) 1967. 447 Seiten.

Schrift 6 ULRICH HERZOG / Untersuchungen zur Geschichte des Domkapitels zu Münster und seines Besitzes im Mittelalter (Studien zur Germania Sacra 2) 1961. 96 Seiten mit 1 Karte.

Schrift 7 HERBERT OBENAUS / Recht und Verfassung der Gesellschaften mit St. Jörgenschild in Schwaben. Untersuchungen über Adel, Einung, Schiedsgericht und Fehde im 15. Jahrhundert. 1961. 265 Seiten.

Schrift 8 JÖRG FÜCHTNER / Die Bündnisse der Bodenseestädte bis zum Jahre 1390. Ein Beitrag zur Geschichte des Einungswesens, der Landfriedenswahrung und der Rechtsstellung der Reichsstädte. 1970. 367 Seiten.

Schrift 9 KARL BITTMANN / Ludwig XI. und Karl der Kühne. Die Memoiren des Philippe de Commynes als historische Quelle. 1. Band, 1. Teil 1964. 368 Seiten. 1. Band, 2. Teil 1965. Seiten 369—632. 2. Band, 1. Teil 1970. 891 Seiten.

Schrift 11 Deutsche Königspfalzen. Beiträge zu ihrer historischen und archäologischen Erforschung. 1. Band 1963. 206 Seiten mit 2 Tafeln und 1 Faltblatt. 2. Band 1965. 324 Seiten mit zahlreichen Abb. im Text, 18 Tafeln und 4 Faltblättern.

Schrift 12 DIETER GIRGENSOHN / Peter von Pulkau und die Wiedereinführung des Laienkelches. Leben und Wirken eines Wiener Theologen in der Zeit des großen Schismas. 1964. 265 Seiten.

Schrift 13 ALFRED WENDEHORST / Das Würzburger Landkapitel Coburg zur Zeit der Reformation (Studien zur Germania Sacra 3) 1964. 61 Seiten mit 4 Tafeln und 7 Kartenskizzen.

Schrift 14 GERHARD TADDEY / Das Kloster Heiningen von der Gründung bis zur Aufhebung (Studien zur Germania Sacra 4) 1966. 302 Seiten mit 8 Tafeln.

Schrift 15 FRANZ-JOSEF HEYEN / Untersuchungen zur Geschichte des Benediktinerinnenklosters Pfalzel bei Trier (ca. 700—1016) (Studien zur Germania Sacra 5) 1966. 75 Seiten.

VANDENHOECK & RUPRECHT IN GÖTTINGEN UND ZÜRICH

Schrift 16 ANTON DIEDERICH / Das Stift St. Florin zu Koblenz (Studien zur Germania Sacra 6) 1967. 447 Seiten mit 13 Abbildungen und 5 Karten.

Schrift 17 ALFRED BRUNS / Der Archidiakonat Nörten (Studien zur Germania Sacra 7) 1967. 202 Seiten mit 1 Karte.

Schrift 18 HEINRICH RÜTHING / Der Kartäuser Heinrich Egher von Kalkar 1328—1408 (Studien zur Germania Sacra 8) 1967. 297 Seiten.

Schrift 19 REINHARD RENGER / Landesherr und Landstände im Hochstift Osnabrück in der Mitte des 18. Jahrhunderts. Untersuchungen zur Institutionengeschichte des Ständestaates im 17. und 18. Jahrhundert. 1968. 156 Seiten.

Schrift 22 INGRID BÁTORI / Die Reichsstadt Augsburg im 18. Jahrhundert. Verfassung, Finanzen und Reformversuch. 1969. 210 Seiten.

Schrift 24 HERMANN HEIMPEL / Drei Inquisitions-Verfahren aus dem Jahre 1425. Akten der Prozesse gegen die deutschen Hussiten Johannes Drändorf und Peter Turnau sowie gegen Drändorfs Diener Martin Borchard. 1969. 265 Seiten.

Schrift 26 MICHAEL ERBE / Studien zur Entwicklung des Niederkirchenwesens in Ostsachsen vom 8. bis zum 12. Jahrhundert (Studien zur Germania Sacra 9) 1969. 222 Seiten mit 5 Karten.

Schrift 30 CHRISTOF RÖMER / Das Kloster Berge bei Magdeburg und seine Dörfer 968—1565. Ein Beitrag zur Geschichte des Erzstiftes Magdeburg. (Studien zur Germania Sacra 10) 1970. 223 Seiten mit 1 Faltkarte.

Schrift 34 BARBARA FRANK / Das Erfurter Peterskloster im 15. Jahrhundert. Studien zur Geschichte der Klosterreform und der Bursfelder Union. (Studien zur Germania Sacra 11). 1973. 468 Seiten mit 3 Abbildungen und 2 Karten.

Schrift 35 KLAUS LINDNER / Untersuchungen zur Frühgeschichte des Bistums Würzburg und des Würzburger Raumes. 1972. 262 Seiten und 2 Karten.

Schrift 36 Festschrift für Hermann Heimpel zum 70. Geburtstag am 19. September 1971. Herausgegeben von den Mitarbeitern des Max-Planck-Instituts für Geschichte. 1. Band 1971. 759 Seiten mit 4 Tafeln. 2. Band 1972. 1147 Seiten mit 13 teils farbigen Tafeln. 3. Band 1972. 736 Seiten mit 19 Abb. und Tafeln.

Schrift 37 Eigentum und Verfassung. Zur Eigentumsdiskussion im ausgehenden 18. Jahrhundert. Herausgegeben von Rudolf Vierhaus. 1972. 257 Seiten.

Schrift 39 HELMUT MAURER / Konstanz als ottonischer Bischofssitz. Zum Selbstverständnis geistlichen Fürstentums im 10. Jahrhundert (Studien zur Germania Sacra 12). 1973. 99 Seiten mit 9 Kunstdrucktafeln und 1 Karte.

VANDENHOECK & RUPRECHT IN GÖTTINGEN UND ZÜRICH